Explorando el
Antiguo Testamento

EXPLORANDO EL ANTIGUO TESTAMENTO

Edición revisada

Escritores:
W.T. Purkiser
C.E. Demaray
Donald S. Metz
Maude A. Stuneck

Redactor:
W.T. Purkiser

Publicado por
Casa Nazarena de Publicaciones
17001 Prairie Star Parkway
Lenexa, Kansas 66220 USA

Cuarta edición, revisada.

Traducido por Dardo Bruchez

Diseño de la portada por Marcela Figueroa

ISBN 978-987229-232-4

Publicado originalmente en Inglés:

Exploring the Old Testament
Por W. T. Purkiser
Copyright © 1947
Published by Beacon Hill Press of Kansas City
a division of Nazarene Publishing House
Kansas City, Missouri 64109 USA

This edition published by arrangement
with Nazarene Publishing House.
All rights reserved.

PREFACIO

Este libro se escribió para que sirva como manual de cursos de estudio sobre el Antiguo Testamento en institutos bíblicos e instituciones análogas. Es el resultado de una necesidad sentida desde largo tiempo atrás, contar con libros de texto que provean al estudiante y a toda persona interesada en la Biblia un fundamento que le sirva para futuros estudios más serios. Para hacer el texto más adaptable al lector, el libro se ha dividido en dieciséis capítulos, cada uno de los cuales se divide a su vez en cuatro o cinco subdivisiones. Los dos primeros capítulos son de material introductorio, los cuales pueden ser leídos rápidamente, o pasados por alto por maestros que prefieren entrar directamente en el estudio del material bíblico. Los capítulos 3 al 15 abarcan todos los libros del Antiguo Testamento, siguiendo su fondo histórico. El capítulo 16 es un sumario de las grandes enseñanzas del Antiguo Pacto.

En relación con el contenido de cada capítulo, siempre se da la porción bíblica correspondiente, y se asignan, además, unos veinte capítulos bíblicos para un estudio de contexto más completo. Las notas se redujeron al mínimo, pero serán muy provechosas al estudiante diligente que quiera informarse más en otras fuentes. Al final del libro se ofrece una amplia bibliografía de libros de estudio.

Dejamos entendido que la inclusión de un libro en las lecturas recomendadas o en las referencias no implica necesariamente una aceptación completa de todas las ideas de su autor. Toda lectura en el gran campo de los estudios bíblicos debe ser hecha con alguna discriminación, y no debe aceptarse ninguna afirmación solo porque el autor lo dice. Algunos libros que han sido escritos por eruditos de decidida posición conservadora pueden contener afirmaciones con las cuales los autores de este volumen no concuerdan. Las referencias a ciertos autores liberales se incluyen para señalar detalles de valor que ellos mencionan.

Hemos usado las abreviaturas corrientes y con las cuales el lector está familiarizado. La mayoría de las citas bíblicas son de la versión Reina-Valera, Revisión de 1960. Cuando usamos alguna otra versión, indicamos su procedencia por medio de una abreviatura convencional. En algunos pasajes poéticos usamos la versión antigua, por su lenguaje majestuoso y su línea melódica. Tales pasajes se reconocen porque no es citada ninguna otra versión.

Se han incluido dos apéndices: Una tabla cronológica de todo el Antiguo Testamento, preparada por C.E. Demaray, y un resumen breve de cada uno de los libros del Antiguo Testamento.

En la preparación de este texto se le asignó una porción a cada uno de los cuatro escritores, para que cada uno preparara un manuscrito preliminar. Pero, en cierto sentido, la obra es el producto de la labor mancomunada. Cada uno de ellos ha hecho su contribución a toda la obra por medio de valiosas sugerencias. El manuscrito, en su forma final, lo leyó y aprobó cada uno de los autores.

Es nuestra sincera oración que estas páginas puedan ser de ayuda a los lectores en la gran tarea de explorar el Antiguo Testamento.

— *W.T. Purkiser, C.E. Demaray,*
Donald S. Metz, Maude A. Stuneck.

RECONOCIMIENTOS

Hemos recibido la debida autorización para copiar de las siguientes obras, que están protegidas por el derecho de propiedad intelectual:

Abingdon-Cokesbury Press: Otto J. Baab, *Theology of the Old Testament;* Albert C. Knudson, *The Religious Teaching of the Old Testament.*

Association Press: Clarence A. Barbour, *The Bible in the World of Today,* G.L. Robinson, *The Abiding Value of the Old Testament (C. 1911).*

Broadman Press y la Board of the Southern Baptist Convention; *The Heart of the Old Testament,* John R. Sampey.

Christian Century Foundation: H.L. Willet, *Our Bible: Its Origin, Character and Value.*

Columbia University Press: Julius A. Bewer, *The Literature of the Old Testament.*

Harcourt, Brace and Company: Ann Lindbergh, *North to the Orient.*

Harper & Brothers: Robert H. Pfeiffer, *Introduction to the Old Testament* (ed. rev.); Ira M. Price, *The Ancestry of Our English Bible* (2a ed. rev.); Kyle M. Yates, *Preaching from the Prophets;* G.L. Robinson, *The Twelve Minor Prophets.*

Longmans, Green and Company, Inc.: Henry Daniel-Rops, *Sacred History.*

"The Sunday School Times": Howard A. Kelly, *A Scientific Man and the Bible.*

Zondervan Publishing Company: Merrill F. Unger, *Introductory Guide to the Old Testament.*

Fleming H. Revell Company: William F. Albright, *The Archaeology of Palestine and the Bible.*

Abelard-Schuman, Inc.: William A. Irwin, *The Old Testament: Keystone of Human Culture* (ed. 1952).

Pilgrim Press: Hubert Cunliffe Jones, *The Authority of the Biblical Revelation* (ed. 1946).

University of Chicago Press: G. Ernest Wright, *The Challenge of Israel's Faith* (ed. 1944).

Westminster Press: Warren Nelson Nevius, *The Old Testament: Its Story and Religious Message* (ed. 1935).

Charles Scribner's Sons: William Lyon Phelps, *Human Nature in the Bible.*

Cambridge University Press: C.H. Dodd, *The Bible Today.*

Ronald Press Company: William G. Blaikie, *A Manual of Bible History* (ed. 1940).

National Publishing Company: James C. Muir, *His Truth Endureth.*

TABLA DE ABREVIATURAS

a.C.	antes de Cristo
ap.	aproximadamente
c.	capítulo
cc.	capítulos
cf.	compárese con
d.C.	después de Cristo
ed.	editor, editada por
ed. rev.	edición revisada
gr.	griego
LXX.	Septuaginta o Versión de los LXX
N. del T.	nota del traductor
núm.	número
núms.	números
op.cit.	obra citada
p.	página
pp.	páginas
RV	Reina Valera
s.f.	sin fecha
t.	tomo
tt.	tomos
trad.	traductor, traducción
Vulg.	Vulgata Latina

CONTENIDO

1
ESTA ES LA PALABRA DE DIOS

Y habló Dios todas estas palabras (Éxodo 20:1).

El estudio serio y reverente de la Biblia es la tarea más atractiva que podamos intentar. Esto se debe a que la Biblia es diferente a cualquier otro libro en todo el mundo. La Biblia es algo más que la más grande obra literaria. Es algo más que el historial más noble de acciones heroicas. Es algo más que la historia de la cultura más importante de la tierra, o la filosofía más inspiradora que los hombres hayan encontrado. La Biblia es el historial eterno del propósito redentor de Dios para la raza humana. Es la revelación que Dios hizo de sí mismo a las mentes y corazones de los hombres que lo han buscado por todas partes. Esta es la palabra de Dios.

I. ¿POR QUÉ ESTUDIAR LA BIBLIA?

Los lectores comunes abordan el estudio de la Biblia con diversas actitudes. Quien no está familiarizado con su contenido se pregunta si podrá entender su significado. Quizás haya oído de las dificultades de interpretación, o de los interminables debates que han originado ciertos detalles técnicos. Si alguien la lee rápidamente quizá se desaliente al llegar a las minuciosas descripciones de los sacrificios de Levítico o a las genealogías de Crónicas. Quizá decida que la Biblia es un libro solo para los eruditos.

Otros, que han estado familiarizados con la lectura de la Biblia en la iglesia y en el hogar, quizá decidan que estudiarla a fondo es una tarea innecesaria. Por mucho tiempo han considerado la Biblia con cierto grado de reverencia, pero nunca se han detenido a estudiarla en forma sistemática. Muchas personas todavía se sorprenden al descubrir que la Biblia es un libro que podemos entender, y no solamente un manantial del cual obtengamos una inspiración breve.

Probablemente la mayoría de las personas aborden el estudio de la Biblia con verdadera expectativa. Lo poco que saben de la Biblia les ha abierto el apetito para un mayor conocimiento. Ahora esperan hallar en ella algunos de los tesoros de sabiduría y devoción que han hecho de la Biblia el más grande libro de todos los tiempos.

A. La Biblia como una gran obra literaria

Se puede estudiar la Biblia por su valor literario. En cualquiera de todos los idiomas a que ha sido traducida, la Biblia es siempre una obra maestra de literatura. La versión *King James* del idioma inglés, y la versión de Reina Valera en castellano caen en esta categoría.

El valor literario de la Biblia se muestra en muchas maneras. La circulación asombrosa de la Biblia, el libro "más vendido" de todos los tiempos, es una impresionante evidencia de su excelencia y calidad literarias. Se han impreso hasta hoy mucho más de mil millones de ejemplares de la Biblia. El señor W.A. Smart hace esta observación: "La Biblia ha tenido la mayor venta y circulación que cualquier otro libro desde la invención de la imprenta"[1]. El Instituto Gallup, organismo americano encargado de encuestas y estadísticas, ha comprobado que, entre todos los libros que se leen en Estados Unidos, la Biblia sigue a la cabeza. De cada diez personas entrevistadas, seis dijeron que habían leído la Biblia.

Los hechos demuestran que la Biblia ha venido a ser una norma de las más selectas expresiones literarias. La literatura está llena de referencias a personajes e historias bíblicos. Mucho pierde de la belleza y elocuencia de la literatura universal quien ignora la fuente de donde provienen esas referencias. Los expertos estudiosos de las obras del gran Shakespeare han hallado alrededor de 550 referencias bíblicas en la pluma del insigne poeta. Quien lea *Don Quijote de la Mancha,* la gran obra de Miguel de Cervantes, hallará continuas alusiones y referencias directas a las Sagradas Escrituras. John Ruskin, reconocido maestro de la prosa inglesa, dice: "Cualquier cosa que yo haya hecho de algún valor en la vida, se debe a que, cuando yo era niño, mi madre me leía diariamente una porción de la Biblia, y me hacía memorizar pasajes de ella". Lo mismo afirma el gran orador y patriota norteamericano Daniel Webster, cuando dice: "Si hay algo en mi estilo o en mi pensamiento que merezca ser recomendado, el mérito es de mis amorosos padres, quienes, desde que yo era niño, me inspiraron un gran amor por las Escrituras"[2].

Hacer la lista de los maestros de literatura (en inglés) cuyas obras están llenas de referencias bíblicas, y cuyo estilo denota una fuerte influencia de las Escrituras, es lo mismo que citar a los más grandes escritores del Palacio de la Fama: John Milton, Wordsworth, Walter Scott, Lord Byron, Shelley, Lord Macauley, Nathaniel Hawthorne, Ralph Waldo Emerson, Whittier, Henry W. Longfellow, Charles Dickens, Tennyson, Browning, Matthew Arnold, Eliot, Lowell, Walt Whitman, Swinburne, Stevenson y Rudyard Kipling. Y estos son solo en la literatura en inglés.

Se han identificado 15 palabras o frases de la Biblia en los tres breves párrafos del célebre discurso de Lincoln en Gettysburg, una de las más grandes arengas de todos los tiempos[3]. En una reciente exposición de libros se contaron más de mil títulos que son literalmente citas bíblicas. El profesor Lawrence Nelson cita en su libro* centenares de lugares donde, a sabiendas o no, nuestros escritores modernos hacen citas de la Biblia[4].

Podríamos dar muchos ejemplos más de valor literario de la Biblia. Nada mejor que citar las palabras del profesor William A. Irwin, quien dijo:

Aun midiéndola solo por su influencia creadora sobre la sociedad humana, la Biblia es, abrumadoramente, el más grande de los libros. ¿Y qué mejor manera de juzgar el valor que ésta? Las opiniones de los críticos, no obstante su gran reputación, son solamente opiniones personales. Pero la prueba de los siglos es irrefutable. Solo lo que es bueno para incontables generaciones sucesivas puede resistir el paso de los siglos. Lo que es débil, lo que es sectario, lo que está mal fundado, perece por el camino. He aquí el milagro de la Biblia: una obra literaria que se anticipa mucho a las conquistas gloriosas de nuestra ciencia y al avance de nuestro pensamiento moderno; un libro cuya acción se lleva a cabo en la quieta atmósfera de un antiguo país, con camellos y rebaños, y fuentes en los caminos y el grito alegre del labriego en la vendimia o en la cosecha. Este libro, no obstante todo lo que ha ocurrido desde entonces, es todavía nuestra más grande obra literaria, publicada en todo el mundo más que cualquiera otra, traducida tanto a los más grandes idiomas como a los dialectos más sencillos, y querida, amada, respetada y estudiada en una manera tan fervorosa, que es imperioso ponerla en sitial aparte.[5]

B. La Biblia como historia

Además, la Biblia debe ser estudiada también por su valor histórico. Es completamente imposible entender el desarrollo de la civilización occidental sin algún conocimiento de sus raíces en la vieja cultura judaica, que se desarrolla en el Antiguo Testamento. La comprensión que tenemos del crecimiento de nuestra civilización perdería mucho sin el estímulo a la investigación histórica provisto por la Biblia.

Es bien sabido que el conocimiento presente de los orígenes de la raza humana ha aumentado enormemente por los descubrimientos de los arqueólogos, cuyo estudio paciente de los restos arcaicos ha abierto nuevos mundos ante nuestros ojos. Lo que no es igualmente sabido es el hecho, señalado por el profesor H.H. Rowley, que las investigaciones arqueológicas han sido financiadas y llevadas a cabo por hombres y mujeres que han estado interesados y dedicados devotamente al estudio de la Biblia[6]. Por eso la Biblia ha sido de doble valor para el historiador: ha preservado datos de

---

Our Roving Bible (no está traducido)

un valor inestimable, y ha estimulado el estudio incesante de las más viejas culturas. Desgraciadamente, se volvió un pasatiempo hace dos siglos poner en tela de juicio la exactitud histórica de la Biblia. Mucho de lo que se llama "crítica destructiva de la Biblia" ataca la veracidad de sus datos históricos, particularmente los del Antiguo Testamento. El Dr. W.F. Albright, el famoso erudito que supo evitar la tontería de dudar de la veracidad histórica de la Biblia, basándose solo en las opiniones de los críticos, hizo recientemente un resumen del cambio de actitud hacia la parte histórica de la Biblia; cambio originado por los descubrimientos arqueológicos. Albright dice:

> El escepticismo excesivo demostrado hacia la Biblia por importantes escuelas históricas de los siglos XVIII y XIX, ciertas fases de la cual reaparecen periódicamente, ha perdido terreno con el paso del tiempo. Descubrimiento tras descubrimiento ha ido estableciendo la exactitud de las historias bíblicas en todos sus detalles, y ha traído un reconocimiento creciente del valor de la Biblia como una fuente histórica.[7]

C. La influencia de la Biblia en la civilización

Ya se ha hecho mención pasajera de la vasta influencia de la Biblia sobre la cultura occidental. Es imposible imaginar lo que hubiera sido la civilización moderna sin la influencia fermentadora de la Biblia. Un indicio de ello es el actual estado de cosas imperante en la porción del mundo del siglo XX, donde la Biblia y el Dios de la Biblia han sido oficialmente repudiados. Samuel Coleridge ha dicho: "Por más de mil años la Biblia, tomada colectivamente, ha ido mano a mano con la civilización, la ciencia, y la ley, siempre sosteniendo, y muchas veces guiando el cultivo moral e intelectual de la raza"[8].

Poco se ha escrito en cuanto a la influencia de la Biblia sobre las leyes civiles, pero no puede ser negada. Justiniano hizo la primera gran recopilación jurídica, cuyo conjunto es prácticamente la base de la constitución de casi todos los estados modernos, europeos y americanos. Pero estas leyes han sido moldeadas en la norma de las instituciones bíblicas. Herbert L. Willett dijo:

> La pasión por la justicia social, la democracia, la libertad industrial, la educación universal, el sufragio universal, la protección de la infancia, la ética cívica y la fraternidad internacional, todas son inspiradas por la Biblia. Los movimientos de reforma que han suprimido gran parte de la crueldad con que se trataba a niños, mujeres, delincuentes y animales, deben su existencia y progreso al mismo libro, deuda que tienen también con la Biblia los movimientos contra los vicios sociales que corroen la vida de la sociedad.[9]

El Dr. Howard A. Kelly, eminente hombre de ciencia, radiólogo y patólogo de Baltimore, declaró que "donde la Biblia es pisoteada la vida pierde su valor y la ciencia es la primera víctima, o sobrevive en forma agonizante"[10]. La historia de la Alemania nazi y la Rusia comunista apoyan el juicio del Dr. Kelly en forma conclusiva.

Todas las formas del arte han sentido también la influencia del Libro de los libros. En la arquitectura, con las catedrales góticas; en la música, con sus grandes himnos y oratorios. Citamos otra vez a Willett: "Los grandes artistas han sido siempre intérpretes de la vida moral. Nadie puede ser un gran artista si carece de la cualidad fundamental de fervor moral y religioso. Tales hombres siempre han hallado en la Biblia la mejor inspiración para sus mensajes"[11].

El testimonio de Daniel Webster sobre el valor de la Biblia en la formación de su estilo ha sido citado ya. Ese estadista no era menos enfático en su evaluación de la importancia de la Biblia en las áreas de la justicia cívica y la prosperidad. "Si vivimos conforme a los principios enseñados por la Biblia, nuestro país seguirá prosperando; pero si nosotros y nuestra posteridad negamos sus enseñanzas y autoridad, nadie puede predecir qué súbita catástrofe puede sobrevenirnos y sepultar nuestra gloria en una profunda oscuridad"[12].

D. La Biblia como norma de filosofía y ética

La Biblia es digna de la más seria consideración por sus valores éticos y filosóficos. El libro presenta una visión de la vida (su origen, significado y destino) que no tiene parangón, solo unos cuantos rivales serios en algunos lados. Sus ideales éticos han sido normas de vida para los más grandes hombres del mundo occidental. Wilbur Wilberforce, el gran reformador social inglés escribió:

> Nunca gocé la verdadera felicidad hasta que acepté a Cristo como mi Salvador. Leed la Biblia. Durante todas mis perplejidades y angustias, nunca leí otro libro, ni he deseado leer ningún otro.[13]

En cada caso en que la nobleza ha aparecido en la vida humana, ha corrido paralela a los grandes principios morales de la Biblia, aun cuando no fuera extraída directamente de ella. Matthew Arnold, un hombre que no era precisamente ortodoxo en materia de fe y quien creía poco en lo sobrenatural, expresó:

> Así como no puedo imaginar un hombre con algún sentido de la escultura que no lo cultive estudiando lo que queda del arte griego; a algún hombre con algún sentido poético que no lo desarrolle al leer a Homero o

Shakespeare, así tampoco puedo imaginar a un hombre que posea cierto sentido de conducta moral que no lo cultive con ayuda de la Biblia.[14]

Willett declara:

La Biblia es la Carta Magna de la libertad humana; la Declaración de Independencia de la opresión y la ignorancia; la Proclamación de Emancipación del alma del hombre. John Stuart Mill dijo: "El punto más importante en la historia de la libertad fue la cruz de Cristo".[15]

Woodrow Wilson, quien fue rector de la Universidad de Princeton, rindió homenaje al valor ético de la Biblia al decir:

La Biblia es la palabra de vida. Le suplico que la lea y descubra esto usted mismo. Léala, pero no unos pocos "picoteos" aquí y allá, sino pasajes completos que revelen el verdadero corazón de ella. Usted la encontrará llena de las cosas que lo han preocupado y atribulado toda su vida... Cuando haya leído toda la Biblia descubrirá que es la palabra de Dios, porque habrá descubierto que es la llave de su propio corazón, su propia felicidad, y su propio deber.

E. La Biblia y la educación general

Es difícil ver cómo una persona pudiera creer que su educación es completa si no conoce esa obra maestra que es la Biblia. La educación general trata de descubrir y conservar aquellos elementos en la cultura que deberían ser una parte de la experiencia vital de toda persona educada, cualquiera que sea su llamamiento o profesión. Esto resulta ser un antídoto saludable a la enfermedad de la superespecialización, que ha afligido a la educación superior durante el último medio siglo. La necesidad de poseer una base amplia de cultura, tanto como de talento técnico, se vuelve más y más evidente, conforme las invenciones tecnológicas nos dejan más y más tiempo libre.

La educación general acentúa la necesidad de preparar a los jóvenes y adultos, hombres y mujeres, y también educarlos como ministros, doctores, abogados, ingenieros, maestros y hombres de negocios. Aquí el conocimiento de la Biblia se vuelve de gran importancia. Un estudio serio de la Biblia llevaría al estudiante por todas esas disciplinas. La Biblia contribuye a la comprensión de la historia, literatura, arte, ética, sicología, filosofía, sociología, geografía y muchas otras áreas del conocimiento humano. El doctor William Lyon Phelps, amado catedrático de la Universidad de Yale por cuarenta y un años, ha subrayado la importancia del estudio de la Biblia en la educación general, al escribir:

Cualquier persona que tenga un conocimiento cabal de la Biblia puede correctamente ser llamada una persona educada; y ningún otro conocimiento cultural, por grande y elegante que sea, puede volverse un sustituto adecuado. La civilización occidental está fundada sobre la Biblia; nuestras ideas, nuestra sabiduría, nuestra filosofía, nuestra literatura, nuestro arte, nuestros ideales, proceden más de la Biblia que de todos los demás libros juntos. Es una revelación de la divinidad y de la humanidad; contiene la más sublime aspiración religiosa junto con una cándida representación de todo lo terrenal, sensual o diabólico. Yo creo en una educación universitaria para hombres y mujeres, pero también creo que vale más un conocimiento completo de la Biblia sin una educación universitaria, que una educación universitaria sin el conocimiento de la Biblia. Y lo creo porque en la Biblia hallamos pensamientos profundos, bellamente expresados; tenemos el carácter de hombres y mujeres, de jóvenes y muchachas más acertadamente definidos que por cualquiera de nuestros novelistas o dramaturgos. Uno puede aprender más de la naturaleza humana leyendo la Biblia que viviendo en Nueva York.[16]

F. La Biblia y la religión

El valor supremo del estudio de la Biblia yace en su significado religioso y espiritual. Es la fuente y el manantial de ambos, judaísmo y cristianismo. Y lo que es aún más importante, permanece firme en sus demandas verificadas en mil millones de vidas a lo largo de treinta y cinco siglos, de ser la revelación suprema de la voluntad y propósito redentores de Dios, único y verdadero Dios Creador, Sustentador y Gobernador del universo. Robert E. Speer, el gran estadista misionero, ha escrito:

La Biblia es uno de los hechos sólidos del cristianismo, y no es afectada por ninguna cosa que el hombre piense acerca de ella. Las opiniones cambiantes acerca de la Biblia no cambian a la Biblia. Lo que la Biblia fue, la Biblia es. Y lo que es ahora, la Biblia será. No hay pensamientos de los hombres que puedan juzgar a la Biblia. Pero la Biblia juzga todos los pensamientos de todos los hombres. La Biblia no tiene nada que temer como no sea la ignorancia y el desprecio de los humanos. Y la iglesia no necesita tener en cuanto a ella otro temor que este. La Biblia se cuidará a sí misma si la iglesia se ocupa de distribuirla y de que sea leída...

No debería haber ningún hogar sin la Biblia. En realidad, el hogar no puede existir sin la Biblia, porque es de la Biblia de donde se deriva el ideal del hogar y de donde fluye la fuerza espiritual para edificarlo.

Y lo que la Biblia es para el hogar, lo es para hombres y mujeres individualmente. A saber, es la fuente de los verdaderos ideales y de las energías cristianas por las cuales se obtiene ese carácter.[17]

Los argumentos a favor del cristianismo y sus Escrituras pertenecen a esa rama del estudio conocida como apologética, la defensa lógica de la fe cristiana contra todas las variedades de incredulidad. Este es un tremendo campo en sí mismo, y mucho más allá del presente estudio. El estudiante interesado en apologética puede acudir a los muchos libros existentes sobre el tema. Aquí es necesario decir únicamente que el valor espiritual de la Biblia descansa supremamente en su posición única como el historial del amor redentor de Dios para el hombre, cumplido por medio de Cristo, y confirmado en los corazones de los hombres en todas las edades por mediación del Espíritu de verdad, el Espíritu Santo.

La Biblia, por tanto, es algo más que un libro religioso. Es un libro redentor. *Religión,* en su sentido amplio, es la búsqueda por el hombre de una relación más estrecha con Dios. *Revelación* es la propia comunicación de Dios al hombre. *Redención* es el encuentro entre Dios y el hombre a través de la Persona central de la Biblia, el Dios-Hombre, Cristo Jesús, el Señor. Hay muchas religiones, como hay muchos modos en las que los seres humanos buscan a Dios. Pero hay una sola revelación, la Biblia, y el Cristo quien es su tema. Y hay una sola redención, que es mediada por el Espíritu Santo a través de la creencia de la verdad encarnada en la Biblia.

Concedida esta gran fe, que esencialmente es la fe cristiana, la Biblia llega a ser un libro de importancia sin igual. Es la palabra del Dios viviente, y nada tiene que ser más vital para el hombre que el conocimiento de la palabra del Señor. La Biblia apela a todas las facultades y capacidades de la mente: al intelecto por sus verdades imprescindibles para el conocimiento de la recta doctrina; a las emociones por sus conceptos sin paralelo que nos inspiran y bendicen; y a la voluntad, por su guía ética para la conducta de vida.

Los libros que nacen de la mente de los hombres vienen y van. De imprimirlos no hay fin. La Biblia es el libro de los siglos. Siempre está de moda porque sus verdades están fuera del tiempo. Ningún otro libro iguala su importancia. Todos los libros del hombre, juntos, nunca ocuparán su lugar. Como lo dijo Juan Wesley:

> Soy una criatura de un día, pasando a través de la vida como una flecha atravesando el aire. Soy un espíritu, viniendo de Dios y retornando a Dios, colgando sobre el gran golfo. Unos pocos meses más, y ya no seré; ¡caeré como una gota en la inmutable eternidad! Yo deseo conocer una sola cosa tan solo: el camino al cielo; cómo arribar con seguridad a la playa feliz. Dios mismo ha condescendido a enseñarme el camino. Ello ha dejado escrito en un libro. ¡Oh, dadme ese libro! Ya lo tengo. Ahí hay conocimiento suficiente para mí. Dejadme ser el hombre de un solo libro. Aquí, entonces, estoy, lejos de los afanosos caminos de los hombres. Me siento a solas: solo Dios está aquí. En su presencia yo abro y leo su libro, para este único fin: hallar el camino al cielo.[18]

II. LA INSPIRACIÓN DE LA BIBLIA

La autoridad de la Biblia como norma de la verdad doctrinal y conducta ética reside en que la Biblia es algo más que una producción humana. El carácter divino de la Biblia como revelación suprema de Dios al hombre depende de lo que es conocido como su *inspiración*. Por ende leemos: "Toda la Escritura es inspirada por Dios, y útil para enseñar, para redargüir, para corregir, para instruir en justicia, a fin de que el hombre de Dios sea perfecto, enteramente preparado para toda buena obra" (2 Timoteo 3:16-17). La creencia en la inspiración de la Biblia es la afirmación primordial del cristianismo respecto de las Escrituras. Los autores de este libro dan completo apoyo a la fe firme en la inspiración completa de la Biblia, que se expresa en la siguiente afirmación:

Creemos en la inspiración plenaria de las Sagradas Escrituras, por lo cual entendemos que los sesenta y seis libros del Antiguo y Nuevo Testamento, dados por divina inspiración, revelan inerrablemente la voluntad de Dios concerniente a todas las cosas necesarias para nuestra salvación; de modo que cualquier cosa que no está contenida en ella, no es aceptada como artículo de fe.[19]

A. El significado de la revelación

El término "revelación" incluye todos los modos y maneras por los cuales Dios se da a conocer a sí mismo a los seres humanos. La misma naturaleza puede servir como un canal por medio del cual se da la revelación. El salmista dice: "Los cielos cuentan la gloria de Dios, y el firmamento anuncia la obra de sus manos" (Salmos 19:1). La razón, la experiencia y la intuición son otras vías o canales por los cuales puede venir a la mente humana la verdad en cuanto a Dios.

Sin duda alguna, la revelación suprema y perfecta de Dios es dada en el carácter y personalidad de su Hijo unigénito, conocido en el prólogo del Evangelio de Juan como el Logos, o la Palabra.

Una revelación divina tendría que tener, necesariamente, un carácter doble. Objetivamente requiere una revelación de Dios mismo. El cristianismo encuentra tal revelación en la Palabra viviente, el Logos eterno y personal, la única verdadera y adecuada revelación del Padre. "A Dios nadie le vio jamás; el unigénito Hijo, que está en el seno del Padre, él le ha dado a conocer" (Juan 1:18).

Subjetivamente, por otro lado, la revelación es un cuerpo de verdad conocida o comprendida, abarcando la fe cristiana, registrada históricamente por los hombres de la antigüedad en las páginas de la Escritura. Cristo, la

Palabra *viviente*, es la perfecta revelación de Dios. La Biblia, la Palabra *escrita*, es el historial divinamente inspirado de la obra y naturaleza redentoras de Cristo. Es esta revelación de Dios, tal como es dada en la Biblia, la que a nosotros concierne.

B. El significado de la inspiración

El *método* por el cual la revelación de Dios ha sido estampada en la Biblia es conocido en la doctrina cristiana como "inspiración". "Inspirar" significa literalmente "respirar dentro". Cuando Pablo escribe que "toda la Escritura es inspirada por Dios" (2 Timoteo 3:16), está enseñando como Moule sugiere, que "la respiración de Dios estaba en cada Escritura, como la respiración de cada hombre está en sus palabras, haciendo que ellas sean el vehículo de su pensamiento"[20]. La doctrina cristiana de la inspiración afirma que Dios les impartió a hombres escogidos verdades que ellos de otro modo no hubieran conocido, y por su cuidado providencial en la formación del *canon*, acerca del cual hablaremos en el próximo capítulo, puso su endoso a todo lo que ellos estaban escribiendo en palabras.

El Dr. H. Orton Wiley define la inspiración como "la operación del Espíritu Santo sobre los escritores de los libros de la Biblia de tal manera que sus producciones llegaron a ser la exacta expresión de la voluntad de Dios". Él nos da una lista de tres factores de la inspiración los cuales aseguran esta posibilidad. El primero es la *superintendencia*, gracias a la cual el Espíritu Santo dio tal dirección a los escritos de estos hombres escogidos, que los mantuvo libres de todo error. El segundo es la *elevación*, con la cual describimos un aumento de comprensión y refinamiento de pensamiento dado a la mente humana a la cual es hecha la revelación. El tercer factor es la *sugestión*, bajo la cual una comunicación directa de pensamientos, y aun de palabras es recibida por medio del Espíritu Divino[21].

El cristianismo es la única grande religión mundial que afirma ambos factores, el divino y el humano. Su Salvador es el Dios-Hombre, cuya humanidad no puede ser ignorada, como tampoco puede ser ignorada su deidad. Sus Escrituras no fueron traídas "por voluntad humana, sino que los santos hombres de Dios hablaron siendo inspirados por el Espíritu Santo" (2 Pedro 1:21). Los hombres inspirados fueron *hombres* de Dios. Hombres que hablaron de sentimientos humanos: soledad, tristeza, esperanza, temor, impaciencia, angustia, y el triunfo dado a ellos por la gracia siempre presente de Dios. Como escribe J. Patterson Smyth: "Dios usó las mentes humanas como canales de su verdad, probablemente porque así podía ser mejor comprendida y asimilada por las mentes humanas a las cuales iba dirigida"[22].

Los teólogos han ofrecido muchas pruebas de la inspiración de la Biblia. Quizá la más convincente sea la Biblia misma. El libro habla con el acento de una autoridad incontrastable. Un editorial del periódico *London Sunday Times,* comentando las reuniones evangelísticas de Billy Graham en Londres en 1954, reconoce esto al decir: "La Biblia, que tanto ha significado al pueblo de este país en pasadas épocas, posee todavía una apelación asombrosa. Hay algo acerca de la Biblia, y de la predicación bíblica, que no puede ser explicado a menos que se reconozca su divina autoridad e inspiración"[23]. El profesor Romanes, en sus días de agnóstico, empezó a examinar la Biblia, cuando súbitamente descubrió que la Biblia lo estaba examinando a él[24]. El Dr. R.T. Flewelling ha dicho: "Yo sé que la Biblia es inspirada porque me inspira a mí". El Dr. Howard A. Kelly, profesor por muchos años en la Universidad de Hopkins, radiólogo y jefe de cirugía en el Hospital Howard A. Kelly de Baltimore, y autor de muchos libros y artículos de medicina, escribió estas elocuentes palabras:

Yo acepto la Biblia como la palabra de Dios debido a su propio carácter milagroso, formado por partes en el curso de siglos, y empero completado en un todo armonioso. Sin la Biblia, perderíamos todas las preciosas parábolas de Dios en la naturaleza, su otro libro, y cuando la naturaleza es explotada meramente por lucro o por el orgullo de la ciencia, es degradada y arruinada... Yo testifico que la Biblia es la palabra de Dios, porque es alimento para el espíritu tan específicamente como el pan y la carne lo son para el cuerpo. La Biblia me llama fuertemente la atención como médico, porque es una medicina; nunca ha dejado de sanar a un paciente si se toma la receta como se debe.

Es el único libro en el mundo que revela a Dios como un Ser infinitamente por encima de toda nuestra imaginación natural, digno de nuestro amor y adoración, e inextinguible en su maravillosa naturaleza... En oposición a la falsa ciencia y las falsas religiones, la Biblia fija el origen del pecado en un tiempo particular y en su solo individuo, Satanás, y desde ese mismo principio promete la erradicación del pecado eternamente cuando ese architraidor sea encadenado impotente para siempre... La Biblia revela la justicia de Dios en Cristo, su juicio sobre el pecado, y su gran misericordia extendida a cada pecador que confía en Él... Es el único libro del mundo que se mantiene siempre joven, fresco, inspirador... cualquier cosa que haya en nuestra civilización que tenga mérito alguno reposa sobre los preceptos de la Biblia. En todas sus enseñanzas, y en todas las partes de su contenido, la Biblia declara ser la autoritativa palabra de Dios. Yo la acepto de esta manera.[25]

III. PRINCIPALES VERSIONES DE LA BIBLIA

Una versión de la Biblia es la traducción de la Biblia en algún otro idioma, partiendo de sus originales hebreo y griego. Puesto que la Biblia es la palabra de Dios para la humanidad, es el libro traducido a más idiomas. La Biblia completa, o partes de ella, ha sido traducida ya en más de dos mil idiomas y dialectos. En muchos de esos idiomas hay más de una versión o traducción.

Debido al hecho de que una traducción o versión es la obra de manos humanas, está lejos de ser perfecta. El valor de una traducción depende de tres factores principales. El primero de ellos es la integridad de la copia del original, de la cual se ha hecho la traducción. Si el original empleado no es el mejor de todos, la traducción naturalmente resultará deficiente. Obviamente, ninguna traducción puede ser mejor que el original, aunque es posible que no sea tan buena como él.

Segundo factor: la calidad de una traducción depende del conocimiento que tenga el traductor de ambos idiomas de que se trate, tanto del idioma original como del idioma en el cual el texto está siendo vertido. Hay muchas traducciones defectuosas, cuya falla se debe a la falta de conocimiento íntimo de los idiomas hebreo y griego. Otros casos de malas traducciones se deben a la falta de conocimiento del idioma de la traducción.

Tercer factor: dado que "traducir" significa interpretar el significado del original, y expresar ese significado en otro idioma, mucho depende de la comprensión que el traductor tenga de las Escrituras. Cada traducción es, en cierto grado, una interpretación. Una ventaja que tienen las versiones de la Biblia hechas por un grupo de eruditos, es que en ellas se reduce al mínimo el peligro de una interpretación privada.

Entremos ahora a considerar algunas de las versiones sobresalientes de la Biblia en el idioma inglés y en los idiomas antiguos.

A. Versiones antiguas

Las más importantes versiones antiguas son cuatro.

1. La Septuaginta

La más significativa de las versiones antiguas es la Septuaginta, o en su forma abreviada, Versión LXX. Este nombre se deriva del término griego para "setenta", que es el supuesto número de sus traductores. Es llamada también la Versión Alejandrina, en honor de la ciudad de Alejandría donde se realizó; y también Versión Griega, por el idioma utilizado.

La Septuaginta es la primera traducción realizada de cualquier parte de las Sagradas Escrituras, y es la versión griega de todo el Antiguo Testamento.

Fue necesario hacer esta versión por el hecho de que los judíos que vivían en Egipto y diseminados por todo el Cercano Oriente, durante los siglos inmediatamente antes de la era cristiana ya no entendían el hebreo. Las conquistas de Alejandro y sus ejércitos macedónicos habían extendido el idioma y la cultura griegos por todo el mundo de entonces, el mundo del Mediterráneo. Los judíos que habían aceptado las costumbres griegas y hablaban solo ese idioma, eran conocidos como judíos helenistas. Habían establecido sus sinagogas en todos los países donde vivían y aun en Jerusalén (Hechos 9:29).

Hay muchas dudas en cuanto al origen de la Septuaginta. La tradición más antigua, originada por una supuesta carta de Aristeo, un judío que servía bajo los reyes ptolomeos en el siglo III a.c., no es muy aceptada hoy por los especialistas. Conforme a esta tradición, 72 judíos palestinos, seleccionados por el sumo sacerdote entre todas las tribus, terminaron la traducción en setenta y dos días, trabajando en la isla de Faros, cerca de Alejandría, Egipto. La tradición dice también que cada traductor trabajó en su propio cuarto, independiente de los otros, y que cuando las traducciones fueron comparadas, todas se hallaban en perfecta concordancia unas con otras.

Los hechos apoyan la tradición de que la versión se realizó en Alejandría, en el tercero o segundo siglo antes de Cristo, por un cierto número de traductores, algunos de los cuales (a juzgar por su dominio del hebreo) eran judíos de Palestina. Estos traductores fueron de habilidad variada, y parecen diferir un poco en su criterio de traducción. Por esto las diferentes porciones son de distinto valor. Generalmente se concede que la sección mayor de todas es la Torá, o sea el Pentateuco, y fue probablemente la obra de judíos eruditos de Palestina.

Es casi imposible exagerar la gran importancia de la Septuaginta. Fue la Biblia que usaron los judíos del tiempo de Cristo, y fue citada vez tras vez por nuestro Señor y los apóstoles. Fue la Biblia de la iglesia cristiana primitiva. Conforme se fueron escribiendo los libros del Nuevo Testamento, se agregaron a estas escrituras griegas del Antiguo Testamento (2 Pedro 3:15-16). Excepto en el caso del Rollo de Isaías de Jerusalén, las copias existentes de la Septuaginta son 700 años más antiguas que las más antiguas copias hebreas del Antiguo Testamento. Los más antiguos y apreciados manuscritos bíblicos en existencia (el Códice Vaticano, el Códice Alejandrino, el Códice Sinaítico, y el Edicto de Efraín), todos contienen la Septuaginta como Antiguo Testamento.

2. Los Tárgumes

La segunda versión antigua que consideraremos es una colección de diferentes escritos conocidos como los Tárgumes arameos. Tárgum viene de un término arameo que significa "traducir" o "interpretar". Al igual que la Septuaginta, los Tárgumes fueron una contestación a una necesidad práctica, puesto que después de la cautividad el arameo fue reemplazando gradualmente al hebreo entre los judíos como idioma del pueblo. Los Tárgumes fueron al principio paráfrasis orales de las Escrituras hebreas, hechas primero en las sinagogas y luego escritas.

Los Tárgumes más importantes son los de Onkelos o Aquila; el de Jonatán sobre los Profetas, y el Tárgum sobre la Hagiógrafa. Debido a su carácter específico de paráfrasis, los Tárgumes carecen del valor de una traducción exacta.

Contienen muchas adiciones, interpretaciones y paráfrasis, realizadas libremente. Empero, han servido para aclarar muchos puntos oscuros del texto original que usaron los escribas. También demuestran los métodos de interpretación que usaron los judíos de ese período.

Estrechamente relacionados con los Tárgumes están el Talmud y la Midrash. El Talmud es una colección de exposiciones, interpretaciones y opiniones de eruditos reunidas durante 800 años, entre el tercer siglo antes de Cristo y el año 500 d.C. Esta es la famosa "tradición" de los ancianos de la cual habla Jesús en Mateo 15:3. La Midrash, o Midrás, fue una colección de comentarios a la ley escrita y se originó probablemente en las enseñanzas de los escribas en las sinagogas, y en el período inmediatamente anterior y posterior a la vida de Jesús.

3. La Peshita

La versión siríaca llamada Peshita es la tercera versión antigua que consideraremos. Es la obra de los cristianos sirios del siglo V de nuestra era. Su nombre *peshita* significa "simple" o "literal". Es de gran valor para determinar el texto original hebreo del cual se realizó.

4. La Vulgata Latina

La famosa Vulgata Latina de San Jerónimo es la cuarta y última de las grandes versiones antiguas que consideraremos. La difusión de la cultura romana por todo el mundo antiguo condujo a un gradual desplazamiento del griego por el latín, la lengua de los conquistadores del Tíber. Hacia el fin del siglo cuarto de nuestra era, el tiempo de Jerónimo, el griego había llegado a ser tan desconocido para la mayoría de los cristianos como el hebreo había llegado a serlo para los judíos del tiempo de Jesús. Esto originó la necesidad de traducir el hebreo del Antiguo Testamento y el griego del Nuevo, al latín común de la gente. Jerónimo llevó a cabo su monumental obra en la cual trabajó 20 años en un monasterio cerca de Jerusalén, entre los años 385 y 405 de nuestra era.

La obra de Jerónimo fue recibida con un severo estallido de oposición y crítica. La Septuaginta y algunas traducciones latinas existentes eran aceptadas con un temor supersticioso como las genuinas Escrituras divinamente inspiradas, y los cambios en algunos pasajes bien conocidos fueron rechazados acremente. Jerónimo murió en el año 420 sin haber visto su obra aceptada universalmente. Tuvieron que transcurrir tres siglos antes que se reconociera el valor de la Vulgata. Pero una vez aceptada se convirtió en la Biblia de la iglesia romana y del mundo occidental por espacio de 1,000 años. Durante la edad media fue dividida en capítulos, y fue el primer libro impreso en imprenta de tipos movibles, se dice que por Juan Gutenberg, en 1456. Las primeras versiones inglesas que aparecieron fueron más bien traducciones de la Vulgata, que de los originales hebreo y griego. La Vulgata fue también la base para las primeras traducciones al italiano, francés y castellano. Es aún la Biblia oficial de la Iglesia Católica Romana, y las versiones católicas modernas están basadas en ella. La traducción de Jerónimo fue una obra forjada magníficamente y ha sido de gran ayuda para retornar a los idiomas originales del Antiguo y Nuevo Testamentos.

B. Versiones modernas

Nuestro comentario a las versiones hechas después de la invención de la imprenta será dedicado a algunas de las más sobresalientes versiones inglesas. Aunque la versión de Wycliffe se realizó antes de la invención de la imprenta de tipos movibles, es considerada generalmente "moderna" debido a la gran influencia que ejerció en las versiones posteriores.

1. La Versión de Wycliffe

Juan Wycliffe (1320–1384) fue un erudito inglés, educado en Oxford, y llamado "la estrella matutina de la Reforma". Participó activamente en la lucha contra la supremacía papal en la política europea de su tiempo, pero es mayormente conocido por haber traducido la Vulgata Latina al inglés de su tiempo.

Wycliffe creía que la corrupción del clero y las falsas enseñanzas de la iglesia de su tiempo, se debían a que solo los eruditos podían leer las Escrituras. La mejor arma contra una iglesia corrompida tendría que ser la Biblia traducida al idioma del pueblo, y disponible, en los hogares de la gente. A Wycliffe lo ayudaron en su trabajo otros eruditos de igual capacidad. Organizó una orden de predicadores evangélicos, llamados los Lolardos. Estos hombres ayudaron enormemente en la distribución de la nueva versión de la Biblia.

Muchas expresiones y frases de Wycliffe se encuentran todavía en las biblias inglesas, tales como "puerta estrecha", "rodear el cielo y la tierra", "hijo de perdición", "entra en el gozo de tu Señor", etc. Cuánto ha cambiado el idioma inglés desde 1382, cuando se terminó la versión Wycliffe, hasta 1611, donde se publica la Versión Autorizada. Esto se nota en la siguiente cita del Padrenuestro:

Our Fadir that art in Heuenes, Halewid by thi name. Thi Kingdom comme to. Be thi wille done as in heuen so in erthe. Gyve to us this dai oure breed ouer other substance; and forgive to us oure dettis as we forgyven to oure dettouris. And leede us not in to temptacioun, but delyvere us fro yvel.[26]

2. *La Versión de Tyndale*

William Tyndale (1482-1536) nació justamente cien años después de la muerte de Wycliffe, en medio del tremendo fermento de la vida intelectual de Europa conocido como el Renacimiento. Educado en Oxford y Cambridge, su vigorosa mente entró pronto en conflicto con el catolicismo. En una de sus controversias con el clero, hizo un voto que se cumplió literalmente: "Si Dios me concede vida, yo haré que dentro de no muchos años un niño que conduce el arado sepa más de las Escrituras que todos ustedes juntos". Este voto se cumplió con su obra de traducción.

El propósito de Tyndale fue hacer una versión inglesa directamente de los originales hebreo y griego, en vez de hacerlo de la Vulgata como lo había hecho Wycliffe. Comenzó a trabajar en Londres, pero pronto se vio obligado a escapar al continente europeo. Pasó algún tiempo en Wittenberg, con Martín Lutero. Finalmente se estableció en Worms, donde completó la traducción e hizo la impresión del Nuevo Testamento. Cuando los barcos que llevaban el cargamento de Nuevos Testamentos llegaron a Inglaterra, se dice que dos grupos muy diferentes hicieron una tremenda demanda de ellos: el pueblo que quería leerlos, ¡y las autoridades eclesiásticas que querían quemarlos! Cierto mercader inglés se acercó a Tyndale y le dijo:

—William, yo sé que tú eres un hombre pobre y yo te he conseguido un cliente para tus libros.

— ¿Quién es? —preguntó Tyndale.

—El obispo de Londres —fue la respuesta de Parkington, que así se llamaba el mercader.

— ¡Pero el obispo desea quemarlos! —exclamó el traductor.

—Sí, caramba —fue la única exclamación sonriente de Parkington.

Y así, de acuerdo a esta crónica, el convenio se hizo. El obispo recibió los Nuevos Testamentos, el mercader las gracias, y Tyndale el dinero[27].

Poco después Tyndale comenzó el trabajo de traducir el Antiguo Testamento del original hebreo. Llegó a traducir todo el Pentateuco y el libro de Jonás. Regresando a Antwerp, debido a la traición de un pretendido amigo y compatriota, lo detuvieron y encarcelaron cerca de Bruselas. Mientras esperaba el juicio, pudo completar la traducción desde el libro de Josué hasta 2 Crónicas. Estos libros fueron más tarde publicados por su amigo John Rogers. Convicto al fin de herejía y condenado a muerte, a Tyndale lo ataron a una estaca, estrangulado y quemado. Sus últimas palabras, según el historiador Foxe, fueron: "Señor, abre los ojos del rey de Inglaterra".

El mejor tributo a la obra de Tyndale yace en la influencia que ejerció su traducción en las versiones inglesas posteriores. Algunas porciones de la primera Versión Autorizada contienen hasta el noventa por ciento de las palabras de Tyndale. Su dominio del inglés simple pero elocuente de su tiempo, y su erudición en las lenguas originales lo capacitaron para poner un sello especial, tanto en la lengua inglesa como sobre su versión de la Biblia, la cual nunca ha sido superada. Tal como frecuentemente se ha señalado, se contestó su oración de moribundo. Dios abrió los ojos del rey de Inglaterra cuando Miles Coverdale y John Rogers hicieron una obra más amplia.

3. Versiones inglesas intermedias

Entre la obra monumental de William Tyndale y la célebre Versión Autorizada de 1611, hubo varias versiones intermedias que mencionaremos solo brevemente.

A Miles Coverdale se le acredita el haber publicado la primera Biblia completa en inglés. Esta Biblia fue publicada en Inglaterra, en 1535, mientras Tyndale estaba preso en el continente. Esta Biblia no era una traducción de los idiomas originales, sino más bien una traducción de la Biblia alemana de Lutero y de la Vulgata Latina, pero dependiendo también mucho en la versión de Tyndale. Aunque parezca extraño, apenas un año después de la muerte de Tyndale, la Biblia de Coverdale se imprimió, encuadernó y distribuyó en Inglaterra, con la aparente aprobación de Enrique VIII.

Casi inmediatamente después de la de Coverdale, salió la Biblia "de Mateo", también con la aprobación real. Esta fue obra de John Rogers, el amigo de Tyndale de los primeros años, y fue una compilación de las obras de Tyndale y Coverdale. Inmediatamente después, en 1539, apareció la "Gran" Biblia por Coverdale, que incorporaba el texto de la Biblia de Mateo con variaciones sugeridas por la comparación con el latín.

La que es conocida como la Biblia de Ginebra fue el resultado del trabajo de varios eruditos ingleses residentes en Ginebra, Suiza. Estos hombres habían emigrado al continente a raíz de las sangrientas persecuciones de protestantes realizadas por la reaccionaria reina María Tudor, durante los años 1533 a 1558. Esta Biblia de Ginebra fue una revisión de la Gran Biblia, y proporcionó a Inglaterra, bajo el reinado de Elizabeth, la mejor versión inglesa que hasta entonces había tenido. Aunque no suplantó a la Gran Biblia en el uso eclesiástico, pronto la desplazó del gusto popular. Como las autoridades no dieron completa aprobación a la Biblia de Ginebra, pronto apareció otra versión, hecha por eruditos de la iglesia de Inglaterra, y conocida con el nombre de Biblia de los Obispos, debido a que varios obispos trabajaron en sus páginas.

Cuando la reina Elizabeth, quien era protestante, ascendió al trono, los eruditos católicos se hallaron en la misma situación comprometida en la que antes se habían hallado los protestantes, bajo la sanguinaria reina María. Muchos de ellos se refugiaron en Flandes, en la ciudad de Douai. Viendo la inmensa popularidad que estaban adquiriendo las versiones de la Biblia en el lenguaje del pueblo, estos eruditos quisieron hacer una también. Tradujeron la Vulgata Latina al inglés corriente. Esa versión se llamó la Biblia de Douai. Su evidente servilismo al idioma latín dio por resultado una versión deficiente en lo que toca a la erudición inglesa.

4. La Versión Autorizada o Versión del Rey Santiago [King James]

Ni siquiera se discute que la más grande y la más histórica de las traducciones al inglés de la Biblia es la Versión del Rey Santiago, o Versión Autorizada de 1611. La era isabelina de la historia inglesa está repleta de sucesos significativos que condujeron a la publicación de esta gran versión. Todos los niveles de la sociedad inglesa estaban interesados en la tarea de traducciones de la Biblia. Muchos de los maestros literarios de los siglos habían dedicado su vida y sus esfuerzos para llevar sus idiomas a un alto grado de perfección. La erudición había alcanzado un nivel muy alto. El rey Santiago I fue desde su juventud un estudiante de la Biblia y él mismo había hecho algunos esfuerzos personales de traducción.

Al año siguiente de su ascenso al trono, Santiago designó un grupo de 54 eruditos de todos los sectores de la iglesia de Inglaterra, y representando también las dos grandes universidades de Oxford y Cambridge, para que emprendieran el trabajo de preparar una revisión completa de la Biblia. Cuando llegó el momento de comenzar el trabajo, el número de eruditos fue reducido a 47, y se los dividió en seis grupos para facilitar la tarea. Los traductores decidieron seguir en general la pauta de la Biblia de los Obispos, pero con entera libertad para tomar pasajes de otras versiones existentes o hacer traducciones nuevas cuando los originales lo exigieran. Cuando se terminó la traducción, circuló entre todo el grupo para sugerencias y críticas.

Todo el trabajo, incluyendo el tiempo empleado en planeamiento preliminar y estudio individual, llevó cerca de seis años, y la primera impresión salió a la luz en 1611. Por cierto es muy interesante que, aunque estaba respaldada por la autoridad del rey, la nueva versión no conquistó inmediatamente el favor del público. Pronto había dejado atrás, en cuanto a popularidad eso sí, a la Biblia de los Obispos, pero tuvieron que pasar 50 años antes que la Versión Autorizada reemplazara a la Biblia de Ginebra, que era muy popular. Diferentes ediciones de la Versión Autorizada aparecieron en 1613, 1629 y 1638, en las cuales se hicieron algunos cambios menores. Se aprovechó para corregir algunos errores descubiertos por la crítica, a la cual estaba sujeta. En 1762 se hizo otra edición en Cambridge, y en 1769, después de cuatro años de trabajo por el Dr. Benjamín Blayney de Oxford, apareció otra edición, la cual es la versión corriente hasta hoy. El Dr. Blayney se dedicó especialmente a corregir la ortografía y la puntuación, pero también hizo algunas modernizaciones de expresión. Así que tuvieron que pasar 158 años para que la Versión del Rey Santiago (o King James) tomara su forma presente.

El doctor Ira M. Price escribe:

> Por casi tres siglos la Versión Autorizada o del Rey Santiago ha sido la Biblia del pueblo inglés. Su simple y majestuoso lenguaje anglosajón, su claro y gráfico estilo, su nobleza y fuerza de lenguaje han hecho de ella el modelo en lenguaje, estilo y dignidad de algunos de los más selectos escritores de los dos últimos siglos. Sus frases están entretejidas en gran parte de nuestra más noble literatura; y su estilo, que hasta cierto grado es asombroso, así como el estilo de los autores originales de la Biblia, han ejercido una gran influencia en moldear ese ideal de sencillez, rectitud y claridad que ahora domina el arte de escribir en inglés. Se ha ganado un lugar de afecto en los corazones de millones de cristianos, y ha moldeado el carácter de los líderes de cada capa de la sociedad. Durante todos estos siglos la Versión del Rey Santiago ha venido a ser una parte vital del pueblo de habla inglesa, social, moral, religiosa y políticamente.[28]

5. Traducciones individuales

La verdad de Dios es eterna e inmutable, pero los lenguajes de los hombres no lo son. El inglés de hoy es muy diferente del inglés de la era isabelina, como el castellano de hoy difiere mucho del castellano de Casiodoro de Reina. Además de eso, los eruditos bíblicos han hecho tremendos esfuerzos en los tres últimos siglos, descubriendo antiguos manuscritos que han traído nueva luz a los originales hebreo y griego.

Estos factores hicieron inevitable la producción de nuevas versiones en inglés. Se estima que, desde la aparición de la Versión Autorizada en 1611 hasta la fecha, se han hecho más de 100 nuevas versiones. H.S. Miller ha hecho una lista cuidadosa de 38 versiones privadas de toda la Biblia o porciones de ellas hechas antes de la Versión Revisada en 1881, y de 34 aparecidas después de esa fecha. De este total de 72 traducciones privadas, 45 son norteamericanas[29].

6. *La Versión Revisada de 1881 y la Versión Americana Común**

En 1870 se nombró un comité en la Gran Bretaña para preparar una revisión de la Versión del Rey Santiago, la cual debería tomar nota de los cambios de lenguaje durante dos siglos y medio, desde la edición de 1611 y los avances en erudición bíblica desde entonces. Este grupo de más de 50 eruditos, se formó con traductores de las principales iglesias protestantes de las Islas Británicas. El comité, dividido en dos grupos, del Antiguo y Nuevo Testamentos, dio comienzo a su obra con el acuerdo de introducir tan pocas alteraciones como fuese posible, consistentes con el texto original que usaban.

Al mismo tiempo que los eruditos británicos comenzaban su labor, se organizó un comité norteamericano compuesto de treinta eruditos, para trabajar en colaboración con el grupo inglés. Cuando el trabajo estuvo terminado, los dos comités no pudieron quedar de acuerdo en muchos asuntos. Por esta razón, la llamada Versión Revisada representa tan solo la obra del comité de los ingleses, quienes incorporaron nada más algunas sugerencias de los eruditos norteamericanos. Por un acuerdo con ellos, el comité americano detuvo la publicación de su propia obra hasta 1901.

El Nuevo Testamento de la Versión Revisada (británica) se publicó en 1881. Casi dos millones de copias se imprimieron de la primera edición, y antes que pasase un año de su aparición se habían vendido en Inglaterra y Estados Unidos más de tres millones de ejemplares. Una porción que va del Evangelio según San Mateo hasta la Epístola a los Romanos, fue telegrafiada desde Nueva York hasta Chicago, el más largo mensaje jamás transmitido por cable. Cuatro años más tarde, en 1885, se publicó el Antiguo Testamento.

La Versión Americana Común (*American Standard Version*) hizo su aparición en 1901, después del plazo acordado con el comité británico. Esta versión representa no solo la erudición del grupo inglés, sino también la perspicacia adicional de los eruditos estadounidenses, que siguieron trabajando después que el comité inglés fuera disuelto. Muchas de las diferencias

---

* *Standard*

entre las dos versiones obedecen a las diferencias que el inglés tiene en ambos lados del Atlántico. La versión inglesa pone "maíz" cuando se trata de granos de cualquier clase; "buhonero" por comerciante; "inquilino" por mercader; "gordo" por tinaja; "arnés" por armadura, y así por el estilo. Los especialistas están de acuerdo en que la Versión Americana Común es la mejor versión en inglés para fines de estudio. Es cierto que carece de la gracia y el estilo de la Versión Autorizada, pero es mejor en lo que toca a la fidelidad al texto original corregido. Algunos han criticado que se use la palabra "Jehová" en lugar del sagrado y antiguo término "Señor". Además, el prurito de usar un solo término inglés equivalente para traducir cada vocablo del idioma original ha resultado más de una vez, no solo en un estilo rígido y antinatural, sino en una traducción pobre.

7. *Traducciones en lenguaje moderno*

El descubrimiento de gran número de papiros griegos, especialmente en el Fayum de Egipto, los cuales datan del primer siglo de nuestra era, han llevado a reconocer que el griego del Nuevo Testamento no es el griego clásico de los primeros siglos, sino el Koiné, o griego común que se hablaba en la casa y en el mercado. Este hecho, junto con otros factores, ha determinado la publicación de gran número de versiones en lenguaje moderno, popular, particularmente del Nuevo Testamento. Una descripción detallada y una evaluación crítica de estas versiones están más allá del propósito de este libro. Le daremos atención principalmente a esas versiones que incluyen el Antiguo Testamento.

La Biblia en inglés moderno, apareció en Londres alrededor de 1900 y fue el trabajo de Ferrar Fenton. *La Santa Biblia, una edición mejorada,* traducción respaldada por la Unión Bíblica Americana, y publicada en 1911, usa la expresión "bautizar" (sumergir) sistemáticamente por todo el Nuevo Testamento. *El Nuevo Testamento en lenguaje moderno,* de Weymouth, se publicó en 1902 y juntamente con la versión de Moffat de toda la Biblia, vierte las Escrituras a lo que se puede llamar un inglés británico coloquial. Por su parte *la Biblia, una traducción americana,* de Smith y Goodspeed, nos da las Escrituras en un inglés americano familiar. En obsequio a la verdad debe ser dicho que algunas de estas versiones modernas son más bien paráfrasis que traducciones, por la libertad que se toman en traducir el original. La reciente obra de J.B. Phillips, que es una paráfrasis del Nuevo Testamento, ha despertado mucho interés.

8. La Versión Revisada Común

Los esfuerzos que culminaron en 1946 con la publicación del Nuevo Testamento, y en 1952 del Antiguo Testamento, de la Versión Revisada Común, empezaron en 1929, cuando expiró el decreto de propiedad intelectual que se tenía sobre la Versión Americana Común.

Este derecho lo renovó el Concilio Internacional de Educación Cristiana, el cual de inmediato estableció un comité de trece personas para considerar los problemas relacionados con la revisión de dicha versión. La depresión económica de 1929 y años siguientes llevó el intento a un estancamiento virtual hasta 1937, cuando el Concilio Internacional decidió continuar la tarea. El comité recibió de nuevo el encargo de preparar "una revisión de la presente Versión Americana Común de la Biblia a la luz de los resultados de la moderna erudición; esta revisión deberá estar designada para uso en la adoración privada y pública, y deberá seguir la dirección del sencillo y clásico estilo inglés de la Versión del Rey Santiago"[30].

El Nuevo Testamento se publicó en 1946, y fue motivo de opiniones contrarias. El comité publicador tuvo en cuenta muchas de esas críticas e incorporó buen número de ellas en la segunda edición, la cual apareció con el Antiguo Testamento en 1952. El más notable de estos cambios es probablemente el retorno al uso constante de *santidad* y *santificación* al traducir los términos griegos *hagiadzo* y *hagiasmos,* en vez del frecuente uso del término "consagración" que hace la edición de 1946.

La publicación de la Biblia completa en 1952 provocó algunas fuertes reacciones. Se le hicieron muchas críticas equivocadas, pero también se mencionaron algunos puntos importantes que tenían validez. Debe tenerse en cuenta que ninguna traducción, siendo la obra de mentes humanas, puede ser perfecta, y ninguna puede ser la definitiva. Es de esperarse que el comité encargado de la VRC (o RSV) permanezca siempre flexible a toda sugerencia, y que muchas de las críticas que surgen sean consideradas en futuras ediciones. Cuando se recuerda que el texto de la Versión del Rey Santiago no quedó finalmente aceptado sino hasta 1611, y que todavía en 1769 se le estaban haciendo revisiones, hay alguna razón de esperar que el texto de la Versión Revisada Común pueda ser paulatinamente mejorado bajo la atención de una crítica erudita y ecuánime.

Aunque es muy difícil que la Versión Revisada Común llegue a reemplazar a la Versión del Rey Santiago en el afecto del pueblo, llegará con el tiempo a ser una herramienta valiosa para el estudiante de la Biblia que busca más claridad comparando las distintas versiones.

IV. HERRAMIENTAS PARA EL ESTUDIO BÍBLICO

El estudio de la Biblia es una ocupación para toda una vida. Un libro como este puede servir de introducción, algo así como una orientación, después de la cual el estudiante hará otros estudios más adelantados y profundos tal como su tiempo se lo permita. Es importante entonces que cerremos este primer capítulo, mencionando brevemente algunas de las herramientas que son de valor en la búsqueda adicional de las riquezas que se hallan en el Libro de los libros.

Desgraciadamente, muchos que alaban a la Biblia lo hacen solo de labios. No la leen en forma cuidadosa y sistemática, como debe hacerse. Maude Frazer Jackson ha hecho notar en forma poética esta actitud:

Si yo digo: "La Biblia es la Santa palabra de Dios"
Perfecta, inspirada, sin fallas,
Pero dejo de leer sus páginas
Día tras día,
Y no busco en ellas la ley de Dios,
Ni la verdad de la cual volublemente hablo
Para guía en este camino terrenal,
¿Qué es, en verdad, lo que estoy diciendo?[31]

A. La disposición

La Biblia debe ser estudiada con una mente receptiva, y un corazón sensible a su mensaje. Mucho del provecho de leer la Biblia depende de la actitud con la cual uno aborda su estudio. Los prejuicios y una mente estrecha son verdaderos estorbos. Un deseo sincero de entender y hallar en ella inspiración y orientación, es la llave que más pronto abre sus tesoros. William Tyndale escribió en el prólogo de su famosa Biblia:

> Aunque un hombre tenga entre sus bienes una preciosa joya, si no conoce nada de su valor, no sería mejor ni su riqueza habría aumentado una paja. Aunque leamos la Escritura y peroremos sobre ella, si ignoramos su uso, y qué es lo que allí se nos muestra, ella no nos ha de aprovechar nada. De modo que no es suficiente leer y hablar de ello, sino debemos desear que Dios abra nuestros ojos día tras día, y nos haga comprender y sentir de esa manera que la Escritura nos fue dada para que apliquemos su medicina a cada hombre para su propia llaga, a menos que intentemos ser solo discurridores ociosos y camorreros de palabras vanas, siempre royendo la amarga corteza exterior y nunca gustando el dulce fruto interno.[32]

B. El respeto

La Biblia se debe estudiar teniendo siempre presente que ella es su propio intérprete. "La Biblia se explica con la misma Biblia". Cada versículo, o pasaje, debe ser entendido siempre a la luz de la Biblia entera, y de su contexto inmediato. La Biblia se parece a un boleto de tren: "Carece de valor si no está completo". Como alguien lo ha señalado: "Un texto sin su contexto es un pretexto". Como lo decía John Wycliffe en su bello idioma:

> *Será de gran ayuda, para entender la Escritura,*
> *Si usted marca no solo*
> *Lo que fue hablado o escrito,*
> *Sino de quién,*
> *Y a quién,*
> *Con qué palabras,*
> *Y a qué tiempo,*
> *Dónde,*
> *Con qué intento,*
> *En cuáles circunstancias,*
> *Considerando lo que está detrás*
> *Y lo que viene delante.33*

C. La inteligencia

El estudiante debe saber aprovechar las ayudas que se ofrecen para una recta comprensión del texto bíblico. En muchas biblias hay referencias marginales al pie de las páginas y entre las dos columnas del texto. También se colocan pequeñas "llamadas" junto a palabras especiales del texto, las cuales citan otros versículos en la columna marginal que dicen lo mismo, o parecido, que el texto aludido.

También hay otros tipos de "llamadas", que son pequeños números, que sirven para aclarar ciertas cosas, tales como significado de palabras o nombres propios hebreos, valores de monedas y medidas, y otros asuntos de interés. Las letras *cursivas* se usan para señalar palabras que no están en el texto original, pero que se usan para ayudar al sentido del pasaje. Tales palabras en letras cursivas son necesarias para suplir el sentido que no dan en nuestro idioma las palabras del original. Lamentablemente en algunos casos, las palabras en cursiva oscurecen el sentido más que aclararlo.

D. Otras versiones

Las diferentes versiones y traducciones son útiles para encontrar el sentido original. Por supuesto, el dominio del griego y del hebreo es una gran ayuda en la comprensión de los pasajes bíblicos. Si el estudiante no conoce estos idiomas, puede recibir mucha luz adicional consultando todas las versiones que pueda.

E. La responsabilidad

Las interpretaciones personales deben ser cotejadas con los mejores comentarios al alcance. Un comentario bíblico es un libro, o serie de libros que explican a veces versículo por versículo, o grandes pasajes, temas y capítulos o libros de la Biblia. Por supuesto, todo comentario refleja la posición teológica de su autor o autores. Un mismo comentario puede ser de valor desigual en pasajes diferentes. Como la misma Biblia dice: "En la multitud de consejeros hay seguridad". Los errores o excesos de un comentario pueden ser corregidos por otros comentarios.

F. Las concordancias

Nadie puede esperar hacer un buen estudio de la Biblia sin el constante auxilio de la concordancia. Una *concordancia* es un libro que da todas las palabras de la Escritura con la referencia de cada versículo donde figura esa palabra. Cuando se desea encontrar un versículo, del cual se recuerda solo una palabra, buscando esa palabra en la concordancia se hallan todos los versículos donde esa misma palabra figura. Algunas buenas concordancias dan también el origen hebreo o griego de cada palabra, juntamente con otros usos del mismo texto original.

Concordancias por tópicos, o de asuntos están arregladas por asuntos más que por palabras. Estas concordancias dan todas las referencias bíblicas que tratan el mismo asunto escogido, contengan o no las referencias la palabra de ese asunto. De esta manera, asuntos tales como "oración", o "gracia" o "fe" pueden estudiarse en pasajes que concuerdan con el significado, aunque no contengan la palabra misma.

G. Las obras de referencia

Finalmente, habrá ocasiones cuando el diligente estudiante de la Biblia deseará hacer uso de enciclopedias, diccionarios, o atlas bíblicos. Los dos primeros contienen artículos breves sobre personajes, lugares y asuntos mencionados en la Biblia. Los atlas bíblicos dan todos los mapas y otras referencias y datos útiles que ayudan a entender cabalmente la geografía de las tierras bíblicas.

RESUMEN

En este capítulo introductorio hemos hablado de las razones para estudiar la Biblia, la naturaleza de su inspiración, algunas versiones y traducciones magistrales, y hemos prestado alguna atención a las herramientas que ayudan en un mejor estudio de la Biblia. En el próximo capítulo enfocaremos el tema de este texto, el Antiguo Testamento, y consideraremos algunas materias básicas de importancia para su correcto conocimiento.

Damos la vuelta al mundo en busca de la verdad,
Vamos entresacando lo bueno, lo puro, lo hermoso,
De piedras labradas y rollos escritos,
De todas las viejas flores del campo del alma;
Y cansados buscadores de lo mejor,
Regresemos fatigados de nuestra búsqueda
Para hallar que todo lo que los sabios han dicho
Ya estaba en el Libro que nuestras madres leían.

—*Whittier, "Miriam"*

LECTURAS RECOMENDADAS

James Baikie, *The English Bible and Its Story*, pp. 113-45, 157-202.
Sidney Collett, *All About the Bible*, pp. 1-44, 75-155.
David Daiches, *The King James Version of the English Bible*, pp. 1-74.
Frank Gaebelein, *Exploring the Bible*, pp. 1-56.
G.T. Manley, *The New Bible Handbook*, pp. 3-18.
H.S. Miller, *General Biblical Introduction*, pp. 16-63, 210-56, 310-406.
Ira M. Price, *The Ancestry of Our English Bible*, pp. 50-316.
Merrill F. Unger, *Introductory Guide to the Old Testament*, pp. 22-43, 148-77.
H. Orton Wiley, *Christian Theology*, tomo I, pp. 167-84.

PARA UN ESTUDIO MÁS COMPLETO

1. Anote cualquier razón que usted pueda agregar para el estudio de la Biblia. ¿Por qué la gente hoy en día tiende a desdeñar el estudio de la Biblia?
2. Haga una lista de los libros o poemas que usted conoce, y que tienen alguna referencia a la Biblia o a pasajes bíblicos.
3. Busque en alguna obra de arqueología bíblica, información de algunos casos donde puntos oscuros de la Biblia fueron aclarados por la investigación arqueológica.
4. Seleccione algunos ejemplos sobresalientes de la influencia de la religión y la Biblia en la arquitectura, arte y música de Occidente.
5. ¿En qué forma se demuestra que el estudio de la Biblia es una parte muy importante en la cultura general?
6. Destaque la distinción que hay entre religión, redención y revelación.
7. ¿En qué manera es la Biblia un desafío a cada sector de la mente humana?
8. ¿Qué quería decir Juan Wesley cuando decía ser "hombre de un solo libro"?
9. Explique claramente la diferencia entre "revelación" e "inspiración".
10. Dé varias razones por las cuales usted cree que la Biblia es la palabra de Dios.
11. Si la Biblia es la palabra de Dios para todos los seres humanos, ¿a qué conclusión nos lleva eso respecto a su traducción?
12. ¿Qué valor tienen las versiones antiguas para los eruditos de hoy?
13. Dé un resumen de las contribuciones de Tyndale y Wycliffe a la traducción de la Biblia.
14. Vea si puede hallar algunos otros pensamientos selectos sobre el valor de alguna versión.

15. ¿Por qué razón las traducciones hechas por una sola persona, son menos fidedignas que las hechas por un grupo o comité?

16. ¿Qué valor tiene según su propia manera de pensar, cotejar versiones y traducciones de la Biblia?

17. Prepare una breve lista de concordancias, diccionarios y atlas bíblicos que usted conozca.

18. Haga una investigación entre sus amigos sobre los tres mejores libros que ayudan en el estudio de la Biblia.

19. Explique algunas características personales importantes del estudiante que saca mejor provecho del estudio de la Biblia.

NOTAS BIBLIOGRÁFICAS

[1] W.A. Smart, Still the Bible Speaks, p. 12.

[2] Citado por Herbert L. Willett, Our Bible: Its Origin, Character and Value, pp. 209-10.

[3] Joseph Auerbach, The Bible and Modern Life, pp. 96-97.

[4] Véase la bibliografía.

[5] William A. Irwin, The Old Testament: Keystone of Human Culture, pp. 235-36.

[6] H.H. Rowley, The Rediscovery of the Old Testament, p. 58.

[7] W.F. Albright, The Archaeology of Palestine and the Bible, pp. 127-28.

[8] "Confessions of an Enquiring Spirit", p. 69; citado en Clarence A. Barbour, The Bible in the World of Today, p. 111.

[9] Willett, op. cit., p. 205.

[10] Howard A. Kelly, A Scientific Man and the Bible, p. 55.

[11] Willett, op. cit., pp. 206-7.

[12] Citado en Barbour, op. cit., p. 122.

[13] Citado en Willett, op. cit., p. 212.

[14] Citado en Barbour, op. cit., p. 108.

[15] Willett, op. cit., 213.

[16] William Lyon Phelps, Human Nature in the Bible, pp. ix-x.

[17] Prefacio al folleto por Eric M. North, And Now... In a Thousand Tongues (folleto para el Domingo Mundial de la Biblia, diciembre 11, 1938, Sociedad Bíblica Americana).

[18] Citado en Barbour, op. cit., p. 110.

[19] Manual de la Iglesia del Nazareno, Artículos de Fe.

[20] The Second Epistle to Timothy, p. 123; citado en The New Bible Handbook, p. 8, editado por G.T. Manley.

[21] H. Orton Wiley, Christian Theology, tomo I, pp. 170-74.

[22] J. Patterson Smyth, How to Read the Bible, p. 27.

[23] Citado en U.S. News and World Report, junio 25, 1954, p. 152.

[24] Manley, op. cit., p. 11.

[25] Kelly, op. cit., pp. 51-61.

[26] Citado por Ira M. Price, en The Ancestry of Our English Bible, p. 239.

[27] Cf. James Baikie, The English Bible and Its Story, pp. 179-80.

[28] Price, op. cit., pp. 276-77.

[29] H.S. Miller, General Biblical Introduction, pp. 385-406.

[30] De registros del International Council, citado por Price, op. cit., p. 308.

[31] En James D. Morrison, Masterpieces of Religious Verse, p. 383.

[32] Citado por Robert R. Dearden, Jr., en The Guiding Light on the Great Highway, p. 5.

[33] Citado por Wilbur M. Smith, en Profitable Bible Study, p. 38.

2
¿POR QUÉ ES IMPORTANTE EL ANTIGUO TESTAMENTO?

Cuando leen el antiguo pacto (2 Corintios 3:14).

El propósito de este capítulo es considerar el lugar y la importancia del Antiguo Testamento en la Biblia. Primero consideraremos brevemente el orden de los libros de la Biblia según lo tenemos hoy. Luego iremos a las Escrituras según se leían en los tiempos de Cristo, y estudiaremos la grandiosa historia de su origen y preservación a través de las edades. Usted encontrará aquí las respuestas a algunas de las preguntas más comunes relacionadas con esta importante sección de la Santa Biblia.

La Biblia es una biblioteca de 66 libros. Su nombre en griego es *ta biblia*, que significa originalmente "los libros". Cuando este término pasó al latín de la edad media, se volvió singular, "biblia", o "el libro".

Hay un silencioso tributo al carácter diferente de la Biblia en la simplicidad de este título. Así como para los ciudadanos de cada país *la* Constitución significa un solo documento, aunque hay multitudes de constituciones, así, para los hombres de todo el mundo, *El* Libro, significa uno solo, aunque haya millones de libros.

I. LA ESTRUCTURA DE LA BIBLIA

Los 66 libros de la Biblia están, por supuesto, divididos en dos grandes secciones, conocidas como Antiguo y Nuevo Testamento. El término "testamento" en este caso tiene el significado de "pacto" o "convenio". Hasta bien entrada la era cristiana, lo que nosotros conocemos como el Antiguo Testamento era conocido como "Las Escrituras", o "La ley y los profetas". Desde el momento en que los libros de nuestro Nuevo Testamento estuvieron todos escritos y aceptados en el canon, el título de "Antiguo Testamento" fue aplicado a las Escrituras de los judíos anteriores a Cristo, y "Nuevo Testamento" a los escritores de los apóstoles y sus compañeros.

A. La unidad de la Biblia

Aproximadamente cuarenta escritores contribuyeron a la formación de la Biblia. Escribieron durante un lapso de 15 siglos, desde Moisés hasta

Juan el Teólogo. Hombres de todo rango y condición de vida hicieron su contribución: príncipes, reyes, sacerdotes, profetas, pastores, granjeros, pescadores, cobradores de impuestos, médicos, abogados y maestros. Algunos escribieron sin conocer lo que otros habían escrito. Muchos escribieron con conocimiento solo de una escasa porción del resto. Ninguno escribió teniendo a la mano todos los otros libros. Empero, la colección tiene tal admirable unidad de tema y propósito que solo puede ser explicada teniendo en cuenta que, "los santos hombres de Dios hablaron siendo inspirados por el Espíritu Santo" (2 Pedro 1:21).

El gran tema de la Biblia es la historia de la redención, concebida en la mente de Dios, cumplida en el corazón despedazado de Cristo, y transmitida por obra y voluntad del Espíritu Santo. Desde la *creación*, relatada en el Génesis, hasta la *consumación*, como está descrita en el Apocalipsis, todo el curso de la vida humana es descrito.

La cruz de la redención se yergue en el corazón de la Biblia. Todo el Antiguo Testamento, y los cuatro Evangelios miran hacia ella. Todo el resto del Nuevo Testamento, a partir de los Evangelios, mira hacia atrás, hacia ella como base suprema de fe y de confianza. La marcha de los siglos, más rápida, o más lenta, desde la creación hasta la cruz, y de allí en adelante hasta la corona, puede descubrirse en el hilo ininterrumpido de sus páginas.

B. El orden de los libros

El arreglo u orden de los libros de la Biblia, según los tenemos ahora, es en parte lógico y en parte cronológico. Es decir, están arreglados de acuerdo a su secuencia en el tiempo y también por su contenido o mensaje.

1. Históricos

Los primeros libros del Antiguo Testamento son en su mayor parte históricos, y llevan un hilo narrativo desde la creación de los cielos y la tierra, hasta el retorno de Israel de la cautividad babilónica. Tradicionalmente, estos diecisiete libros se dividen así:

I. El Pentateuco, conocido como los Cinco Libros de Moisés, o la Ley (considerado en los capítulos III, IV y V de este libro)

Génesis	Números
Éxodo	Deuteronomio
Levítico	

II. Los Libros Históricos, doce en número
A. El Período del Gobierno Tribal (capítulo VI)

Josué	Jueces	Rut

B. El Surgimiento y la Caída de la Monarquía (capítulos VII, VIII, IX, XI, XII, y XIV)

> 1 y 2 Samuel   1 y 2 Crónicas
> 1 y 2 Reyes

C. El Retorno del Exilio (capítulo XV)

> Esdras   Ester   Nehemías

2. Sabiduría y poesía

Siguiendo a los libros históricos, a cuyo estudio se dedica la mayor parte de este volumen, vienen los cinco libros de sabiduría y poesía. La mayor parte de estos libros se escribieron casi al fin del período cubierto por los libros históricos, que les preceden, preservándose así algo del orden cronológico.

III. Los Libros Poéticos y de Sabiduría (capítulos IX y X)

> Job   Eclesiastés   Salmos
> Cantares   Proverbios

3. Proféticos

Los últimos diecisiete libros del Antiguo Testamento se conocen como los libros proféticos, y a su vez se dividen en los dos grupos siguientes:

IV. Los Profetas Mayores (partes de los capítulos XIII, XIV, y XV)

> Isaías   Ezequiel   Jeremías
> Daniel   Lamentaciones

V. Los Profetas Menores (partes de los capítulos XI, XIII, XIV y XV)

> Oseas   Abdías   Nahum   Hageo
> Joel   Jonás   Habacuc   Zacarías
> Amós   Miqueas   Sofonías   Malaquías

C. El Nuevo Testamento

Una pauta similar de arreglo se encuentra en el Nuevo Testamento. Véase el volumen compañero de esta obra, titulado *Explorando el Nuevo Testamento*.

1. Históricos

Los cinco primeros libros nos dan la narración, y la base de los hechos sobre las que el resto se levanta. Estos libros son:

I.   Los Evangelios

> Mateo   Marcos   Lucas   Juan

II. El Libro de los Hechos

2. Las epístolas

Siguiendo a los libros de énfasis histórico, vienen las epístolas, agrupadas comúnmente en dos divisiones mayores.

III. Las Epístolas de Pablo

Romanos
1 y 2 Corintios
Gálatas
Efesios
Filipenses

Colosenses
1 y 2 Tesalonicenses
1 y 2 Timoteo
Tito
Filemón

IV. Las Epístolas Generales

Hebreos
Santiago
1 y 2 Pedro

1, 2 y 3 Juan
Judas

3. Profecía

El Nuevo Testamento, al igual que el Antiguo, termina con un libro en el cual el énfasis primario está en la profecía, dirigida hacia lo futuro.

V. El Libro Apocalipsis

D. Paralelismo entre el Antiguo y el Nuevo Testamentos

Se notará que hay un paralelo interesante en el arreglo de los libros del Antiguo y del Nuevo Testamentos.

	Antiguo Testamento	*Nuevo Testamento*
1. Historia	I. El Pentateuco	I. Los Evangelios
	II. Los Libros Históricos	II. Los Hechos
2. Interpretación y Aplicación	III. Sabiduría y Poesía	III. Las Epístolas de Pablo
	IV. Los Profetas Mayores	IV. Las Epístolas Generales
3. Profecía	V. Los Profetas Menores	V. El Apocalipsis

Se notará también que en las estructuras del Antiguo y Nuevo Testamentos hay una relación tanto paralela como progresiva. El Nuevo Testamento está edificado sobre el Antiguo. Las profecías del Antiguo Testamento, cumplidas en Cristo, vienen a ser las historias del Nuevo Testamento. Tenemos también una gran escala ascendente, desde la creación hasta la cruz, y de allí hasta la corona, en otro gran "Pentateuco" o bosquejo quíntuplo:

(V) Profecía del N.T.
(IV) Interpretación del N.T.
Historia del A.T.

(III) Profecía del A.T.
(II) Interpretación del A.T.
(I) Historia del A.T.

El nexo o punto de contacto es la vida redentora, las enseñanzas y la muerte expiatoria de nuestro Señor Jesucristo.

II. LA IMPORTANCIA DEL ANTIGUO TESTAMENTO

Las Escrituras que usaron Jesús y los apóstoles es lo que ahora conocemos como el Antiguo Testamento. Este solo hecho debe bastar para demostrar la importancia de esta porción de la Biblia. El Antiguo Testamento nunca puede ser reemplazado por el Nuevo Testamento. Las declaraciones de Jesús: "La Escritura no puede ser quebrantada" (Juan 10:35), y de Pablo: "Toda la Escritura es inspirada por Dios" (2 Timoteo 3:16), certifican el valor imperecedero del Antiguo Testamento. Como lo hace notar Cunliffe-Jones:

> La autoridad del Antiguo Testamento está más firmemente establecida en la Biblia que la del Nuevo. La base sobre la cual descansan tanto la enseñanza de nuestro Señor como el testimonio de los apóstoles, es el reconocimiento de la revelación de Dios en la ley, los profetas y los salmos. Si repudiamos el Antiguo Testamento destruimos el Nuevo.[1]

A. El Antiguo Testamento es la base del Nuevo

Un misionero en la India le regaló un Nuevo Testamento a un amigo hindú, muy inteligente. El hindú lo leyó cuidadosamente y después volvió para decirle al misionero: "Por favor, déme la otra parte". Curioso, el misionero le preguntó cómo sabía que había otra parte. El hindú le explicó: "El primer versículo dice que este es el libro de la generación de Jesucristo, hijo de David, hijo de Abraham. Yo necesito saber más acerca de David y de Abraham".

El lector cuidadoso del Nuevo Testamento descubre pronto la dependencia de este en el Antiguo. Los autores del Nuevo Testamento escribieron con sus mentes y corazones saturados con las verdades, y aun las propias palabras del Antiguo Testamento. Por eso, mucho de lo que ellos escribieron es como un libro incomprensible para los que ignoran el Antiguo Testamento, que era tan conocido para las mentes y tan querido para los corazones de los autores del Antiguo Testamento.

En las páginas del Nuevo Testamento hay más de 250 citas directas del Antiguo Testamento. Más importante aún es el inmenso número de referencias y alusiones, las cuales no son citas directas, pero que se nutren en la terminología, y los modos de pensamiento y expresión del Antiguo Testamento. Un erudito encontró un total de 1,603 referencias que ligan el Nuevo con el Antiguo Testamentos[2].

El libro de Isaías es el más frecuentemente citado, con un total de 308 alusiones. Los Salmos vienen en segundo término, con 303 referencias. El Apocalipsis hace frecuente alusión al Antiguo Testamento con 564 referencias, más de un tercio del número total de referencias en todo el Nuevo Testamento. El libro de los Hechos contiene 169; Lucas 140, Mateo 135, Hebreos 115, Romanos 103. Únicamente Filemón y las tres epístolas de Juan no contienen referencias al Antiguo Testamento. De los libros del Antiguo Testamento, solamente Rut, Esdras, Ester, Cantar de los Cantares, Lamentaciones Y Eclesiastés no están aludidos en el Nuevo Testamento. Pero de todos modos estos últimos libros estuvieron unidos a otros libros que sí son citados. Esto lo veremos al estudiar el *canon,* o lista de libros inspirados.

Todos los escritores del Nuevo Testamento dieron por sentado que el trato de Dios con los hombres en la historia de la redención es un todo continuo, del cual procedieron ambos, el Antiguo y el Nuevo Testamentos. Un "nuevo" pacto implica un "viejo" pacto con el cual está tanto en relación como en contraste. En efecto, el cumplimiento del Antiguo Testamento en el Nuevo significa continuidad con el pasado, como también la introducción de algo nuevo. Ni el Antiguo ni el Nuevo Testamentos son cabalmente comprensibles el uno sin el otro. Ambos forman las dos mitades de un todo perfecto[3]. El Antiguo Testamento sin el Nuevo es igual a un cuerpo sin cabeza. Tertuliano dijo: "En el Antiguo Testamento el Nuevo está escondido; en el Nuevo Testamento se revela el Antiguo"[4].

B. El Antiguo Testamento

No obstante todo lo anterior, el Antiguo Testamento es en gran parte una porción olvidada de la palabra de Dios. En algunos círculos esto se debe a la influencia destructiva de la alta crítica, que se ha ensañado especialmente con el Antiguo Testamento. Tal como comenta C.C. Torrey: "Lo que comenzó con un cortaplumas, fue continuado con un hacha"[5]. La preocupación con los problemas críticos ha oscurecido la mente de muchos respecto a los valores morales y espirituales del Antiguo Testamento. En otros círculos, el Antiguo Testamento ha sido desechado por los que piensan que es una lectura aburrida, con poco o nada de provecho para las personas sencillas. Sin embargo, la ley y los profetas tienen un mensaje todavía para nuestro día, el cual por cierto es más necesitado que nunca. Como lo dice el Dr. George L. Robinson:

> El mayor enemigo del Antiguo Testamento es la ignorancia que se tiene de él. Por más de dos milenios el Antiguo Testamento ha circulado entre los hombres como lo dice el Dr. Barton, "revelando el corazón del hombre mismo, poniendo delante de los ojos humanos la ley de Dios, despertando la conciencia, relatando la historia del perdón del Padre en Cristo, y formando por su elevada enseñanza el carácter de los santos". Y está destinado, lo creo firmemente, a vivir tanto tiempo como la verdadera religión influya sobre los corazones humanos. Porque aunque pongamos más conocimiento en nuestra adoración del que tuvieron los antiguos hebreos, difícilmente seremos capaces de poner más realidad.[6]

III. LAS ESCRITURAS QUE USABA JESÚS

Las escrituras hebreas del tiempo de Jesús contenían el mismo material de nuestro Antiguo Testamento, pero el arreglo y la combinación de los libros eran diferentes. En vez del familiar arreglo en cinco secciones que presentan nuestras versiones comunes, los hebreos arreglaban sus escrituras en tres grupos, conteniendo en total 24 libros.

Nuestro Señor se refirió a este arreglo en tres partes cuando dijo a sus discípulos, después de su resurrección: "Estas son las palabras que os hablé, estando aún con vosotros: que era necesario que se cumpliese todo lo que está escrito de mí en la ley de Moisés, en los profetas y en los salmos" (Lucas 24:44).

A. División de las escrituras hebreas

Miremos brevemente el arreglo de los libros que tenía la Biblia que usaban Jesús y los apóstoles.

1. La Torá, o Ley de Moisés

La primera división fue conocida como Torá o Ley de Moisés, o simplemente como la Ley. Contenía los mismos cinco libros que ahora tenemos en el Pentateuco, y que son los cinco primeros libros de la Biblia: Génesis, Éxodo, Levítico, Números y Deuteronomio.

La Torá es la porción más antigua del Antiguo Testamento, y los eruditos conservadores han defendido fuertemente que Moisés es su autor. En nuestro próximo capítulo hablaremos más acerca de la composición mosaica de la Torá. Aquí sea suficiente notar que los modernos descubrimientos arqueológicos han desacreditado por completo la tesis de los críticos radicales, que dice que Moisés no pudo escribir el Pentateuco porque el arte de escribir era desconocido en sus días.

Ahora se sabe que las escrituras han estado en uso desde una fecha tan remota como el año 3000 a.c., y ya eran muy comunes en los días de Abraham, quien vivió seis siglos antes de Moisés. Entre las tablillas de Ras Shamra, descubiertas en 1919, y fechadas por el tiempo de Moisés, hay un lenguaje alfabético escrito muy afín con el hebreo. El "Escrito Hebreo del Sinaí", descubierto por Sir Flinders Petrie en Serabit, en la península del Sinaí, en el preciso lugar donde Moisés recibió la ley de Dios (Éxodo 17:14 y 34:27) demuestra también que el arte de escribir era enteramente conocido en los tiempos de Moisés.

Ahora sabemos que las primeras Escrituras se hacían en tablillas de arcilla. Así lo demuestran las tablillas de Ras Shamra y Tell el Amarna. Las pieles de animales (especialmente de cabra) cosidas en largos rollos, y las hojas de papiro, se usaban en Egipto como material para escribir como mil años antes que naciera Moisés.

2. Los Profetas, o Nebhiim

La segunda división de la Biblia hebrea del tiempo de Jesús era conocida como los Profetas. El título hebreo es Nebhiim. La autoridad de las escrituras proféticas reposa en el oficio o don profético de los autores. Por ende, algunos de los que nosotros conocemos como libros históricos fueron clasificados entre los judíos como libros proféticos.

Este hecho también confirma la convicción de los judíos de que Dios es el Dios de la historia, y por medio de los sucesos históricos él hace conocer su voluntad y revela su carácter santo.

Los profetas, a su vez, fueron divididos en primeros profetas y últimos profetas. Esta distinción tiene que ver con el período histórico del cual tratan los libros, más que con el tiempo en que fueron escritos.

Los primeros profetas incluyen cuatro libros, dos de los cuales han sido divididos en nuestras presentes versiones, haciendo seis en total. Estos libros son los que clasificamos como libros históricos. Los cuatro primeros profetas proveen un registro continuo de la historia de Israel desde el cruce del Jordán hasta la cautividad en Babilonia. Estos son Josué, Jueces, Samuel y Reyes.

Los profetas últimos también incluyen cuatro: Isaías, Jeremías, Ezequiel y los Doce (profetas Menores). La división de los Doce en libros individuales da el número total de 15, que es lo que tenemos en nuestras Biblias actuales.

3. Los Escritos, o Kethubhim

Lo que es conocido como *Kethubhim* (hebreo) o *Hagiógrafa* (griego), contiene el resto de los 39 libros de nuestro presente Antiguo Testamento. A veces se los llamó los Salmos, porque el libro de los Salmos era el primero del grupo, (véase Levítico 24:44). Se clasificaron los Escritos en tres subdivisiones: Poéticos (Salmos, Proverbios y Job); los Cinco Rollos o *Megilloth* (Cantar de los Cantares, Rut, Lamentaciones, Eclesiastés y Ester); e Históricos (Daniel, Esdras, Nehemías y Crónicas).

B. Bosquejo de las divisiones de las Escrituras hebreas

Tal vez sea útil resumir, en forma de bosquejo, la división de las Escrituras hebreas.

I. *La Torá* (5 libros)
　　Génesis
　　Éxodo
　　Levítico
　　Números
　　Deuteronomio

II. *Los Nebhiim*
　　Primeros Profetas (4 libros)
　　　Josué　　　Samuel
　　　Jueces　　Reyes

　　Últimos profetas (4 libros)
　　　Isaías　　Ezequiel
　　　Jeremías　Los Doce

III. *Los Kethubhim*
　　Poéticos (3 libros)
　　　Salmos
　　　Proverbios
　　　Job

　　El Megilloth (5 libros)
　　　Cantar de los cantares
　　　Rut
　　　Lamentaciones
　　　Eclesiastés
　　　Ester
　　Históricos (3 libros)
　　　Daniel
　　　Esdras-Nehemías
　　　Crónicas

El historiador judío Josefo dice que los libros de las Escrituras hebreas son 22. Se llega a este número al unir Rut con Jueces y Lamentaciones con Jeremías. Aparentemente Rut y Lamentaciones estuvieron separados de su natural conexión debido al uso que se hacía de ellos en las grandes fiestas del calendario religioso judío.

C. Razones en que se basa la división hebrea

Se han ofrecido muchas soluciones para explicar la división seguida por las Escrituras hebreas. Es muy probable que el principio básico esté en la posición de los autores de los diversos libros. A Moisés siempre se le reconoció como el legislador y profeta con derecho propio, prototipo del Mesías (Deuteronomio 18:15-19). Los autores de los primeros y últimos profetas eran los mismos profetas, hasta donde es posible determinarlo, tanto por oficio como por don. Los autores de los Escritos fueron profetas por don, pero no por oficio. El hecho de que 19 de los 39 libros del Antiguo Testamento son de autor anónimo nunca ha causado problemas serios para su inclusión en el canon[7].

Una razón adicional para poner los Cinco Rollos juntos fue su uso en el culto a Jehová. Estos eran libros breves, escritos en un solo rollo para ser leídos en las grandes fiestas religiosas de Israel. Así, el Cantar de los Cantares se leía en la Pascua; Rut en Pentecostés, la fiesta de la cosecha; Eclesiastés en la fiesta de los Tabernáculos; Ester en la fiesta de Purim, y Lamentaciones se usaba, y se usa todavía, en la conmemoración de la destrucción de Jerusalén.

En la Septuaginta, los libros dobles de Samuel, Reyes, Crónicas y Esdras-Nehemías, estaban separados en dos libros cada uno. El Libro de los Doce también estaba dividido en los 12 libros de los Profetas Menores, tal cual los tenemos ahora. Esta división y arreglo se conservó en la Vulgata Latina, y ha llegado hasta nosotros a través de las versiones inglesas, españolas, etc. Las modernas Escrituras hebreas están divididas en 39 libros pero han preservado el antiguo arreglo, comenzando con Génesis y terminando con Crónicas.

IV. LA FORMACIÓN DEL CANON DEL ANTIGUO TESTAMENTO

El término "canon" viene del griego, *kanon*, palabra que significa originalmente "lo que mide". Quizá se derive del hebreo *qaneh*, caña o vara de medir. Más tarde se aplicó a todo lo que es medido por algún patrón reconocido como fidedigno. Parece que su uso en el presente significado ocurrió por vez primera entre los cristianos del siglo IV.

A. La naturaleza del canon

El canon, entonces, se aplica a aquellos libros que han de aceptarse como mensajes fidedignos de Dios que nosotros tenemos que obedecer. El canon de la Escritura es esa lista de los libros medidos por una norma o regla válida de inspiración; y sus libros son la regla y el patrón que miden a los hombres y nuestros hechos, y nos proveen guía autorizada para nuestra fe y práctica.

Debe entenderse sin lugar a dudas que la inclusión de un libro en el canon no es la causa de su inspiración. Las Escrituras canónicas fueron tan inspiradas en el momento de escribirse como cuando fueron colocadas más tarde en el canon. La inclusión en el canon significa el reconocimiento de su inspiración. Las Escrituras son, entonces, el producto de un doble proceso. Primero es la obra del Espíritu Santo inspirando la producción del libro. Segundo, es la acción del Espíritu guiando hacia el reconocimiento del libro. Así lo destaca Unger:

> Dios, quien ha actuado entre los hombres por revelación, dando el mensaje, y en inspiración, haciendo que el mensaje sea inerrantemente recibido y registrado, debe sin duda influir en sus hijos de tal manera que ellos reconozcan y reciban su palabra, rechazando aquello que es espurio, y aceptando lo que es genuino. Sin esta providencial intervención, el canon nunca hubiera sido formado. Sin esa divina actividad, manifestada en una milagrosa preservación, el canon nunca se hubiera conservado, ni hubiera sido transmitido hasta nosotros a través de las vicisitudes de tantos siglos.[8]

B. La necesidad del canon

La necesidad de tal canon para determinar los libros aceptados como la Ley y la palabra de Dios se echa de ver rápidamente. La literatura inspirada forma solo una pequeña parte del total de literatura producida en cualquier tiempo. En los tiempos del Antiguo Testamento, la voz de los profetas fue escuchada por espacio de mil años, desde Moisés a Malaquías. Durante ese tiempo se escribieron muchos más libros que los que han sido incluidos en las Escrituras. La era o tiempo en que fueron escritos no es un factor decisivo para que sean aceptados en el canon, aunque una fecha demasiado tardía puede excluirlos del registro sagrado.

Cada una de las secciones canónicas de las Escrituras hebreas, esto es la Ley, los Profetas y los Escritos, contiene referencias a otros escritos que eran conocidos en ese tiempo, pero que han pasado al olvido. Más de 15 de estos libros se mencionan en el Antiguo Testamento. Por ejemplo en la Ley, leemos de "el libro de las batallas de Jehová" (Números 21:14). En los Profetas leemos del "libro de Jaser" (Josué 10:13 y 2 Samuel 1:18); del "libro de los hechos de Salomón" (1 Reyes 11:41), y "el libro de las crónicas de los reyes de Israel" (2 Reyes. 14:28), el cual, obviamente, no es nuestro actual libro de Crónicas, pues este registra solamente la historia de los reyes de Judá. En los Escritos leemos del "libro de las crónicas de Samuel vidente, en las crónicas del profeta Natán, y en las crónicas de Gad vidente" (1 Crónicas 29:29); "la profecía de Ahías silonita" (2 Crónicas 9:29); los "libros del profeta Semaías y del vidente Iddo" (2 Crónicas 12:15) y "la historia de Iddo profeta" (2 Crónicas 13:22). También se mencionan "las palabras de los videntes" (2 Crónicas 33:19).

C. El canon del Antiguo Testamento en los tiempos del Nuevo Testamento

No hay duda que los escritores del Nuevo Testamento aceptaron las Escrituras hebreas en sus tres divisiones como canónicas. Esto queda demostrado abundantemente por el largo número de citas, referencias y alusiones que se hallan en el Nuevo Testamento: más de 400 fueron tomadas de la Torá, 715 tomadas de los Profetas, y casi 450 tomadas de los Escritos. Igual testimonio nos da Josefo, el notable historiador judío del primer siglo de nuestra era. La siguiente extensa cita de su historia muestra claramente el concepto que los judíos del tiempo de Cristo tenían de sus Escrituras:

A nadie le está permitido ser un escritor por su propia cuenta, ni tampoco hay desacuerdo alguno en lo que está escrito; pues solo los profetas han escrito las cosas primeras que aprendieron de Dios por propia inspiración... Porque no tenemos entre nosotros una multitud de libros en desacuerdo unos con otros, sino solo veintidós libros, los cuales contienen el registro de todos los tiempos pasados; libros de los cuales se cree justamente que son divinos. De ellos, cinco pertenecen a Moisés, los cuales contienen sus leyes y las tradiciones del origen de la humanidad hasta su muerte. Desde la muerte de Moisés hasta el reinado de Artajerjes, rey de Persia, que reinó después de Jerjes, escribieron los profetas, en trece libros, lo que había pasado en sus propios tiempos. Los restantes cuatro libros contienen himnos a Dios, y preceptos para la conducta humana. Es cierto que nuestra historia ha sido escrita desde Artajerjes para acá muy particularmente, pero no ha sido estimada de igual autoridad que la primera de nuestros antepasados, porque no ha habido una exacta sucesión de profetas desde ese tiempo. Y cuán firmemente hemos dado crédito a esos libros de nuestra nación es evidente por lo que hemos hecho, porque durante tantas edades como las que han pasado, nadie ha sido tan audaz como para añadir alguna cosa a ellos, quitar alguna cosa de ellos o hacer ningún cambio en ellos. Pero ha sido natural a todos los judíos inmediatamente, y desde su mero nacimiento, aceptar que esos libros contienen doctrinas divinas, perseverar en ellos, y, si fuera menester, morir por ellos.[9]

D. La culminación del canon del Antiguo Testamento

Aunque la palabra canon empezó a usarse después de iniciada la era cristiana, el reconocimiento de los libros inspirados data desde un tiempo muy antiguo en Israel. Como lo observa Manley: "El canon del Antiguo Testamento fue un grupo de Escrituras que creció continuamente, pero que, sin embargo, fue completo en cada etapa, comenzando con los edictos y crónicas del gran Legislador, y que creció con las obras de cada profeta sucesivo"[10].

No puede haber duda ninguna que la autoridad de los libros de la Ley se reconoció inmediatamente. La existencia de una versión samaritana del Pentateuco da testimonio que este reconocimiento acaeció desde una fecha muy remota, casi por el tiempo de Ezequías (726-697 a.c.), si es que no mucho antes. El libro de los Profetas quedó terminado para el tiempo de Zacarías y Malaquías, y se le reconoció cuando fue evidente que ya no había más voces proféticas. En cuanto a los Escritos tenemos poca luz respecto al tiempo cuando fueron reconocidos como inspirados y parte de la palabra de Dios. Pero estamos seguros de que ya había sucedido para el siglo II a.c., cuando se tradujo la Septuaginta, que los incluye. Jesús reconoce el valor de los Escritos al citar Salmos 82:6, diciendo: "¿No está escrito en vuestra ley?" (Juan 10:34). Él llamó a los Salmos, "la palabra de Dios" y "la Escritura" (v. 35). La resolución del concilio judío de Jamnia, en el año 90 de nuestra era no hizo más que hacer oficial lo que ya era aceptado desde dos siglos y medio antes.

E. La Apócrifa

Además de los libros canónicos de las Escrituras hebreas debemos considerar otras dos clases de libros. Estos son los libros de la Apócrifa, y los que los eruditos conocen como Seudoepígrafos.

El término Apócrifa designa un grupo de libros que fueron escritos bastante después de los libros canónicos, entre el año 200 a.c. y el año 100 d.C. Originalmente la palabra *apócrifa* significó "oculto", o "escondido". Su uso presente data del siglo V de nuestra era, cuando Jerónimo estableció que otros libros, aparte del canon reconocido, "debían incluirse con la Apócrifa"[11].

La Apócrifa del Antiguo Testamento consta de 14 libros, que son:

1 y 2 Esdras
Tobías
Judit
El Resto de Ester
La Sabiduría de Salomón
Eclesiástico
Baruc (con la Epístola de Jeremías)
El Cántico de los Tres Jóvenes Hebreos
La Historia de Susana
Bel y el Dragón
La Oración de Manasés
1 y 2 Macabeos.

1. La historia de la Apócrifa

El valor y la categoría de la Apócrifa han sido materia de debate por largo tiempo. Los judíos nunca han reconocido estos libros a la par con los libros canónicos. Fueron incluidos en las copias posteriores de la Septuaginta, y apreciados por los primeros cristianos. Sin embargo, el Nuevo Testamento omite sistemáticamente cualquier referencia o cita directa de la Apócrifa, aunque sin duda los escritos del Nuevo Testamento estaban familiarizados con ella. La actitud de la Iglesia Católica Romana respecto a la Apócrifa ha oscilado desde un inequívoco rechazo de su inspiración por Jerónimo, hasta la final inclusión de nueve de los apócrifos en el canon por el Concilio de Trento en 1546, lo cual fue confirmado por el Concilio Vaticano I en 1870. Los protestantes, a partir de la Reforma, han rechazado en forma unánime la inspiración de la Apócrifa, aunque admiten su valor como fuente de información histórica y como lectura devocional. Las primeras traducciones inglesas de la Biblia incluían los apócrifos, como lo hace hasta ahora la versión católica de Douai. Algunos impresores ingleses, aun en fecha tan remota como 1629 omitieron estos discutidos libros, y han quedado casi completamente fuera de tales ediciones desde 1827.

2. Los libros apócrifos

Hay muchas razones de peso para rechazar cualquier pretensión de inspiración de estos libros. La posición católica, que los da por canónicos, se basa en el falso aserto que la Iglesia Católica es la autoridad final en todo asunto de fe, y esa iglesia llega al absurdo cuando dice que esos libros son inspirados porque ella así lo afirma. Unger cita estas palabras del erudito católico John E. Steinmueller:

> Si la iglesia hubiese aceptado el canon palestino (que excluye a los libros apócrifos), esta decisión también hubiera tenido que ser aceptada por todos los cristianos, pero solamente dado el valor que la iglesia le concedía a todos los libros de ese canon. La iglesia, empero, no recibió ese canon, sino el Alejandrino, el cual incluye los libros deuterocanónicos y otros pasajes (esto es, la Apócrifa), y con esto ella estableció y determinó que es la única y final autoridad legítima para establecer la extensión del canon.[12]

La Apócrifa tiene muchas inexactitudes históricas y errores de hechos. Contiene enseñanzas opuestas a las otras Escrituras, tales como la justificación del suicidio, y oraciones ofrecidas en favor de los muertos (2 Macabeos); sufragios por los difuntos y la justificación del empleo de medios malos para obtener buenos fines (Eclesiástico y Judit); así como también la superstición y la magia (Tobías). Los líderes de la iglesia de la antigüedad negaron su autenticidad. Lo más concluyente de todo es que los autores del Nuevo Testamento, que citaron muchas veces a la Septuaginta, nunca hicieron mención de los libros apócrifos. La referencia de Judas 14-16 al libro de Enoc no se relaciona a un libro apócrifo, sino a uno de los seudoepígrafos, que nunca tuvo pretensiones de ser inspirado.

F. Los seudoepígrafos

Este nombre se aplica a ciertos libros que datan más o menos de la misma fecha de los apócrifos, pero se distinguen de ellos en que pretenden haber sido escritos por autores conocidos en la antigüedad. El nombre significa "falsos escritos" y esto se relaciona a su pretensión de haber sido escritos en una fecha mucho más antigua.

La mayoría de estos libros son de carácter apocalíptico. Esto es, consisten de visiones y profecías de un futuro brillante para el pueblo judío. Por esta razón se los llama a menudo literatura apocalíptica. El hecho de que estos libros se los atribuye a famosos profetas del pasado no es razón para creer que tal cosa fue un intento de engañar, ya que eso era una práctica común. Incluidos entre los seudoepígrafos están los siguientes libros:

El Libro de Enoc (citado en Judas 14-16)
Los Secretos de Enoc
El Apocalipsis de Baruc
La Asunción de Moisés
La Ascensión de Isaías
El Apocalipsis de Sofonías
El Apocalipsis de Esdras
El Testamento de Adán
El Testamento de los Doce Patriarcas, etc.

Sin duda, estos libros fueron de gran ayuda y consuelo a un pueblo que sufría mucho bajo el yugo de los opresores extranjeros y las persecuciones religiosas. Nos dan testimonio del corazón hambriento de una nación que ya había dejado de oír la voz profética.

G. La Biblia, un libro completo

La firme actitud de la iglesia protestante de rechazar tanto los apócrifos como los seudoepígrafos indica su fe en que la Biblia no es un "libro de hojas sueltas", al cual se le pueden agregar páginas en cualquier momento. La aceptación general del canon muestra que la Biblia es un libro finalizado, cerrado y terminado[13]. La revelación que Dios hizo de sí mismo está completa, y no permite adiciones tales como el *Libro de Mormón*, o *Una Clave Para Interpretar las Escrituras*. "Mas si aun nosotros, o un ángel del cielo, os anunciare otro evangelio diferente del que os hemos anunciado, sea anatema" (Gálatas 1:8).

Yo testifico a todo aquel que oye las palabras de la profecía de este libro: Si alguno añadiere a estas cosas, Dios traerá sobre él las plagas que están escritas en este libro. Y si alguno quitare de las palabras del libro de esta profecía, Dios quitará su parte del libro de la vida, y de la santa ciudad y de las cosas que están escritas en este libro (Apocalipsis 22:18-19).

V. EL TEXTO DEL ANTIGUO TESTAMENTO

Las más viejas copias existentes de la Biblia se conocen como manuscritos, y son copias hechas a mano en el lenguaje original. Los escritos hechos por la propia mano de su autor se los llama autógrafos, y desaparecieron desde hace mucho tiempo. Esta desaparición se debe al carácter frágil del material empleado, y a las muchas olas de fanática persecución contra la palabra de Dios. Puede considerarse que esta desaparición es también providencial, si se tiene en cuenta la incurable idolatría humana. Un rollo escrito por la propia mano de Moisés o de Isaías estaría pronto recibiendo la adoración que solo se debe dar a Dios y a su verdad.

Los autógrafos originales del Antiguo Testamento se escribieron en hebreo, la lengua hablada entre los israelitas desde el año 1500 a.C., y aún antes, hasta el tiempo de la cautividad babilónica, por el año 600 a.C. Esta lengua fue gradualmente reemplazada por su lengua hermana, el arameo, el idioma de Siria (Aram) y el resto del Cercano Oriente. La única excepción del uso del hebreo en el Antiguo Testamento son breves pasajes de Jeremías (10:11), Daniel (2:4–7:28), y Esdras (4:8–6:18 y 7:12-26), que están escritos en arameo. El arameo, que era el idioma de los judíos en el período de la restauración, fue a su vez reemplazado por el griego, de modo que en los tiempos del Nuevo Testamento el griego se volvió la lengua universal en las tierras bíblicas.

A. Escritura hebrea

El hebreo del Antiguo Testamento era escrito solo con consonantes. El lector agregaba las vocales. No había ninguna división en el texto primitivo, ni por palabras ni por versículos, ni por párrafos, ni por capítulos. Los dos primeros versículos de Salmos 23 se verían de esta manera:

J H V S M P S T R N D M F L T R N L G R S D D L C D S P S T S M P S T R R.

Este método abreviado de escritura ahorraba tiempo y espacio, y economizaba el costoso material de escribir. Pero a menudo resultaba en la incomprensión del significado, ya que mucho dependía de cómo el lector ponía sus propias vocales.

Tres tipos de material para escribir estuvieron en uso durante los mil años en que el Antiguo Testamento fue escrito: tablillas de arcilla; pergaminos, o pieles curadas de animales; y papiro, un material quebradizo hecho con la fibra de una planta común en todo el Cercano Oriente. Del término papiro se ha derivado nuestra palabra *papel*, y es el material usado por Juan, al que hace referencia en 2 Juan 12. Las piezas de pergamino o papiro se cosían unas con otras para formar largas tiras, las cuales se enrollaban en cada extremo. Estas tiras se las conoció como rollos. El uso de páginas unidas como los libros de hoy comenzó a principios de la era cristiana. Se llamaba códice a un libro como estos (lat. *codex*). La escritura se hacía en columnas, tanto en los rollos como en los códices, y se leía de derecha a izquierda, es decir, de manera opuesta a como lo hacemos nosotros.

B. La exactitud de los escribas

El mundo no ha conocido copistas más celosos que los *sopherim*, o escribas judíos. El Talmud, que es una colección de notas y comentarios de la Escritura preparado por los rabíes judíos al principio de la era cristiana, contiene minuciosas notas sobre cómo debía ser el trabajo de los escribas. Damos un ejemplo en la siguiente cita:

> Una copia auténtica debe ser ejemplar, de la cual el copista no debe desviarse en lo más mínimo. Ninguna palabra, ninguna letra, ni aún una coma, debe ser escrita de memoria sin tener el escriba el códice delante de él... El quinto libro de Moisés debe terminar exactamente con una línea, pero el resto no necesita ser así. Además de esto, el copista debe vestirse completamente como un judío, lavar enteramente su cuerpo, nunca escribir el nombre de Dios sin cambiar de pluma, mojando en tinta una pluma nueva, y si aún el rey se dirige a él mientras está escribiendo ese nombre, él no debe hacerle caso.[14]

En el período masorético, del año 500 al año 1000 de la era cristiana, se tomaron muchas otras precauciones para garantizar la absoluta exactitud de cada copia. A los escribas de este período se los conoció como masoretas, palabra que deriva del hebreo *masorah*, y que significa "tradición". La Masorah era una colección de escrituras marginales, notas y comentarios de varias clases, encaminados a ayudar al copista a conservar el texto lo más puro posible. Era costumbre contar las palabras, y aun las letras de cada rollo, señalando la palabra y la letra del medio, para proteger el texto tanto de omisiones como de adiciones de cualquier clase. Entre los años 150 a.c. y 150 d.c. las Escrituras hebreas fueron divididas en palabras. La separación en versículos comenzó a hacerse por el año 200 de la era cristiana y adquirió su forma final con el trabajo del rabí Ben Asher en la primera mitad del siglo X d.c. La división por capítulos se hizo más tarde, adoptando la de las versiones latinas del siglo XIII de nuestra era.

C. Manuscritos hebreos antiguos

El más antiguo manuscrito hebreo, de cualquier porción principal del Antiguo Testamento, data del año 900 de nuestra era. El más antiguo manuscrito completo del Antiguo Testamento data del siglo XI de la era cristiana. Empero, hay ciertas pequeñas porciones mucho más antiguas. El famoso papiro Nash, fechado por el Dr. W.F. Albright en la segunda mitad del siglo II a.c.[15], fue hasta hace poco el más antiguo trozo conocido de la Escritura. Los cuatro fragmentos de este papiro contienen los Diez Mandamientos, y lo que se llama la Shema, o Deuteronomio 6:4-9.

Una cabra errabunda dio ocasión para lo que fue, en 1947 "el más grande descubrimiento de un manuscrito en tiempos modernos"[16]. Un pastor perteneciente a una banda de beduinos que había acampado en el oasis de Ain Feshkha, cerca del mar Muerto, andaba buscando una cabra indócil, cuando notó en una pared de rocas una pequeña abertura. Arrojó una piedra a través del agujero y de inmediato oyó el ruido de vasijas quebrándose. Se hizo una investigación completa, y se descubrió una serie de vasijas de arcilla, cada una de las cuales contenía un manuscrito muy antiguo.

Cuando el primero de estos rollos manuscritos llegó a Jerusalén, causó un revuelo enorme. En los años que siguieron se exploró toda la zona, descubriéndose gran número de rollos en un total de once cavernas. A estos rollos se los conoce como los Rollos del mar Muerto, los Rollos de Jerusalén o los Rollos de Ain Feshkha. Los manuscritos hallados contienen todos, o gran parte de todos los libros del Antiguo Testamento, con la sola excepción del libro de Ester.

Los hallazgos más importantes para el estudio del Antiguo Testamento incluyen copias de Levítico, los libros de Samuel, Salmos, Isaías, Daniel y un comentario sobre Habacuc. Los arqueólogos hicieron una investigación cuidadosa de estos rollos, y aun la prueba del carbono 14, con lo cual se ha comprobado que estos escritos vienen del primer siglo antes de Cristo, o más probablemente del segundo. El señor John C. Trever, de la Escuela

Americana de Investigaciones Orientales, que se hallaba en Jerusalén al tiempo del hallazgo, fue uno de los primeros eruditos que estudiaron los rollos. Él afirma que estos manuscritos son los más antiguos que se conocen de la Biblia en cualquier lengua que sea[17]. La importancia práctica de un hallazgo como este es la confirmación de nuestra fe en la integridad del texto del Antiguo Testamento tal cual lo conocemos. El Rollo de Isaías es mil años más antiguo que el más antiguo manuscrito hebreo que se conocía antes del descubrimiento. Empero, las variantes son extremadamente pequeñas, y no afectan absolutamente ningún punto de doctrina. He aquí que a fines del siglo XX hay una concluyente evidencia de que el Antiguo Testamento, tal como ha sido preservado hasta nosotros a lo largo de los siglos, comunica la palabra de Dios exactamente tal como se entregó la primera vez a los profetas inspirados de la antigüedad.

RESUMEN

En este capítulo hemos examinado la estructura de la Biblia, tal como es en nuestras versiones corrientes y como era en el tiempo de Jesús. La importancia del Antiguo Testamento ha sido considerada a la luz de su contribución a la correcta comprensión del Nuevo Testamento. Hemos notado también la maravillosa providencia de Dios en la formación y preservación del canon bíblico, y hemos dado atención a la naturaleza del texto hebreo y a algunos manuscritos antiguos. Habiendo establecido estos pocos puntos de referencia, ahora nos daremos a la fascinante tarea de "explorar el Antiguo Testamento".

LECTURAS RECOMENDADAS

Samuel A. Cartledge, *A Conservative Introduction to the Old Testament*, pp. 13-42.
Sidney Collett, *All About the Bible*, pp. 45-74.
Clyde T. Francisco, *Introducing the Old Testament*, pp. 1-12.
Sir Frederic Kenyon, *Our Bible and the Ancient Manuscripts*, pp. 3-97.
H.S. Miller, *General Biblical Introduction*, pp. 87-124, 177-89.
J.H. Raven, *Old Testament Introduction*, pp. 17-81.
Merril F. Unger, *Introductory Guide to the Old Testament*, pp. 45-145.
H. Orton Wiley, *Christian Theology*, tomo I, pp. 185-214.
Edward J. Young, *An Introduction to the Old Testament*, pp. 32-43.

PARA UN ESTUDIO MÁS COMPLETO

1. ¿Cree usted que tenga algún significado el hecho de que los escritores de la Biblia provengan de distintos niveles de vida? Diga lo que usted opina que está implicado en el hecho de que ellos escribieron sin tener mayor conocimiento de lo que habían escrito los otros.

2. Establezca la diferencia entre arreglo lógico y arreglo cronológico. ¿Qué significa decir que el orden de los libros de la Biblia es en parte lógico y en parte cronológico?

3. Memorice el orden de los 39 libros de la Biblia en sus cinco grandes divisiones: Pentateuco, Libros Históricos, Libros Poéticos, Profetas Mayores y Profetas Menores.

4. ¿Cómo es el arreglo de los libros del Antiguo Testamento, en relación al orden de los libros del Nuevo?

5. Discuta el valor del Antiguo Testamento para una apropiada comprensión del Nuevo.

6. ¿A qué atribuye usted el desconocimiento del Antiguo Testamento que prevalece hoy en día? Analice esto: "El Antiguo Testamento es un libro moderno porque sus verdades no están limitadas por el tiempo".

7. Compare el orden de las Escrituras en los tiempos de Jesús con el orden en que las tenemos hoy.

8. ¿Cómo ha contribuido la arqueología al conocimiento de los escritores del Antiguo Testamento? Busque información adicional acerca de las tablillas de Ras Shamra y Tell el-Amarna.

9. ¿Cree usted que hay razón para considerar a Jueces, Samuel y Reyes como profetas?

10. Dé la lista de los libros hebreos que fueron divididos para dar los 39 que tenemos ahora. ¿En qué tiempo se realizó esta división?

11. ¿Cuál es la necesidad práctica de un canon de las Escrituras? ¿Qué relación tiene el canon con la inspiración?

12. Describa la actitud de los judíos contemporáneos de Cristo respecto a las Escrituras.

13. Consiga una copia de la Apócrifa, y lea porciones de Tobías, Bel y el Dragón, y los Macabeos. ¿Cuál es el mayor valor de la Apócrifa?

14. Vea si puede hallar la razón por la cual la Iglesia Católica Romana incluyó la Apócrifa en el canon.

15. ¿Cuál es la mayor diferencia entre la Apócrifa y los seudoepígrafos? ¿Por qué se escribieron los seudoepígrafos?

16. Busque una definición de "apocalipsis" y "apocalíptico". ¿Qué pasajes conoce usted de la Biblia de carácter apocalíptico?

17. Comente la afirmación de que "la Biblia no es un libro de hojas sueltas".

18. Establezca la diferencia entre autógrafo, manuscrito y versión ¿Por qué no se ha hallado ningún autógrafo de la Biblia?

19. Describa los antiguos escritos hebreos y el material empleado para escribir. ¿Cuándo fue dividido el Antiguo Testamento en versículos, palabras y capítulos?

20. Mencione algo acerca de las disposiciones tomadas por los escribas hebreos para asegurar la perfecta exactitud de las copias.

21. Vea si puede encontrar una descripción más completa del hallazgo de los Rollos del mar Muerto y alguna de las conclusiones de los eruditos sobre ellos.

NOTAS BIBLIOGRÁFICAS

[1] H. Cunliffe-Jones, *The Authority of the Biblical Revelation*, p. 80.

[2] G.T. Manley, en *The New Bible Handbook*, apéndice V, pp. 442-55, da una lista completa de dónde se extrajeron estos datos.

[3] Cf. C.H. Dodd, *The Bible Today*, pp. 6-11.

[4] Citado por Herbert L. Willett en *Our Bible: Its Origin, Character and Value*, pp. 147-48.

[5] Citado por Clyde T. Francisco, *Introducing the Old Testament*, p. 1.

[6] "The Abiding Value of the Old Testament", en *The Bible in the World of Today*, por Clarence A. Barbour, pp. 145-46.

[7] Cf. Merril F. Unger, Introductory Guide to the Old Testament, p. 50.

[8] Ibid., p. 49.[9] "Flavius Josephus Against Apion", Libro I, 7, 8, de *The Life and Works of Flavius Josephus*, traducido al inglés por William Whiston, pp. 861-62.

[10] Manley, *op. cit.*, p. 29.

[11] Citado por Unger, *op. cit.*, p. 83.

[12] Ibid., p. 108.

[13] Cf. Leonard Greenway, *Basic Questions About the Bible*, p. 14

[14] Citado por Sir Frederic Kenyon en *Our Bible and the Ancient Manuscripts*, p. 39.

[15] W.F. Albright, *From the Stone Age to Christianity*, pp. 268-69; y *Journal of Biblical Literature, LVI* (1936), pp. 145-76.

[16] W.F. Albright en *Biblical Archaeologist*, XI, No. 3 (septiembre, 1948) p. 55.

[17] Bulletin of the American School of Oriental Research, No. 113 (febrero, 1949), p. 23.

3
EL AMANECER DE LA HISTORIA

En el principio... Dios (Génesis 1:1).

Fuentes: Génesis 1-11
Para leer: Génesis 1-11
Período: Desde la creación hasta aproximadamente el año 2000 a.c.
(Vea el bosquejo de la historia del Antiguo Testamento, en la página 392).

En este capítulo estudiaremos los comienzos de la historia de la humanidad, el largo período transcurrido desde la creación hasta el llamamiento que Dios hizo a Abraham. Si los primeros 11 capítulos de Génesis se hubieran perdido, el resto de la Biblia sería un rompecabezas indescifrable. Estos capítulos abarcan un período de tiempo más largo que el resto del libro. Antes de leer la gran épica de la creación en los dos primeros capítulos del Antiguo Testamento, observemos brevemente lo que Jesús llamó "el libro de Moisés" (Marcos 12:26), en el cual se encuentra este relato.

I. EL PENTATEUCO

Los primeros cinco libros de las Sagradas Escrituras se conocen con el nombre griego de "Pentateuco", o sea "cinco rollos", término tomado de la Septuaginta. Estos libros presentan, como una unidad, el origen de la tierra y de la humanidad. Luego describen el llamamiento que Dios hizo a su pueblo escogido. Tratan asimismo de las relaciones de Dios con su pueblo Israel, la nación que debía ser el canal a través del cual la humanidad entera podría llegar a conocer al Salvador universal. En estos cinco libros introductorios vemos los comienzos y el desarrollo del pueblo elegido, y cómo este pueblo fue preparado y entrenado para conquistar la tierra prometida. Génesis explica su origen y sus comienzos en una manera general. Éxodo, su liberación de la esclavitud en Egipto. Levítico, su sistema de culto y adoración, según se le encomendó a los levitas, la tribu sacerdotal. Números es la historia de su organización y peregrinaje por el desierto. Deuteronomio es el recuento de la segunda vez en que se dio la Ley, como una preparación inmediata previa a la entrada a Canaán.

Los hebreos llamaron a estos libros la "Torá", que era la palabra de ellos para "ley". El significado original de esta palabra era "instrucción", ya sea divina o humana[1]. Josué se refiere al "libro de la ley" (Josué 8:34) o "el libro de la ley de Dios" (Josué 24:26). En los tiempos del rey Josafat (cerca del 872-848 a.C.), el reino de Judá recibió instrucción del "libro de la ley de Jehová" (2 Crónicas 17:9). En el Nuevo Testamento, Jesús lo llamó "la ley" (Mateo 12:5), debido a la gran cantidad de leyes que se encuentran en ellos. Lucas se refiere a él como "la ley del Señor" (Lucas 2:23). Pablo lo llama "el libro de la ley" (Gálatas 3:10).

A. El autor del Pentateuco

La Biblia misma testifica que el autor del Pentateuco es Moisés. En los tiempos del Antiguo Testamento, el rey David se refiere a él como "la ley de Moisés" (1 Reyes 2:3), y en la época del Nuevo Testamento, Lucas usa la misma frase (Lucas 2:22). Una ocasión en que Jesús habló con los saduceos llamó al Pentateuco "el libro de Moisés" (Marcos 12:26).

No obstante estas frecuentes referencias a Moisés relacionadas con el Pentateuco, todavía hay críticos que ponen en tela de juicio que él sea su autor. El punto extremo de la crítica dice que el Pentateuco es producto de cuatro o cinco libros que aparecieron en una fecha tardía, bastante tiempo después de la era del rey David. El punto de vista conservador extremo afirma que Moisés escribió el total de los cinco libros, casi exactamente como aparecen en la Biblia hebrea presente.

La teoría de los críticos liberales ha recibido varios nombres. Ha sido conocida como "Teoría del Desarrollo", "Teoría Documentaria", "Hipótesis de los Documentos Modificados", "Hipótesis Crítica" o "La Nueva Escuela Crítica". El uso de abreviaturas ha conducido a la designación de la "Teoría JEDP". Estas siglas provienen de los símbolos o letras asignados a los documentos que se supone han originado el Pentateuco.

La "Teoría JEDP" trata de identificar cuatro documentos distintos que participaron en la composición de la Torá, y que no fueron originalmente escritos por Moisés. Se supone que estos documentos se escribieron en diferentes épocas, más o menos desde el siglo IX hasta el siglo V a.C. Al manuscrito "J" se lo llamó así por el uso que hace de la palabra Jehová o *Jahvé*. Se alega que su escrito data del año 850 a.C. Al manuscrito "E" se lo llamó así por el uso que el autor hace de la palabra *Elohim* cuando se refiere a Dios. Se cree que se escribió un siglo más tarde, por el año 750 a.C. El manuscrito "D" abarca la mayor parte del Deuteronomio, y se dice que lo descubrieron en el año 621 a.C. y por lo tanto que este escrito data del siglo VII a.C. Al manuscrito "P" se lo llama así por la palabra inglesa *priestly* (sacerdotal). Se supone que lo escribió un sacerdote quien, se dice, compuso asimismo todo el Pentateuco. Se dice que este escrito data entre los años 500 y el 450 a.c. La forma presente del Pentateuco sería la obra unida de varios redactores que combinaron todas las fuentes cerca del año 400 a.c.

B. Debilidades del punto de vista liberal

Un estudio cuidadoso de todos estos discutidos documentos, muestra las debilidades de la teoría liberal. Por ejemplo, muchos de sus argumentos se basan en las diferencias de dicción y estilo. Una de sus afirmaciones más notables se refiere al uso de los diferentes nombres de Dios. Tales argumentos no son conclusivos. ¿Por qué no habría de haber un cambio de dicción y estilo, cuando el autor cambia de materia, y da a Dios su nombre apropiado en cada contexto particular?

Estos críticos atribuyen los capítulos 1 y 2 de Génesis a autores diferentes, Génesis 1 a *P* y Génesis 2 a *J*. Pero estos capítulos no son dos relatos separados; ni se podría omitir ninguno de los dos sin perder el hilo de la narración. El capítulo 1 es un resumen general de la creación. El capítulo 2 agrega los detalles necesarios. El Dr. Free, erudito bíblico, hace notar que los escritores modernos usan un estilo parecido: primero hacen una narración breve, misma que desarrollan cabalmente con los detalles complementarios[2].

No hay razón válida, pues, para disputar a Moisés la paternidad literaria del Pentateuco. Las mismas Escrituras le dan crédito, y el estilo del Pentateuco está en armonía con otros escritos que datan de fechas anteriores a los comienzos de la monarquía hebrea. Por ser una historia religiosa, omite todos los datos e información que no serían de interés para el estudio del tema de la redención. Además, no es improbable que Moisés hiciera uso de documentos y anales muy primitivos, tales como "Las Diez Generaciones", que son descritas más adelante, y que las usara compilándolas en un solo volumen. Es suficiente decir que Moisés es el autor guiado por el Espíritu Santo, ya sea que escribiera originalmente el libro, o que compilara y arreglara documentos muy primitivos para escribir una historia redentora o religiosa de "lo sucedido en el principio".

C. El libro de Génesis

El primer libro de la Biblia deriva su nombre del título que lleva la versión griega de la Septuaginta, *génesis*, que significa "principio" o "generación". Esta misma palabra aparece en los títulos de las diez secciones del libro que comienzan con la expresión: "Estas son las generaciones de...", o "Este es el libro de las generaciones de...["3]. Aun en el primer registro de la creación se lee: "Estos son los orígenes de los cielos y de la tierra" (Génesis 2:4). En el idioma hebreo el título es *Beresith*, que significa "en el principio". El concepto de principios u orígenes es la base de toda la trama del libro.

El libro de Génesis se divide naturalmente en tres grandes secciones:

I. El himno de la creación (1:1-2:3)
II. La historia humana antes de Abraham (2:4-11:26)
III. Los comienzos de la nación hebrea (11:27-50:26)

En este capítulo consideraremos solo las secciones I y II. La sección III será considerada en el capítulo IV. Enfoquemos nuestra atención ahora a lo que ha sido llamado "El himno de la creación", "La epopeya de la creación" o "El poema de los principios".

II. LA CREACIÓN

A. La epopeya de la creación (Génesis 1:1-2:3)

La epopeya de la creación es la respuesta a la primera pregunta que se hace el hombre: ¿De dónde vengo, y ante quién soy responsable? El primer versículo presenta en manera sublime a un Creador inteligente, la Causa de todas las causas, el Único que ha hecho todas las cosas en los cielos y en la tierra: "En el principio creó Dios los cielos y la tierra". Todas las cosas han comenzado con Dios. Con la grandeza de la sencillez, no se da ninguna prueba de la existencia de Dios, tal como ningún escritor pondría en el prefacio de su libro, una demostración de su propia existencia. Dios no tiene principio: Él es "de siempre y para siempre". Como lo dice el salmista:

Señor, tú nos has sido refugio
De generación en generación.
Antes que naciesen los montes
Y formases la tierra y el mundo,
Desde el siglo y hasta el siglo,
Tú eres Dios (Salmos 90:1-2).

Este pasaje es la respuesta al agnóstico, quien declara que la existencia de Dios y el origen del universo son desconocidos e incognoscibles. Contradice al ateo, quien niega la existencia de un ser supremo. Elimina al panteísmo, que es la creencia de que el universo mismo es Dios. Es la respuesta a los argumentos del politeísmo, el cual acepta una pluralidad de dioses en vez de creer en un Dios único y verdadero.

Una vez que se afirma el propósito creador de Dios, puede ser explicado fácilmente el principio de todas las cosas finitas. Este simple pero sublime relato de la creación, expone la formación de la tierra y del hombre, pero no del universo entero. La Biblia no dice cuánto tiempo pasó entre el origen del cielo y de la tierra en Génesis 1:1, y los procesos creativos en el resto del pasaje. Ni tal información es necesaria, pues el propósito de la narración es religioso. Se nos informa acerca de la preparación de la tierra como una habitación para el hombre, juntamente con la relación que guarda con los demás órdenes de la creación. La tierra no tuvo forma hasta que el Espíritu de Dios vino a ser la fuerza dinámica que "se movía sobre la faz de las aguas" (1:2) durante los seis días creativos. Dios dio su palabra, y todas las cosas obedecieron su mandato. Las palabras, "dijo Dios" se mencionan diez veces en el primer capítulo.

1. Los seis días de la creación

La orden divina viene al principio de cada día: "Sea", y lo que es llamado, nace a la existencia. Dios mandó en el *primer* día que la luz fuese; y la luz fue. La luz es la materia prima esencial para la creación de todas las otras cosas. En el *segundo* día, Dios hizo el firmamento, o expansión, a lo cual él llamó "cielos". Él separó las nubes de las aguas de la superficie, por medio de la atmósfera. En el *tercer* día juntó las aguas de los mares, separándolas de la tierra seca, a la cual llamó *tierra*. Entonces vistió las colinas y los valles con toda clase de vegetación: árboles, plantas, hierbas, cada uno llevando "semilla según su naturaleza", y reproduciendo solamente su propia especie. La ciencia de la horticultura puede producir nuevas variedades de una planta, pero no puede cambiar una planta en otra. Las diferentes familias de vegetales no se mezclan, como tampoco pueden mezclarse las diferentes familias de animales. En el *cuarto* día, Dios hizo que aparecieran el sol, la luna y las estrellas, de modo que sirvieran "de señales para las estaciones, para días y años". Separó el día de la noche, haciendo que el sol y la luna ejercieran influencia sobre la tierra, de modo que se produjeran las mareas, y proveyó también un universo lleno de estrellas para el astrónomo, la latitud y la longitud para el viajero de los mares, y las estaciones para el labrador de la tierra. En el *quinto* día, Dios creó los animales inferiores: los pájaros del aire y los peces del mar. En el *sexto* día procedió a crear, siguiendo un proceso ordenado, los animales superiores, y preparó las cosas para establecer al hombre, la corona de la creación.

Los "reptiles" y animales inferiores Dios los creó con elementos de la tierra, los cuales entran también en la formación del hombre. Todas las especies animales llevan la evidencia de un mismo designio por un Creador inteligente, puesto que cada familia es "según su especie". Dios puso un broche de oro a los seis días de la creación cuando al fin del sexto día completó sus divinos designios, al crear un ser hecho "a la imagen y semejanza" del Creador.

2. La creación del hombre

"Entonces dijo Dios: Hagamos al hombre a nuestra imagen, conforme a nuestra semejanza; y señoree en los peces del mar, en las aves de los cielos, en las bestias, en toda la tierra, y en todo animal que se arrastra sobre la tierra" (1:26). "Y creó Dios al hombre a su imagen, a imagen de Dios lo creó: varón y hembra los creó" (1:27). De este modo fue creada la primera pareja, para que fueran los progenitores de la primera familia.

Por Génesis 2:7 sabemos que el cuerpo físico del hombre fue creado "del polvo de la tierra", y que Dios "sopló en su nariz aliento de vida, y fue el hombre un ser viviente", poseyendo inmortalidad. El hombre es un ser complejo. Su *naturaleza física* lo hace emparentar con la creación inferior, pero aún en esto él representa el más alto ideal del designio final del Creador. Todos los animales que se mueven en la tierra, y las plantas que echan raíces en el suelo, suplen las necesidades materiales del hombre de la misma tierra, a la cual él retorna al fin de sus días. Su bienestar físico requiere la posesión de un *intelecto* capaz de comprenderse a sí mismo y a los elementos del mundo que lo afectan. Los sentidos, tales como vista, oído, tacto, gusto y olfato, satisfacen esta necesidad a través del sistema nervioso. Pero el hombre posee algo más grande que todo eso. Los animales tienen instintos y deseos, pero el hombre tiene una naturaleza *moral,* y aptitud para las cosas *espirituales,* la cual es la imagen de su Creador espiritual.

En la creación del hombre, el regalo supremo de Dios fue el espíritu. Es esto lo que hace que el hombre alcance en su más alto grado "la imagen de Dios". Es esta imagen divina en él, lo que hace al hombre responsable ante el Soberano de la creación, siendo él mismo el soberano de la creación inferior. Con sus recursos morales y espirituales el hombre puede, aunque sea parcialmente, entender el carácter y modo de ser de Dios. Pero la característica esencial del hombre es su capacidad de hacer decisiones, como criatura dotada de razón y de conciencia. En su responsabilidad como ente moral descansa la naturaleza esencial de la personalidad humana. Ella lleva la posibilidad de una relación personal con el Creador, en cuya imagen fue moldeada el alma humana.

3. El sábado

La escena final en la gran epopeya de la creación es la institución del *sábado* en el séptimo día (2:2-3). No hay evidencia de que Dios haya hecho alguna cosa nueva a partir de ese día. Dios mismo "acabó" en el séptimo día *(shabath),* y lo "bendijo" y "santificó" declarándolo sagrado.

4. Historias paralelas de la creación

Hay interesantes historias paralelas de la historia bíblica de la creación que se han encontrado en Asiria y Babilonia. Algunos de estos registros o leyendas se hallaron en tablillas de arcilla desenterradas por Layard y Rassam entre 1850 y 1854, en la excavación de la Biblioteca Real de Asurbanipal en Nínive. Esta colección de tablillas data del siglo VII a.C. "La Epopeya de la Creación" es una leyenda semítico-babilónica, la cual se escribió en siete tablillas. La leyenda dice que los dioses "aparecieron antes de todas las cosas", y formaron los cielos arriba y la tierra debajo, y designaron a Anú para ser rey del cielo. El conflicto entre Marduk, dios de la luz, y Tiamat, dios de las tinieblas, o del caos, comenzó entonces. Marduk tomó una mitad del cuerpo de Tiamat para cubrir los cielos, y la otra mitad para hacer la tierra. También adornó los cielos con las estrellas y los signos del Zodíaco. La creación del hombre está registrada en la sexta tablilla.

La Epopeya Babilónica de la creación es comparable con la hebrea en algunos aspectos. Está escrita en siete tablillas, correspondientes a los siete días de Génesis. El orden de los períodos creativos es casi el mismo. El orden gana la victoria sobre el caos. El dios babilónico de las profundidades, Tiamat, corresponde con el hebreo *Tehom,* el cual se traduce "la profundidad" o "el abismo" en Génesis 1:2. Estas similitudes sugieren la idea de que las historias babilónicas no son más que tergiversaciones y corrupciones de los inspirados registros del Génesis.

Hay muchos contrastes, empero, entre las epopeyas hebrea y babilónica de la creación. El politeísmo de Babilonia contrasta con el estricto monoteísmo de Génesis. En la leyenda babilónica la creación es parcialmente el resultado de fuerzas ciegas y del combate entre divinidades rivales. Pero en Génesis el único y supremo Dios es el que hace todas las cosas, sin ningún conflicto. Su Espíritu "se movía sobre la faz de las aguas". La historia del Antiguo Testamento es muy superior; conserva la historia, pero sin las tradiciones del burdo politeísmo y de la superstición de la tradición babilónica. Sea como sea, el hecho mismo de la existencia de esas leyendas paralelas certifica la existencia de una fuente común, de la cual proceden tales tradiciones erradas.

5. El sábado babilónico

Muy a menudo se compara la institución hebrea del sábado con el texto babilónico que cita la observancia especial de los días séptimo, decimocuarto, decimonoveno, vigésimo primero y vigésimo octavo del mes. Con la excepción del día decimonoveno, todos corresponden con los sábados hebreos. Sayce dice que se observaba el séptimo día como día de descanso entre los antiguos babilonios, y hasta lo llamaban *sabath4*. Sin embargo, las tablillas babilónicas prohibían solo a ciertas personas, como pastores, videntes, médicos y reyes, violar el sábado. En cambio, la observancia del séptimo día hebreo era universal. Este paralelo confirma también el relato de Génesis, dado que la práctica de los babilonios no es original, sino que tiene su base en el sábado instituido por Dios en el principio de la raza.

B. El hombre en el huerto del Edén (Génesis 2:4-25)

Es en este punto de las Sagradas Escrituras donde primero hallamos escrito el nombre de Dios tal como él más tarde se lo reveló a Moisés (Éxodo 3:13-14). En todas las descripciones previas de su gran obra creativa, Dios lleva el nombre de *Elohim*, término hebreo para el Dios todopoderoso, cuyo poder es trascendente. Él ha desplegado toda su soberanía con el poder de su palabra. El mundo no tiene existencia independiente aparte de él. Nada ha sido hecho por sí mismo.

1. El Dios de su pueblo

Cuando llegamos al versículo 4 del capítulo 2, encontramos que Dios es más que un Dios de poder. Él es también el "Señor Dios", *Jehová*, quien descendió en persona, y con amor creó al hombre a su propia imagen y semejanza. Él, que "de tal manera amó... al mundo" (Juan 3:16), supervisó personalmente la creación del hombre. No solamente creó cosas por medio de su poder. También tomó cuidado paternal del hombre que había creado, y posteriormente, Dios iba a proveer los medios de redención para la raza humana, cuando el pecado entrara en la experiencia humana.

2. El huerto del Edén

En el capítulo 2 encontramos el registro detallado de la obra creativa de un Dios de amor, el Padre de todo. Después que puso la vegetación sobre la tierra, y de haber provisto agua para ella en la forma de un vapor que regaba la tierra (vv. 5, 6), Dios mismo plantó "un huerto en Edén, al oriente", donde pudieran vivir sus preciosos seres creados. En medio del jardín existían dos árboles especiales: el árbol de la vida, y el árbol de la ciencia del bien y del mal.

Cuatro ríos regaban el jardín. El primero era el Éufrates, nombre que significa "fructífero". El segundo se llamaba Hidekel. Este nombre es hebreo y corresponde al babilónico Idiglat, que figura en las tablillas babilónicas, y designa al Tigris[5]. Los nombres de los otros dos ríos, Pisón y Gihón, corresponden a los nombres babilónicos Pisanu y Guhana, que figuran en cierta lista de los canales que irrigaban a Mesopotamia[6].

Hubo mucho debate en cuanto al sitio donde estuvo situado el jardín del Edén. Una tablilla descubierta en Babilonia en 1885 dice "Sippar en Edén", y ahora se acepta generalmente que la más antigua civilización conocida se asentó en la región de la Mesopotamia, "entre los dos ríos"[7].

El Señor Dios puso a Adán en este huerto para que "lo labrara y lo guardase", y le dio el privilegio de comer de todo árbol que diere fruto, excepto del árbol del conocimiento del bien y del mal. Esta era la única restricción, y cualquier desobediencia sería castigada con la muerte.

Entre las leyendas babilónicas se cuenta también una historia de un jardín sagrado donde se encontraba un árbol de la vida, el cual producía frutos con la cualidad de proporcionar vida. La entrada a este jardín estaba permitida solo a los dioses y personajes de categoría. La gente prominente usaba sellos con el dibujo de este árbol de la vida. El mismo signo aparece a menudo en el palacio real, esculpido en alabastro[8]. Este es otro testimonio de la antigua tradición, que pasó de generación en generación, en las naciones que carecían de las Escrituras inspiradas.

3. La institución de la familia

El hombre ocupaba un lugar y tarea específicos en el mundo, pero Dios sabía que necesitaba una compañera. "No es bueno que el hombre esté solo; le haré ayuda idónea para él" (2:18). Como símbolo de la unidad del matrimonio, Dios hizo a la mujer "hueso de (sus) huesos y carne de (su) carne". La pareja fue a vivir en el bello huerto del Edén, que fue habilitado para su completa felicidad y bienestar. Por medio de la obediencia, el hombre mantendría con Dios una hermosa relación de compañerismo santo. Así fue el comienzo de la primera pareja, la cual Dios bendijo y unió para que se multiplicasen y aumentasen en la tierra. La palabra hebrea *ma-le,* traducida "llenad" en Génesis 1:28, significa poblar la tierra, pero no volver a poblarla. El primer matrimonio lo realizó Dios mismo. El hombre y la mujer se unieron para llegar a ser una sola carne.

III. LA CAÍDA

Durante algún tiempo todo fue placentero para Adán y Eva. Ellos vivían en una atmósfera de santidad primitiva, obedeciendo a los simples mandamientos de Dios. Pero la capacidad de justicia a través de la obediencia lleva implícita la capacidad de injusticia a través de la desobediencia. La imagen de Dios significa la facultad de gobernarse a sí mismo, la habilidad de elegir entre dos alternativas. Sin la capacidad de elegir no había personalidad moral, y por ende no podía haber santidad sin la *posibilidad* de pecar. Esto no significa que el pecado era necesario. Significa que en un universo moral, el mal es posible.

A. La tentación (Génesis 3:1-5)

Mientras Eva se paseaba por el huerto del Edén, y contemplaba la belleza de los frutos. La serpiente escogió a su víctima. Conociendo el mejor modo de engañarla, hizo primeramente una pregunta en tono dudoso: "¿Conque Dios [*Elohim*] os ha dicho: No comáis de todo árbol del huerto?" (Génesis 3:1). Dios le impuso una sola restricción a la libertad del hombre (2:17). Pero por el engañoso carácter de la pregunta, el seductor logró que Eva dudara de la verdad de la advertencia de Dios. Cuando ella lo nombró, omitió el nombre del *Señor* Dios, Jehová, y repitió solamente el nombre de *Elohim* (Dios de poder), el mismo término que usó la serpiente.

Cuando Eva contempló el fruto, creció su deseo. Satán vio su oportunidad, y agregando falsedad a la duda, insistió: "No moriréis; sino que sabe Dios que el día que comáis de él, serán abiertos vuestros ojos, y seréis como Dios, sabiendo el bien y el mal" (Génesis 3:4-5). Este traicionero adversario (Juan 8:44; Apocalipsis 12:9) reconoció a Dios meramente como un Dios de sabiduría y poder. Satanás engañó, mintió, y apeló al orgullo de Eva, hasta que la voluntad humana de ella se puso en conflicto con la voluntad conocida de Dios. Eva hizo su elección, desdeñando a su divino Señor, y permitiendo que la tentación satánica la dominase, ignorando la advertencia y los costosos resultados que sobrevendrían.

B. El principio del pecado (Génesis 3:6-13)

Eva no solamente comió del fruto sino que también se lo dio a comer a Adán, quien compartió así su desobediencia. Con el conocimiento del bien y del mal les inundó un sentimiento de vergüenza. Ya no podían contemplar el rostro de Dios, de modo que "se escondieron". Experimentaron un sentido de separación del Señor. Habían violado su santidad y amor. Pero el Señor los encontró en el huerto, "al aire del día", y los llamó con la penetrante pregunta: "¿Dónde estás tú?" Sabiendo que eran culpables, reconocieron su razón para esconderse. Cuando Dios les hizo una nueva pregunta, el hombre descargó su culpa en la mujer. La mujer, a su vez, la descargó sobre la serpiente.

C. El juicio sobre el pecado (Génesis 3:14-24)

El juicio cayó primeramente sobre la serpiente, que había sido el instrumento de la tentación. Su castigo fue tener que arrastrarse todo el resto de su vida. A la mujer la castigó con penas y dolores, y con eterna enemistad entre ella y la serpiente, y entre la posteridad de ambas (3:14-15). Volviéndose a Adán, Dios dijo:

Por cuanto obedeciste a la voz de tu mujer, y comiste del árbol que te mandé diciendo: No comerás de él; maldita será la tierra por tu causa; con dolor comerás de ella todos los días de tu vida. Espinos y cardos te producirá, y comerás plantas del campo. Con el sudor de tu rostro comerás el pan hasta que vuelvas a la tierra, porque de ella fuiste tomado; pues polvo eres, y al polvo volverás (Génesis 3:17-19).

Para evitar que Adán y Eva comiesen del árbol de la vida y viviesen "para siempre", el Señor los expulsó del huerto del Edén. "Al oriente del huerto" Dios puso dos símbolos para guardar el acceso al árbol de la vida. Primero estaban los *querubines,* llamados "criaturas vivientes" en Ezequiel 10:18-22, y considerados en la teología hebrea como seres de naturaleza sagrada y celestial. Ellos habían de proteger la puerta del paraíso contra cualquiera que quisiese aproximarse a él, colocados allí para vindicar la santidad de Dios, ofendida por el pecado. El otro símbolo era una espada llameante, o más propiamente "una espada encendida que se revolvía a todos lados" (Génesis 3:24). William G. Blaikie sugiere que esta puerta al oriente del Edén, donde se manifestó la presencia de Dios (Génesis 4:14), era el santuario donde la primera pareja presentaba sus ofrendas[9].

D. Tradiciones paralelas de la caída

En el mito babilónico de Adapa se halla un relato paralelo de la caída. Este mito se conserva en cuatro fragmentos, tres de los cuales se hallaron en la Biblioteca Real de Asurbanipal en Nínive, y el cuarto en los archivos del rey Amenhotep IV de Egipto, en Tell el-Amarna[10]. El Adapa babilónico se parece a Adán en su deseo de adquirir conocimientos, los cuales incluirían atributos divinos, pero no la inmortalidad. Los dos héroes fueron tentados; cada uno podía obtener la inmortalidad comiendo cierta clase de alimento. Al final de la historia se aplican castigos, afanes y sufrimientos a la pareja, por haber comido alimentos que les abrieron sus ojos. Adán y Eva recibieron pieles de oveja como vestiduras, y Adapa recibió un vestido especial.

Aquí también el relato bíblico es muy superior. El monoteísmo de la Biblia contrasta con el politeísmo de Babilonia. Los dioses de Babilonia no poseen unidad de propósito o de acción. El dios Ea dice una mentira para cumplir su propósito. En el relato del Antiguo Testamento, Jehová es el omnipotente y justo Dios, cuya naturaleza y voluntad son ley para todos los seres humanos.

Un sello, llamado "Sello de la Tentación", fue desenterrado en las cercanías de Nínive. Una expedición de la Universidad de Pensilvania, bajo la dirección de E.A. Speiser, encontró en 1932 un antiguo sello, con la figura de un hombre, una mujer y una serpiente[11]. Otro raro sello cilíndrico que fuera hallado antes de ése muestra un árbol en el medio, con un hombre a la izquierda y una mujer a la derecha. Detrás de la mujer aparece una serpiente, "la cual parece estar susurrando algo en su oído", mientras la mujer arranca cierto fruto[12]. E.J. Banks dice que éste era un árbol de dátil[13]. Como en el caso de las narraciones paralelas de la creación, estos hallazgos implican la amplia difusión de una tradición basada en los eventos descritos en las Escrituras.

E. Una prefiguración de la redención

La historia de la caída no termina sin un rayo de esperanza. Cuando Dios pronunció el juicio condenatorio sobre la serpiente, agregó: "La simiente (de la mujer)... te herirá en la cabeza, y tú le herirás en el calcañar" (Génesis 3:15). En Gálatas 4:4 se encuentra una confirmación de esta primera profecía de Cristo: "Dios envió a su Hijo, nacido de mujer". Y en Hebreos 2:14 leemos que esa encarnación fue "para destruir por medio de la muerte al que tenía el imperio de la muerte, esto es, al diablo".

Dios cubrió la desnudez de Adán y Eva con pieles de animales (Génesis 3:21). Puesto que la carne no se usó como alimento sino hasta después del diluvio, parece que se mataba a los animales solo para sacrificios. El derramamiento de sangre era imprescindible para cubrir el pecado de todos aquellos que estaban conscientes de él. Cuando estudiemos la siguiente generación de la raza humana, veremos que Caín y Abel tenían algún conocimiento de cuáles sacrificios eran aceptables a Dios.

IV. LA DEGENERACIÓN

Después de la caída, y la pérdida de la inocencia, se despertó en el hombre la conciencia. Ahora podía saber que la obediencia a la voluntad conocida de Dios es buena, y que la desobediencia es mala. El relato de Génesis 4 y 5 es la historia de los frutos del pecado que bien pronto aparecieron.

A. La segunda generación (Génesis 4:1-16)

En la segunda generación de hombres, Caín, el hermano mayor, y Abel, el hermano menor, trajeron sus ofrendas al Señor. Las palabras "andando el tiempo", o más literalmente, "al fin de los días" (Génesis 4:3), indican un tiempo o sazón designada especialmente para presentar las ofrendas o sacrificios. Los dos hermanos presentan un vigoroso contraste en cada aspecto. Caín era "labrador de la tierra", y Abel "pastor de ovejas". Caín trajo su ofrenda del fruto de la tierra, una ofrenda de gratitud que no manifestaba ninguna pena ni dolor por el pecado. Abel ofreció un sacrificio de sus ganados, y con el derramamiento de sangre presentó una ofrenda por el pecado. Todas las leyes sobre sacrificios en el Antiguo Testamento apuntan hacia adelante, al sacrificio supremo de Cristo en la cruz del Calvario. El cordero por Abel fue el primer cordero sacrificado. Cristo fue el último: "He aquí el Cordero de Dios, que quita el pecado del mundo" (Juan 1:29). Cristo fue el "cordero sin mancha... ya destinado desde antes de la fundación del mundo" (1 Pedro 1:19-20). Cristo, "se entregó a sí mismo por nosotros, ofrenda y sacrificio a Dios" (Efesios 5:2).

1. *El primer asesino*

Leemos en Hebreos 11:4: "Por la fe Abel ofreció a Dios más excelente sacrificio que Caín, por lo cual alcanzó testimonio de que era justo, dando Dios testimonio de sus ofrendas". Caín no tenía la fe de Abel, por lo tanto Dios no podía aceptar su ofrenda como aceptaba la de Abel (Génesis 4:4-5). Esto despertó la ira del celoso Caín "y decayó su semblante". Dios demostró el amor de un amable Redentor: "¿Por qué te has ensañado, y por qué ha decaído tu semblante?" (Génesis 4:6). En medio de un tierno reproche todavía le recuerda a Caín la oportunidad de volver al camino recto: "Si bien hicieres, ¿no serás enaltecido?" Pero el obstinado Caín no se corrigió. En un impulso de ira y celos mató a su hermano Abel. En la segunda generación de los seres humanos, el odio hizo de Caín el primer asesino, y la lealtad a Dios hizo de Abel el primer mártir.

2. *El exilio de Caín*

A causa de su crimen, Caín fue "maldito... de la tierra", y marcado como "errante y extranjero" (Génesis 4:12). Temiendo la venganza de Dios, Caín exclamó: "Grande es mi castigo para ser soportado". Empero Dios puso una marca sobre Caín para darle protección, y pronunció una advertencia de "siete veces será castigado" si alguien osara hacerle daño. Con esta historia se anticipa la institución de la venganza de sangre, la cual vino a ser más tarde establecida firmemente entre las tribus árabes. Si un miembro de algún clan sufre violencia, es deber de todos los miembros tomar venganza contra el clan ofensor. Si el ofensor, o asesino, es un miembro del mismo clan, entonces la pena es el destierro. Por lo tanto leemos: "Salió, pues, Caín de delante de Jehová, y habitó en tierra de Nod (o tierra de vagabundeo), al oriente de Edén" (Génesis 4:16).

Es interesante notar que en el tiempo de los Jueces, había una tribu de nómadas, llamados los ceneos (cuya raíz es igual a la de la palabra hebrea para Caín), que se juntó con los israelitas (Jueces 1:16). Si Caín fue el antecesor de los ceneos, como lo implica el hebreo, entonces la tribu debió haber recibido una protección especial de las otras tribus hostiles. A.R. Gordon sugiere que el grito, "Caín será vengado siete veces", pudo haber sido el antiguo grito de guerra de los ceneos[14].

B. Los principios de la civilización (Génesis 4:16-26)

Después del destierro de Caín, la población de los cainitas creció rápidamente, y aparecieron los principios de una civilización agrícola y con sesgos culturales.

1. La civilización cainita

Caín fue el edificador de la primera ciudad, la cual llamó con el nombre de su hijo, Enoc. Esto señala el comienzo de la vida urbana. En la sexta generación después de Caín, Lamec tiene tres hijos, Jabal, Jubal y Tubal-caín. Jabal fue el padre de los fabricantes de tiendas, y pastores, y comenzó a desarrollar la ganadería.

Jubal, el padre de todos los que tocan arpa y flauta ('ughav: flauta o tubo), fue el heraldo de la cultura musical (4:21). El arpa representa los instrumentos de cuerda, y la flauta es un instrumento de viento identificado a menudo con la vieja flauta pastoral de Pan. Las excavaciones hechas en Ur de los caldeos nos dan evidencias de que en esa primitiva época ya se tocaban el arpa y la lira[15]. En los monumentos de Egipto y Babilonia aparece representada un arpa muy antigua, pulsada por músicos semitas. Esta era una especie de lira portátil, construida con madera de ébano o sándalo, y sostenida por una caja de resonancia. Tenía de tres a seis cuerdas, y se tocaba con los dedos o con un plectro de metal.

Tubal-caín fue "artífice de toda obra de bronce y de hierro" (4:22), por lo cual fue el padre de la metalurgia. En la Mesopotamia se han encontrado antiguos instrumentos de bronce y hierro, que seguramente se usaron para la caza, la guerra o la agricultura[16].

Aunque se hicieron rápidos progresos en la civilización puramente material, el sentimiento religioso verdadero tristemente fue abandonado. Por esto no nos sorprende hallar que la civilización de los cainitas, con todo su progreso y esplendor, encontró su expresión más alta en lo que se llama "El Cántico de Lamec" o "Canción de la Espada" (4:23-24).

2. Poesía primitiva

El cántico de Lamec es un canto de venganza, en el cual Lamec dirige una alabanza a su espada, como la más efectiva arma de venganza, mejor aún que la protección divina. Estas seis líneas de poesía hebrea están compuestas sin rima y sin métrica, pero tienen una forma de paralelismo que es "un tipo de ritmo medido en líneas, que refleja un ritmo interior de pensamiento o sentimiento". A.R. Gordon dice que este fiero cántico de Lamec era cantado, indudablemente, con un ritmo marcial fuertemente marcado[17]. Con esta última línea, la historia de los descendientes de Caín desaparece de los sagrados anales, porque no contribuye nada al desarrollo del plan divino de redención.

3. El sucesor de Abel

Después de la muerte de Abel, Dios levantó un sucesor espiritual para que fuese uno de los antepasados del Mesías. Este fue Set, hijo menor de Adán y Eva (4:25-26). El nombre de Set figura a la cabeza de la genealogía que llega hasta Cristo.

C. Las familias de Caín y Set (Génesis 5:1-32)

Las dos genealogías de Caín y Set muestran el contraste de carácter de los dos modos de vida que representan. La línea de Caín contiene seis generaciones. Caín, el primero, fue un asesino, y Lamec, el último, fue el segundo asesino mencionado en la Biblia, el primer polígamo, y el primer promotor a viva voz de la ley de la venganza. Aunque los cainitas forjaron una excelente civilización materialista, ninguno de ellos "caminó con Dios". Después de la sexta generación, la línea de Caín es eliminada de los registros sagrados.

En contraste con la línea de Caín, la línea de Set (5:6-32) tiene un énfasis espiritual. Incluye diez nombres de aquellos hombres que fundaron la adoración religiosa. Después de la caída, Enoc es el primero en ser mencionado, especialmente por su compañerismo con Dios. Su devoción, su espiritualidad, y su entrada a la vida eterna sin pasar por la experiencia de la muerte, se relatan en un simple y claro lenguaje. "Caminó, pues, Enoc con Dios, y desapareció, porque le llevó Dios" (5:24).

Otra característica de la familia de Set es la duración de la vida de sus miembros. El mismo Set vivió 912 años, y los demás nombrados vivieron arriba de 900 años, con la excepción de Mahalaleel, Enoc y Lamec. Matusalén alcanzó la edad de 969 años, siendo el hombre más anciano de la humanidad, según los registros hebreos. En tablillas babilónicas se han hallado registros de casos similares de longevidad. Esto indicaría que la vida humana antes del diluvio era sumamente larga, antes que los efectos perniciosos del pecado hicieran todos sus estragos en la raza.

El décimo y último nombre en la línea de Set es Noé, quien fue el representante de Dios en los días de la degeneración, cuando el juicio divino del diluvio se acercaba. Al igual que Lamec, el último de los impíos cainitas que tuvo tres hijos, Noé, el último de los virtuosos setitas tuvo tres descendientes. Estos tres hijos de Noé fueron los progenitores de las tres grandes razas de la humanidad.

V. NOÉ Y EL DILUVIO

Después de un lapso de diez generaciones, existía sobre la tierra gran corrupción. Los cainitas y los setitas habían alcanzado grandes alturas en el progreso de su civilización. Pero la degeneración había hecho ya su obra destructiva. Cuando la población del mundo creció, los hijos de Set, conocidos como "los hijos de Dios" (6:2), se casaron con las hijas de Caín, conocidas como "las hijas de los hombres". De esta alianza nacieron gigantes, hombres de renombre y poderosos *(nefilims)* en fuerza física. Dios declaró entonces que su Espíritu "no contenderá... con el hombre" (6:3), y que su vida sería limitada a 120 años. Era tan grande la depravación humana, que Dios varió sus planes ("se arrepintió") respecto al hombre. La paciencia y las advertencias de Dios habían sido en vano. El juicio tendría que venir en forma de diluvio, el cual destruiría toda la vida que existía sobre la tierra. Solo Noé y su familia, quienes habían demostrado su fe y su lealtad a Dios, se salvarían.

A. Instrucciones antes del diluvio (Génesis 6:1–7:5)

Dios le dio instrucciones a Noé para que hiciera un arca, o barco muy grande de madera de gofer o acacia. Debía tener tres pisos, divididos en cuartos, y cubiertos con brea por dentro y por fuera. La longitud era aproximadamente de 150 metros, la anchura de 25, y la altura de 15.

Poseía una sola ventana, en la parte de arriba, y una sola puerta a uno de los lados. Obedeciendo el mandato de Dios, Noé pidió a su mujer, a sus tres hijos, y a las mujeres de sus hijos que entraran al arca; un total de ocho personas. También hizo entrar una pareja de cada animal inmundo, y siete parejas de animales limpios, para alimento o sacrificio. Por esto vemos que la distinción entre animales limpios e inmundos ya se hacía mucho tiempo antes de la ley de Moisés que se registra en Levítico 11. Los animales eran clasificados entre limpios e inmundos, ya sea que fueran propios o impropios para sacrificio o alimento. En el arca se almacenó una provisión de comida como para doce meses. Considerando las dimensiones del arca, el Dr. J.P. Free ha calculado que los tres pisos podían sostener 43.000 toneladas. Los transatlánticos modernos desplazan más o menos 25.000 toneladas, o sea un poco más de la mitad de la capacidad del arca. "Tuvo que haber habido suficiente espacio en los tres pisos del arca para Noé, su familia, los animales y el alimento"[18].

B. El diluvio (Génesis 7:6–9:17)

Noé fue obediente "a todo lo que Dios le mandó" (6:22). Cuando él y su familia entraron en el arca, había alcanzado ya la respetable edad de seiscientos años. En el segundo mes de ese año "fueron rotas todas las fuentes del grande abismo, y las cataratas de los cielos fueron abiertas" (7:11). La lluvia comenzó a caer en forma torrencial, y pronto el arca flotaba sobre las aguas. En el decimoséptimo día del séptimo mes, el arca se asentó milagrosamente sobre uno de los montes de Armenia, llamado Ararat. En el décimo mes las aguas habían bajado lo suficiente como para que aparecieran los picos de las montañas más altas. Después de esperar todavía cuarenta días, Noé soltó al cuervo y la paloma, "para ver si las aguas se habían retirado de sobre la faz de la tierra" (8:6-8). Cuando la paloma regresó con una ramita de olivo en el pico, Noé comprendió que las aguas se habían retirado. Cuando la paloma ya no volvió a él, entendió que la tierra estaba completamente seca. Noé permaneció todavía en el arca, hasta que Dios le mandó que saliese de ella con su familia y todas sus pertenencias. Habían pasado un año en el arca.

1. El sacrificio ofrecido por Noé

Cuando Noé salió del arca, su primera acción fue dedicar un altar al Señor y ofrecer un sacrificio de cada animal limpio y ave limpia (8:20). Dios manifestó su aprobación y le prometió que no volvería a destruir la tierra con aguas de diluvio. Dijo: "Mientras la tierra permanezca, no cesarán la sementera y la siega, el frío y el calor, el verano y el invierno, y el día y la noche" (8:22). Existe una tradición judía que dice que Noé edificó el altar en el mismo lugar donde Adán había edificado el suyo, y que fuera usado también por Caín y Abel[19].

2. El primer pacto

Cuando el diluvio pasó, se produjeron muchos cambios en la naturaleza y en la vida humana. Con la llegada del frío y del calor, se establecieron las condiciones atmosféricas para las lluvias y tormentas, y la aparición del primer arco iris. Al parecer, antes de ese tiempo los rayos del sol no penetraban directamente y por lo tanto no se producía el arco iris. Cuando aceptó el sacrificio de Noé, Dios hizo un pacto con él y el resto de los hombres, usando el arco iris como un símbolo de su eterna misericordia. Se hallaban incluidos en el pacto: 1) La promesa de no volver a destruir la tierra con otro diluvio; 2) el dominio perpetuo del hombre sobre la vida animal; 3) el uso de la carne de los animales como alimento, y 4) la pena de muerte para el asesino (9:1-17).

C. Narraciones paralelas

Hay muchas narraciones babilónicas de un diluvio en la zona de la Mesopotamia. La gran Épica de Gilgamés se escribió en doce tablillas que pertenecieron a la Biblioteca Real de Asurbanipal en Nínive. La historia de la undécima tablilla es la que más se asemeja al relato de Génesis. En ambos casos se da a un solo hombre la revelación divina de una calamidad próxima. Los sucesos fueron casi los mismos, pero el propósito del diluvio es diferente. Los dioses babilonios tenían rivalidades entre ellos y enviaron el diluvio a causa de un capricho pasajero. En excavaciones hechas en Ur de los caldeos, se hallaron depósitos de arcilla de casi tres metros de espesor, entre las primeras y posteriores civilizaciones. Esto confirma la evidencia que el diluvio fue sobre toda la tierra. Estas narraciones acentúan el origen común de la historia del diluvio. El Antiguo Testamento demuestra "que la luz de un genuino conocimiento de Dios nunca se ha extinguido completamente entre los hombres"[20].

D. Noé y sus tres hijos (Génesis 9:18-29)

Después del diluvio, Noé dio comienzo a la agricultura y plantó una viña. Muchos creen que la embriaguez de Noé se debió al hecho de que él nada sabía del poder de los licores fermentados. Por cierto, no hay ninguna referencia de que continuara bebiendo.

La bendición final de Noé sobre sus tres hijos es la primera "oda triunfal", así llamada por su expresión de "esperanza y aspiración nacional"[21]. Aquí se revela el carácter de cada hijo. Sem, la esperanza hebrea, recibió la mayor bendición. Él y su posteridad serían los antecesores de Cristo, y mantendrían una relación especial con Jehová, el Redentor. El "Señor Dios" de Sem había sido el "Señor Dios" de Adán, y más tarde sería el "Señor Dios" de

Abraham (24:7). Jafet sería "engrandecido", y llegaría a ser el progenitor de las grandes naciones que serían las más adelantadas en gobierno, en ciencia y en arte. Jafet habitaría en las tiendas de Sem, cuando aceptara adorar al Señor Dios de Sem. La maldición cae sobre Canaán, el hijo de Cam, y se piensa que esta maldición se relaciona con las tendencias idolátricas de los cananeos. Los cananeos fueron al fin subyugados por los israelitas, descendientes de Sem, cuando tomaron posesión de la tierra prometida de Palestina. El poema dirigido a él lleva el nombre popular de "La Maldición de Canaán".

VI. EL ORIGEN DE LAS RAZAS Y LENGUAJES

"Las generaciones de los hijos de Noé", en el capítulo décimo de Génesis, trazan las relaciones étnicas y geográficas de la humanidad. Considerando el asunto en una manera amplia, de estos tres hijos de Noé descienden las tres grandes razas: blancos, negros y amarillos. Su habitación geográfica, a grandes rasgos, se relaciona respectivamente a Europa, Asia y África. El Dr. Ira M. Price identifica la zona del norte como la zona de Jafet, la zona del sur como la de Cam, y en el medio la zona de Sem[22].

A. El origen de las razas (Génesis 10)

Los siete hijos de Jafet incluyen a los pueblos caucásicos de Europa. Entre ellos se cuentan los griegos, los romanos, los españoles y los anglosajones que han dirigido la marcha de la civilización por 2,500 años. Los cuatro hijos de Cam parecen haberse establecido alrededor del Bajo Éufrates al principio. Luego, en el valle del Nilo, en Egipto, Nimrod, "el poderoso cazador", extendió su reino hasta incluir las ciudades de Babilonia, Erec, Acad y Calne, desde Babilonia hasta Asiria.

Los cinco hijos de Sem poblaron la Mesopotamia occidental y Siria. A Sem se lo llamó el "padre de todos los hijos de Heber" (10:21), del cual se ha derivado la palabra "hebreo". Se supone que la palabra tiene relación también con los viajes de Abraham, pues significa "uno del otro lado", un "viajero" o "nómada". La familia semítica ha dado al mundo sus tres grandes religiones monoteístas: la de los hebreos, mahometanos y cristianos.

B. El origen de las lenguas (Génesis 11:1-9)

Mientras los descendientes de los tres hijos de Noé emigraban lentamente, seguían hablando el mismo lenguaje. Cuando llegaron a la llanura de Sinar (o Sumeria), en el valle del Bajo Tigris-Éufrates, decidieron edificar una ciudad capital, con una torre monumental que llegara hasta el cielo. La verdad era que en su egocentrismo y autodeterminación, buscaban protegerse de cualquier dispersión futura.

Pero estaban procediendo sin consultar a Dios. Cuando la construcción estaba en plena marcha, el juicio de Dios cayó sobre la unidad de su lenguaje. Dios confundió su lengua, de modo que ninguno podía entender a su compañero, y se vieron obligados a esparcirse sobre la tierra. El nombre mismo, Babel, es típico de esta confusión. En arábigo y en asirio, Babel significa "la puerta de Dios". Mientras la ambición humana estaba tratando de alcanzar la puerta de Dios, Dios rechazó esta obstinación. Aun la palabra asiria que significa "puerta de Dios", se la confundió con la palabra *balal,* que significa "confusión".

Se han desenterrado en Babilonia muchos restos de torres y monumentos antiguos, que se llaman "zigurates". Cada ciudad se edificaba alrededor del templo de su deidad local. Todos los templos poseían una torre para la adoración. El zigurat de Babilonia se la construyó con ladrillos cocidos o secados al sol; contaba de tres a siete pisos pintados de diversos colores. Todos los pisos tenían escaleras para conducir al piso de arriba, empleando tanto escaleras rectas como circulares. El relato de la destrucción de uno de estos "zigurates" dice como sigue: "La construcción de este templo ofendió a los dioses. En una noche ellos destruyeron todo lo que se había hecho. Los desparramaron a todos, e hicieron extraña su habla"[23]. Los pueblos que más tarde poblaron Mesopotamia aprovecharon los restos de estos templos para construir sus mezquitas musulmanas.

C. Las generaciones de Sem (Génesis 11:10-32)

"Las generaciones de Sem" siguen lógicamente a las "generaciones de Adán". La descendencia de Adán llega hasta Noé y sus tres hijos, Sem, Cam y Jafet. Las "generaciones de Sem" se trazan hasta Abraham, con quien alcanzan su culminación en la historia de los hombres primitivos, como individuos, y con quien principia la historia del pueblo escogido de Dios. Los semitas forman una transición de la historia "general" de la raza, a la historia particular de la nación hebrea, con la que comienza la era de los patriarcas.

RESUMEN

La Biblia comienza con el relato sublime de la creación, la mejor respuesta ofrecida jamás a las perennes preguntas de los hombres: "¿De dónde vengo?, ¿adónde voy? y ¿por qué?". Las primeras palabras: "En el principio... Dios" nos dan la clave para la comprensión de todo el Antiguo Testamento. Los primeros capítulos de Génesis nos regresan a los orígenes de la existencia humana, y nos ayudan a comprender mucho de la obsesión de sus misterios. Aunque el pecado echó a perder el plan de Dios para el hombre, vemos también cómo se dan los primeros pasos para la redención de la raza. La elección de Set, Noé y Sem, en medio de la rápida degeneración de la humanidad, señala hacia adelante, al cumplimiento del propósito redentor de Dios por medio de un pueblo escogido. En el próximo capítulo veremos el desarrollo de este propósito divino en la vida de los patriarcas.

LECTURAS RECOMENDADAS

Blaikie y Matthews, *A Manual of Bible History*, pp. 1-33.

Alfred Edersheim, *The Bible History*, tomo 1, pp. 17-72.

Joseph P. Free, *Archaeology and Old Testament History*, pp. 11-47.

J.A. Huffman, *Voices from the Rocks and Dust Heaps of Bible Lands*, pp. 48-72.

James C. Muir, *His Truth Endureth*, pp. 9-33.

R.L. Ottley, *A Short History of the Hebrews to the Roman Period*, pp. 1-22.

Ira Maurice Price, *The Dramatic Story of the Old Testament History*, pp. 43-55.

L.R. Ringenberg, *The Word of God in History*, pp. 15-39.

J.R. Sampey, *The Heart of the Old Testament*, pp. 15-27.

_____, *Syllabus for Old Testament Study*, pp. 66-71.

Merrill F. Unger, *Archaeology and the Old Testament*, pp. 26-104.

PARA UN ESTUDIO MÁS COMPLETO

1. ¿Con qué nombres o títulos son conocidos los cinco primeros libros de la Biblia? ¿Cuáles son los puntos de vista (liberal y conservador) sobre su autor?

2. Repase los primeros capítulos de Génesis y haga una lista de todos los "principios" que pueda hallar. Ej., el principio de la materia, la luz, la vida, la familia, el pecado, etc.

3. ¿Qué enseña la "epopeya de la creación" acerca de la naturaleza de Dios? ¿Qué grandes preguntas contesta?

4. Busque definiciones de: ateísmo, agnosticismo, panteísmo, politeísmo y monoteísmo.

5. ¿Cuántas veces figura la palabra "crear" en Génesis 1? ¿Cuántas veces la palabra "hágase" o "sea hecho"? ¿Cuál es la diferencia?

6. ¿En qué sentido es el hombre una criatura de dos mundos? ¿Cuál es el significado de la frase "a imagen y semejanza de Dios"?

7. ¿Cuál es la facultad que distingue más claramente al hombre de los animales?

8. ¿Cuál es el apoyo que las leyes sobre el sábado y los mitos babilónicos prestan al escrito inspirado de Moisés?

9. Comente acerca de la diferencia de los nombres "Elohim" y "Jehová" como nombres de Dios. Vea si puede distinguir la diferencia entre uno y otro, comparando Génesis 1 con Génesis 2.

10. ¿Dónde se cree que estaba el huerto del Edén?

11. ¿En qué sentido la facultad de escoger implica la posibilidad de pecar? Si Adán y Eva hubiesen sido incapaces de pecar ¿hubieran sido capaces de una injusticia moral?

12. ¿Qué paralelos puede usted hallar entre la tentación de Adán y Eva en el Edén, con la tentación de Cristo en el desierto? (Mateo 4:1-11). Compare también la actitud del primer Adán respecto a la voluntad de Dios, en el huerto del Edén, con la actitud del segundo Adán (1 Corintios 15:45) en el jardín del Getsemaní.

13. Describa la relación que existe entre los vestidos de piel de oveja con los cuales se vistió la primera pareja, y su pecado.

14. Describa "el camino de Caín" acerca del cual habla Judas v. 11.

15. ¿Cuáles fueron los progresos mayores que hizo la civilización de los cainitas? ¿Qué contraste ofrecen esos progresos a los que lograron los descendientes de Set?

16. ¿Quiénes son "los hijos de Dios", y quiénes "las hijas de los hombres" en Génesis 6:2?

17. ¿Cuál sería el significado de las palabras de Cristo cuando dijo: "Como fue en los días de Noé, así también será en los días del Hijo del Hombre"? (Levítico 17:26).

18. Busque en libros de arqueología datos de descubrimientos que confirman los relatos de la Biblia en cuanto al diluvio.

19. ¿Qué divisiones raciales y geográficas representan los tres hijos de Noé?

20. ¿Cuáles cree usted que eran los móviles de los que construyeron la torre de Babel?

21. ¿Cuál ha sido el carácter de la historia durante los primeros 11 capítulos de Génesis? ¿Cómo se compara con lo que sigue?

NOTAS BIBLIOGRÁFICAS

[1] Francis Brown, S.R. Driver y Charles A. Briggs, *Hebrew and English Lexicon of the Old Testament*, p. 435.

[2] Joseph P. Free, *Archaeology and Bible History*, p. 15.

[3] La lista de estas generaciones es como sigue:
    1. Génesis 2:4 – Las generaciones de los cielos y la tierra.
    2. Génesis 5:1 – Las generaciones de Adán.
    3. Génesis 6:9 – Las generaciones de Noé.
    4. Génesis 10:1 – Las generaciones de los hijos de Noé.
    5. Génesis 11:10 – Las generaciones de Sem.
    6. Génesis 11:27 – Las generaciones de Taré.
    7. Génesis 25:12 – Las generaciones de Ismael.
    8. Génesis 25:19 – Las generaciones de Isaac.
    9. Génesis 36:1 – Las generaciones de Esaú.
    10. Génesis 37:2 – Las generaciones de Jacob.

[4] A.H. Sayce, *Fresh Light from Ancient Monuments*, pp. 28-29. También, por el mismo autor, *Babylonians and Assyrians. Life and Customs*, p. 245.

[5] William Harper, *Hebrew Method and Manual*, p. 90.

[6] Ira M. Price, *The Monuments and the Old Testament*, p. 110.

[7] J. McKee Adams, *Ancient Records and the Bible*, p. 12; y W.F. Albright, *From the Stone Age to Christianity*, p. 6.

[8] *Price, op. cit.*, p. 111.

[9] William G. Blaikie, *A Manual of Bible History*, p. 25.

[10] Price, *loc. cit.*

[11] G.A. Barton, *Archaeology and the Bible*, p. 46.

[12] *Price, op. cit.*, pp. 115-16.

[13] Edgar J. Banks, *The Bible and the Spade*, p. 24.

[14] A.R. Gordon, *Early Traditions of Genesis*, p. 191. Otros eruditos sostienen que "cainita" se deriva de la palabra hebrea para "herrero".

[15] O.R. Sellars, "Musical Instruments of Israel", *Biblical Archaeologist*, tomo 4, No. 3 (septiembre de 1941), pp. 33-39.

[16] W.F. Albright, "Present State of Syro-Palestine Archaeology", *Haverford Symposium on Archaeology and the Bible*, pp. 9-10. También véase la obra de Millar Burrows, *What Mean These Stones?* p. 158.

[17] A.R. Gordon, *Poets of the Old Testament*, p. 51.

18 Free, *op. cit.*, pp. 41-42.

[19] Adam Clarke, *Commentary on the Holy Bible*, I, 77.

[20] Banks, *op cit.*, p. 33.

[21] Gordon, *op. cit.*, p. 37.

[22] Ira M. Price, *A Syllabus of Old Testament History*, pp. 38-39.

[23] S.L. Caiger, *Bible and Spade*, p. 29.

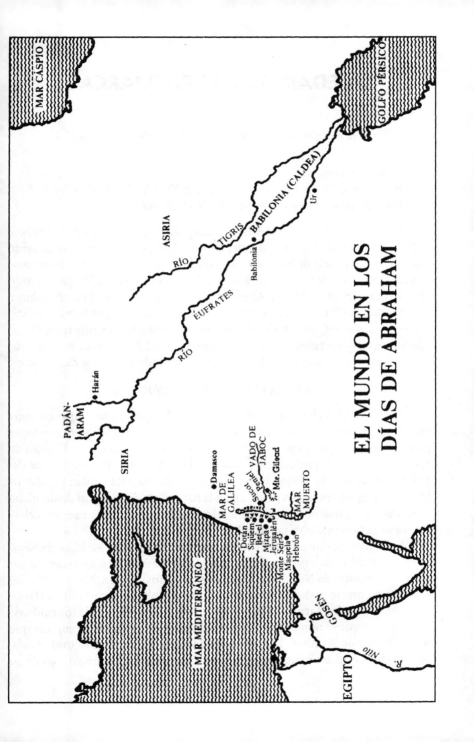

EL MUNDO EN LOS DÍAS DE ABRAHAM

4
LA EDAD DE LOS PATRIARCAS

Por la fe Abraham... salió sin saber a dónde iba (Hebreos 11:8).

Fuentes: Génesis 12–50
Para leer: Génesis 12–13; 15; 17; 22; 24; 27–32; 37; 39–45; 49–50
Período: Aproximadamente del 2100 a.c. hasta el 1850 a.c.

Con el capítulo 12 de Génesis entramos en una nueva era de la historia bíblica. Después de los primeros tiempos, la Biblia no hace ningún esfuerzo por narrar la historia de toda la humanidad. Por esa razón se da mayor atención al desarrollo de las civilizaciones en los primeros capítulos que en todo el resto del sagrado volumen. Ahora debemos seguir la historia de Abraham, y de los descendientes suyos a quienes Dios destinó para que fueran un "canal de bendiciones" para todos los pueblos del mundo. Los primeros 11 capítulos de Génesis cubren un período de cerca de 2,000 años de historia humana. Los 39 capítulos restantes abarcan un período no mayor de 250 años.

I. ABRAHAM, EL CREYENTE

Cerca de 21 siglos antes del nacimiento de Cristo, Dios puso en marcha su divino propósito de redención. Los primeros sucesos tuvieron lugar en la legendaria ciudad de Ur de los caldeos, mencionada en el Código de Hamurabi[1], situada junto al río Éufrates, al sur de Mesopotamia y cerca del golfo Pérsico. A pesar de su cultura, arte y enseñanza, esta ciudad era el centro de un paganismo craso y del culto a la naturaleza. Su religión demandaba la adoración de muchos dioses, teniendo al sol, la luna y otros cuerpos celestes como sus divinidades principales.

En medio de este ambiente idolátrico, una familia de "los hijos de Sem" se había establecido bajo la jefatura de su padre-pastor, Taré, en la octava generación después de Noé. Eran Taré y sus tres hijos, Abram, Nacor y Harán. Este último murió bastante joven, hecho que la Biblia destaca: "Murió Harán antes que su padre Taré en la tierra de su nacimiento, en Ur de los caldeos" (11:28). Aunque el nombre de Abram se menciona primero, se supone que fue el menor de los hijos. La familia de Taré parece haber sido muy unida. Abram demostró un marcado interés en su sobrino Lot, el único hijo de su hermano fallecido, Harán. También se desposó con su media hermana, Sarai (20:12). Abram se dedicó a criar ganado. Pronto tuvo un gran número de siervos. Todos ellos manifestaban una gran lealtad a su amo y señor. Abram fue el elegido de Dios para que llegase a ser "el padre peregrino" del pueblo hebreo, en quien todas las naciones de la tierra serían bendecidas.

A. Primer período. **El llamamiento de Abram** (Génesis 12:1-3)

"El Dios de la gloria" (Hechos 7:2) se le apareció a Abram, haciéndole un llamado imposible de ser confundido. "Vete de tu tierra y de tu parentela, y de la casa de tu padre, a la tierra que te mostraré. Y haré de ti una nación grande, y te bendeciré, y engrandeceré tu nombre, y serás bendición. Bendeciré a los que te bendijeren, y a los que te maldijeren maldeciré; y serán benditas en ti todas las familias de la tierra" (Génesis 12:1-3).

Este llamado fue el primero de una serie maravillosa de apariciones de Dios a los hombres, que conducen nada menos que hasta la encarnación. Para Abram, que tenía en ese entonces 75 años de edad, el llamado constituyó el comienzo de una nueva era, y estableció la base para todo su futuro. La clave de su vida sería ahora "obediencia, separación y compañerismo". La separación de su familia y sus antiguos amigos le ganó el título de "amigo de Dios" (Santiago 2:23). Este llamamiento involucraba la necesidad ineludible de dejar patria, parientes y amigos por el gran futuro desconocido. Pero "salió sin saber a dónde iba" (Hebreos 11:8).

Por lo que se dice en Josué 24:2, 14, entendemos que Taré había sentido el impacto de la idolatría de sus vecinos. La tradición judía dice que Abram padeció persecución de parte de los caldeos porque no aceptaba sus dioses paganos. Quizá por esta razón la familia de Taré, que incluía a Abram, Nacor y Lot, salió de Ur, a una región que se llamó luego Padán-aram. Situada en uno de los brazos del río Éufrates, Harán llegó a ser un centro comercial babilónico. Allí se adoraba a la luna y tenían leyes y costumbres semejantes a los de Ur. Ambas ciudades, Ur y Harán, estaban en los extremos de la Mesopotamia. La mayor parte de la familia de Taré se estableció en esta ciudad, y él mismo pasó allí el resto de sus días.

B. La gran migración (Génesis 12:4-14:24)

Después de la muerte de su padre Taré, Abram, en obediencia al llamado de Dios, salió en su larga peregrinación, dejando atrás a su hermano Nacor y su familia. Su viaje requirió transportar una gran familia, con docenas de sirvientes, muchas tiendas de oscuro pelo de camello, varios miles de ovejas y de cabras y cientos de camellos. Alguien con menos fe que Abram hubiera vacilado antes de obedecer la orden. Tomando a Sarai y a su sobrino Lot, Abram siguió por el camino hacia el sur, atravesando el desierto de Siria. Luego continuó por el largo camino hasta los valles del Líbano y del anti-Líbano, que están enfrente de Damasco. Estos valles eran la puerta de entrada a Canaán. Esta región es conocida como la "fértil media luna", y llegó a ser el centro del mundo del Antiguo Testamento.

Cuando la caravana se detuvo en Siquem, en el valle de More, como a 45 kms. al norte de lo que ahora es Jerusalén, Dios se le apareció de nuevo a Abram. El Señor le había dicho: "Vete de tu tierra... a la tierra que te mostraré" (12:1). Ahora Dios se le aparece con la promesa específica de darle esa tierra para que sea la habitación especial de él y su descendencia. Abram erige el primer altar en la tierra, cerca de Siquem, a la sombra de un roble o terebinto. Más tarde movió su campamento a una montaña al oriente de Bet-el, donde nuevamente "invocó el nombre de Jehová" (12:8). En estos lugares y en otros muchos del viaje de Abram se han hecho excavaciones arqueológicas; el sitio en Bet-el donde Abram ofreció su sacrificio es todavía objeto de reverencia.

1. La primera hambruna: Una prueba.

Cuando Abram salió de Bet-el y siguió su viaje hacia el sur, una severa sequía, acompañada de hambre azotó la tierra. Esta prueba resultó mayor de lo que la fe de Abram podía soportar. ¿No le había Dios señalado esta tierra por herencia? ¿Era esta región árida la tierra prometida? Abrumado por tantas dificultades y perplejidades, la fe de Abram flaqueó, y no consultó al Señor en busca de orientación. Como tantos otros semitas nómadas[2], él también se encaminó al distante Egipto.

Cuando Abram llegó a Egipto, temió por su vida. Se había dado el caso de que el Faraón atraído por una bella mujer, la había tomado para su harén y había mandado matar al marido[3]. Abram persuadió a Sarai que se hiciese pasar por su hermana. Cuando los egipcios le manifestaron al Faraón su admiración por la belleza de la mujer, la mandó traer pero trató a Abram con cortesía. Grandes plagas azotaron la casa del Faraón a causa de Sarai, y se descubrió el engaño. Le tocó ahora al Faraón estar temeroso. "¿Qué es esto que has hecho conmigo?" le reprochó a Abram. "He aquí tu mujer; tómala, y vete". Ayudado por el Faraón, Abram y su grupo regresaron a Bet-el, y otra vez "invocó... el nombre de Jehová" (13:4).

2. Lot escoge

Conforme aumentaron los rebaños de Abram y Lot, la escasez de pasto fue originando disputas entre los pastores de uno y otro. Para evitar una discordia, Abram tomó la iniciativa, y ofreció a Lot la oportunidad de elegir primero el lugar donde moraría. Podían ser las fértiles llanuras en los márgenes del Jordán, o las cumbres austeras y desérticas de Canaán. Tentado por la posibilidad de riquezas inmediatas, Lot escogió los llanos verdes y bien regados del Jordán, y "fue poniendo sus tiendas hasta Sodoma", un centro de notoria impiedad y vileza. Pero Abram siguió la decisión de Dios, "y acampó en la tierra de Canaán". Por este tiempo el Señor le repitió la promesa: "Alza ahora tus ojos... toda la tierra que ves, la daré a ti y a tu descendencia... levántate, vé por la tierra a lo largo de ella y a su ancho; porque a ti la daré" (13:14-17).

3. Abram el hebreo

En una antigua genealogía (10:21) Sem es llamado el "padre de todos los hijos de Heber". Cuando Abram se establece al fin en Hebrón, en la tierra prometida, es llamado por primera vez "el hebreo". Ambos términos parecen derivarse de la misma raíz hebrea que significa "atravesar" o "pasar más allá". En esta forma se distingue Abram de cierto Abarama, cuyo nombre figura en tablillas babilónicas en la crónica de las ventas de un pequeño granjero[4].

4. La primera guerra registrada en las Escrituras

Mientras Abram estaba en Hebrón, un fugitivo le informó que una confederación de reyes extranjeros de Mesopotamia había invadido el Jordán, y que Lot y sus amigos habían sido capturados. Para poder rescatar a Lot, Abram consiguió la ayuda de algunos vecinos amorreos. Con esos aliados y 318 de sus siervos, subieron por el camino de las colinas del valle del Jordán, y cayeron de sorpresa sobre los enemigos. Lot fue rescatado y recuperaron todo el botín.

En los monumentos babilónicos hay una lista de reyes que concuerda notablemente con la de la Biblia en Génesis 14:1. Estos reyes son: Hamurabi, de Sinar, Babilonia; Ericu, de Larsa; Quedorlaomer, de Elam; y Tidal, rey de Goim, al norte de Babilonia[5].

El sacerdote Melquisedec, rey de Salem, se lo presenta por primera vez en esta historia. Cuando Abram regresa a su casa, Melquisedec sale a su encuentro, y le ofrece a él y a sus soldados pan y vino, los elementos del sacrificio. Como sacerdote de Dios bendice a Abram en el nombre del "Dios

Altísimo, creador de los cielos y de la tierra". En retribución, Abram le da los diezmos de todo el botín. En Hebreos 6:20, Cristo es llamado "sumo sacerdote para siempre según el orden de Melquisedec".

C. Vida establecida (Génesis 15:1–21:34)

A partir de ese momento, Abram comienza a llevar una vida más sedentaria estableciéndose en Hebrón. Dios se le aparece de nuevo una noche y le renueva el pacto de la promesa. Esta es la primera vez que la revelación es llamada "la palabra de Jehová", o la palabra de Dios como más tarde es mencionada en Juan 1:1 (Versión Popular). Es también el primer diálogo expresado en palabras entre Dios y el hombre desde la caída en el huerto del Edén. Hacía tiempo que Abram tenía temores y cavilaciones. Había hecho muchos sacrificios para servir a Dios. Empero, no tenía hijo propio, y su heredero sería un siervo suyo nacido en su casa. Dios principia la conversación, y le dice que no será Eliezer su siervo, quien lo herede, sino un hijo propio. Saca afuera de su tienda a Abram y le muestra las estrellas, y le dice que así de numerosos han de ser sus descendientes. Abram, "creyó a Jehová" y Dios se lo contó "por justicia". San Pablo, usa este evento como una de las bases de su doctrina de la justificación por la fe. Abram no tenía mérito por ninguna de sus obras, pero su fe fue la base de su justificación.

1. La ratificación del pacto

Para ratificar el pacto Dios pide a Abram que sacrifique tres animales engordados, cada uno de tres años; una becerra, un carnero y una cabra, más una tórtola y un palomino (15:9). Es decir, todos los animales que en la ley de Moisés fueron declarados limpios y aptos para el sacrificio (Levítico 1). Así como la muerte del animal significaba castigo, el sacrificio de todos ellos significaba expiación hacia Dios.

Jehová le dio a Abram una visión del futuro. Los descendientes de Abram habrían de servir como esclavos en tierra extraña por 400 años, pero serían librados "en la cuarta generación". El mismo Abram iría a sus "padres en paz" y sería "sepultado en buena vejez". Adam Clarke ve en esto la inmortalidad del alma en un mundo espiritual, un lugar diferente de la sepultura del cuerpo[6].

2. El nacimiento de Ismael

Cuando Abram había vivido en Canaán por espacio de diez años, se impacientó esperando el hijo prometido. De acuerdo a una vieja ley del país del que habían salido, Sarai le dio a su criada, Agar, como segunda esposa[7]. Pero esto no era el plan de Dios, sino la propia idea de Sarai, y fue una decisión que no le trajo más que dificultades. Cuando Abram tenía 86 años de edad, le nació Ismael, hijo de la sierva Agar.

3. Abram es llamado Abraham

A la edad de 99 años, Dios le aseguró a Abram que su esposa legítima, Sarai, le daría el hijo prometido. El patriarca apenas podía creer las palabras del Dios todopoderoso. Su amor por Ismael que entonces era un muchacho de 13 años de edad, le hizo exclamar: "Ojalá Ismael viva delante de ti". Fue por razón de esta renovada promesa que se le cambió el nombre a Abram. Dios le llamó Abraham, "padre de una multitud"; y Sarai fue llamada Sara, que significa "princesa".

Entonces se estableció la circuncisión como sello del pacto entre Dios y Abraham. La circuncisión era el signo externo de una separación completa de toda adoración pagana. No se halló ninguna evidencia de este rito en Babilonia, pero hay rastros de él en Egipto, en muchas tumbas y reliquias[8].

4. A Lot lo salvan de la destrucción de Sodoma

De pronto tres ángeles se paran ante la tienda de Abraham en Mamre. Le repiten la promesa de un hijo que tendrá Sara. Cuando dos de estos ángeles salen para Sodoma, el otro queda conversando con Abraham, y le informa de la inminente destrucción de las ciudades pecaminosas. Abraham queda muy preocupado. ¿Será también destruido Lot? Entonces intercede ante Jehová por Sodoma. "¿Destruirás también al justo con el impío?" Seis veces Abraham intercede por la ciudad, pero no se puede hallar ni siquiera a diez hombres justos en las ciudades condenadas, Sodoma y Gomorra.

Los ángeles llegan a Sodoma a la caída de la tarde. Encuentran a Lot sentado a la puerta de la ciudad. Siempre había grupos de personas charlando sentados en los escalones de piedra[9]. La oración de Abraham por su sobrino Lot había sido oída. Cuando vino la mañana, los ángeles sacaron a Lot y su familia de la ciudad. Le dieron la orden: "No mires tras ti". Pronto las dos ciudades condenadas estaban envueltas en grandes llamas. Lot Y sus hijas escaparon de la destrucción, pero la mujer de Lot miró hacia atrás y se volvió "estatua de sal". El castigo de Sodoma y Gomorra se cita a menudo en el Antiguo Testamento como una seria advertencia para todos aquellos a quienes les gusta "ir poniendo sus tiendas hasta Sodoma". Hoy se supone que ambas ciudades condenadas yacen bajo las aguas del mar Muerto, al sur de ese mar. El Señor Jesús hizo referencia a esta historia cuando dijo: "Acordaos de la mujer de Lot" (Levítico 17:32). Lot y sus hijas escaparon huyendo a las alturas al este del Jordán, y vinieron a ser los progenitores de dos tribus, los moabitas y los amonitas (19:37-38). Aunque eran parientes de Israel según la sangre, los israelitas siempre despreciaron a estas dos tribus.

5. Abraham en Gerar

Abraham se trasladó luego hacia el sur, a Gerar, cerca de Cades. Temeroso de los enemigos por segunda vez, de nuevo llamó a Sara "su hermana". Abimelec, rey filisteo, tomó a Sara y la llevó a su harem. Pero Dios amonestó al rey en un sueño para que devolviera la mujer a su legítimo marido. Abimelec y Abraham hicieron un pacto, que más tarde fue ratificado en Beerseba.

La promesa de Dios se cumplió a su debido tiempo. Nació Isaac, su hijo legítimo y heredero. Al niño le pusieron por nombre "Isaac", que significa "risa", porque su padre y su madre se habían reído de la idea de tener un hijo. A Isaac lo circuncidan al octavo día; y cuando fue destetado, "hizo Abraham gran banquete". Ismael, el hermano mayor se mostró muy celoso de la presencia del pequeño Isaac. Se mofaba de su medio hermano y decía que él era el heredero. Su madre, Agar, había tenido antes el mismo aire presumido ante su señora Sara, y había sido expulsada de la casa por este trato descortés. En el famoso Código de Hamurabi hay una provisión para el caso de una sierva que intentó darse la importancia de su ama[10]. Agar e Ismael, a pedido de Sara, lo echan de las tiendas de Abraham, para no regresar nunca más. Fue un día muy triste para Abraham, cuando a la mañana siguiente los llevó al desierto de Beerseba y los dejó allí, al cuidado providencial de Dios.

D. Abraham e Isaac (Génesis 22:1-25:18)

Tres veces desde su llamamiento, Abraham recibió la orden de separarse: Primero, de su país y de su parentela; segundo de Lot; tercero, de Ismael, el hijo de la carne. Ahora viene para Abraham la cuarta y suprema prueba. El Señor le dice: "Toma ahora tu hijo, tu único, Isaac, a quien amas, y vete a tierra de Moriah, y ofrécelo allí en holocausto sobre uno de los montes que yo te diré" (22:2).

1. La prueba suprema

¿Por qué tenía que sacrificar a su único hijo, el hijo de la promesa? Era cierto que los fenicios y otros pueblos paganos ofrecían sacrificios humanos, especialmente del hijo primogénito, quien era destinado como una ofrenda especial a sus dioses[11]. Pero esto parecía muy contrario a las enseñanzas de Dios. Con todo, Abraham no flaqueó. Hizo exactamente lo que Jehová le pedía, encarando la prueba con plena fe.

Padre e hijo hicieron juntos el viaje de tres días hasta el monte Moriah. Edificaron un altar, y Abraham ató a Isaac sobre la leña. Cuando levantó su mano, empuñando el cuchillo, se oyó la voz de Dios, rompiendo el tenso silencio: "No extiendas tu mano sobre el muchacho". Dios pedía solamente obediencia. Él mismo había provisto un carnero como sacrificio, como un sustituto, de acuerdo con la ley que más tarde se daría a los israelitas respecto al primogénito (Éxodo 34:20). El carnero es un tipo de Cristo, quien es nuestro sustituto en la cruz de redención. Dios renueva su pacto con Abraham, y se reafirma la promesa. Padre e hijo regresan a Beerseba y de allí a Hebrón. Todavía puede verse en Jerusalén, en el monte Moriah, un altar de rocas que queda ahora dentro del recinto de la mezquita de Omar. En ese altar se ofrecieron víctimas en los templos de Salomón y de Herodes[12]. Cerca de este lugar estuvo la cruz del Calvario, donde Jesucristo, el Cordero de Dios que quita el pecado del mundo, se ofreció a sí mismo, como un sacrificio supremo por toda la humanidad.

2. Sepultan a Sara en Macpela

Sara murió en Hebrón, a la edad de 127 años. Es la única mujer cuya edad se menciona en las Escrituras. Fue la primera ocupante de la cueva de Macpela, que Abraham compró de Efrón, el heteo como "heredad de sepultura". El precio de venta, 400 siclos de plata, no fue contado en monedas, como se haría hoy, sino pesado.

Al hacer esta compra, Abraham demostró su fe en la promesa de Dios, de que la tierra sería suya y de sus descendientes. Hoy en día existe una mezquita musulmana allí, donde estuvo la famosa cueva. Un oficial inglés al servicio de Lord Allenby hizo investigaciones sobre este punto durante la primera Guerra Mundial[13].

3. El matrimonio de Isaac

Cuando Isaac tenía 40 años de edad, Abraham instruyó a su fiel mayordomo Eliezer para que fuese hasta Harán a conseguir una esposa para Isaac entre los parientes de Abraham. El mayordomo hizo este viaje con camellos y regalos, buscando la dirección de Dios sobre el motivo de su viaje. Eliezer se encontró con Rebeca, en respuesta directa a su oración, junto al pozo del pueblo en la ciudad de Nacor. Rebeca era nieta de Nacor, hermano de Abraham. La muchacha sacó agua para los camellos de Eliezer, e invitó al extranjero a pasar la noche con su gente. La familia lo recibió con cariño, y a la mañana siguiente, la hermosa Rebeca consintió en partir con Eliezer para ser la esposa de Isaac. Una tarde, cuando Isaac había salido a orar y meditar en los campos, vio la caravana que regresaba. Cuando Rebeca vio a Isaac "tomó el velo, y se cubrió". Isaac "tomó a Rebeca por mujer, y la amó y se consoló Isaac después de la muerte de su madre". En esta bella historia muchos ven un tipo de Cristo en Isaac, de la iglesia en Rebeca, y del Espíritu Santo en Eliezer.

4. Los últimos años de Abraham

Después de la muerte de Sara, Abraham tomó por mujer a Cetura, y por medio de ella llegó a ser el progenitor de los madianitas y de otras tribus árabes. Pero él "dio todo cuanto tenía a Isaac", excepto algunos pocos regalos que destinó para sus otros hijos, a quienes "había enviado lejos", como había hecho con Ismael. Abraham murió a la edad de 175 años, y lo sepultaron en la cueva de Macpela sus dos hijos Isaac e Ismael. Cuando murió el padre, ambos hijos, el de la promesa y el de la ley, hicieron a un lado todas sus diferencias.

"Los descendientes de Ismael" (25:12-18), es la séptima lista de generaciones que registra el libro de Génesis. Se dan los nombres de doce hijos y una hija del gran jeque del desierto, quien llegó a cumplir 137 años de edad. Pero con esta genealogía se elimina de la historia la línea de los ismaelitas, porque no hacen ninguna contribución al propósito redentor de Dios.

II. ISAAC, EL HUMILDE

Los sagrados registros mencionan ahora a "los descendientes de Isaac" (Génesis 25:19 ss.). Esta es la octava en la lista de diez generaciones las cuales trazan el propósito redentor de Dios desde Adán, pasando por la era de los patriarcas, hasta llegar a las 12 tribus de Israel. El relato de la vida de Isaac está entrelazado por 60 años con el de la vida de Abraham su padre, y por 120 años con el de la vida de Jacob, su hijo. Admiramos a este hombre sumiso y amable, que se dejó ofrecer en el altar de Abraham, que respetó la influencia de su madre mientras ella vivía, y demostró ser un comprensivo esposo para su compañera Rebeca. Podemos verlo caminando en los mismos pasos de su padre, manteniendo la misma fe en Jehová, quien renovó a menudo con Jacob el pacto hecho con Abraham.

A. Isaac y sus hijos (Génesis 25:19-34)

Luego de 19 años de haberse casado, y cuando aún no habían tenido ningún hijo, Isaac intercedió ante Dios por un hijo, a fin de que se cumplieran las promesas que Dios le había hecho. El Señor contestó su oración, y

Rebeca dio a luz mellizos: Jacob, que vino a ser el progenitor de la raza elegida, y Esaú, que fue el progenitor de una segunda nación. Con Jacob y Esaú sucedió algo similar a lo que pasó con Isaac e Ismael. Aunque Esaú era el mayor, la elección de Dios recayó sobre Jacob, y se predijo que "el mayor servirá al menor" (25:23). Desde muy niños los dos hermanos mostraron grandes diferencias de carácter. "Esaú fue diestro en la caza, hombre del campo" y Jacob era un hombre "quieto, que habitaba en tiendas" (25:27). Entre los dos hermanos existía cierto espíritu de rivalidad. Esta rivalidad se acentuó por sus padres y se prolongó en la posteridad de ambos hasta hoy. Aunque Jacob fue al principio un sujeto astuto y engañador, respondió a los valores espirituales de un modo en que Esaú jamás lo hizo.

Un día, Esaú, el favorito de Isaac, retornaba con hambre de la caza, e hizo tratos con Jacob por un plato de lentejas. Era costumbre en esos tiempos que una persona vendiera sus derechos de herencia por algún objeto de mucho valor[14]. De acuerdo a esa costumbre, Esaú vendió su primogenitura a Jacob por un simple guisado. Cuando acabó de comer, "se levantó y se fue". El inestable y desaprensivo Esaú había vendido todas sus oportunidades de recibir las bendiciones del pacto por una bagatela (Hebreos 12:16).

B.   Isaac en Gerar de los filisteos (Génesis 26)

Cuando un hambre terrible hizo estragos en la tierra de Canaán, Isaac buscó refugio en la tierra de los filisteos. Allí gobernaba otro rey de nombre Abimelec. Isaac siguió el mismo ejemplo de su padre, declarando que Rebeca era su "hermana". En esto no tuvo la media disculpa de Abraham, que podía decir que Sara era su media hermana. Cuando Abimelec supo la verdad, tuvo respeto para el Dios de Abraham y de Isaac, y protegió de todo daño a la familia del elegido. La prosperidad de Isaac le acarreó la envidia de los filisteos, que pensaban que Isaac se estaba haciendo rico a expensas suyas. Los filisteos, entonces, llenaron de lodo todos los pozos que habían abierto los siervos de Abraham, violando con esto el solemne tratado que habían hecho Abraham y el anterior rey Abimelec. Finalmente, ambos hombres, Isaac y Abimelec renovaron el viejo pacto y reabrieron el pozo de Beerseba. Durante estos días de prueba, Dios renovó su pacto con Isaac, quien le agradeció levantando un altar a Jehová.

C.   Jacob y Esaú (Génesis 26:34–27:40)

Cuando Esaú llegó a la edad de 40 años, tomó dos esposas de sus vecinos heteos, Judit, hija de Beeri, y Basemat, hija de Elón. Estas mujeres fueron una constante fuente de amargura para Isaac y Rebeca.

El tiempo había llegado para que Isaac pronunciase su bendición patriarcal sobre su heredero. En oposición al decreto divino anunciado en el nacimiento de los niños (25:23), Isaac quería dar su bendición a su hijo favorito, Esaú. Como toda ceremonia religiosa tenía que ser acompañada con un banquete, Isaac pidió a Esaú que fuese al campo y cazase alguna pieza, para que se la preparase como a él le gustaba. Rebeca oyó esa petición, e hizo planes para asegurar la bendición para su hijo predilecto Jacob. Ella preparó rápidamente la comida sabrosa, y vistió a Jacob con vestidos vellosos para simular que era Esaú. Isaac, después de algunos titubeos, pronunció la bendición sobre Jacob. El más joven de los mellizos recibiría los fértiles campos y viñas, y regiría sobre las naciones de alrededor y la posteridad de su madre. Luego siguió una bendición dicha en forma poética, que había sido dada antes a Abraham: "Malditos los que te maldijeren, y benditos los que te bendijeren".

No bien Jacob había salido de la tienda de Isaac, cuando entró Esaú con su caza. De inmediato comprendió Isaac el engaño, pero ya no podía hacer nada. La bendición oral era legal en aquellos días[15]. La ira y el despecho hicieron presa de Esaú. "Bien llamaron su nombre Jacob", dijo el defraudado hermano, "pues ya me ha suplantado dos veces... ¿No has guardado bendición para mí?" Isaac, entonces, pronunció una segunda bendición sobre Esaú. Le prometió que al fin de una larga sumisión de su pueblo al pueblo de su hermano, podría sacudir ese yugo. Este suceso provocó un odio persistente entre Esaú y Jacob, destinado a dividir para siempre los pueblos de Edom e Israel.

D.   Separación de Jacob y Esaú (Génesis 27:41–28:9)

El odio de Esaú lo hizo pensar en la venganza. "Llegarán los días del luto de mi padre, y yo mataré a mi hermano Jacob". Rebeca conocía la ira de Esaú, y decidió enviar a Jacob lejos, a la casa de Labán, "mi hermano en Harán" hasta que se aplacase la ira de Esaú. Isaac consintió con este viaje. Pronunció una vez más sobre Jacob la bendición de Abraham, y le recomendó que buscara una esposa entre los parientes de su madre, en Padán-aram. Esto uniría las familias de Abraham y Nacor por segunda vez. Jacob debía huir para salvar su vida del odio vengativo de su hermano Esaú, a quien había engañado dos veces. Dejó a su padre, a quien había engañado, y a su intrigante madre, a quien tanto amaba.

Como Esaú comprendió que su padre no deseaba que sus hijos se casasen con "las hijas de Canaán", fue a reunirse con su tío Ismael, donde tomó otra mujer, Mahalat, hija de Ismael, hijo de Abraham. Se estableció entonces en la región del monte Seir, y por medio de nuevos matrimonios hizo alianza con tribus nómadas. A partir de este momento, la vida de Isaac pasa a segundo plano, mientras surge la vida de su extraordinario hijo Jacob.

E. Muerte y sepultura de Isaac (Génesis 35:27-29)

Años más tarde, cuando Jacob había retornado a Hebrón, murió Isaac, cuando había alcanzado la edad de 180 años. Fue sepultado en la cueva de Macpela por sus dos hijos, Esaú y Jacob, unidos al menos para tributar los últimos respetos al padre, que había sido tan amante de la paz. Esto se parece al entierro de Abraham por parte de Isaac e Ismael, que habían sido enemigos, pero que se habían reconciliado ante la sepultura del padre. El propósito redentor de Dios en la era de los patriarcas continúa ahora por medio de Jacob, el hijo de Isaac.

III. JACOB, EL TRANSFORMADO

Los primeros años de la vida de Jacob estuvieron ligados estrechamente con la vida de su padre Isaac y su madre Rebeca. Por razones de nacimiento, Jacob carecía de títulos, tanto para la bendición como para la herencia. Sus aspiraciones eran buenas, pero sus métodos eran malos. Se debió a la bondad de Dios, y a su propósito que todo lo venció, que Jacob recibió la bendición, de la cual trató de asegurarse por medio de maniobras y arreglos nada éticos. No tenía él ninguna necesidad de engañar a su padre, de mentir diciendo que era Esaú, ni de blasfemar asociando el nombre de Dios a su intriga.

A. La huida de Jacob a Harán (Génesis 28)

Después que Jacob hubo dejado el hogar de su infancia, tuvo tiempo de pensar en sus primeros años. ¿Dónde estaba ahora el pacto del Dios de Abraham y de Isaac? ¿Sería Él también el Dios de Jacob? Al fin de su primer día de viaje, llegó a un lugar llamado Luz. Cansado del camino, hizo una almohada de piedras en la oscuridad de la noche.

Dios estaba listo a revelarse al cansado viajero. En una visión, vio Jacob "una escalera que estaba apoyada en tierra, y su extremo tocaba en el cielo". Los ángeles bajaban y subían por la escalera, y el Señor Jehová estaba parado arriba. Dios le aseguró que era el Dios del pacto con Abraham y con Isaac, y que sería el Dios suyo también. Cuando Jacob despertó al amanecer, se dio cuenta de la grandeza de la visión que había tenido. "Ciertamente Jehová está en este lugar, y yo no lo sabía". Como recuerdo de su encuentro con Dios, Jacob levantó un altar de piedras, lo ungió con aceite, y llamó el lugar Bet-el, o sea "casa de Dios". Jacob hizo voto de que Jehová sería su Dios, y que él le daría los diezmos de todo lo que Dios le diere.

B. Jacob en el exilio (Génesis 29:1–30:43)

Jacob reinició su viaje, yendo por el camino de vuelta que había transitado su abuelo Abraham desde Harán hasta Canaán. Cuando llegó cerca de la casa de Labán, el hermano de su madre, se encontró con una escena idéntica a la que había encontrado Eliezer, criado de Abraham, justamente un siglo antes. Raquel, la hija de su tío Labán, llegó al pozo conduciendo sus rebaños, e invitó a Jacob a llegar a su casa, en la misma manera amistosa con la que Rebeca había invitado a Eliezer.

Jacob se enamoró de Raquel a primera vista y arregló con Labán en servir como pastor durante siete años para asegurarse la mano de Raquel. Estos siete años le parecieron a Jacob "como pocos días, porque la amaba" (29:20). Cuando transcurrieron los siete años, Jacob comenzó a cosechar parte de los engaños que había sembrado.

Cuando se puso a hacer negocios con Labán, descubrió que este lo sobrepasaba en astucia. Después de trabajar siete años para poder casarse con Raquel, la joven a quien amaba, recibió como esposa, no a Raquel, sino a Lea, la hermana mayor. No fue difícil para Labán hacer este engaño, porque la novia oriental se vestía con un velo muy espeso que ocultaba por completo sus facciones. La excusa que dio Labán fue que era costumbre entre ellos casar siempre a la hermana mayor antes que la menor. Jacob, resignado, convino con Labán en trabajar otros siete años por Raquel. Más tarde Jacob tomó por mujer también a Bilha, doncella de Raquel; y a Zilpa, doncella de Lea. Once hijos y una hija le nacieron a Jacob en Padán-aram y un decimosegundo hijo, Benjamín, más tarde en Canaán.

Después del nacimiento de José, el primogénito de Raquel, Jacob era suficientemente rico como para ser su propio amo. Pero Labán lo persuadió para trabajar a medias, dividiendo los beneficios de los ganados de acuerdo a ciertas marcas y señas de los animales. Fue el propósito eterno de Dios, no los planes arteros de Jacob, lo que impidió que Labán tomara ventaja de su sobrino. Así completó Jacob 20 años de servidumbre con Labán: 14 sirvió por sus esposas, y 6 años por su ganado.

C. De regreso al hogar en Canaán (Génesis 31:1–33:17)

Hacia el fin de este período de su vida, el Dios de Bet-el apareció a Jacob en un sueño, y le encomendó regresar a la tierra de su juventud. Sabiendo de los celos crecientes de Labán y de sus hijos, Jacob decidió salir secretamente de Padán-aram, partiendo con todas sus mujeres, sus hijos, sus criados y sus posesiones. Labán se encontraba esquilando sus ovejas y no advirtió la partida de Jacob sino hasta el tercer día. Jacob ya había cruzado el Éufrates, y emprendido la fatigosa marcha a través del desierto y de la llanura oriental de Damasco, hacia Basán y el monte Galaad.

1. La persecución de Labán

Labán reunió rápidamente a sus familiares, y todos juntos se lanzaron en persecución de Jacob. Anduvieron siete días, hasta que lo avistaron en el monte de Galaad. La ira de Labán era muy grande porque alguien le había hurtado sus ídolos domésticos, los *terafines*. Jacob no sabía que Raquel los había robado, y que los tenía ocultos debajo de la albarda de su camello. De acuerdo con las costumbres de esos días, si un yerno estaba en posesión de los ídolos domésticos del suegro, podría reclamar la posesión de toda la herencia[16]. Cuando Labán se encontró con Jacob, buscó los ídolos en vano. Además de eso, la noche antes se le había aparecido Dios en un sueño, y le había advertido que no molestase en nada a Jacob. Los dos hicieron un pacto, poniendo a Dios por testigo, y Jacob ofreció un sacrificio. Llamaron a ese lugar Mizpa, "atalaya", porque dijeron: "Atalaye Jehová entre tú y yo, cuando nos apartemos el uno del otro".

2. La oración de Jacob en Peniel

Como nunca antes, Jacob se dio entonces cabal cuenta de su debilidad, y desamparo humano. Antes de su último encuentro con Labán se había hallado entre dos enemigos; su suegro por detrás y su hermano por delante. En la reunión con Labán había comprendido que, legalmente, sus esposas y sus hijos pertenecían a Labán. Pero Dios había intervenido con Labán en favor de Jacob. Mas ahora él tenía que enfrentarse con su otro enemigo, Esaú, a quien él había defraudado, y que venía hacia él con 400 hombres armados. ¿Qué podría hacer Jacob? Decidió enviar siervos y regalos a Esaú, para que lo encontraran en la tierra de Seir; y luego dividió sus otros siervos y ganados en dos grupos, poniendo gran distancia entre unos y otros, para ganar mayor protección. Jacob se quedó solo, en la orilla del vado de Jaboc, esperando hasta la mañana. Jacob se acercó a Dios, orando fervorosamente y recordándole todas sus promesas. El ángel del Señor luchó con Jacob durante toda la noche. Cuando ya rayaba el alba, Jacob dijo: "No te dejaré, si no me bendices". El Señor entonces tocó el encaje del muslo de Jacob descoyuntándolo de la cadera. De esta manera le recordaba su humanidad.

Era el amanecer cuando la tremenda lucha terminó. La voz del Luchador divino anunció: "No se dirá más tu nombre Jacob, sino Israel; porque has luchado con Dios y con los hombres, y has vencido" (32:28). El engañador fue hecho príncipe. Fue un nuevo nombre para un nuevo hombre. Fue el punto culminante en la vida del tercer patriarca. A partir de este momento Jacob nunca engañó a nadie ni mintió, aunque tuvo que sufrir la falsedad y el engaño de otros. De Israel salieron las doce tribus, descendientes de sus doce hijos, que llevaron este nombre. En recuerdo de este momento decisivo en su vida, Jacob llamó el lugar "Peniel", o sea "el rostro de Dios", porque dijo: "Vi a Dios cara a cara, y fue librada mi alma". Esta experiencia en la vida de Jacob es reconocida por muchos como un tipo de la entera santificación, una segunda crisis en la vida de todo hijo de Dios.

3. La reunión con Esaú

Cuando el sol salió, Jacob vio que Esaú venía hacia él con sus 400 guerreros. Dispuso a toda su servidumbre en forma que mejor pudiera proteger a Raquel y José, y avanzó al encuentro de Esaú, inclinándose siete veces a tierra, según la costumbre oriental. Esaú corrió a encontrarle, lo abrazó y besó, y los dos hermanos lloraron juntos. Después de una entrevista muy amistosa, los mellizos se separaron otra vez.

D. El regreso de Jacob a Canaán (Génesis 33:18–36:43)

Cuando Esaú regresó al monte Seir, Jacob continuó su viaje hacia el occidente, atravesando Sucot hasta Siquem. Aquí compró su primera tierra en Canaán, de los hijos de Hamor amorreo. Y erigió un altar a "El-Elohe-Israel", en memoria de su nuevo nombre. Siglos más tarde Jesús se sentó al borde del pozo de Jacob, en Sicar o Siquem (Juan 4:6) y expuso su evangelio a la mujer samaritana.

Cuando una violenta disputa brotó entre los hijos de Jacob y los habitantes de Siquem, Dios recomendó al patriarca que retornase al sur, a Bet-el, y levantase un altar. Este era el lugar donde había tenido el sueño de la escalera, cuando huía de su hermano Esaú, 20 años atrás.

Jacob ordenó a toda su familia y a todos sus criados quitar los dioses ajenos que habían traído desde Harán, y limpiar y cambiar sus vestiduras cuando se acercaran a Bet-el.

El patriarca siguió el mismo camino que había seguido Abraham más de un siglo antes. En Bet-el levantó un altar y lo llamó El-bet-el, o sea el Dios de Bet-el, con lo cual daba reconocimiento al Dios personal que se le había aparecido allí, en vez de reconocer meramente el lugar llamado Bet-el. Este altar revela un gran progreso espiritual en el hombre que ahora llevaba el nombre de Israel. Dios le renueva el pacto de la promesa y Jacob levanta un altar de piedras. Sobre este altar derrama Jacob la primera libación que se menciona en la Biblia.

Cuando la caravana se encontraba ya muy cerca de Belén, Raquel, la esposa favorita de Jacob, dio a luz un hijo, Benjamín, pero murió en el parto. Jacob levantó una columna sobre su tumba, que existe hasta el día de hoy, y es llamada la tumba de Raquel, en las cercanías de Belén. El acongojado patriarca continuó su viaje y "plantó su tienda más allá de Migdal-edar". El resto de la vida de Jacob está relacionado inseparablemente con la vida de su hijo favorito, José.

"Las generaciones de Esaú" son solamente enumeradas, y la genealogía termina con las escuetas palabras: "Edom es el mismo Esaú, padre de los edomitas".

IV. JOSÉ, EL ÍNTEGRO

Con una breve referencia a las "generaciones de Jacob", la décima y última genealogía de Génesis, se introduce a José, el más destacado de los hijos de Jacob. José había nacido en Harán, el primer hijo de la amada Raquel. Poseía la fe y la paciencia de Abraham, la mansedumbre de Isaac y la visión espiritual de Jacob. Demostró poseer una naturaleza paciente y amable. Los sucesos de su vida como pastor, cuando vivía con su familia cerca de Hebrón, están entre los más interesantes de su notable carrera.

A. **Primeros años** (Génesis 37:2-36)

Después de la muerte de Raquel, se aumentó la predilección que Jacob sentía por su hijo José. Además, José traía a Jacob informes de la dudosa conducta de sus hermanos, especialmente de los hijos de las concubinas Bilha y Zilpa. Cuando José tenía 17 años de edad, su padre le regaló una túnica de hermosos colores. Esta túnica significaba que Jacob había escogido a José como príncipe y sacerdote de la familia, e intentaba transferirle el derecho de primogenitura. Naturalmente, esto fue causa suficiente para exacerbar el odio de sus hermanos contra él.

José tuvo entonces dos extraños sueños proféticos. En el primero vio once manojos de trigo inclinándose al duodécimo, que era el suyo. En el segundo, José vio que "el sol, la luna y once estrellas" se inclinaban a él. Cuando José contó estos sueños a sus hermanos, "le aborrecieron más" y le respondieron: "¿Reinarás tú sobre nosotros?" Aun su padre Jacob quedó un poco molesto por los sueños, sin embargo, "meditaba en esto". Estos sueños no hicieron más que agregar combustible al odio de los hermanos.

Un día, mientras los hermanos mayores andaban buscando pasto para los ganados, como a 60 kms. al norte de Siquem, Jacob envió a José a investigar su conducta, y traerle un informe de ellos. Cuando José se encontró con ellos en Dotán, como a 30 kms. más allá de Siquem, sus hermanos lo vieron a la distancia y dijeron: "He aquí viene el soñador... venid y matémosle, y echémosle en una cisterna... y veremos qué será de sus sueños". Solamente la decidida intervención de Rubén, el hermano mayor, evitó que lo mataran inmediatamente.

En lugar de matarlo, los hermanos lo echaron en una cisterna seca, despojándolo de su vestidura especial. Mientras Rubén se hallaba ausente, los otros hermanos lo vendieron por 20 piezas de plata a unos ismaelitas mercaderes que iban para Egipto. Cuando regresó Rubén y halló que José no estaba, rasgó sus vestiduras con amargura, pero era demasiado tarde. Los vengativos hermanos mojaron la odiada vestidura en la sangre de un cabrito, y se la llevaron al anciano padre. Jacob sufrió un rudo golpe. "José ha sido despedazado", gimió, y "no quiso recibir consuelo".

B. Servidumbre en Egipto (Génesis 39:1–41:37)

Cuando los ismaelitas llegaron a Egipto, vendieron a José a Potifar, capitán de la guardia del Faraón, y el joven "halló gracia en sus ojos". En Egipto los esclavos sirios se los consideraban muy valiosos, y a José su dueño lo trató bien, hasta que fue falsamente acusado por la sensual mujer de Potifar. Sin defensa alguna lo echaron en prisión. Pero la Biblia dice: "Jehová estaba con él". El jefe de la cárcel simpatizó con José, y reconoció sus virtudes y talentos.

Dos de los servidores del Faraón delinquieron contra su señor y los arrojaron a la cárcel donde estaba José. Ambos hombres tuvieron un sueño esa noche, y como la actitud de José les inspiraba confianza, ambos le contaron el sueño y le pidieron que los interpretase. "¿No son de Dios las interpretaciones? Contádmelo ahora", dijo José. Uno de ellos, que había sido el copero del Faraón, había visto tres racimos de uvas en su sueño; el otro, el panadero, había soñado con tres cestas de pan. José profetizó la restauración del copero al favor del rey y la ejecución del panadero dentro del mismo tiempo. Ambas predicciones se cumplieron exactamente tres días más tarde, en el cumpleaños del Faraón.

Dos años después, el mismo Faraón fue turbado por dos misteriosos sueños. Siete vacas gordas que salían del río eran devoradas por siete vacas flacas que salían detrás de ellas. Y siete espigas llenas de grano eran devoradas por siete espigas vacías y enjutas. Ninguno de los magos y escribas de Faraón fue capaz de descifrar el sueño del rey. Súbitamente el jefe de los coperos se acordó de José, y de cómo había interpretado su propio sueño. Le contó al Faraón el incidente de la prisión, y a José lo liberaron inmediatamente. Dando gloria a Dios, José contestó humildemente: "No está en mí; Dios será el que dé respuesta propicia a Faraón". Las siete vacas gordas y las siete espigas llenas representaban siete años de abundancia. Las siete vacas flacas y las siete espigas secas representaban siete años de hambre que seguirían. El consejo de José al Faraón fue: "Provéase ahora Faraón de un varón prudente y sabio, y póngalo sobre la tierra de Egipto... y quinte la tierra de Egipto en los siete años de la abundancia... y recojan el trigo bajo la mano de Faraón... y esté aquella provisión en depósito... para los siete años de hambre" (41:33-36). Faraón quedó tan impresionado por esta notable interpretación, y la reverencia religiosa de José que lo nombró administrador de todo su reino. A la edad de 30 años, después de 13 años de esclavitud, José fue exaltado de prisionero a príncipe.

C. Administrador en Egipto (Génesis 41:38–46:34)

El Faraón hizo a José el segundo jerarca del reino. Le dio su anillo, el sello del reino y finos vestidos de lino. Se dio orden que todos le prestaran acatamiento y obediencia, y le cambiaron su nombre a Zafnat-panea, que significa "revelador de lo secreto". También le dieron una esposa egipcia, Asenat, hija del sacerdote de On. José llamó su primer hijo Manasés, que significa "olvido", una indicación de su presente felicidad. Al segundo lo llamó Efraín, que significa "fructífero", testificando así de su prosperidad.

Durante los siete años de abundancia José almacenó sabiamente un quinto o un doble diezmo, de todo el grano de la tierra de Egipto. El impuesto normal que pagaban los que ocupaban las tierras del Faraón era un décimo. Bajo la administración metódica de José, todo el grano se almacenó cuidadosamente, hasta que el hambre comenzó a hacerse sentir. Entonces José "abrió los graneros" de Egipto, y todos los pueblos de la tierra venían a Egipto a comprar pan. Jacob y sus hijos vivían todavía en Hebrón de Canaán. Después de dos años de escasez ellos también comenzaron a sentir la amenaza del hambre. Jacob retuvo consigo a Benjamín en el hogar y envió a los otros diez hermanos a comprar grano en Egipto.

1. La primera entrevista con los diez hermanos

Cuando los diez hermanos de José comparecieron ante él en Egipto, José los reconoció de inmediato, pero ellos no sospecharon quién era él. Con el fin de probarlos, José los acusó de ser espías de la tierra de Canaán, y por esta argucia supo que su padre Jacob y su hermano Benjamín todavía vivían. Después de retenerlos consigo durante tres días, José los despachó de vuelta con el grano que les había vendido, pero retuvo a Simeón a guisa de rehén, hasta que los otros regresaron con Benjamín, el hermano menor. Rubén les recordó a sus hermanos que ellos estaban recogiendo parte de la cosecha de la mala siembra cuando habían pecado contra José. En el viaje de retorno, cada uno de los hermanos encontró su dinero en su propio costal. Ellos no sabían que el mayordomo de José había recibido órdenes de regresarles el dinero. Cuando ellos contaron a Jacob todo lo sucedido, el anciano quedó muy preocupado por Simeón, y se negó a dejar salir a Benjamín. Aun cuando Rubén se ofreció como garantía de que nada le pasaría al muchacho, Jacob gimió: "Haréis descender mis canas con dolor al Seol".

2. El segundo viaje a Egipto

Cuando las existencias de grano se acabaron de nuevo, Jacob les pidió a sus nueve hijos que hicieran un segundo viaje a Egipto. Recordando la severa advertencia del gobernador, los hermanos se negaron a regresar a Egipto sin Benjamín. Luchando entre el hambre y el peligro de morir todos de necesidad y la posibilidad de perder el último hijo de Raquel, el vacilante Jacob decidió por fin entregar el joven al cuidado de Judá. Los hermanos partieron de nuevo con su carga de nueces, bálsamo, miel, aromas y una doble cantidad de dinero.

Cuando llegaron ante José, él los invitó a comer todos juntos. Cuando los hermanos le dijeron al mayordomo que habían hallado su dinero en sus costales, el mayordomo les aseguró que Dios se los había devuelto. Durante el banquete se sirvió una mesa para José, otra para los once hermanos, y otra para los egipcios. José envió porciones de su propia mesa para cada uno de sus hermanos, pero la porción para Benjamín era cinco veces mayor que la de los otros.

Cuando estaban listos para partir de nuevo, el mayordomo de José no solo devolvió el dinero de cada uno en su saco, como la primera vez, sino que puso la copa de plata de José en el costal de Benjamín. Al día siguiente, el mayordomo tenía instrucciones de detener a los israelitas y acusarlos de robar la copa de plata. La investigación comenzó con el mayor y terminó con el menor. Cuando hallaron la copa de plata en el costal de Benjamín, dijeron que tenía que quedarse como siervo de José. Pasmados de consternación, los hermanos volvieron ante el gobernador. Judá le suplicó a José que lo dejara a él quedar como rehén, en lugar de Benjamín, porque la vida del anciano padre estaba "ligada" con la del hijo menor. Esta súplica fue más de lo que José podía soportar.

3. La reconciliación

José mandó que todos los presentes, excepto sus hermanos, salieran del cuarto. Entonces ocurre esa memorable escena cuando José se dio a conocer a sus hermanos. José besó a Benjamín, y a todos los demás, y lloró con todos ellos, perdonándoles toda su maldad. Con la venia del Faraón, José le envió al patriarca dones y regalos de la tierra de Egipto, y los carros para llevar todas sus posesiones a Egipto. Jacob no podía creer las noticias que le traían sus hijos. Pero al ver los carros y regalos, la incredulidad del anciano dejó lugar a la alegría y la alabanza. En Beerseba, Jacob ofreció sacrificio a Dios, quien le dijo: "No temas de descender a Egipto". En ese país, Jacob volvería a ver a José, y su posteridad se transformaría en una gran nación.

Cuando la caravana de 66 personas, dirigida por Judá, entró en la tierra de Gosén, José vino a su encuentro para saludarlos. Después de 22 años, el joven que fuera vestido con una "túnica de muchos colores", se había transformado en un hombre que vestía la púrpura real. Era el jefe supremo de Egipto, inferior solo al Faraón. Pero era todavía el mismo hijo tierno y afectuoso. Padre e hijo se gozaron uno en el otro, y al abrazarlo, dijo Jacob: "Muera yo ahora, ya que he visto tu rostro, y sé que aún vives".

D. Establecimiento en Egipto (Génesis 47:1–50:26)

Después que José presentó la familia de Israel al Faraón, les dio gran cantidad de provisiones para los restantes años de hambre que aún quedaban. Después de vivir en Gosén durante 17 años, Jacob mandó llamar a José y sus dos hijos para que vinieran con él. Jacob bendijo a los dos hijos de José, pero dio la bendición más grande al hijo menor, como Isaac lo había hecho antes con él mismo. Luego pronunció una bendición final sobre cada uno de sus 12 hijos, quienes vendrían a ser los progenitores de las 12 tribus de Israel. Tres de estas bendiciones tienen significación especial. Rubén, el primogénito era de un carácter muy inestable, y no podía ser el heredero. Judá, que había salvado la vida de José, sería el gran antecesor del Mesías: "No será quitado el cetro de Judá, ni el legislador de entre sus pies, hasta que venga Siloh" (49:10). En cuanto a José, para él continuaría el favor especial de Dios. Jacob murió a la edad de 147 años, después de encomendar a sus hijos que lo sepultaran en la cueva de Macpela, la sepultura de la familia. José hizo duelo 70 días por su padre, y lo embalsamó conforme a la costumbre de Egipto. Los 12 hijos de Jacob condujeron su cuerpo hasta Macpela, donde lo sepultaron junto a Abraham e Isaac. Cuando hubo pasado el funeral de Jacob, José prometió de nuevo asilo y protección para su familia. No mostró ningún resentimiento contra sus hermanos, por el mal trato que le habían dado en el pasado.

José vivió hasta ver la tercera generación de sus hijos. Entonces profetizó: "Dios os visitará seguramente, y os hará subir de esta tierra, a la tierra que juró a Abraham, a Isaac y a Jacob". También les hizo prometer que cuando salieran para Canaán sacaran sus huesos de Egipto y los llevaran a la tierra de la promesa. José murió en Egipto, a la edad de 110 años y su cuerpo fue embalsamado. Muchos años más tarde se llevó su ataúd a la parcela de tierra que Jacob había comprado en Palestina, y allí fue sepultado (Josué 24:32).

RESUMEN

La era de los patriarcas da inicio al desenvolvimiento del propósito redentor de Dios, que principió con el llamamiento de Abraham. La prontitud de Abraham en responder al llamado divino y vivir una vida de fe lo hizo el padre de la nación hebrea. Isaac fue notable por su paciencia, abnegación y suave sumisión a la voluntad de Jehová. Jacob tuvo que luchar contra la corrupción de su propio corazón, y del mundo exterior, pero obtuvo la victoria y ganó para sí el nombre de Israel, "príncipe de Dios". José poseyó las buenas virtudes de sus antecesores, recibiendo sabiduría a causa de su continuo compañerismo con Dios. Las 12 tribus de Israel en Egipto llegaron a ser un pueblo especial, una comunidad del pacto, la cual Dios fue preparando para hacerla habitar en la tierra prometida. La corona de gloria de la raza hebrea era de la tribu de Judá, y se centraba en la esperanza de Israel, el Mesías prometido.

LECTURAS RECOMENDADAS

Blaikie y Matthews, *A Manual of Bible History*, pp. 34-63.
Alfred Edersheim, *The Bible History*, tomo I, pp. 72-190.
Joseph P. Free, *Archaeology and Old Testament History*, pp. 48-83.
James C. Muir, *His Truth Endureth*, pp. 35-59.
R.L Ottley, *A Short History of the Hebrews to the Roman Period*, pp. 23-52.
G.F. Owen, *Abraham to Allenby*, pp. 17-30.
Ira M. Price, *The Dramatic Story of the Old Testament History*, pp. 56-88.
John H. Raven, *Old Testament Introduction*, pp. 85-135.
L.R. Ringenberg, *The Word of God in History*, pp. 44-57.
Merrill F. Unger, *Archaeology and the Old Testament*, pp. 105-28.

PARA UN ESTUDIO MÁS COMPLETO

1. ¿Qué puede decir usted acerca de la civilización de Ur de los caldeos en los tiempos de Abraham?

2. En un mapa de las tierras bíblicas, verifique la distancia que hay entre Ur y Harán, y entre Harán y Canaán.

3. Busque y señale en el mapa otros lugares mencionados en el capítulo, tales como Siquem, Bet-el, el río Jordán, el mar Muerto, Hebrón, Gerar, Cades, Macpela, Beerseba, Peniel y Dotán.

4. Comente acerca de la decisión de Abraham de presentar a Sara como su hermana entre los egipcios.

5. ¿Qué está implicado en la decisión que hizo Lot del territorio donde habría de vivir?

6. ¿De qué manera aplica el escritor de la Epístola a los Hebreos el encuentro entre Abrabam y Melquisedec? (Véase Hebreos 6:20, 7:19).

7. Vea la aplicación que hace Pablo de la relación entre Ismael y Agar, y Sara e Isaac (Gálatas 4:22-31).

8. ¿De qué manera aplicó Jesús la historia de Lot en Sodoma? (Véase Levítico 17:28-30).

9. Indique todos los detalles posibles del sacrificio de Isaac que lo convierten en un suceso eminentemente típico. ¿Qué puede investigar de los montes Moriah, y lo que sucedió allí 1900 años después?

10. ¿A qué punto de la experiencia cristiana aplica el Nuevo Testamento la venta que hizo Esaú de su primogenitura? (Véase Hebreos 12:14-17).

11. ¿Cuáles cree usted que fueron algunos de los resultados que obtuvo Rebeca por haber engañado a su marido, para que la bendición patriarcal recayera sobre Jacob?

12. Repase las experiencias de Jacob en Bet-el y Peniel, y mencione cómo ilustran dos importantes experiencias en la vida cristiana.

13. En su opinión, ¿qué suceso en la vida de Jacob ilustra el dicho, "el que siembra vientos cosecha tempestades"? (Véase Gálatas 6:7).

14. ¿Cómo explica Génesis 31:9 la prosperidad de Jacob, a pesar de los continuos cambios de salario que le hizo Labán?

15. José es considerado a menudo como un tipo de Cristo. ¿Cuántos puntos de contacto entre uno y otro puede usted hallar?

16. Teniendo en cuenta el fuerte sentimiento de antipatía de los egipcios para los extranjeros, ¿cómo explicaría usted la disposición de Faraón en darle tanta autoridad a José?

17. ¿Cuál es la razón por la cual los israelitas se establecieron en Gosén?

18. ¿Por qué mostraba José tanta parcialidad respecto a Benjamín?

19. ¿Qué profecía ha notado usted de que la estancia de los israelitas en Egipto no sería permanente?

NOTAS BIBLIOGRÁFICAS

[1] Robert Francis Harper, *The Code of Hammurabi*, p. 5.
[2] James H. Breasted, *A History of Egypt*, p. 188.
[3] Blaikie y Matthews, *Manual of Bible History*, pp. 40-41.
[4] Ira M. Price, *The Monuments and the Old Testament*, p. 169.
[5] James C. Muir, *His Truth Endureth*, p. 43.
[6] Adam Clarke, *Commentary* (New Edition, New York: Abingdon Cokesbury), I, 108.
[7] Harper, *op. cit.*, p. 51, *Law* No. 145.
[8] Joseph P. Free, *Archaeology and Bible History*, p. 60.
[9] George A. Barton, *Archaeology and the Bible*, p. 170.
[10] Harper, *op. cit.*, p. 51, *Law* No. 145; cf. *Hittite Code*, *Law* No. 31 en Barton, *op. cit.*, pp. 409-10.
[11] Barton, *op. cit.*, p. 216.
[12] *Ibid.*, p. 213.
[13] Free, *op. cit.*, p. 67.
[14] Edward J. Young, *Introduction to the Old Testament*, p. 64.
[15] Free, *op. cit.*, p. 70.
[16] *Ibid.*, p. 71.

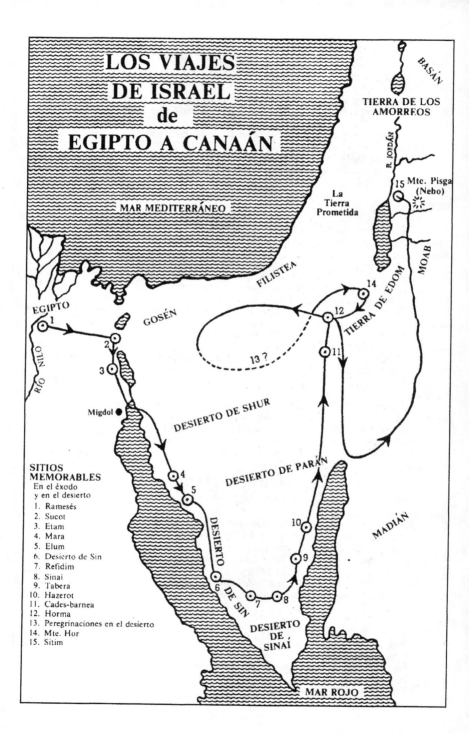

5
MOISÉS Y LA LEY

¿No os dio Moisés la ley? (Juan 7:19).

Fuentes: Éxodo; Levítico; Números y Deuteronomio
Para leer: Éxodo 1–4; 12; 20; Levítico 19; 26; Números 21;
    Deuteronomio 1; 4; 6–8; 18; 30–34
Período: Aproximadamente del 1525 a.c. hasta el 1400 a.c.

Al final de Génesis vemos a los israelitas disfrutando del favor y la generosidad de Egipto. El primer capítulo de Éxodo muestra una situación muy diferente. Durante los largos siglos que los descendientes de Jacob vivieron en Egipto, el pequeño grupo original se multiplicó y adquirió grandes riquezas, hasta que "se llenó de ellos la tierra" (1:7). Entonces "se levantó... un nuevo rey que no conocía a José" (Éxodo 1:8) y olvidó los pasados beneficios que José aportó a la nación. El pueblo de José descendió del favoritismo real a una situación de opresión y servidumbre.

La familia de Jacob se estableció en Egipto en un tiempo en que gobernaban los amigables hicsos o "reyes pastores" (2100 a 1580 a.C.). Estos eran reyes de extracción semítica que habían conseguido dominar a Egipto. Alrededor del año 1580 a.c., los egipcios oriundos consiguieron expulsar a los hicsos extranjeros y pusieron a Ahmose o Amosis I en el trono de los faraones. Se supone que este es el "nuevo rey" de la decimoctava dinastía, que "no conocía a José". Los egipcios estaban alarmados por la creciente población semítica dentro de sus fronteras. ¿Cómo podrían controlar a estos semitas en caso de una eventual invasión extranjera, y asegurárselos como aliados?

Por esta razón, el gobierno egipcio adoptó una nueva política de opresión hacia los israelitas, diseñada para quebrantar su espíritu y poder físico por medio de trabajos forzados. Los obligaron a hacer ladrillos y edificios, y los pusieron bajo capataces muy severos. Les impusieron trabajos cada vez más pesados. Aun las parteras que atendían a las mujeres israelitas recibieron orden de matar a todos los niños varones que nacieran, reservando la vida a las niñas. Como esta medida no dio resultado, el Faraón ordenó que se arrojaran al Nilo todos los niños varones. Pero Dios había oído el clamor de su pueblo, y estaba preparando un libertador.

La cronología de la esclavitud en Egipto y del Éxodo se basa en una afirmación de 1 Reyes 6:1, donde se menciona el comienzo del templo de Salomón 480 años después que los israelitas salieron de Egipto. Puesto que generalmente se cree que la construcción del templo comenzó alrededor del año 967 a.c., el éxodo tiene que haber ocurrido alrededor del año 1450 a.c. Esta fecha se confirma con la aseveración de los arqueólogos que afirman que la caída de Jericó tiene que haber ocurrido alrededor del año 1400 a.C.

I. MOISÉS, EL LIBERTADOR

De acuerdo con el discurso de Esteban en Hechos 7, la vida de Moisés puede dividirse en tres períodos iguales de 40 años cada uno. Primero, 40 años en Egipto, como el hijo de la hija de Faraón, Éxodo 2:1-15; Hechos 7:23. Segundo, 40 años en Madián, Éxodo 2:15–4:19; Hechos 7:30. Tercero, cuarenta años desde la salida de Egipto hasta el cruce del Jordán, Éxodo 4:20–Deuteronomio 34; Hechos 7:36.

A. Nacimiento y preparación (Éxodo 2:1-15)

Moisés era hijo de Amram y Jocabed, ambos pertenecientes a la tribu de Leví. Ellos habían tenido ya dos hijos mayores, Aarón y María.

Por el tiempo del nacimiento de Moisés, alrededor del año 1525 a.c., los egipcios intentaban destruir a todos los niños hebreos, tan pronto como nacieran. Jocabed cuidó de su hijo en la casa durante tres meses. Cuando ya se hacía imposible seguir ocultándolo, la madre colocó al infante en una "arquilla de juncos", y lo dejó en un carrizal a la orilla del río[1]. Su hermana María estaba atisbando cuando la hija del Faraón viniese a bañarse al río. El niño lloraba y la princesa "tuvo compasión de él". María propuso a la princesa ir a buscarle una nodriza hebrea para que criara al niño. Aceptó la princesa y María corrió a buscar a su propia madre. De este modo al niño hebreo lo adoptó la hija del Faraón, que le puso de nombre Moisés, nombre que se deriva de la palabra hebrea *mosheh*, que significa "sacar"[2]. Moisés creció en el palacio, aprendiendo "toda la sabiduría de los egipcios" (Hechos 7:22), pero también creció aprendiendo el temor de Jehová, bajo las enseñanzas de su madre y nodriza Jocabed.

Cuando Moisés era "crecido ya", comenzó a darse cuenta del abismo que existía entre la vida de lujo y placeres de la corte, y la vida de esclavitud de sus paisanos israelitas. "Por la fe Moisés, hecho ya grande, rehusó llamarse hijo de la hija de Faraón, escogiendo antes ser maltratado con el pueblo de Dios, que gozar de los deleites temporales del pecado" (Hebreos 11:24-25). Entonces se abocó a vivir para librar a su pueblo de su esclavitud. Un día, mientras observaba las pesadas labores que hacían los israelitas, Moisés golpeó y mató a un egipcio que había maltratado brutalmente a un hebreo, y escondió su cadáver en la arena. Al otro día comprobó que había perdido la confianza del mismo pueblo que deseaba liberar. Y lo que era peor todavía, había incurrido en la ira del Faraón, a tal grado que desde entonces procuraba su muerte.

B. Exilio en Madián (Éxodo 2:15–4:31)

Moisés escapó a la tierra de Madián, situada al este del mar Rojo. Estando él sentado junto a un pozo, siete hijas del sacerdote Jetro (o Reuel) vinieron a sacar agua. Los pastores de las cercanías intentaron echar a las hermanas, pero Moisés las defendió, como había procurado hacer antes con los israelitas en Egipto. Cuando Jetro conoció este acto de bondad de Moisés, lo invitó a vivir en su casa. Moisés se hizo pastor de las ovejas de Jetro, y más tarde se casó con Séfora, una de sus hijas.

El país de los madianitas estaba en las cercanías del áspero monte Sinaí, donde Moisés pasó los 40 años de exilio. Siendo pastor de ovejas, Moisés pudo vagabundear por valles y desiertos, buscando pastos y agua para los animales. Con los conocimientos adquiridos previamente de los moradores de Egipto, sin duda que pudo estudiar el carácter y las costumbres de los beduinos del desierto, con quienes tendría que tratar más tarde. Moisés recibió así el entrenamiento necesario para la gran tarea que le aguardaba para los últimos 40 años de su vida.

1. El llamado de Moisés

Moisés había pasado 40 años en Madián y tenía 80 años de edad, cuando el Señor se le apareció en Horeb, "el monte de Dios", en medio de una zarza que ardía sin consumirse. Moisés oyó una voz que le decía: "Yo soy el Dios de tu padre, Dios de Abraham. Dios de Isaac y Dios de Jacob". El pueblo de Israel estaba clamando a Dios por liberación de su servidumbre. Dios estaba ahora llamando a Moisés. La comisión era inconfundible. "Ven, por tanto, ahora, y te enviaré a Faraón, para que saques de Egipto a mi pueblo, los hijos de Israel" (Éxodo 3:10). Dios renovó a Moisés el mismo pacto que había concertado con los patriarcas, dándole idéntica comisión que les había dado a ellos. Como Moisés vaciló, Dios le aseguró que, una vez que sacara al pueblo de Egipto, tenía que traerlo a este mismo monte para que lo adoraran allí. Dios reveló entonces su nombre redentor, Jehová, para que Moisés ganase la aceptación de su pueblo cuando fuese a los israelitas en el nombre del Dios de sus padres.

Moisés objetó que el pueblo no iba a creerle, y que él no era elocuente en palabras. El Señor le prometió que su hermano Aarón, tres años mayor que él, hablaría ante el Faraón. También le dijo que tomara su vara o cayado de pastor, con la cual haría grandes prodigios en Egipto con el fin de liberar al pueblo.

2. El retorno de Moisés

Después de una entrevista favorable con Jetro, su suegro, Moisés "tomó la vara de Dios en su mano", y partió para Egipto. Dios mandó a Aarón que saliese al desierto, para encontrarse con Moisés. Ambos hermanos se encontraron "en el monte de Dios", y juntos prosiguieron el viaje hasta Egipto. Cuando llegaron, reunieron a todos los ancianos de Israel y les comunicaron su propósito, encomendado por Dios, de liberar al pueblo afligido. Moisés y Aarón confirmaron su misión con señales milagrosas, y el pueblo aceptó gozoso su liderazgo.

C. El éxodo (5:1–15:21)

El próximo paso fue enfrentarse al Faraón. Moisés y Aarón le pidieron al soberano que dejara ir al pueblo tres días por el desierto, porque deseaban ofrecer sacrificio a su Dios y Señor. Este *primer* intento no solo fracasó, sino que causó que el Faraón cargara al pueblo con más trabajos. Cuando Moisés recibía los reproches amargos del pueblo, el Señor se le apareció de nuevo y le renovó el pacto que había hecho con Abraham, Isaac y Jacob.

Moisés se presentó por *segunda* vez ante el Faraón haciéndole el mismo pedido, y Aarón arrojó su vara en tierra, la cual se convirtió en culebra. Los magos de Egipto repitieron este prodigio, pero la "vara de Aarón devoró las varas de ellos". Una *tercera* demanda fue también rechazada por el obstinado Faraón. Pero ahora los prodigios serían las diez plagas que caerían sobre Egipto, enviadas por la mano de Dios.

1. Las plagas

Las plagas que cayeron sobre los rebeldes egipcios representan algo más que una contienda entre Moisés y el Faraón, y aun algo más que una lucha entre un pueblo sumido en la esclavitud y sus tiranos opresores. Las plagas tienen una profunda significación religiosa. Su resultado final es una completa victoria de Jehová sobre todos los dioses paganos de Egipto. Por su naturaleza específica, las plagas que humillaron a los dioses egipcios resultaron ominosas para este pueblo. Los egipcios adoraban al sol, a los animales, al río Nilo y se enorgullecían de ser ceremonialmente limpios. El Nilo era sagrado para ellos, como también era sagrado el suelo que cultivaban y del cual obtenían su sustento. Muchas de las plagas fueron pestes desconocidas en Egipto. Su orden creciente en gravedad e intensidad, sirvió al propósito de Dios de liberar a su pueblo.

Las primeras nueve plagas se agrupan en tres series con tres plagas cada una. La primera serie trajo plagas de (1) *sangre,* Éxodo 7:14-25; (2) *ranas,* Éxodo 8:1-15; (3) *piojos,* Éxodo 8:16-19. La segunda serie fue señalada por plagas de (4) *moscas,* Éxodo 8:20-32; (5) *murria* o plaga del ganado (tristeza del ganado), Éxodo 9:1-7; y (6) *úlceras,* Éxodo 9:8-12. En la tercera serie hubo plagas de (7) *granizo,* Éxodo 9:13-35; (8) *langostas,* Éxodo 10:1-20; y (9) *tinieblas,* Éxodo 10: 21-27.

Al principio de cada serie el primer milagro fue anunciado al Faraón "por la mañana", cerca del río (7:15; 8:20 y 9:13). La segunda serie se anunció en el palacio real. La tercera cayó sin ningún aviso. En la primera serie se usó la vara de Aarón; en la segunda no se usó nada; en la tercera se usó la vara de Moisés. En las dos primeras plagas de Egipto intentaron competir con Aarón. Imitaron las plagas de sangre y de ranas, pero el Faraón tuvo que llamar a Aarón y a Moisés para que echaran a las ranas. La plaga de piojos los magos egipcios se lo atribuyeron al "dedo de Dios" y los hizo retirarse de la competencia. A partir de la tercera plaga los afectados fueron solo los egipcios. En cada oportunidad se hizo el anuncio de que Israel no sería afectada, excepto en las plagas de úlceras y langostas. Después de las plagas de ranas y moscas el Faraón apeló a Moisés por ayuda, y durante todas las plagas de la tercera serie. Cada vez el Faraón hacía un llamado más patético, pero su obstinación impedía salir a Israel, aunque fuera por un corto tiempo.

2. La primera Pascua

Las plagas llegaron por fin a su clímax. El décimo juicio estaba pendiente. A la medianoche el ángel de la muerte pasó por todos los primogénitos de hombre y de bestia. Entretanto, los israelitas reclamaron de sus vecinos alhajas de oro y de plata, una paga bastante escasa después de tantos años de servidumbre como esclavos. Cuando a la medianoche el Señor hirió al hijo mayor de cada familia egipcia, el Faraón dijo: "Id, servid a Jehová... Tomad también vuestras ovejas y vuestras vacas... y bendecidme también a mí" (12:31-32).

Poco antes de la medianoche, cuando los primogénitos de Egipto morían, los hebreos celebraron la primera Pascua. Cada jefe de familia sacrificó un cordero de un año, "sin mancha", y esparció su sangre sobre el dintel y los postes de las puertas. Este sello de sangre indicaba que la casa pertenecía a un israelita, y Dios había prometido que él pasaría de largo en las casas donde hubiera la sangre y perdonaría la vida del primogénito de la familia. El cordero tenía que ser asado y comido la misma noche, acompañado de pan sin leudar y hierbas amargas. En Éxodo 12:14-20 se establece la Pascua como una fiesta anual del pueblo escogido, para conmemorar la liberación de la nación de su esclavitud, y profetizar la venida del "Cordero de Dios, que quita el pecado del mundo" (Juan 1:29).

Mientras el terror caía sobre los egipcios por la muerte de sus primogénitos, el pueblo israelita dio comienzo a su éxodo, de Ramesés a Sucot; esa noche memorable del mes de Nisán o Abib, corresponde a nuestro abril, del año 1450 a.C. "Y Jehová iba delante de ellos de día en una columna de nube para guiarlos por el camino, y de noche en una columna de fuego para alumbrarlos, a fin de que anduviesen de día y de noche" (Éxodo 13:21). Dios los guió por el desierto hasta que hallaron un lugar por donde era posible cruzar el mar Rojo y eludir las fortificaciones egipcias. Una vez que hubieran cruzado el mar estarían a salvo de las fuerzas del Faraón. Desde Sucot fueron atravesando Etán, a un lugar "a la entrada del desierto", cerca de Migdol. Mientras tanto el Faraón se había repuesto del golpe y había alistado sus fuerzas para salir en persecución de los israelitas.

3. El cruce del mar Rojo

Al llegar a la playa, los israelitas se hallaron con los egipcios por detrás y el mar por delante. "No temáis", dijo Moisés "estad firmes, y ved la salvación que Jehová hará hoy con vosotros" (14:13). Cuando Moisés levantó la vara sobre el mar, las aguas se separaron, y los israelitas lo cruzaron en seco hasta el desierto de Shur. Cuando los egipcios intentaron cruzar el mar en la misma forma, las aguas se juntaron, sepultando carros, caballos y jinetes, e "Israel vio a los egipcios muertos a la orilla del mar" (14:30).

Moisés y los israelitas cantaron el gran cántico de triunfo que expresa su gratitud al Señor y su fe en la posesión de la tierra prometida. A este "Cántico de Moisés" se lo llama amenudo el "cántico del triunfo". Está escrito en el antiguo estilo poético hebreo[3], y fue coreado por la profetisa María, que dirigía a las mujeres en un corto "Cántico de liberación" (15:20-21).

D. Desde el mar Rojo hasta el monte Sinaí (Éxodo 15:22–19:2)

Después del milagroso cruce del mar Rojo, los israelitas volvieron a la vida nómada, como lo habían hecho antiguamente los patriarcas. Emprendieron un viaje de tres días por el desierto hacia el sur, atravesando el desierto de Shur, que está en la costa norte del mar Rojo. No hallaron aguas para beber, sino hasta llegar a Mara. Pero las aguas de Mara eran amargas y no se podían beber. Aquí empezaron las murmuraciones del pueblo de poca fe. Por indicación de Jehová, Moisés introdujo cierta vara en las aguas y estas se endulzaron. Luego el pueblo llegó al oasis de Elim, donde había un huerto con 70 palmas, y 12 pozos de agua.

E. El desierto de Sin

A mediados de mayo las tribus llegaron al desierto de Sin, situado en la costa, al sur de Shur. Las provisiones comenzaron a escasear, y el pueblo hizo frente al hambre en el árido desierto. Dios comenzó a proveerles alimentos. Maná en la mañana a manera de pan, y codornices en las noches como comida[4]. Esta provisión diaria no falló una sola vez en los 40 años que anduvieron por el desierto. Jesús se refirió a este milagro del maná en su gran discurso del "Pan del cielo", y concluyó diciendo: "Yo soy el pan de vida; el que a mí viene, nunca tendrá hambre" (Juan 6:31-35).

El campamento siguiente fue en Refidim, donde de nuevo sufrieron hambre y sed y de nuevo apremiaron a Moisés. Al mandato de Dios, Moisés golpeó una roca en Horeb y brotó agua. En Refidim fueron detenidos en su marcha por Amalec, una tribu edomita hostil y descendiente de Esaú. En la batalla que se libró a continuación, Josué hizo su aparición en la escena. Mientras Josué y sus guerreros combatían a los edomitas, Aarón y Hur sostenían las manos de Moisés en oración. Después de esta gran victoria, Moisés describió la acción en un libro y edificó un altar al Señor como memorial.

F. La visita de Jetro a Moisés

El suegro de Moisés, Jetro, sacerdote y rey de Madián, supo de las maravillas acontecidas en Egipto y vino al desierto para encontrarse con Moisés. Jetro llevó consigo a su hija Séfora, la esposa de Moisés, y a los hijos de ambos, Gersón y Eliezer, para visitar el campamento hebreo y reconocer que "Jehová es más grande que todos los dioses" (18:11). Cuando Jetro vio la enorme carga que Moisés se había echado encima, administrando justicia a todo el pueblo, le recomendó que delegara parte de su autoridad en jueces menores y líderes representativos. Este es el primer intento de organización de un gobierno entre los primitivos hebreos, y fue un paso importante hacia la posterior organización del pueblo como una teocracia (gobierno en el cual la autoridad es derivada directamente de Dios). Se designaron jefes de diez, de cincuenta, de cien y de mil, y se dieron reglamentos para un sistema ordenado de apelaciones.

Luego Moisés condujo al pueblo atravesando altas montañas hasta el desierto del Sinaí, y acamparon en una extensa planicie al pie del "monte de Dios". Este monte sería la cuna de la nación hebrea.

II. LA LEGISLACIÓN EN EL MONTE SINAÍ

Israel había escapado de la esclavitud de Egipto, pero todavía tenía mucho que aprender en cuanto a disciplina moral y espiritual. Moisés fue el representante de Dios al establecerse el pacto permanente entre Dios y la nación hebrea. Esta tarea llevó un año entero, que los israelitas permanecieron al pie del monte Sinaí. En el tercer mes después de la salida de Egipto, Dios mandó a Moisés que subiera a la cumbre del monte. Allí el Señor prometió hacer de Israel su "especial tesoro", y mandó que el pueblo se preparase por medio de ceremonias de purificación para recibir la ley.

A. El Decálogo (Éxodo 20:1-17; cf. Deuteronomio 5:6-21)

Al tercer día, temprano en la mañana, el monte comenzó a tronar y despedir relámpagos, mientras se cubría de una espesa humareda. El Señor descendió a la cumbre del monte, y los israelitas salieron de sus tiendas y se pararon al pie de la montaña. La voz de Dios mandó que Moisés y Aarón subieran al monte, donde renovó el pacto hecho con el pueblo, y estableció las leyes ceremoniales, judiciales y morales del pacto.

El Decálogo (de la palabra griega que significa "diez palabras" o "diez dichos") dado en el Sinaí, fue un código moral de diez mandamientos escritos en dos tablas de piedra. Se supone que los cuatro primeros fueron escritos en una tabla, y los seis restantes en la otra. La primera tabla establecía los deberes del pueblo para con un Dios santo; la segunda, los deberes éticos de cada uno para con su prójimo. Según aparecían en las otras dos tablas, los mandamientos podrían resumirse de la siguiente manera:

(1)   No tendrás dioses ajenos delante de mí.
(2)   No te harás imagen.
(3)   No tomarás en vano el nombre de tu Dios.
(4)   Acuérdate del día de reposo para santificarlo.
(5)   Honra a tu padre y a tu madre.
(6)   No matarás.
(7)   No cometerás adulterio.
(8)   No robarás.
(9)   No dirás falso testimonio.
(10) No codiciarás.

Jesús hizo la misma distinción cuando resumió los mandamientos de esta manera:

> Amarás al Señor tu Dios con todo tu corazón, y con toda tu alma, y con toda tu mente. Este es el primero y el grande mandamiento. Y el segundo es semejante: Amarás a tu prójimo como a ti mismo. De estos dos mandamientos depende toda la ley y los profetas (Mateo 22:37-40, cf. Deuteronomio 6:5 y Levítico 19:18).

La importancia de este código moral se recalca en otros pasajes del Nuevo Testamento. Por ejemplo, Pablo nos recuerda que la "ley ha sido nuestro ayo, para llevarnos a Cristo" (Gálatas 3:24). Jesús afirma: "Hasta que pasen el cielo y la tierra, ni una jota ni una tilde pasará de la ley, hasta que todo se haya cumplido" (Mateo 5:18).

B. **El libro del pacto** (Éxodo 20:22–23:33)

El libro del pacto (24:7), el cual sigue al Decálogo en la narración de Éxodo, contiene mayormente leyes judiciales que corresponden a la nueva vida nacional de Israel. Esta nueva vida surge naturalmente de la aplicación de la ley moral del Decálogo. Primero que todo, Israel debe adorar en un altar que Dios mismo designe, para neutralizar la inclinación del pueblo hacia la idolatría. Segundo, el valor de la vida humana será reconocido en la administración de justicia para todos por igual, incluyendo a los esclavos. En el Código de Hamurabi pueden hallarse leyes similares. Estas, empero, son de carácter puramente civil, y carecen del fuerte acento religioso del código bíblico[5]. Finalmente, como epítome de la ley ceremonial se establecen tres grandes fiestas anuales: la de los panes sin levadura, la de los primeros frutos, y la fiesta de la cosecha (o Pentecostés). En el libro de Levítico se agregan otras fiestas (Levítico 23).

Moisés leyó al pueblo el libro del pacto y en ratificación de estas palabras, roció la sangre del sacrificio sobre el pueblo y sobre el altar que había edificado. El pueblo dijo entonces: "Todo lo que Jehová ha dicho, haremos". Luego se dieron las directrices para la construcción del tabernáculo, que sería el lugar de reunión de Dios con su pueblo y la señal visible del pacto.

III. EL TABERNÁCULO Y SU CULTO

Cuando Moisés fue a la montaña la siguiente vez, ayunó y esperó seis días para oír la voz de Dios. En el séptimo día el Señor le habló a través de la nube y le mandó construir el tabernáculo. Durante cuarenta días con sus noches se le dieron a Moisés todos los planos y detalles del tabernáculo. Siglos más tarde Salomón construyó el templo del Señor siguiendo estas instrucciones.

A. El santuario (Éxodo 25:1–31:18; 35:1 y ss.)

Los materiales para construir el tabernáculo solo lo proveyeron los israelitas. Tres metales eran necesarios: oro, plata y bronce. Se requirió tres clases de pieles: de carnero, de tejón y de cabras. Otros materiales escogidos fueron: lino, madera de acacia, aceite de olivas, especias aromáticas, ónix y varias piedras preciosas. Los colores fueron púrpura, escarlata, azul y blanco.

1. Los detalles del tabernáculo

Se colocó el tabernáculo en el centro del campamento de Israel. Su atrio era un patio abierto, de 25 x 30 m., cercado con cortinas de lino fino blanco. Sesenta columnas de dos metros y medio de alto sostenían estas cortinas. La puerta, también de lino, de frente al este, tenía 10 metros de alto.

Frente a la parte trasera del atrio estaba el tabernáculo propiamente dicho, una tienda o carpa, de forma rectangular, de 5 metros de ancho por 15 de largo y 5 de alto. Lo sostenían postes de madera de acacia, recubiertos de oro con bases de plata, y cubierto con cortinas de lino blanco, púrpura, escarlata y azul. La puerta exterior era una cortina bordada con los mismos tres colores. El techo lo formaba otra cortina, bordada también de tres colores, que constituía un bello manto. Sobre todo eso, para resguardarlo de la inclemencia del tiempo, poseía una cubierta de pieles de tejón y de pelo tejido de cabras y carneros.

La tienda estaba dividida en dos cuartos. El primero se llamaba el lugar santo, y tenía 10 metros de largo por 5 de ancho. El cuarto interior se llamaba el lugar santísimo, y era un cubo perfecto de 5 metros (largo, ancho y alto). Dividiendo ambos cuartos había un velo con querubines bordados.

2. La adoración en el tabernáculo

Para custodiar el tabernáculo y efectuar la adoración se eligió a los miembros de la tribu de Leví. Los sacerdotes fueron Aarón y sus descendientes. Solo los sacerdotes podían entrar al tabernáculo, y solamente el sumo sacerdote podía entrar al lugar santísimo. Los otros miembros de la tribu, conocidos simplemente como levitas, tenían a su cargo las muchas tareas del tabernáculo, y el orden del culto. La tribu de Leví acampaba inmediatamente alrededor del tabernáculo, rodeada de las otras tribus. Judá, Isacar y Zabulón, estaban al este. Rubén, Simeón y Gad, estaban al sur. Efraín, Manasés y Benjamín, al oeste. Y Dan, Aser y Neftalí al norte.

Para ofrecer sacrificio, el sacerdote entraba al atrio por la puerta oriental, y efectuaba el rito del sacrificio ante el altar de bronce, situado dentro del atrio justo frente a la puerta. Luego se lavaba en un lavatorio de bronce (la fuente) antes de entrar al tabernáculo. En el lugar santo había tres muebles simbólicos: un candelabro de siete brazos, situado a la izquierda, o sea del lado sur, iluminaba el recinto. En el lado opuesto, o sea el derecho, estaba la mesa de oro de los panes, llamados de la proposición, o de la Presencia. Eran 12 panes, de harina sin leudar, arreglados en dos grupos de seis cada uno y sahumados de incienso. Cada sábado los sacerdotes se comían los panes y los reemplazaban con pan fresco. El altar de oro del incienso estaba en medio de la habitación, colocado contra el velo. Sobre ese altar de oro el sacerdote ponía ascuas de fuego traídas del altar de bronce, y espolvoreaba incienso sobre ellas, haciendo que el humo fragante llenara el lugar santo y penetrara hasta el lugar santísimo.

3. El lugar santísimo

El único mueble que había dentro del lugar santísimo era el arca del pacto. Este era una caja rectangular de madera de acacia, forrada de oro por dentro y por fuera. Contenía las tablas de la Ley, un vaso con una muestra del maná, y la vara de Aarón que reverdeció. La tapa, o propiciatorio era una plancha de oro adornada con querubines de oro, uno a cada lado. Los querubines extendían sus alas sobre el arca y se tocaban. Las caras de ambos miraban fijamente hacia el centro de la tapa o cubierta. En el centro de esta cubierta era donde se manifestaba visiblemente la gloria de Dios, en forma de una luz brillante llamada *shekinah*. Todo el moblaje del tabernáculo estaba dispuesto en forma de cruz, la cual parecía proyectar su sombra a través del velo.

El autor del libro de Hebreos dedica tres capítulos al tabernáculo y su culto (cc. 8 al 10), destacándolo como un tipo de la vida y ministerio de Cristo.

B.   El sacerdocio y las ofrendas (Levítico 1:1–10:7; 16:1-34)

El pueblo de Israel siempre estuvo propenso a perder de vista la presencia de Dios en medio suyo, y a poner su atención en otros dioses. Aun al principio, cuando Moisés subió a la montaña, el pueblo de Israel cayó en la idolatría, adorando a un becerro de oro. Solo la notable intercesión de su líder los salvó de una destrucción completa (Éxodo 32:30-32). Cuando se terminó de construir el santuario, conforme a las ordenanzas de Dios, se lo dedicó a Jehová, y el pueblo sintió verdaderamente que Dios habitaba entre ellos. Cuando el tabernáculo quedó terminado y dedicado como lugar central de culto, fue necesario establecer un orden de servicio para los sacerdotes. El pueblo también recibió instrucciones para adorar en el tabernáculo. El libro de Levítico desarrolla y amplía las leyes ceremoniales de Éxodo, y llegó a ser la base para desarrollos posteriores en el judaísmo.

Los primeros 16 capítulos de Levítico proveen instrucción sobre (1) *el camino de acceso a Dios* a través de los diversos sacrificios prescritos. Los últimos 11 capítulos tratan con (2) *la manera de mantener el compañerismo con Dios.* Los sacrificios eran ofrendas traídas a un Dios santo, y servían el propósito doble de ilustrar la necesidad de expiación del pecado y la consagración a Dios. Eran lecciones objetivas sobre la santidad, dadas al pueblo durante esta etapa en su desarrollo espiritual cuando la mejor manera en que podían aprender era teniendo los conceptos abstractos de justicia y pureza, representados delante de ellos en hermosas ceremonias y simbolismo. El aborrecimiento profundo que Dios siente por el pecado, la sublime verdad que "sin derramamiento de sangre no se hace remisión", y la necesidad absoluta de escrupulosa santidad de parte de los que adoran a Jehová, todo es presentado en la forma más atractiva y brillante. La clave de Levítico es la *santidad,* una palabra que no era usada antes de cruzar el mar Rojo. La demanda divina de santidad está expresada en un versículo clave: "Santos seréis, porque santo soy yo Jehová vuestro Dios" (19:2).

Los requisitos divinos en cuanto a los sacrificios y ofrendas por el pecado en los primeros 16 capítulos de Levítico, revelan el gran hecho de que el hombre debe quitar todo pecado de sí, si quiere tener comunión y compañerismo con el Dios santo. Hay cinco grandes tipos de ofrendas, que son:

1. La ofrenda totalmente *quemada, u holocausto* (Levítico 1:1-17; 6:8-13). Era una expresión de adoración y devoción; un símbolo de la dedicación de uno mismo a Dios. El adorador buscaba, no bendiciones para sí mismo, sino ofrecer lo mejor que tenía a Jehová. Y esperaba ante el altar hasta que toda su ofrenda fuese consumida por completo. Los animales aceptables para esta ofrenda tenían que ser limpios y sin mancha. Podían ser bueyes, ovejas, cabras y palomas. Estas últimas estaban al alcance de los más pobres.

2. La ofrenda de *comida* (Levítico 2:1-16; 6:14-23) era una ofrenda de gratitud, que podía ofrecer hasta la persona más pobre. Era suficiente con una pequeña cantidad de panes o tortillas de harina, amasados con aceite y sal, sin levadura.

3. La ofrenda de *paz* (Levítico 3:1-17; cf. 7:11-38) indicaba compañerismo con Dios. Una porción de la ofrenda era quemada en el altar, y el resto era destinado para una fiesta de la cual disfrutaban el adorador y sus invitados.

4. La ofrenda por el *pecado* (Levítico 4:1-35; 6:24-30) era un reconocimiento de culpa, y a diferencia de las tres primeras, no era de "olor grato al Señor". Se ofrecía por todos los pecados de ignorancia cometidos por el sacerdote, por el príncipe, o por cualquier individuo. Se ofrecía un animal y se confesaba el pecado cometido.

5. La ofrenda por las *transgresiones* (Levítico 5:1-6:7; 7:1-7) era por los pecados intencionales. Esto era algo más grave que los pecados de ignorancia. El culpable no solo tenía que ofrecer el sacrificio, sino también hacer restitución del daño, agregando una compensación para el ofendido. Tanto la ofrenda por el pecado como la ofrenda por las transgresiones eran ofrendas de expiación, "no de olor grato".

El Día de la Expiación (Levítico 16:1-34) era la culminación de todo el sistema de ofrendas que mostraba el camino de acceso a Dios, por medio de los sacrificios. El sumo sacerdote entraba él solo al tabernáculo, y sacrificaba un carnero como ofrenda por el pecado y un macho cabrío como ofrenda de holocausto. Luego tomaba dos machos cabríos, para escoger cuál debía ser sacrificado como ofrenda por el pecado y cuál ser enviado al desierto. Después de que el sacerdote sacrificaba un buey, por sí mismo y por su casa, sacrificaba uno de los dos machos cabríos por los pecados de la nación, y esparcía la sangre para la purificación del tabernáculo y del altar. Luego, poniendo sus manos sobre el otro macho cabrío, confesaba sobre él los pecados de todo el pueblo. Este macho cabrío no era sacrificado, sino enviado al desierto, para llevar lejos los pecados del pueblo.

C. **Un Dios santo y un pueblo santo** (Levítico 10:8-15:33; 17:1-26:46)

El pueblo del pacto recibió ciertas instrucciones sobre leyes de limpieza, que debían capacitarlo para "poder discernir entre lo santo y lo profano, y entre lo inmundo y lo limpio" (10:10). El Dios santo llama a su pueblo escogido a ser una nación santa. La nación entera había de ser consagrada a Jehová, así como regular su vida y conducta conforme al ideal provisto por la ley.

Para mantener el compañerismo y la comunión con Dios, el hombre debía honrar a Dios en el *sabath*, observando total abstinencia de vino en el tabernáculo y refrenarse de toda idolatría y superstición. No se debía ingerir la sangre de los sacrificios. Se establecieron leyes para la vida doméstica y comercial. Se prohibió el matrimonio entre parientes cercanos. Se dieron reglas para la dieta y se establecieron diversas leyes sanitarias. Se exigió honestidad en las relaciones comerciales, y respeto y misericordia para los ancianos. Asuntos que ahora son de dominio público, en la infancia de la nación israelita debían ser enseñados "mandamiento tras mandamiento... línea sobre línea".

El sacerdocio estaba regulado por preceptos especiales. Moisés consagró a Aarón y sus hijos para el sacerdocio por medio de ceremonias de purificación y sacrificio. Aarón fue ungido como sumo sacerdote. Se prohibía cualquier cosa ordinaria y profana que pudiera contaminar el santuario de Dios. Con la muerte de Nadab y Abiú se dio una impresionante lección sobre la necesidad de la cuidadosa obediencia que debían tener los sacerdotes (10:1-7). Nadab y Abiú eran hijos de Aarón, y habían colocado "fuego extraño" en el altar. Como representante del Dios tres veces santo, el sumo sacerdote llevaba las palabras "Santidad a Jehová" escritas en una placa de oro sobre la frente. Como el intercesor de Israel, llevaba sobre el pectoral los nombres de las 12 tribus.

D. Un calendario de días santos
(Levítico 23:1-25:55; Deuteronomio 16:1-17)

Se establecieron festivales para cada estación del año. La observancia del día de reposo semanal era lo primero en importancia, pero también se prescribieron otras siete fiestas religiosas.

1. Las fiestas de la primavera

En la primavera, emblema de una nueva vida, disfrutaban cuatro fiestas. El día 14 del primer mes se celebraba la Pascua, que recordaba al pueblo su liberación de Egipto. Esta fiesta era una profecía de Cristo, nuestra Pascua, que fue sacrificado por nosotros (1 Corintios 5:7). Le seguía la *fiesta de los Panes Azimos* o sin levadura. Se celebraba al día siguiente de la Pascua y duraba siete días. Simbolizaba el caminar en santidad con el Redentor. *La fiesta de las Primicias* o primeros frutos, debía comenzar una vez que hubieran entrado en la tierra prometida y recogido su primera cosecha. Una espiga, la primera de los primeros frutos, "era mecida delante del Señor". A menudo se piensa que esta fiesta es un símbolo y profecía de la resurrección. *La fiesta de Pentecostés* o *fiesta de las Semanas*, se celebraba justo 50 días después de la de las Primicias. Los panes de esta fiesta eran amasados con levadura, simbólicos de la tendencia natural humana hacia el pecado. El día de *Pentecostés,* en el libro de los Hechos, nació la iglesia de Jesucristo.

2. Las fiestas del otoño

Existían solamente tres fiestas en la estación de otoño. *La fiesta de las Trompetas,* en el primer día del séptimo mes, era el principio de un nuevo año civil. El gran *día de la Expiación* se celebraba el décimo día del mismo séptimo mes. *La fiesta de los Tabernáculos*, conocida también como *fiesta de las Cabañas*, era la que coronaba el año religioso. Era una fiesta alegre, con todo el gozo de la reunión familiar y fiesta de la cosecha. En una noche se levantaban cientos de pequeñas cabañas de ramas de árboles, cerca del tabernáculo de Jehová. Allí hallaban refugio temporario las familias de Israel, conmemorando así su largo peregrinaje por el desierto y su presente refugio en Canaán.

3. Los años sabáticos

Dos leyes se referían a contar los años en grupos de siete o *sabaths*. La primera era la del año sabático. Se debía cultivar la tierra seis años, "pero el séptimo año la tierra tendrá descanso, reposo para Jehová" (25:4). Por la segunda ley, el año después del séptimo año sabático, era llamado "el año del jubileo". En ese año todas las heredades vendidas volvían a sus antiguos dueños, y los esclavos recuperaban su libertad.

IV. DESDE EL SINAÍ HASTA EL JORDÁN

El libro de Números recibe su nombre de las dos ocasiones en que se llevó a cabo un censo del pueblo de Israel. Esta era una costumbre bastante común en las naciones antiguas[6]. El contenido del libro, sin embargo, se refiere mayormente al viaje de los israelitas desde el monte Sinaí hasta los campos de Moab. Después de pasar un año en el Sinaí, el pueblo estaba listo para emprender de nuevo su marcha hacia Canaán.

A. Preparativos para el viaje (Números 1:1–10:10)

El primer censo se realizó un mes después de que se erigió el tabernáculo. Tomaba en cuenta solamente a los varones de 20 años para arriba, capaces de salir a la guerra, anotados según sus tribus. En este censo se excluyó a los levitas. El número total fue de 603,550 hombres (1:46), por lo que se estima que la población total de Israel debió ser entre dos millones, y dos millones y medio de personas.

Las provisiones de la ley que recién había sido promulgada se pusieron en vigor, ahora que el pueblo se preparaba a marchar hacia Canaán. Se hizo provisión para un voto especial, llamado "voto de nazareo", y se pronunció la hermosa bendición levítica, al final de esta sección (5–6).

Jehová te bendiga, y te guarde;
Jehová haga resplandecer su rostro sobre ti, y tenga de ti misericordia;
Jehová alce sobre ti su rostro, y ponga en ti paz (Números 6:24-26).

Se escogió a la tribu de Leví para tomar el lugar de los primogénitos de cada tribu, puesto que desde la primera Pascua en Egipto, la vida del primogénito de cada familia había sido preservada y consagrada a Dios. Doce príncipes, representando a las 12 tribus, trajeron una ofrenda especial de bueyes y carretas para el transporte del tabernáculo y su equipo. Se hizo la consagración oficial de los levitas, se celebró la Pascua, y Moisés hizo dos trompetas de plata, para anunciar y congregar en asamblea a los hijos de Israel.

B. **Del Sinaí a Cades-barnea** (Números 10:11–13:33)

Súbitamente, en el vigésimo día del mes segundo, en el segundo año de su salida de Egipto, la nube se levantó del tabernáculo y sonaron las trompetas. Todo el campamento se puso en movimiento. Presididos por el arca sagrada, y con Hobab por guía, toda la hueste comenzó a moverse en dirección a la tierra prometida. Cada tribu marchaba con su príncipe al frente y bajo la sombra de su propio estandarte. Moisés comenzó el viaje con un canto: "Levántate, oh Jehová, y sean dispersados tus enemigos, y huyan de tu presencia los que te aborrecen" (10:35, cf. Sal. 68:1). Al anochecer el pueblo cantaba: "Vuelve, oh Jehová, a los millares de millares de Israel" (10:36).

1. Murmuraciones del pueblo

Cuando los israelitas dejaron atrás el Sinaí, caminaron tres días por el desierto de Parán. Cuando se habían internado bastante en el árido desierto, el pueblo se quejó contra Dios, y el Señor lo oyó. "Y se encendió en ellos fuego de Jehová, y consumió uno de los extremos del campamento". El fuego se apagó por virtud de la intercesión de Moisés, pero a este lugar se lo llamó *Tabera*, o sea "incendio". Poco tiempo después el pueblo mostró descontento de nuevo. Estaban comiendo solo maná, y nada de carne. Moisés dijo al Señor: "No puedo yo solo soportar a todo este pueblo, que me es pesado en demasía" (11:14). En respuesta a su clamor, el Señor le dijo que designara 70 ancianos sobre los cuales Él pondría espíritu de sabiduría y profecía al igual que en Moisés. Poco después, el Señor envió una gran cantidad de codornices para que comieran, pero castigó el espíritu rebelde del pueblo haciendo que brotase una plaga y matase a varios individuos. Con esto, el campo de Tabera adquirió otro nombre, *Kibrot-hataava*, o sea, "sepulcros de concupiscencia" (o "tumbas de los codiciosos").

En el siguiente campamento en Hazerot, María y Aarón tuvieron celos de Moisés. "¿Solamente por Moisés ha hablado Jehová?" preguntaron ellos. Su queja no era solamente contra el liderazgo de Moisés, sino porque Moisés había tomado una mujer cusita, cuyo nombre no se menciona en ninguna parte. No se sabe si se refiere a Séfora, o a otra mujer que tomó después de la muerte de Séfora. Dios vindicó rápidamente al líder a quien él había escogido, y María fue castigada con lepra, enfermedad terriblemente temida en tierras orientales. Por la oración de Moisés, María se sanó y después de siete días todo el pueblo emprendió de nuevo el viaje.

2. El informe de los 12 espías

En Cades, Moisés confrontaría otro problema. Dios le encomendó que enviara un jefe de cada tribu hacia el norte, para "reconocer la tierra de Canaán", y regresar con un informe para el pueblo. Después de explorar toda la tierra, los espías llegaron al arroyo de Escol, donde cortaron un racimo de uvas tan grandes que requería que se llevara entre dos hombres. También hallaron higos, granadas, leche y miel. Volvieron a Cades después de una ausencia de 40 días.

Con el "fruto de la tierra" en sus manos, dieron testimonio del suelo fértil y sus excelentes frutos. Empero, diez de los espías tuvieron miedo de los gigantes que habitaban en las ciudades amuralladas. Israel, dijeron los diez pesimistas, sería como langostas al lado de estos gigantes. En cambio, Josué y Caleb animaron al pueblo, y dijeron que podían vencer fácilmente a los gigantes porque creían que Dios los ayudaría a conquistar el país, pero ellos fueron los únicos que lo creyeron.

C. El fracaso de Cades y los 40 años de peregrinaje
(Números 14:1–20:13)

Entonces, todo el pueblo se declaró en abierta rebeldía, y amenazaron con nombrar otro capitán y regresar a Egipto. Josué y Caleb rasgaron sus vestidos y siguieron exhortando al pueblo, hasta que el pueblo intentó apedrearlos. La gloria del Señor apareció y amenazó con desheredar a la nación, haciendo de los descendientes de Moisés un pueblo mejor y más grande que ellos. Moisés intercedió nuevamente por su pueblo, el cual nunca antes se había opuesto deliberadamente a seguir adelante, aunque se había desalentado muchas veces. Jamás habían pedido volver a la esclavitud de Egipto. Esta vez habían ido demasiado lejos con sus quejas. Dios decretó que todos los hombres mayores de 20 años, excepto Josué y Caleb, habrían de morir en ese desierto antes de que sus hijos pequeñitos llegaran a la tierra prometida. Israel estaba condenado a peregrinar por 40 años en el desierto, un año por cada día que habían empleado en la exploración de Canaán. Los diez espías que habían traído el mal informe murieron, víctimas de una plaga. El pueblo se arrepintió enseguida, pero ya era demasiado tarde. A pesar de la advertencia de Moisés, intentaron hacer con sus propias fuerzas lo que habían rechazado hacer con la ayuda de Dios. Intentaron invadir la tierra prometida, pero los guerreros amalecitas y cananeos los derrotaron fácilmente y los persiguieron hasta Horma.

El pueblo de Dios tuvo que ser peregrino y nómada por toda una generación, porque había rechazado obedecerle en Cades. Este término es sumamente interesante pues significa "santidad" (del hebreo: *kodesh*). Esos años transcurrieron con pocos detalles de interés. Se registran solo tres sucesos. Primero, un juicio que se hizo a un hombre que había quebrantado el sábado. Como resultado, el pueblo recibió órdenes de colocar franjas y cordones azules en sus vestidos, para que se acordara de guardar la ley.

El segundo suceso fue la rebelión de Coré, que desafió la autoridad civil y religiosa de Moisés y Aarón. Coré, de la tribu de Leví, y Datán y Abiram, de la tribu de Rubén, amotinaron como a 250 líderes del pueblo. Desafiaron el sacerdocio de Aarón, y la autoridad de Moisés en asuntos civiles. Cuando se hizo una prueba, a Coré y todos sus seguidores la tierra los tragó vivos y el fuego destruyó a los 250 participantes. En la Epístola de Judas se hace referencia a Coré como un tipo de esos líderes religiosos que intentan usurpar una autoridad que no les pertenece. Las continuas murmuraciones acarrearon otra peste. Aarón tomó su incensario, "parado entre los muertos y los vivos", e hizo "expiación por el pueblo". La peste cobró ese día 14,700 víctimas, además de los que habían muerto junto con Coré.

El tercer suceso dio prueba del llamado divino de Aarón al sacerdocio. Se pidió que cada uno de los 12 príncipes trajera una vara de almendro con el nombre de su tribu grabado en ella, y la pusiera por la noche en el tabernáculo. A la mañana siguiente, la vara de Leví, o sea de la tribu de Aarón, "había reverdecido, y echado flores, y arrojado renuevos, y producido almendras" (17:8). Esta fue la vara que se colocó en el arca del pacto en el lugar santísimo.

Cuando los 40 años llegaban a su fin, o sea alrededor del año 1400 a.C., el pueblo retornó a Cades, donde anteriormente habían dado la espalda tanto a Dios como a la tierra prometida. Dos incidentes tuvieron lugar durante este último campamento en Cades. María murió y la sepultaron. Y a Moisés se le dijo que mandara a la roca producir agua para los quejumbrosos. Moisés, en su impaciencia, se adelantó al Señor y golpeó la roca con su vara. A causa de esa desobediencia, no se le permitió entrar a la tierra prometida, aunque condujo al pueblo hasta las mismas fronteras.

D. La aproximación a Canaán (Números 20:14–21:35)

En vez de seguir directamente al norte, a Palestina, los israelitas tomaron al este, para seguir por el camino real a través de Edom y la margen oriental del Jordán. Sin embargo, cuando Moisés envió mensajeros al rey de Edom, pidiendo permiso para cruzar el país, se le negó el permiso. Como resultado, el pueblo se vio forzado a desviarse al sur, alrededor de la cadena de montañas que está entre el mar Rojo y el mar Muerto. Esto los llevó al este de Edom, alcanzando la margen oriental del Jordán por el sur.

En el monte Hor, se encomendó a Moisés, Aarón y Eleazar subir a la cumbre de la montaña. Allí se invistió a Eleazar con las vestiduras de sumo sacerdote, y Aarón murió y lo sepultaron. El pueblo le hizo duelo por 30 días al pie del monte. El rey de Arad, cacique de una tribu cananea que habitaba el territorio al sur de Cades, intentó atacarlos, pero fue vencido y su tribu sojuzgada.

Durante el largo trayecto alrededor de la montaña, volvió a manifestarse el espíritu quejumbroso del pueblo. Esta vez el Señor lo reprendió por medio de una invasión de serpientes ponzoñosas, cuya mordedura ardía como fuego. Moisés recibió orden de hacer una serpiente de bronce y colocarla en el medio del campamento en la punta de un palo. Cualquiera que hubiera sido mordido por las serpientes, podía mirar a la serpiente de bronce, y ser sanado y vivir. En el contexto del Nuevo Testamento, en conversación con Nicodemo (Juan 3:14-16), Jesús aplicó esta historia a sí mismo. Del mismo modo que los israelitas fueron mordidos por las serpientes venenosas, el mundo ha sido mordido por la serpiente del pecado, la paga del cual es la muerte. Como Moisés levantó la serpiente en el desierto, y todo aquel que la miraba, vivía, así todo aquel que mira a Cristo levantado en la cruz no perecerá para siempre, sino que tendrá vida eterna.

Cuando el pueblo llegó al territorio al este del Jordán, Moisés envió mensajeros al rey amorreo Sehón, pidiéndole permiso para pasar por su territorio. En vez de conceder el permiso, Sehón se levantó en armas contra los israelitas, pero estos lo derrotaron y murió, y conquistaron su territorio. El país de Basán, al norte y al este, era regido por Og, un gigante. Og también intentó poner resistencia, pero lo vencieron y murió y su ejército se dispersó.

E. En los bancos del Jordán (Números 22:1–36:13)

Con estas conquistas el pueblo de Israel estaba ya cerca de su meta. Entonces descendieron a los llanos de Moab, junto al Jordán, enfrente de Jericó. Aquí levantaron su último campamento antes de entrar a la tierra prometida. Balac, rey de Moab, en un intento desesperado mandó llamar a Balaam, el profeta oriental, para que maldijese a Israel. Balaam insistió ante Balac que él no podía hacer nada ni decir nada sin el permiso del Señor. Sin embargo, su interés en la recompensa ofrecida pudo más que su prudencia, e intentó pronunciar una maldición sobre los invasores. Pero sus maldiciones resultaron ser bendiciones, incluyendo la hermosa profecía mesiánica: "Saldrá ESTRELLA de Jacob, y se levantará cetro de Israel" (24:17).

Antes de abandonar a Moab, Balaam aconsejó al rey pagano que enviase mujeres moabitas y madianitas para que tentaran a los israelitas a ofrecer sacrificios a sus dioses, y practicar inmoralidad e idolatría, sabiendo que si hacían esto, atraerían la ira de Dios sobre ellos (31:16). Tan exitosa fue esta treta que 24,000 israelitas murieron de plaga. Finees, hijo de Eleazar, se levantó como el campeón de la causa de Dios, de otro modo la pérdida de vidas hubiera sido mayor. Balaam pagó con su vida su diabólico plan, porque más tarde, cuando los israelitas capturaron a Madián, lo acuchillaron junto con los madianitas (31:8). En el Nuevo Testamento (2 Pedro 2:15 y Judas 11) se cita a Balaam como ejemplo de los profetas falsos, que están más interesados en ganancias personales que en servir al pueblo desinteresadamente.

Después de la plaga que sobrevino por el perverso consejo de Balaam, se levantó un nuevo censo. El número de los hombres de guerra había descendido ligeramente a 601,730, y solo aparecieron en ella dos nombres que habían figurado en la primera lista: los de Josué y Caleb (26:65).

Con la conquista de las tierras orientales, se les permitió a las tribus de Rubén y Gad, y a media tribu de Manasés, quedarse al este del Jordán, en el territorio que había sido de Sehón y Og. Ellos prometieron ayudar a sus hermanos en la conquista del territorio al oeste del Jordán. Se asignó a los levitas un total de 48 ciudades, incluyendo seis que fueron llamadas "ciudades de refugio", en las cuales podía refugiarse el homicida involuntario, antes que los parientes de su víctima se vengasen. También se dio en este tiempo un número de leyes adicionales.

V. LOS ÚLTIMOS MENSAJES DE MOISÉS

El libro de Deuteronomio, "la segunda ley", consiste en tres grandes discursos de Moisés, dirigidos al pueblo de Israel cuando se hallaban acampados en Sitim, al este del Jordán. Otra generación había surgido, cuyos miembros eran niños pequeños, o no habían nacido aún cuando se proclamó la ley por vez primera. Ellos necesitaban conocer el modo en que Dios trata con su pueblo, y los requisitos de su nueva vida que debían llevar en la tierra que iban a conquistar.

En el *primer discurso* (Deuteronomio 1-4), Moisés hizo un repaso de la fidelidad de Dios en guiar al pueblo desde Horeb hasta su presente ubicación en los llanos de Moab, a pesar de la falta de fe en Cades. Subrayó el amor y la misericordia de Dios y les exhortó a obedecer su santa ley.

En el *segundo discurso* (Deuteronomio 5-26), Moisés hizo una interpretación notable de la ley moral, o sea "la repetición de la ley", de la cual el libro toma su nombre. Vuelve a repetir los Diez Mandamientos, con la adición de: "Amarás a Jehová tu Dios de todo tu corazón, y de toda tu alma, y con todas tus fuerzas" (6:5). La educación religiosa de los niños debía llevarse a cabo en el hogar; debían observarse los días santos y se urgió a los sacerdotes a leer la Ley al pueblo, una vez cada siete años desde el santuario. Se prohibió absolutamente toda idolatría y se proclamaron muchos estatutos civiles y judiciales, con una fuerte demanda de fidelidad y obediencia.

El *tercer discurso* (Deuteronomio 27-30) se proyectaba hacia adelante, hacia lo futuro. Después de llegar a Canaán, el pueblo debía renovar y ratificar el pacto, reunido en el valle, entre los montes Ebal y Gerizim, cerca de la histórica Siquem. Tenían que levantar un monumento en el monte Ebal, y grabar allí la Ley, erigiendo al mismo tiempo un altar. Desde el monte Gerizim debían proclamar las bendiciones que se obtienen con la obediencia. Ellos serían bendecidos en la ciudad y en el campo, en la canasta y en la bodega. Sus enemigos huirían de delante de ellos. Los cielos les darían su lluvia y la tierra prosperaría. Darían prestado a muchas naciones y ellos no tomarían prestado. Serían la cabeza y no la cola. Desde el monte Ebal serían proclamadas las maldiciones que vendrían a causa de la desobediencia: los cielos serían de bronce, y la tierra como hierro. Entonces, ellos serían un motivo de asombro, y un proverbio y un escándalo entre los pueblos; si rehusaban servir a Dios con alegría, servirían a sus enemigos con dolor, con hambre, con sed y en desnudez. Su propia tierra quedaría tan desolada como Sodoma y Gomorra. Moisés concluyó este discurso con el encargo solemne: "A los cielos y a la tierra llamo por testigos hoy contra vosotros, que os he puesto delante la vida y la muerte, la bendición y la maldición; escoge, pues, la vida, para que vivas tú y tu descendencia" (Deuteronomio 30:19).

Moisés tenía 120 años cumplidos cuando dijo la última exhortación pública a su pueblo, encomendándolo al cuidado infalible de Dios. A Josué se lo ungió como jefe en lugar de Moisés. Moisés terminó de escribir la Ley y mandó que se guardase en el arca del pacto. Como poeta y profeta, compuso el salmo 90, y el canto profético registrado en Deuteronomio 32, dirigiendo una bendición a cada tribu como lo había hecho Jacob. Dios lo condujo a la cumbre del monte Nebo, o Pisga, y le mostró toda la tierra prometida. Allí terminó su misión y su vida. Nadie sabe dónde ha quedado su sepulcro. A Moisés se lo vio de nuevo en la transfiguración, junto con Elías y Jesús (Mateo 17:2-6), el legislador con el profeta y el Redentor. Sería muy difícil exagerar la contribución que Moisés hizo al mundo con su vida y con su obra. Fue un gran general, un gran estadista, un gran legislador, un gran organizador religioso, un gran escritor, un gran profeta y un gran intercesor.

RESUMEN

Los cuatro grandes libros que hemos examinado en este capítulo nos permiten avanzar una gran parte del camino de la completa revelación del propósito redentor de Dios. La promulgación de la Ley hizo claros los exigentes deseos del Dios de santidad. Los sacrificios prescritos destacaban la obra redentora que facilitaría el cumplimiento de esas demandas. Moisés fue el hombre a quien Dios le encargó la liberación del pueblo de su esclavitud, para transformarlo en una nación libre y organizada. Protegió e interpretó la inapreciable herencia de redención de Israel, y edificó un santuario para arraigar firmemente en el corazón del pueblo elegido la adoración del único y verdadero Dios. El Decálogo que Moisés recibió en el Sinaí, vino a ser el fundamento de la ley en el mundo occidental diez siglos antes de las famosas Doce Tablas de Roma. El Nuevo Testamento da su reconocimiento a la "ley de Moisés" (Levítico 2:22), y Jesús declara: "No penséis que he venido para abrogar la ley o los profetas; no he venido para abrogar, sino para cumplir" (Mateo 5: 17).

LECTURAS RECOMENDADAS

Blaikie y Matthews, *A Manual of Bible History*, pp. 64-111.
Alfred Edersheim, *The Bible History*, tomo II, pp. 9-200.
Joseph P. Free, *Archaeology and Old Testament History*, pp. 84-123.
James C. Muir, *His Truth Endureth*, pp. 59-86.
R.L Ottley, *A Short History of the Hebrews to the Roman Period*, pp. 53-82.
G.F. Owen, *Abraham to Allenby*, pp. 31-39.
Ira M. Price, *The Dramatic Story of the Old Testament History*, pp. 89-131.
John H. Raven, *Old Testament Introduction*, pp. 85-148.
LR. Ringenberg, *The Word of God in History*, pp. 61-114.
Merrill F. Unger, *Archaeology and the Old Testament*, pp. 129-57.

PARA UN ESTUDIO MÁS COMPLETO

1. Procure información acerca de los hicsos o "reyes pastores" y relacione esa información con lo que la Biblia dice de los israelitas en Egipto.

2. ¿A qué renunció Moisés cuando rehusó ser llamado "hijo de la hija de Faraón"?

3. ¿Qué evidencias provee la vida de Moisés para afirmar el dicho: "Los grandes hombres no se hacen en un día"?

4. Haga una lista de las objeciones de Moisés al llamado de Dios en la zarza ardiente. ¿Qué revelan acerca del carácter de Moisés?

5. ¿Cuál fue la significación religiosa (si la hay) de las plagas de Egipto?

6. Haga una lista de las cuatro ofertas que Faraón propuso a Moisés y a Aarón (Éxodo 8 y 10).

7. ¿En qué sentidos era la observancia anual de la Pascua de los judíos un memorial y una profecía?

8. Señale en un mapa la ruta seguida en el éxodo. ¿Por qué razón no siguieron la ruta terrestre más corta? (Éxodo 13).

9. Señale la similitud entre la liberación de Israel de Egipto y la liberación del cristiano del pecado.

10. ¿Qué se logró durante el año que permanecieron junto al monte Sinaí?

11. ¿Qué se implica en la destrucción de las dos primeras tablas de piedra donde se escribió el Decálogo? (Éxodo 32).

12. Busque otros pasajes del Nuevo Testamento, además del precepto de Jesús, que resumen el cumplimiento de la Ley en el amor cristiano.

13. Dibuje un plano del tabernáculo, a escala aproximada, señalando el sitio del lugar santísimo, el arca del pacto, el lugar santo, el velo, la mesa de los panes, el candelabro de oro, el altar del incienso, el lavatorio y el altar de bronce.

14. ¿Qué parte jugaron en la instrucción religiosa del pueblo elegido los muchos sacrificios y ordenanzas del tabernáculo y el templo?

15. Haga una lista de las grandes fiestas judías. ¿Cuáles de ellas son prominentes en el Nuevo Testamento?

16. ¿Qué oración necia del pueblo, realizaron en Cades-barnea, y fue rápidamente contestada? (Véase Números 14). ¿Por qué se los obligó a peregrinar 40 años en el desierto?

17. ¿Cómo explica usted que una "pequeña desobediencia" de Moisés le impidió entrar a la tierra prometida, en tanto que otros que cometieron pecados más "serios" pudieron entrar?

18. Señale los puntos de contacto entre la historia de la serpiente de metal y la redención obtenida por Cristo en el Calvario.

19. Describa el carácter de Balaam. ¿A quiénes de nuestros días tipifica? (Véanse Judas y 2 Pedro 2).

20. En su opinión, ¿qué contribución hizo Moisés al pueblo de él y al mundo?

NOTAS BIBLIOGRÁFICAS

[1] Cierta inscripción babilónica describe el abandono de Sargón de Agade, cuya madre lo puso en una cesta de cañas recubierta de betún y lo echó al río, donde lo halló un campesino llamado Akki. Vea *Archaeology and the Bible*, p. 375, por G.A. Barton.

[2] Brown, Driver y Briggs, *op. cit.*, p. 602.

[3] Cf. Samuel R. Driver, *Introduction to the Literature of the Old Testament*, p. 30.

[4] Cf. Free, *Archaeology and Bible History*, pp. 102-03.

[5] Robert F. Harper, *The Code of Hammurabi*, pp. 13-89; leyes núms. 6-20; 42-65; 112-19; 195-214; 241-56.

[6] Free, *op. cit.*, p. 113.

PALESTINA
en el Tiempo
de los Jueces

6
LA CONQUISTA DE LA TIERRA PROMETIDA

Una tierra buena y ancha... tierra que fluye leche y miel (Éxodo 3:8).

Fuentes: Josué; Jueces; Rut y 1 Samuel 1–8
Para leer: Josué 1–6; 24; Jueces 1–3; Rut 1–2; 1 Samuel 1–3; 7
Período: Aproximadamente del 1400 al 1050 a.C.

Los israelitas habían sido un pueblo sin patria por más de 400 años. Librados de la esclavitud de Egipto, habían vagado por el desierto durante 40 años entre Egipto y la tierra que Dios les había prometido a Abraham y a sus herederos. El tiempo había llegado al fin para que el pueblo escogido poseyera la tierra prometida.

El período cubierto en este capítulo incluye la conquista de Canaán, y las luchas constantes de las tribus para retener su precaria posición, durante tres siglos y medio antes del establecimiento de una monarquía central. El relato histórico se encuentra en los libros de Josué, Jueces, Rut y la primera parte de 1 Samuel.

Tradicionalmente se cree que el libro de Josué lo escribió él mismo. Su narración continúa naturalmente la historia comenzada en el Pentateuco. Este libro ha sido contado a veces con los cinco precedentes, formando el Hexateuco o "seis rollos". Pero es mejor contarlo con los libros históricos que le siguen, y con los cuales tiene mayor semejanza.

El libro de los Jueces traza la historia de Israel desde la muerte de Josué hasta la era de Samuel, y cubre un período de 300 años. La tradición reconoce a Samuel como su autor. Sus evidencias internas parecen indicar un origen muy antiguo (Jueces 1:21; cf. 2 Samuel 5:6-8). Cuando el pueblo quedó sin líder, deseó tener un rey al igual que las demás naciones. En vez de ello, Dios les proveyó libertadores, a los que se los denominó jueces. Estos hombres surgían en tiempos de grandes crisis para ayudar al pueblo a resolverlas.

Josué y Jueces interpretan las relaciones de Dios con su pueblo a esto se lo llama una forma teocrática de gobierno, o sea el gobierno directo de Dios por medio de sus representantes, que él mismo eligió. Este período forma un eslabón entre el antiguo período tribal, y la monarquía que apareció después, cuando se afirmó la vida nacional.

El libro de Rut, escrito probablemente por Samuel, pertenece al período de los jueces. Los primeros ocho capítulos de 1 Samuel describen la clausura del período de los jueces. Samuel, el último juez y quien a la vez fuera el primero de los profetas, ungió a Saúl como el primer rey.

I. LA TIERRA DE LA PROMESA

"La tierra de la promesa" es el título con el que se menciona al país que el pueblo escogido de Dios recibió como herencia. El nombre aplicado generalmente a esta tierra entre el Jordán y el Mediterráneo, hasta después del tiempo de los jueces, fue "Canaán" (Éxodo 6:4; Deuteronomio 32:49). Otros nombres bíblicos son: "La tierra de los hijos de Israel" (Josué 11:22), y "el territorio de la posesión de Israel" (Jueces 20:6). Otros pueblos dieron al país el nombre de Palestina, forma griega de la palabra Filistea, especialmente después del 586 a.C.

Palestina, tal como es hoy, está entre África y Asia, y mide aproximadamente 300 kms. de largo por 50 a 60 kms. de ancho, entre el Mediterráneo y el Jordán. Las fronteras, según se le dio a Abraham (Génesis 15: 18), a Moisés (Éxodo 23:31), y por Moisés a Israel (Número 34:3-15; Deuteronomio 1:7-8) llegan hasta el río Éufrates, cubriendo una superficie de 26,000 a 31,000 kms^2. Después del período de los jueces, las fronteras se daban comúnmente diciendo: "desde Dan hasta Beerseba" (Jueces 20:1).

El país, al occidente del Jordán, tiene tres divisiones naturales: el norte, el centro y el sur. Mirando de este a oeste, las cadenas de montañas que corren de norte a sur, desde Dan a Beerseba, proveen cinco divisiones naturales:

1. La llanura costera, con Sarón en el norte y Filistea en el sur.
2. Las colinas, o Sefela, una serie de colinas bajas, más allá de los llanos de la costa.
3. La cadena central de montañas, desde el extremo norte hasta el desierto de las peregrinaciones.
4. El valle del Jordán, desde el monte Hermón hasta el mar Muerto.
5. La meseta al este del Jordán, sección oriental del río, conocida también como Galaad.

Palestina está situada estratégicamente en la mayor ruta comercial entre Egipto y los países orientales (Génesis 37:25), cerca del extremo occidental de esa región fértil en forma de media luna.

Cuando los hebreos invadieron a Canaán, hallaron muchas "ciudades-reinos" que poseían una civilización bien definida[1]. El país atravesaba un período de transición de su historia. Todavía era vulnerable a los ataques de las tribus merodeadoras, e incapaz de defender acertadamente sus fronteras. Las cartas de Amarna, escritas en este período por los gobernantes cananeos a los reyes egipcios, cerca del año 1400 a.C., hablan de un pueblo formidable, llamados los "haribu", quienes habían invadido la tierra. Estas cartas aportan un registro notable de la conquista, narrada desde el punto de vista de los cananeos[2].

Aunque el término cananeo se usa en un sentido general para todos los habitantes de Palestina, también se lo utiliza para nombrar una tribu que vivía "junto al mar, y a la ribera del Jordán" (Números 13:29). En Josué 3:10 se mencionan además otros seis pueblos que poblaban la tierra: los heteos, los heveos, los ferezeos, los gergeseos, los amorreos Y los jebuseos. Los heteos fueron bien conocidos como los invasores del norte, que se habían establecido alrededor de Hebrón. Los jebuseos vivían en las vecindades de Jerusalén. Los amarreos se habían establecido al oriente del Jordán[3].

II. JOSUÉ, EL SUCESOR DE MOISÉS

Después de la muerte de Moisés, Josué llegó a ser el líder de Israel. Había sido el lugarteniente de Moisés y su ayudante principal durante muchos años. Ahora se volvía su sucesor. Le correspondía a él la gran tarea de que el pueblo entrara a la tierra prometida.

Josué era hijo de Nun y pertenecía a la tribu de Efraín. Su nombre original, Oseas (Números 13:8, 16), significa "ayudador". Este nombre se le cambió por el de Josué, que significa "Jehová, el ayudador", nombre que figura en las cartas de Amarna, por el año 1400 a.C.[4] Poco después del Éxodo, Josué había sido designado comandante en la batalla que se libró contra Amalec (Éxodo 17:8-16). Acompañó a Moisés al monte Sinaí (Éxodo 24:13; 32:17), y como "el siervo" de Moisés, quedó a cargo del tabernáculo (Éxodo 33:11) después que el pueblo pecó al adorar el becerro de oro. Cuando Moisés envió los 12 espías a Canaán, a Josué lo eligieron para representar a la tribu de Efraín (Números 13:6, 8; 14:6,38). Él y Caleb fueron los únicos que creyeron que Dios era capaz de ayudar al pueblo a tomar posesión de la tierra prometida.

Precisamente antes de la muerte de Moisés, Dios habló a Josué y le dijo: "Esfuérzate y anímate, pues tú introducirás a los hijos de Israel en la tierra que les juré, y yo estaré contigo" (Deuteronomio 31:23). Esta designación divina tuvo su confirmación más tarde cuando Dios comisionó a Josué para reunir al pueblo y conducirlo, pasando el Jordán (Josué 1:2-9), a la tierra prometida. A Moisés solo le había sido permitido mirarla. Jehová le confirmó a Josué que estaría con él, de la misma manera que había estado con Moisés, y que nadie podría hacerle frente en la tarea que tenía por delante (Josué 1:6).

A. En la frontera de la tierra prometida (Josué 1:1–2:24)

Israel había acampado en la margen oriental del río Jordán, enfrente de Jericó, desde los últimos días de Moisés. Se habían trazado los planes para atacar esta ciudad, fuertemente amurallada. Josué envió dos espías desde el campamento en Sitim, el cual estaba a 9 kms. del río, para que se informaran de los medios de acceso a la ciudad, la naturaleza de sus fortificaciones y cómo se sentían sus habitantes. Los espías no encontraron dificultad en entrar a la ciudad y hallar alojamiento en casa de una mujer ramera, llamada Rahab. Ella les dijo que creía en Jehová, quien había secado las aguas del mar Rojo (2:10) y les había dado la gran victoria sobre los amorreos. Cuando el rey de Jericó supo que dos espías israelitas estaban dentro de la ciudad, exigió a Rahab que los entregase. Pero ella los escondió entre unos manojos de lino que tenía en el techo.

1. El hilo de grana

Rahab, comprendiendo que todos los habitantes de Jericó estaban destinados a la destrucción, hizo prometer a los espías que le salvarían la vida a ella y sus familiares. Los espías accedieron a ello, pero le dijeron que el cumplimiento de su promesa dependía de que ellos pudieran escapar libres de Jericó. La casa de Rahab estaba edificada en el muro de la ciudad (2:15), con una ventana que daba al exterior. Las sombras de la noche cayeron sobre la ciudad, y se cerraron las puertas. Rahab ayudó a los hombres a descender del otro lado y ató a la ventana un "cordón de grana", que sería el signo que protegería a Rahab y su familia de la destrucción cuando los israelitas conquistasen la ciudad. Las excavaciones hechas en el sitio de la antigua Jericó demuestran que las casas de la ciudad se edificaban sobre el muro, de la misma manera que la Biblia describe el lugar de la casa de Rahab[5].

2. El informe de los espías

Caminando durante la noche y ocultándose durante el día, los espías volvieron a Josué con este informe: "Jehová ha entregado toda la tierra en nuestras manos; y también todos los moradores del país desmayan delante de nosotros" (2:24). Este informe era muy diferente al de los 12 espías enviados por Moisés desde Cades. En aquel entonces los israelitas eran presas del pánico, pero ahora eran los cananeos los que estaban llenos de terror.

B. Entrada a Canaán (Josué 3–6)

Con el informe de los espías, Josué dio orden de levantar el campamento en Sitim y marchar adelante. Era el tiempo de la cosecha, cerca del día diez del mes primero, y la nieve derretida del monte Hermón llenaba de agua el cauce del Jordán. Los sacerdotes marchaban adelante, llevando el arca, seguidos por toda la hueste de Israel a un kilómetro de distancia. Cuando llegaron al margen del Jordán, se detuvieron todavía tres días, para "santificarse delante del Señor" y prepararse para el cruce. Al tercer día los sacerdotes, portando el arca, se acercaron al borde del río. No fue sino hasta que las suelas de sus sandalias tocaron las aguas, que estas se retiraron, dejando en seco el lecho del río para permitir el paso de la inmensa columna. La fe que no habían tenido 40 años antes en Cades ahora era más severamente probada. En el cruce del mar Rojo, Dios honró a Moisés cuando tenía el enemigo *por detrás*. Ahora en el cruce del Jordán, Dios dividía las aguas con el enemigo *por delante*, para estimular al pueblo a tener fe en él y en el líder que había nombrado.

1. El campamento en Gilgal

El pueblo llegó a Gilgal, donde establecieron su primer campamento, a la vista de Jericó. Allí erigieron un memorial con 12 piedras que tomaron del fondo seco del río. Situado en la llanura, a mitad de camino entre Jericó y el Jordán, Gilgal llegó a ser el cuartel principal y campamento permanente, desde donde se inició la conquista de Canaán. El pueblo cumplió en Gilgal con el rito de la circuncisión, lo que no habían hecho durante los 40 años en el desierto. La circuncisión era el sello del pacto hecho con Abraham (Génesis 17:7-14). "Y Jehová dijo a Josué: Hoy he quitado de vosotros el oprobio de Egipto" (5:9). Al día siguiente celebraron la primera Pascua en Canaán. Al otro día de la Pascua comieron por primera vez "el fruto de la tierra". Y nunca más volvió a caer maná, porque a partir de ese día comieron los frutos de Canaán.

2. La toma de Jericó

Cuando Josué estaba listo para conducir su ejército al asalto de Jericó, vio al ángel del Señor, que estaba de pie, con una espada desnuda en su mano. El visitante divino le dijo: "Quita el calzado de tus pies, porque el lugar donde estás, es santo". Josué obedeció, como lo había hecho Moisés ante la zarza ardiente. Como Jericó estaba situada en una posición muy estratégica, era la puerta de entrada a Canaán. Josué recibió instrucciones muy precisas para conquistar esta fortaleza. Obedeciendo las instrucciones, los israelitas marcharon alrededor de la ciudad. Siete sacerdotes tocaban siete trompetas fabricadas con cuernos de carneros. Toda la compañía seguía tras ellos, llevando el arca del pacto. Al séptimo día dieron siete vueltas a la ciudad. A la séptima vuelta tocaron las bocinas fuertemente y todo el pueblo gritó a gran voz. Las murallas cayeron y Josué se apoderó fácilmente de la ciudad. Los israelitas destruyeron todo lo que había en la ciudad, solo reservaron el oro, la plata y el bronce, que guardaron "en el tesoro de la casa de Jehová" (6:24). Los arqueólogos que han excavado el sitio han confirmado que su destrucción parece haber ocurrido alrededor del año 1400 a.C. Afirman también que "las murallas se derrumbaron hacia afuera de manera tan completa que los israelitas pudieron pasar por encima de los escombros y entrar en la ciudad"[6]. Solo Rahab y su familia escaparon con vida, y más tarde fueron admitidos en la comunidad hebrea. Rahab se casó con Salmón, de la tribu de Judá, y vino a ser madre de Booz, quien a su vez se casó con Rut, de cuya descendencia nació el rey David, uno de los antecesores del Mesías (Mateo 1:5).

C. La terminación de la campaña central (Josué 7–8)

Al oeste de Jericó se hallaba la ciudad de Hai, que era la puerta a la Canaán central. Josué envió espías a estudiar la situación y ellos regresaron informando que que se podría tomar la ciudad con facilidad con solo 2,000 ó 3,000 hombres. En el primer ataque los israelitas fueron rechazados. Josué y los sacerdotes, desalentados, se postraron delante del arca y consultaron a Jehová. Dios les respondió que había trasgresión en el campamento, y que no obtendrían la victoria hasta que el pecado fuera confesado y se hiciera expiación por él. Josué reunió al pueblo por la mañana e hizo una investigación minuciosa para hallar al culpable. Se descubrió que era Acán, quien confesó haber tomado "un manto babilónico muy bueno y doscientos siclos de plata, y un lingote de oro de peso de cincuenta siclos". El pecado de Acán les costó la vida a él y a toda su familia, quienes indudablemente eran cómplices con él. Los israelitas levantaron sobre sus cuerpos un montículo de piedras, y llamaron el lugar valle de Acor que significa "turbación".

1. La captura de Hai

Dios le dio instrucciones a Josué para hacer un nuevo asalto a Hai. Josué dividió el ejército, poniendo emboscadas al occidente de la ciudad, y el resto en el valle de enfrente. Cuando el rey de Hai vio a los israelitas, ordenó a sus fuerzas salir a combatirlos. Los hombres de Josué simularon huir como la primera vez. Cuando los cananeos llegaron al valle, los emboscados incendiaron la ciudad por detrás. Tomados entre las dos divisiones de Israel, exterminaron los 12,000 habitantes de Hai. Se quemó la ciudad, pero se preservaron las bestias y los despojos para los israelitas.

2. El primer altar de Israel en Canaán

Josué levantó en Siquem un altar de piedras sin labrar en demostración de gratitud y adoración. Así lo había recomendado Moisés en su último discurso a Israel (Deuteronomio 27). En el estrecho valle que hay entre el monte Ebal en el norte y el monte Gerizim en el sur, Josué reunió al pueblo. Aquí fue renovado el solemne pacto hecho con los patriarcas en estos mismos históricos lugares. Josué sacrificó holocaustos y ofrendas de paz sobre el altar de piedras. Los levitas se pararon en el valle y pronunciaron las bendiciones y maldiciones ordenadas por Moisés. Las seis tribus en el monte Gerizim respondieron diciendo "amén" a cada bendición prometida por la obediencia; y las seis tribus en el monte Ebal replicaron "amén" a cada una de las maldiciones. Se leyó otra vez la ley, y se levantó una piedra en memorial, donde fueron esculpidos los mandamientos.

D. La campaña del sur (Josué 9–10)

Las milagrosas victorias de los israelitas causaron tal pánico entre los reyes cananeos, que formaron una coalición para combatirlos. La próxima ciudad en el camino de Josué era Gabaón, a 10 kms. al norte de Jerusalén. Era una de las cuatro ciudades más grandes de los heveos.

1. Estrategia de los gabaonitas

Los gabaonitas comprendieron la necesidad de actuar rápidamente. Sabiendo que Josué no los recibiría si los reconocía como habitantes de una ciudad vecina, se disfrazaron como peregrinos cansados y andrajosos, embajadores de un país lejano, con solo un bocado de pan viejo. Como parte de su treta alabaron al Dios de Israel y pretendieron que querían hacer alianza con Josué. Josué cayó en el engaño y aceptó hacer un convenio con ellos perdonando sus vidas, sin "consultar a Jehová". Tres días más tarde, Josué marchó contra Gabaón, y estaba a punto de atacar cuando los gabaonitas se identificaron Y le recordaron el pacto que habían hecho. Era demasiado tarde para enmendar el error.

No obstante, Josué los redujo a la esclavitud. Cuando los cinco reyes amorreos de Jerusalén, Hebrón, Jarmut, Laquis, y Eglón descubrieron que los gabaonitas habían abandonado la alianza con ellos y habían hecho alianza con Israel, los atacaron y sitiaron la ciudad. Los gabaonitas, entonces, acudieron rápidamente a Josué en demanda de ayuda.

2. La batalla de Bet-horón

Josué inició una marcha forzada desde su campamento en Gilgal durante la noche, y llegó repentinamente delante de la ciudad al amanecer. Atacó a los amorreos confederados y los empujó hasta las alturas de Bet-horón. Mientras los amorreos trepaban a las cimas, hubo una terrible tormenta de granizo, y la mayoría de los guerreros murió bajo las piedras (10:11). Los cananeos restantes fueron perseguidos hacia el valle de Ajalón y las alturas de Maceda. Después de la lluvia de piedras, el sol estaba bajo en el horizonte. Josué necesitaba luz para terminar con sus enemigos. Entonces oró diciendo: "Sol, detente en Gabaón; y tú, luna, en el valle de Ajalón" (10:12). Dios oyó la oración del capitán de sus fuerzas, "y el sol... no se apresuró a ponerse casi un día entero". Josué tuvo tiempo de completar la derrota de sus enemigos, y de regresar a Gilgal.

La crónica de este famoso día sin igual se registró en forma de poema en el libro perdido de Jaser (10:13; 2 Samuel 1:18). La porción mencionada aquí parece ser el fragmento de una vieja balada conmemorativa de la gran victoria de Israel.

Después que Josué volvió al campamento, supo que los cinco reyes se habían refugiado en una cueva en Maceda y estaban ocultos allí. Josué los mandó ejecutar y sepultar en la misma cueva. Esta victoria extendió el territorio conquistado por los israelitas hasta Maceda y Libna, Laquis, Eglón, Hebrón y Debir. Los arqueólogos que han excavado esta región hallaron evidencias de una destrucción violenta, y han fechado el suceso como por el año 1400 a.C.[7]

E. La campaña del norte (Josué 11:1-15)

En el norte de Palestina se formó otra confederación amorrea. Josué se había movilizado tan rápidamente que Jabín, rey de Azor en el norte de Galilea, no había tenido tiempo de juntar sus fuerzas con la confederación del sur. Llevó sus fuerzas y las de sus aliados a las aguas de Merom, al norte del mar de Galilea (11:5). De acuerdo a Josefo, este rey tenía 300,000 soldados de infantería, 20,000 carros y 10,000 jinetes[8]. Pero el Señor le dijo a Josué: "No tengas temor de ellos, porque mañana a esta hora yo entregaré a todos ellos muertos delante de Israel" (11:6). Lleno de coraje, Josué sorprendió a los enemigos en Merom, y los derrotó por completo. Algunos huyeron hasta Sidón, en la costa, y otros cruzaron el Jordán hasta Galaad. La completa destrucción de las hordas enemigas fue cosa rápida. Se desjarretaron los caballos (mencionados ya en Génesis y Éxodo), pero los demás despojos de la guerra, ganados y ciudades, quedaron para los israelitas. Solo se quemó Hazor. Este lugar ha sido excavado al igual que muchos otros y se ha comprobado que su destrucción data del siglo XV a.c.[9]

Con la batalla de Merom, la resistencia unida contra Israel llegó a su fin. Las tribus continuaron por su cuenta la conquista de sus respectivos territorios. Los cananeos no fueron expulsados enteramente. Aun en la época de la monarquía existían focos de resistencia contra los reyes israelitas.

F. Herencia en la tierra prometida (Josué 13–21)

La obra de Josué no terminó con la conquista de Canaán. Ahora era necesario dirigir a las tribus en la repartición y colonización de la tierra. El suelo debía ser talado, cultivado y desarrollado. Los guerreros nómadas tenían que transformarse en granjeros y agricultores, para poder retener y enriquecer los terrenos conquistados.

1. Los levitas

No se le dio ninguna porción de tierra a la tribu de Leví. En vez de ello se le concedió 48 ciudades diseminadas entre todas las tribus, incluyendo seis ciudades de refugio. El sostén de los levitas provenía del diezmo que daban las otras tribus. Tres de las ciudades de refugio estaban al este del Jordán, y eran Golán de Manasés, Beser de Rubén y Ramot de Galaad. Las otras tres, al oeste del río, eran Cedes de Neftalí, Siquem de Efraín, y Hebrón de Judá. Aunque la tribu de Leví no recibió tierra, siempre hubo 12 tribus para repartir la tierra, porque se dividió en dos la tribu de José, la de Efraín y la de Manasés (cf. Génesis 48:17-20).

2. Las tribus transjordánicas

Las tribus de Rubén, Gad, y la media tribu de Manasés habían escogido su herencia al este del Jordán, antes que se comenzara la conquista del sector oeste. El territorio de Rubén estaba en el extremo sur, enfrente del arroyo de Amón, y lo rodeaban los moabitas por el este y el sur. Gad recibió la porción de tierra al norte de Rubén, incluyendo parte de Galaad, teniendo a los amonitas como sus vecinos por el este y el sur. La media tribu de Manasés se quedó al norte, en Galaad y Basán.

3. Las tribus del occidente

La porción de tierra al occidente del Jordán, se dividía naturalmente en tres zonas por dos hileras de ciudades cananeas. Entre los distritos norte y central estaban Dor, Meguido, Taanac y Bet-seán. En los distritos central y sur estaban Gezer, Ajalón y una cadena de montañas. Al sur, Judá recibió la primera asignación de territorio. Estaba junto al desierto y se lo llamó después el "país montañoso de Judá". El pueblo permaneció allí tranquilo y confiado hasta los tiempos de Sansón. Caleb recibió la ciudad de Hebrón, lo que pidió cuando tenía 85 años. A Simeón se le dio el territorio adjunto al oeste de Judá, pero nunca hizo progresos como para alcanzar una posición de importancia (cf. Génesis 49:7). Dan se estableció al noroeste de Judá, y junto con Simeón conquistó una parte del territorio filisteo, un pueblo de guerreros que nunca fue sojuzgado del todo. Una colonia de danitas se movió más tarde hacia el extremo norte y fundó la ciudad de Dan (Jueces 18). Benjamín, la cuarta tribu del sur, recibió la porción de tierra justo al norte de Judá. Aunque era la más pequeña de las tribus, Benjamín hizo grandes contribuciones a la nación, incluyendo su primer rey, Saúl. Gabaa, la capital de Saúl en Benjamín, ha sido excavada hace poco por el profesor W.F. Albright[10].

Las tribus centrales, Efraín y Manasés, se situaron al norte de Benjamín. Efraín, la tribu a la cual pertenecía Josué, tomó pronto una posición de líder en el norte, lo mismo que Judá en el sur. Silo, en Efraín, fue la primera ciudad sagrada de los israelitas, porque allí se levantó el tabernáculo (18:1). La herencia personal de Josué fue Timnatsera, en la serranía de Efraín, como a 15 kms. al noroeste de Silo.

Las cuatro tribus restantes recibieron sus porciones en el norte de Palestina. Isacar (19:17-23) se estableció en el llano de Jezreel, conocido como Esdraelón en tiempos modernos. Zabulón, Aser y Neftalí recibieron sus tierras todavía más al norte.

G. Retorno de las tribus transjordánicas (Josué 22:1-34)

Aunque Rubén, Gad y media tribu de Manasés habían recibido tierras al oriente del Jordán, sus soldados habían colaborado en la conquista de Canaán. Cuando la tarea estuvo concluida, esos hombres retornaron a sus territorios. Josué los bendijo y los urgió a permanecer fieles al Señor y continuar sirviéndole. Ellos levantaron un altar en el margen del Jordán como testimonio de su unión y lealtad para con las otras tribus. Cuando las tribus occidentales recibieron la noticia de este altar, pensaron que había sido hecho con motivos de idolatría. Casi estalló una guerra civil entre las tribus.

Pero el sacerdote Finees y otros diez hombres hicieron una investigación a fondo del asunto. Satisfechos de que no había ninguna mala intención, dejaron ir en paz a los transjordanos.

H. Los últimos días de Josué (Josué 23–24)

A la edad de 110 años, Josué reunió a los jefes de Israel para darles dos exhortaciones finales. En la primera (23:1-16), exhortó a Israel a obedecer al Señor, quien había peleado por ellos y les había dado esa herencia. Al igual que Moisés, les advirtió del peligro de formar alianzas con los cananeos y de rendir culto a sus dioses. En una gran asamblea tribal en Siquem, Josué repasó la historia de Israel y detalló el trato de Dios con ellos desde el principio. El Señor les había dado una posesión por la cual ellos apenas habían luchado (24:13), y ellos debían servirle solo a él. Les advirtió del castigo que les vendría si caían en la apostasía: "Escogeos hoy a quién sirváis... pero yo y mi casa serviremos a Jehová" (24:15). Josué les dio el ejemplo dedicando su propia casa al servicio del Señor y el pueblo prometió lealtad. "Nosotros... serviremos a Jehová, porque él es nuestro Dios" (24:18). Una vez más se renovó el pacto nacional de Dios con el pueblo. Josué les dio también estatutos y ordenanzas y "escribió Josué estas palabras en el libro de la ley de Dios" (24:26), Como memorial del pacto levantó una gran piedra "debajo de la encina que estaba junto al santuario de Jehová".

Poco después de la reunión en Siquem murió Josué, y lo enterraron "en su heredad" (24:30), la cual es Timnat-sera en el monte de Efraín. Sepultaron en Siquem los huesos de José, traídos desde Egipto "en la parte del campo que Jacob compró de los hijos de Hamor" (24:32; Génesis 33:19; 50:25). Josué continuó siendo una influencia benéfica en la vida de su pueblo por muchos años. No se le conoció en su vida ningún pecado contra Dios. Su nombre, traducido al griego, es Jesús, el nombre que le dio el ángel a nuestro Salvador y Señor (Mateo 1:21).

III. EL PERÍODO DE LOS JUECES

Cuando Josué murió, Israel estaba establecido cuando menos parcialmente en la tierra prometida. Todas las tribus se habían establecido en las tierras designadas. Pero Jehová le había dicho a Josué, "queda aún mucha tierra por poseer" (Josué 13:1). Muchos pueblos cananeos, que no habían sido sojuzgados aún, rodeaban a Israel por todas partes, y también dividían las tribus del centro de las del sur y del norte. Los hebreos vivían en el campo, y en villas como las que habían habitado cuando estaban en el desierto. Eso permitió que hubiera contacto cada vez más frecuente e íntimo con sus vecinos cananeos. No pasó mucho tiempo antes que el pueblo de Dios comenzara a asimilar las costumbres, la cultura y la religión de sus vecinos. Y estos eran adoradores de Baal. Algunas tribus obtuvieron victorias locales (Jueces 1:1-36), pero estas victorias no pudieron contener por mucho tiempo la extensión de la idolatría entre los israelitas.

La misericordia de Dios y su incesante desvelo por Israel se demostraron en que él nunca rompió su pacto con el pueblo, y nunca falló a Israel (Jueces 2:1). Pero los cananeos fueron siempre una espina en sus costados y un "tropezadero" continuo para ellos (2:3). Sin un gobierno centralizado, sin un líder nombrado para suceder a Josué, y estando las tribus tan separadas entre sí, cada tribu comenzó a gobernarse a su propio antojo, y no fue raro entonces que pronto se degeneraran moralmente. Olvidaron las bendiciones de la liberación de Egipto, la conquista de Canaán y la posesión de una nueva tierra, y pronto perdieron la comunión con Dios. Primero desdeñaron al Señor y luego lo olvidaron completamente. La triste clave en el libro de los Jueces es: "Cada uno hacía lo que bien le parecía" (Jueces 17:6; 21:25).

A. Los seis ciclos de Jueces (Jueces 3:5–16:31)

El libro de Jueces trata con un período en la historia de Israel en el que solo había una confederación muy holgada entre las tribus. En todo el libro recurre una sucesión de seis apostasías, seis períodos de servidumbre a otras naciones, seis clamores por liberación, y seis gloriosas liberaciones[11]. En cada caso el Señor les levantó un juez, o libertador, para convocar una o todas las tribus unidas contra el enemigo común. Se menciona un total de 15 de esos libertadores, aunque no todas las autoridades los reconocen como jueces. Los más destacados son Otoniel, Aod, Débora, Barac, Gedeón, Jefté y Sansón. Ellos no fueron escogidos por razones de familia, rango, posición, ni aun sobre la base de su carácter moral. Fueron líderes militares levantados por el Señor para hacer frente a alguna emergencia en la vida de su pueblo.

1. Primer ciclo (3:5-11).

La primera apostasía de Israel puso a las tribus bajo la opresión de Cusan-risataim, rey de Mesopotamia, por ocho años. Esta invasión vino desde el nordeste. La opresión continua llevó a los israelitas al arrepentimiento, y oraron pidiendo liberación. Dios, entonces, levantó a Otoniel, sobrino de Caleb, de la tribu de Judá, como el primero de los jueces. "El Espíritu de Jehová vino sobre él" y se expulsó a los invasores bajo su acción. Otoniel fue juez durante 40 años, y la tierra disfrutó de paz.

2. *Segundo ciclo (3:12-31)*

Después de la muerte de Otoniel, Israel volvió a caer en la idolatría. Esta nueva apostasía fue castigada con una invasión de moabitas desde el sureste. El rey Eglón, de Moab, con la cooperación de tribus vecinas de amonitas y amalecitas, cruzó el Jordán y capturó a Jericó, la "ciudad de las palmeras" (3:13). Esta opresión duró 18 años hasta que Dios levantó a Aod, un benjamita que era zurdo, como el segundo juez y libertador. Enviado a Eglón con un tributo de dinero, Aod tuvo acceso a la cámara secreta del rey, y allí lo mató. Pudo cerrar la puerta y escapar ileso a la serranía de Efraín, donde reunió un ejército entre sus compañeros de tribu. Bloquearon los vados del Jordán, por donde los moabitas se veían obligados a pasar y mataron a 10,000 de ellos. Otra vez el yugo de servidumbre desapareció, y disfrutaron de 80 años de paz. Debe notarse que hay alguna superposición en estos períodos alternativos de paz y de opresión, pues algunos de los sucesos relatados fueron locales y afectaron solo a algunas de las tribus.

Un tercer juez, Samgar, hijo de Anat (3:31), defendió al pueblo durante una invasión de filisteos desde el suroeste. Samgar mató a 600 enemigos blandiendo una quijada de buey.

3. *Tercer ciclo (4:1–5:31)*

Otro período de corrupción religiosa en Israel trajo el castigo de Dios en la forma de una invasión de cananeos desde el norte. Por 20 años el rey Jabín, de Hazor de Canaán[12], 12 con un gran ejército y 900 carros de guerra mantuvo al pueblo de Israel en virtual esclavitud. Por fin la profetisa Débora, del monte de Efraín, apeló a Barac, un hombre de Neftalí, que vivía en Cedes, para que levantase una fuerza de oposición. Barac puso como condición que Débora debía acompañarlo en la acción. Estos fueron los libertadores cuarto y quinto de Israel. Barac reclutó entre las tribus de Zabulón y Neftalí un ejército de 10,000 hombres. Con estas fuerzas hizo campamento en el monte Tabor, mirando hacia la llanura de Esdraelón.

Al tener noticias de la rebelión, Sísara, el general del ejército de Jabín, reunió sus fuerzas cerca de Meguido, en los bancos del Cisón, con las cuales invadió la llanura. Alentado por Débora, Barac descendió valientemente con sus tropas menores en número, y mediante una furiosa embestida produjo confusión entre la caballería y los carros de Sísara. Una súbita tormenta de lluvia y granizo hizo desbordar el arroyo de Cisón, de tal modo que los carros y caballos de Sísara se empantanaron. Muchos de ellos fueron arrastrados por la furia del torrente (5:21). Las estrellas desde sus órbitas pelearon contra Sísara (5:20). El mismo Sísara trató de ponerse a salvo, huyendo a la tienda de Heber ceneo, un amigo suyo que era descendiente de Jetro. Cuando rendido de cansancio se quedó dormido, lo asesinó traicioneramente Jael, la mujer de Heber, quien tomando una estaca y un mazo, atravesó sus sienes dejándolo clavado en tierra (4:21)[13]. Esta victoria sobre los cananeos aseguró la paz de la frontera norte por 40 años.

El *canto de triunfo* de Débora (Jueces 5), conmemora esta victoria con una de las más antiguas baladas que se conocen en la literatura hebrea. La composición, aunque es fiera y primitiva en su nivel moral, exalta el coraje y la fe, y censura la cobardía y la holgazanería. Es una combinación de fervor religioso y entusiasmo patriótico, por la liberación de las tribus y su unidad en la causa de la libertad. Esta preciosa oda, recuerdo de una crisis de Israel, es uno de los mejores ejemplos de la poesía oriental antigua.

4. *Cuarto ciclo (6:1–8:32)*

Después de otros 40 años de paz y libertad de enemigos extranjeros, Israel volvió a practicar la idolatría. El castigo vino esta vez en forma de una invasión desde el oeste, con una coalición de madianitas y amalecitas, y otras tribus que estaban emparentadas y que eran "en grande multitud como langostas". Durante siete años estuvieron cruzando el Jordán con sus rebaños precisamente en la estación de la siega. Los israelitas, menores en número, buscaban refugio en cuevas y cavernas. Al estar de nuevo en angustia "clamaron a Jehová" (6:6). Entonces Jehová les envió el sexto libertador, que fue Gedeón, hijo de Joás, de la tribu de Manasés. A los hermanos de Gedeón los habían matado en una invasión madianita anterior (8:18-19). Cuando Gedeón trillaba el trigo en secreto en la casa de su padre, en Ofra, el ángel de Jehová le dijo que destruyera el altar de Baal que había hecho su padre. Así lo hizo Gedeón, y levantó un altar para Jehová y ofreció un sacrificio, tal como el ángel le había dicho. Los hombres de Ofra se enojaron mucho por este insulto a Baal, pero Joás defendió a su hijo diciendo: "Contienda Baal contra él" (6:32). Por razón de este incidente Gedeón recibió un nombre nuevo, Jerobaal, que quiere decir: "Contienda Baal".

Cuando las multitudes de madianitas acamparon en el valle de Jezreel, Gedeón juntó 32,000 hombres de las tribus de Manasés, Zabulón, Neftalí y Aser, cerca del monte Gilboa, precisamente al sur del campamento madianita (6:36-40). El Señor le ordenó que redujera el número de sus hombres.

Todos los que fueran tímidos y apocados podían volverse a sus casas. De tal manera 22,000 hombres se aprovecharon de tal privilegio. Mediante una prueba más, en las aguas del río, se redujo el número de combatientes a solo 300 (7:4-7).

Mientras exploraba el campo enemigo furtivamente acompañado de un criado, Gedeón escuchó a un aterrorizado soldado madianita contar un sueño que había tenido, y que predecía la victoria de Israel. Gedeón dividió su pequeño ejército en tres compañías de 100 hombres cada una. Las armas de cada uno eran una trompeta, una jarra y una tea encendida dentro de ella. A una señal de Gedeón, sus 300 hombres rompieron las jarras, levantaron en alto las teas, y tocaron las trompetas, al mismo tiempo que gritaban: "¡Por la espada de Jehová y de Gedeón!" (7:20). Presas del pánico, los madianitas combatieron furiosamente entre sí en medio de la noche. Algunos pocos intentaron escapar cruzando los vados del Jordán, pero fueron interceptados en Bet-bara, donde mataron a sus príncipes Oreb y Zeeb. Un destacamento como de 15,000 hombres pudo huir, pero Gedeón los persiguió y mató a sus jefes Zeba y Zalmuna, que no habían mostrado misericordia alguna con los hermanos de Gedeón (8:18-19).

Después de la victoria, Gedeón castigó a los moradores de Sucot y Peniel porque no habían querido ayudarle en su empresa. Cuando los hombres de Efraín se quejaron de que nos les habían dado participación en la batalla, Gedeón les recordó que ellos habían hecho una gran obra destruyendo enemigos en el vado del Jordán, y con eso los calmó. Las tribus centrales quisieron hacer rey a Gedeón, pero él rechazó tal honor, prefiriendo ser llamado simplemente juez. Después de 40 años de paz murió Gedeón, dejando 70 hijos, y lo sepultaron en el sepulcro de Joás, en Ofra (8:32). Se mencionan sus proezas por el salmista (83:9-12); Isaías (10:26) y el libro de Hebreos (11:32).

Después de la muerte de Gedeón hubo otro momento de confusión nacional que llevó a Israel otra vez a la apostasía. Abimelec, uno de los hijos de Gedeón decidió aprovechar la reputación de su padre y proclamarse rey. Aunque su padre había rechazado la corona (8:23), Abimelec apeló a la parentela de su madre, los siquemitas, y los convenció para que lo proclamaran rey. ¿No era mejor para ellos, los siquemitas, que los gobernara un solo varón de su sangre, y no setenta varones? Los siquemitas le dieron dinero para que edificase el templo de Baal-berit (9:4), y le proporcionaron una banda de forajidos con quienes fue a Ofra, y mató a 68 de sus hermanos. El único que se salvó fue Jotam, que huyó al monte Gerizim. Desde allí dirigió a los siquemitas un discurso famoso, reconviniéndoles su acción por medio de la parábola de los árboles (9:7-20), y recordándoles sus deberes para con su padre Gedeón. Abimelec, hijo de una esclava, no tenía ningún derecho a trono alguno. Jehová era el único rey. Jotam pronunció también una maldición sobre Abimelec y los siquemitas. Esta maldición se cumplió poco más tarde, cuando Abimelec incendió la torre de Siquem, y en Tebes, cuando una mujer que arrojó una piedra le rompió la cabeza a Abimelec.

El impostor Abimelec alcanzó a reinar tres años, y a veces se le ha considerado el séptimo juez. Después de su caída, son mencionados otros jueces. Tola, de Isacar, fue el octavo (10:1-2). El noveno fue Jair, un galaadita, que gobernó 22 años (10:3-4).

5. *Quinto ciclo (10:6–12:15)*

Una invasión desde el este siguió a otro período de declinación social y religiosa. Los amonitas marcharon a través del Jordán, e invadieron el territorio de Judá, Benjamín y Efraín. Después de 18 años de servidumbre los israelitas "clamaron a Jehová", y confesaron su pecado de adorar a Baal. Al principio el Señor rehusó oír su clamor. "No os libraré más", dijo él. "Andad y clamad a los dioses que os habéis elegido" (l10:13-14). Pero después de haberlos probado, y recibido una confesión más sincera, el Señor "fue angustiado a causa de la aflicción de Israel" (10:16).

El décimo juez fue Jefté, hijo ilegítimo de un hombre llamado Galaad. Sus hermanos lo habían echado del hogar para impedir que recibiera herencia juntamente con ellos. Jefté entonces se fue a la tierra de Tob, donde llegó a capitanear una banda de guerreros. A invitación de los jefes galaaditas accedió a dirigir las fuerzas de Israel contra los amonitas, con el convenio de que luego sería nombrado caudillo de los habitantes de Galaad. En una batalla que se libró cerca de Aroer, la antigua escena del triunfo de Moisés sobre Sehón, derrotó por completo a los amonitas.

Pero una tragedia personal siguió al triunfo de Jefté. Había hecho un solemne voto, que si volvía victorioso de la batalla con los amonitas, sacrificaría al Señor al primer ser viviente que saliera a recibirle en Mizpa. La primera en salir a saludarle fue su hija única. Jefté no sacrificó a su hija, puesto que la Ley prohibía los sacrificios humanos, pero su padre la dedicó a virginidad perpetua. El hebreo en Jueces 11:40 admitiría la siguiente traducción: "Las hijas de Israel iban cada año a conversar; o simpatizar, con la hija de Jefté durante cuatro días".

No terminaron con esto las tribulaciones de Jefté. La celosa tribu de Efraín le reprochó no haberlos llamado para ayudarlo en su batalla contra Amón. Jefté no los halagó como había hecho Gedeón, sino que respondió a su insolencia echándoles en cara no haber acudido a su llamado en ocasión anterior. Siguió a esto una batalla entre los galaaditas y efrainitas, que terminó con la derrota completa de estos últimos (12:4-7). Los galaaditas bloquearon los vados del Jordán y apresaron a los fugitivos. A cada fugitivo le hacían pronunciar la palabra "shibolet" (que significa una *corriente o inundación*). Por razón de su dialecto local, los efrateos aspiraban la "h", y decían "sibolet", descubriendo así su identidad. La muerte de 42,000 efrainitas, resultado de esta contienda insensata, dejó a la tribu de Efraín en oscuridad durante muchos años.

Jefté juzgó a Israel durante seis años, murió y lo enterraron en una ciudad de Galaad. Luego se mencionan tres jueces de menor importancia entre Jefté y Sansón. El undécimo juez, Ibzán, un belenita, gobernó por siete años y murió en Belén (12:8-10). El duodécimo, Elón, de la tribu de Zabulón, juzgó a la nación por diez años y a su muerte fue sepultado en Ajalón, en la tierra de Zabulón (12:11-12)[14]. El décimo tercer juez fue Abdón, piratonita, que gobernó por ocho años en Piratón de Efraín (12:13-15).

6. *Sexto ciclo* (13:1–16:31)

Israel cayó en la idolatría nuevamente, particularmente las tribus del suroeste, y el Señor permitió que los filisteos los oprimieran por 40 años. Estos nuevos opresores llegaron del suroeste, y sus primeras víctimas fueron las tribus de Dan y Judá. La victoria de Samgar (3:31) ganada mucho tiempo atrás, los preservó de dificultades serias por algún tiempo, pero ahora los filisteos oprimían a Israel más que nunca. Dios les envió un libertador en la persona de Sansón, de la tribu de Dan, cuyo nacimiento había sido anunciado por el ángel del Señor. Su padre Manoa, y su madre, lo criaron como un estricto nazareo (Números 6:1-21). Aunque era un hombre de fuerza física excepcional, su debilidad moral le resultó funesta.

Como Sansón visitaba mucho la tierra de los filisteos, escogió como esposa a una mujer de la ciudad de Timnat. Él había estrangulado un león en sus cercanías y había dejado su cuerpo tirado entre unos troncos. Más tarde halló un panal de abejas en el cuerpo del león, y entonces propuso a los filisteos su famoso enigma: "Del devorador salió comida, y del fuerte salió dulzura" (14:14). Su esposa reveló el enigma a los filisteos, y Sansón, enojado, la dejó y se volvió con sus padres. Cuando quiso volver a tomar a su mujer, esta había sido dada en matrimonio a otro hombre. El suegro le ofreció en casamiento la hermana menor, pero Sansón estaba tan furioso que cazó 300 zorras, las ató por la cola de dos en dos y puso una tea encendida entre las dos colas. Luego las soltó en los campos filisteos precisamente en el tiempo de la cosecha. Los filisteos se vengaron quemando a la esposa y al suegro de Sansón.

Otra hazaña de Sansón fue la muerte de 1,000 filisteos en Enhacore, con una quijada de burro. Más tarde los filisteos pretendieron capturarlo en Gaza, pero Sansón arrancó las puertas de la ciudad y las depositó en la cumbre de una colina.

Para Sansón era cosa fácil arrancar las puertas de una ciudad, pero cuando conoció a la hermosa Dalila, del valle de Sorec, careció de fuerza moral para resistir sus encantos. Sansón sabía que Dios les había prohibido matrimonios con los cananeos. Los filisteos le dieron la comisión a la hermosa y traicionera mujer de Sansón de descubrir el secreto de su fuerza. Tras varios intentos frustrados, Dalila pudo obtener el secreto. La fuerza de Sansón dependía de los largos cabellos de su nazareato. Cuando lo supo Dalila, llamó rápidamente a los príncipes filisteos. En cuanto Sansón se durmió, ella le cortó las guedejas y lo convirtió en un hombre ordinario. Carente ya de fuerza sobrenatural, lo ataron con facilidad, y le sacaron los ojos. Después lo echaron en prisión atado con cadenas, donde fue objeto de escarnios y burlas.

En cierto día de fiesta, los filisteos trajeron a Sansón al templo de Dagón para exponerlo a la risa del pueblo. El cabello de Sansón había vuelto a crecer. En una última y patética oración, Sansón pidió al Señor que le devolviera la fuerza. Abrazándose a las dos columnas del templo, Sansón hizo presión sobre ellas y las derrumbó, haciendo que todo el edificio se desplomara con estrépito. Sansón murió en el derrumbe y todos sus enemigos con él. "Y los que mató al morir, fueron muchos más que los que había matado durante su vida" (16:30).

B. El fruto de la anarquía (Jueces 17–21)

Los días que siguieron a la muerte de Sansón estuvieron llenos de confusión y anarquía civil y religiosa. Dos episodios nos ofrecen ejemplos de idolatría, sacerdotes apóstatas, y guerra civil entre las tribus, que vivían muy separadas en aquel tiempo cuando "no había rey en Israel" y cada uno hacía lo que parecía recto delante de sus ojos (18:1; 19:1).

1. Micaía y sus ídolos

Un hombre de la tribu de Efraín llamado Micaía había mandado hacer dos ídolos domésticos llamados *terafines,* así como un *efod,* o vestidura sacerdotal. Necesitando un sacerdote para su idolátrico altar, contrató a Jonatán, un levita de Belén, que había salido de su pueblo natal en busca de trabajo. Cuando una banda de hombres armados de la tribu de Dan pasaron por la casa de Micaía en busca de territorio, persuadieron al levita que se fuera con ellos, llevándose las imágenes de Micaía, no obstante sus protestas.

Marchando hacia el norte, hacia las fuentes del Jordán., los danitas conquistaron la ciudad de Lais, y la rebautizaron con el nombre de su tribu, Dan (Josué 19:47; Jueces 18:29). En su nuevo lugar los danitas restablecieron el culto idolátrico de Micaía, imitando el santuario de Silo. Este lugar de cultos, este sacerdocio y este ritual, eran todo lo contrario de lo que mandaba la ley hebrea, y Dan llegó a ser más tarde uno de los centros principales de idolatría en el norte de Palestina.

2. *La tragedia en Gabaa*

El segundo episodio se refiere a una tragedia ocurrida entre la tribu de Benjamín. Un levita que regresaba a su hogar en Belén, desde el monte de Efraín, quiso pasar la noche en Gabaa, un pueblo de Benjamín. Una banda de hombres depravados rodeó la casa y dieron muerte a la mujer. Cuando todas las tribus tuvieron conocimiento del suceso, se levantaron como un solo hombre reclamando venganza. Enviaron representantes a la tribu de Benjamín, demandando la entrega de los responsables del crimen. Los benjamitas rechazaron la petición y se encendió la guerra civil entre las 11 tribus y la de Benjamín. El resultado fue el incendio de Gabaa y la casi exterminación de la tribu de Benjamín. Solo escaparon con vida 600 hombres, que se habían refugiado en Rimón (20:47). Para evitar la pérdida total de esta tribu, las otras proveyeron esposas para estos 600 hombres. Pero pasaron largas décadas antes que Benjamín recuperara su antiguo prestigio.

El libro de Jueces concluye con esta sentencia sumaria: "En estos días no había rey en Israel; cada uno hacía lo que bien le parecía" (21:25).

IV. LA HISTORIA DE RUT

El libro de Rut recibe su nombre del personaje principal, y está escrito en la forma de un idilio pastoril que tiene lugar cerca de Belén. Es una secuela interesante al libro de Jueces. Por mencionar a los antepasados del rey David se convierte en un eslabón que lo une a los libros históricos posteriores. Su historicidad está confirmada en el Antiguo Testamento por la amistad de David con Moab (1 Samuel 22:3-4) y en el Nuevo Testamento con la mención de Rut y Booz en la genealogía de Cristo (Mateo 1:5 y Lucas 3:32).

A. Noemí y Rut (Rut 1:1-22)

Elimelec y Noemí eran efrateos de Belén y emigraron a Moab con sus dos hijos, Mahlón y Quelión, durante un tiempo de hambre severa. Mahlón se casó con una moabita llamada Rut, y Quelión con otra llamada Orfa. Pasaron diez años y murieron Elimelec y los dos hijos, dejando a las tres mujeres viudas y solitarias. Noemí decidió regresar a Belén, y ambas nueras, Rut y Orfa, partieron con ella. Comprendiendo la vida triste que tendrían estas mujeres en un país extranjero, Noemí les rogó que se volvieran a su hogar. Orfa lo hizo así, pero Rut, impelida por su devoción a Noemí decidió seguirla a Judá: "No me ruegues que te deje, y me aparte de ti; porque a dondequiera que tú fueres, iré yo, y dondequiera que vivieres, viviré. Tu pueblo será mi pueblo, y tu Dios mi Dios" (1:16).

B. Rut y Booz (Rut 2:1–3:18)

Era primavera en Belén, durante la siega de la cebada, cuando retornaron Noemí y Rut. Buscando trabajo, Rut se fue a espigar en las tierras de un rico efrateo llamado Booz, pariente de la familia de Elimelec. Booz mostró mucha deferencia con Rut, permitiéndole comer entre ellos, cosa que estaba prohibida a los judíos, ya que Rut era moabita (Deuteronomio 23:3). Pronto se enamoró de ella. Noemí apoyó las intenciones de Booz, arregló el casamiento conforme a la ley del levirato (Deuteronomio 25:5-10), cosa similar a las leyes que tenían también los hititas y asirios[15].

Esta ley permitía a una viuda sin hijos casarse con el hermano de su marido o pariente más cercano, con el fin de perpetuar el nombre del muerto. El pariente más cercano de Rut renunció a su derecho y lo transfirió a Booz, quitándose el calzado y dándoselo en presencia de testigos (Deuteronomio 25:9-10; Rut 4:7-8). Esto hizo posible que Booz redimiera la herencia de la familia de Noemí, y preparó el camino para su casamiento con Rut.

C. La antepasada de Cristo (Rut 4:1-22)

Obed, el hijo de Rut y Booz fue abuelo de David, de cuya descendencia nació el Niño de Belén, 13 siglos más tarde. Rut, la moabita, quedó registrada en los sagrados anales hebreos como la privilegiada antepasada de David, María y Jesús. El hecho que Rut fuera una mujer gentil anticipa el alcance de la misión universal de Cristo.

V. SAMUEL

Los dos libros de Samuel reciben su nombre de la figura principal de sus primeros capítulos. Samuel fue el último juez de Israel y el primero de los profetas. Los primeros ocho capítulos del primer libro de Samuel terminan con el período de los jueces y preparan el ambiente para la coronación de Saúl como el primer rey de Israel.

A. Samuel y Elí (1 Samuel 1:1–4:22)

Samuel nació como respuesta a la oración de su madre, Ana. En gratitud por su nacimiento, ella lo dedicó al Señor. Samuel se educó en el santuario de Silo con el sacerdote Elí. Dios llamó personalmente a Samuel durante su infancia, y le reveló en las horas de la noche la inminente destrucción de la casa de Elí. Ya que Israel, incluyendo a los dos hijos de Elí, había caído de nuevo en la idolatría, Dios envió un juicio sobre la nación en la forma de una batalla con los filisteos en Afec. Mataron a los dos hijos de Elí, y capturaron el arca y lo llevaron al templo de Dagón en Asdod. La noticia de esta tragedia anonadó a Elí, que cayó hacia atrás en su silla y se quebró el cuello. Elí murió a los 98 años, después de haber juzgado a Israel durante 40 de ellos.

B. Samuel, el juez (1 Samuel 5:1–7:17; 25:1)

La captura del arca no trajo a los filisteos otra cosa que tribulaciones. Cada mañana la imagen de Dagón amanecía caída de bruces en el suelo delante del arca. A los habitantes de la ciudad se los castigó con severas plagas y enfermedades. Cuando llevaron el arca a otras ciudades filisteas, el resultado fue el mismo. Finalmente, desesperados, los filisteos decidieron devolver el arca a sus dueños. La pusieron en un carro nuevo, tirado por dos vacas lecheras. Pusieron en él una ofrenda de oro y encaminaron a los animales directamente a Israel. El arca quedó por mucho tiempo en la casa de Abinadab, en Quiriat-jearim.

Después de la desastrosa batalla en que tomaron el arca, se lo reconoció a Samuel como juez y líder del pueblo. Se radicó en Ramá, donde había nacido, donde finalmente se lo sepultó, y desde donde hizo cada año, un recorrido por todo Israel, instruyendo al pueblo y guiándolo en su adoración a Jehová.

Cuando Samuel vio que el pueblo estaba suficientemente arrepentido de la idolatría en que habían caído, y tenían deseos de servir al Señor, los convocó en Mizpa, para que ofrecieran un sacrificio y renovaran el pacto.

Cuando los filisteos oyeron de esta reunión, armaron su ejército y marcharon contra Israel. Samuel entonces oró al Señor, y una terrible tormenta desbarató al ejército filisteo, y los israelitas los vencieron fácilmente. Fue tan completa esta victoria de Israel, que desde entonces, los filisteos nunca se sintieron otra vez con fuerzas de atacar a Israel durante todo el período de Samuel.

El resto de la vida de Samuel está relacionado estrechamente con el establecimiento del reino y la coronación de Saúl, dos hechos que se considerarán en el próximo capítulo. Se ha dicho, empero, que pocos hombres han ejercido una influencia religiosa tan poderosa en la vida de su pueblo y en su tiempo como Samuel. Ninguna fiesta familiar estaba completa si faltaba Samuel, tan alta era la estima que todos le tenían. En toda empresa que iniciaban buscaban su bendición, y solicitaban su consejo en todos sus asuntos. Alrededor suyo se formó en Ramá la primera "escuela de profetas", hombres que trabajaron en la obra de instrucción y reforma. A su muerte se decretó duelo nacional (25:1).

RESUMEN

En este capítulo hemos trazado el cumplimiento de la profecía dada a Abraham, concerniente al retorno a Palestina de sus descendientes después de su servidumbre en Egipto. Las lecciones de este período son muchas. Durante los días de Josué, y en tanto que el pueblo fue fiel al Dios de sus padres, Israel fue invencible. Empero, la idolatría y la adopción de las costumbres cananeas, trajo la anarquía y la derrota del pueblo de Dios. Gracias a la unidad nacional que surgió bajo el poderoso liderazgo de Samuel, empezaron a notarse mejoras.

LECTURAS RECOMENDADAS

Blaikie y Matthews, *A Manual of Bible History*, pp. 112-64.
Alfred Edersheim, *The Bible History*, tomo III, pp. 11-191.
Joseph P. Free, *Archaeology and Old Testament History*, pp. 124-45.
James C. Muir, *His Truth Endureth*, pp. 87-111.
R.L Ottley, *A Short History of the Hebrews to the Roman Period*, pp. 83-123.
G.F. Owen, *Abraham to Allenby*, pp. 40-47
Ira M. Price, *The Dramatic Story of the Old Testament History*, pp. 132-80.
John H. Raven, *Old Testament Introduction*, pp. 150-62.
J.R. Sampey, *The Heart of the Old Testament*, pp. 89-104.
———, *Syllabus for Old Testament Study*, pp. 84-92.
Merrill F. Unger, *Archaeology and the Old Testament*, pp. 158-96.
Westminster Atlas. pp. 43-46.

PARA UN ESTUDIO MÁS COMPLETO

1. ¿Qué puede decirse del autor de los libros de Josué, Jueces y Rut?
2. Mencione cuáles son las mayores divisiones geográficas de Palestina, de norte a sur, y de este a oeste.

3. Busque alguna información más reciente sobre las cartas de El Amarna.

4. ¿En qué manera había servido Josué a Dios antes de ser el sucesor de Moisés?

5. Recordando la retirada de los israelitas de Cades-barnea, ¿puede usted ver un desafío mayor a la fe de ellos en el cruce del Jordán enfrente de Jericó, que el que habían tenido en Cades?

6. Busque información arqueológica adicional respecto a la destrucción de Jericó que confirme el relato bíblico.

7. ¿Puede sacar algunas lecciones para la vida cristiana de la derrota de los israelitas en Hai?

8. ¿En qué manera falló Josué, si es que falló, al hacer su trato de paz con los gabaonitas?

9. Describa la estrategia general de Josué en su conquista de Canaán.

10. ¿Cómo difiere la herencia de la tribu de Leví de la herencia de las demás tribus? ¿Conoce usted algunas buenas razones para este arreglo?

11. Describa la posición de las tribus en la división de la tierra, particularmente de Judá y Efraín.

12. Dé un resumen de la contribución de Josué a la vida de la nación.

13. ¿Cuál es la clave del período de los jueces? Mencione el significa del término "juez" tal como se lo usa aquí.

14. Haga una lista de todos los jueces, y escriba una frase que caracterice a cada uno.

15. ¿Cómo se usa hoy comúnmente la prueba que Gedeón pidió a Dios?

16. ¿Puede usted hallar algún uso moderno de la prueba de Jefté sobre la palabra "shibolet"?

17. ¿Cuál cree usted que era la falta fatal en el carácter de Sansón?

18. ¿Qué incidentes ilustran el desorden durante el período de los jueces?

19. ¿Qué luz arroja el libro de Rut sobre este período de los jueces?

20. Dos mujeres, de otra nacionalidad, entraron en la línea del Mesías durante este período. ¿Quiénes fueron? ¿Qué significa este hecho para el evangelio?

NOTAS BIBLIOGRÁFICAS

[1] Joseph P. Free, *Archaeology and Bible History*, p. 136.

[2] *Ibid.*, pp. 136-37.

[3] G.A. Barton, *Archaeology and the Bible*, pp. 74-92, 146.

[4] Free, *op. cit.*, p. 125.

[5] Jack Finegan, *Light from the Ancient Past*, p. 134.

[6] John Garstang, *Joshua, Judges*, p. 146.

[7] Free, *op. cit.*, p. 137.

[8] Josefo, *Antigüedades de los judíos*, 5:1; 18.

[9] Free, *op. cit.*, p. 136.

[10] W.F. Albright, *Archaeology of Palestine and the Bible*, p. 47.

[11] Free, *op. cit.*, p. 140. Este autor da una lista de siete apostasías, pero incluye en ellas el período de Abimelec (8:33-35).

[12] Ira M. Price, *The Monuments and the Old Testament*, p. 237.

[13] Barton, *op. cit.*, p. 194.

[14] Price, *op. cit.*, p. 236.

[15] Barton, *op. cit.*, pp. 424, 432.

REINO DE DAVID
Y SALOMÓN

7

ESTABLECIENDO EL REINO DE ISRAEL

Y será afirmada tu casa y tu reino (2 Samuel 7:16).

Fuentes: 1 y 2 Samuel; 1 Crónicas 10–29; Salmos 32 y 51
Para leer: 1 Samuel 815; 2 Samuel 5–12
Período: 1050–970 a.C.

Durante todo el período de los jueces, Israel estuvo en constante peligro de caer en grande y completa anarquía. Las tribus estaban divididas y frecuentemente oprimidas por sus enemigos. Gracias a toda una vida dedicada a ello, Samuel llevó al pueblo, cuando menos temporalmente, a cierto estado de unidad. Pero cuando Samuel estaba llegando a sus últimos días, las tribus reclamaron que les nombrase un rey. Muy a su pesar, Samuel accedió a la petición y les nombró a Saúl. Aunque comenzó bien, Saúl terminó siendo un completo fracaso. A Saúl lo sucedió David, quien hizo de Israel una grande y poderosa nación. Bajo el reinado de estos dos hombres, Israel completó su transición de una confederación de clanes separados, a un reino fuerte y unido.

El establecimiento del reino fue altamente significativo. No se trataba tan solo de un experimento político con tremendas consecuencias. Era también un cambio radical de un concepto de gobierno que prevalecía desde los tiempos de Moisés, cinco siglos atrás. El erudito William F. Albright destaca algunas de las causas fundamentales de este cambio de un gobierno teocrático (reino de Dios) a un gobierno monárquico. La lucha constante de Israel contra sus belicosos y agresivos vecinos lo obligó, lenta, pero seguramente a buscar la unidad nacional. Tan pronto como rechazaba a un enemigo, otro más poderoso los amenazaba en seguida[1].

La forma de gobierno de los países vecinos ejerció también su influencia. En tanto que los israelitas mantenían una confederación muy holgada, dependiendo de jueces y caudillos ocasionales, todas las naciones de alrededor estaban sumamente organizadas. Los edomitas, los moabitas y los amonitas tenían reyes que ejercían un poder absoluto. Los filisteos igualmente, tenían caciques que ejercían un poder tiránico, cuya autoridad era indiscutible.

Debido a que la vida y el destino de un reino están ligados estrechamente a los reyes que lo gobiernan, nosotros consideraremos el establecimiento del reino de Israel estudiando las vidas de Saúl y David, los dos reyes que contribuyeron a su fundación.

I. SAÚL, EL PRIMER REY DE ISRAEL

Saúl es una de las grandes figuras trágicas de la historia. Favorecido con ciertos talentos naturales, elegido por Dios, y disfrutando de la confianza y el cariño del pueblo, se fue degenerando hasta caer víctima de una condición sicopática por la cual sus talentos naufragaron y su reino se hizo trizas. El rechazo, la derrota y el suicidio fueron los inevitables e históricos resultados.

A. El establecimiento de la monarquía (1 Samuel 8-10)

La coronación de Saúl como primer rey de Israel fue el clímax de un deseo nacional que se venía gestando por 200 años. Dos siglos antes, los israelitas habían intentado proclamar rey a Gedeón, quien sabiamente había rechazado la propuesta y les había recordado que Jehová debía reinar sobre ellos (Jueces 8:22-23). Durante todos esos años el anhelo nacional por un rey había crecido hasta volverse una obsesión. La dirección sabia y eminente de Samuel había contenido por algún tiempo ese anhelo, pero cuando la vida del profeta se acercaba a su fin, la demanda del pueblo aumentó.

1. Razones para desear un rey

Había tres razones para que el pueblo deseara una monarquía. Primero, el pueblo deseaba un líder que los condujera en la guerra (8:20). Por ese tiempo los filisteos constituían una seria amenaza. Se habían apoderado del arca del pacto y obligaban a los israelitas a pagarles tributo. Además, les habían impuesto a estos la condición de no poseer armas de guerra, ni aun de fabricar herramientas de hierro. En los buenos tiempos de Samuel, estos enemigos feroces habían sido contenidos a medias, pero en realidad el peligro siempre había estado presente (7:10-11).

Otra razón para requerir un rey era la avanzada edad de Samuel. Si no era elegido un líder antes que él muriera, su ausencia podría sumir a las tribus de nuevo en la anarquía, como durante los días de los jueces, cuando "cada uno hacía lo que bien le parecía" (Jueces 17:6). Los dos hijos de Samuel, Joel y Abías, habían sido preparados para suceder a su padre, pero ambos habían sido descalificados porque "se volvieron tras la avaricia, dejándose sobornar y pervirtiendo el derecho" (8:3).

Una tercera razón fue el deseo de poseer una corte real con su pompa y ceremonia; querían ser como las otras naciones. Mientras habían sido nómadas del desierto sin raíz alguna, no les había importado lo que hacían las otras naciones, pero cuando se establecieron definitivamente en su territorio, desearon "ser iguales a los demás". Una delegación de israelitas visitó a Samuel en su casa, en Ramá, para hacerle formalmente el pedido de nombrarles un rey (8:20).

2. Advertencia contra la monarquía

Fue un momento de prueba para Samuel. El anhelo de toda su vida había sido restaurar el ideal teocrático instituido por Moisés, y preparar a sus hijos para que aseguraran la restauración del señorío de Dios. Ahora parecía que el pueblo rechazaba ambos, a Dios y a los hijos de Samuel. La Escritura señala que esa inclinación era mala ante los ojos de Dios. Por esta razón la petición repugnaba a Samuel, porque "a su edad y con su espíritu no podemos suponer que le preocupaba la pérdida del poder"[2]. Pero Samuel puso la seguridad y unidad de la nación por encima de sus sentimientos personales, y cuando Dios aprobó la petición del pueblo, el anciano líder hizo todo lo posible que hubiera una transición ordenada en la forma de gobierno.

Usando el poder de persuasión que había adquirido en largos años de servicio público, les señaló con lenguaje vívido y gráfico los peligros involucrados en la monarquía que pedían. Iban a perder la preciosa igualdad de todos ante Dios, y la libertad de la familia sería amenazada, si no destruida. El rey iba a reclutar a los jóvenes para "sus carros", y para arar "sus campos" y segar "sus mieses". El rey iba a demandar trabajo forzado sin paga, para hacer armas de guerra y cultivar los campos. Iba a reclutar a las jovencitas para que fuesen "perfumadoras, cocineras y amasadoras". Les iba a imponer nuevos impuestos y exigir tributos en ganado y dinero, y, en casos extremos, les advirtió Samuel, se convertiría en un tirano para esclavizar a su propio pueblo.

Pero el pueblo hizo caso omiso de todas estas advertencias. Volvió a insistir: "No, sino que habrá rey sobre nosotros" (8:19). Cuando Samuel vio su necia insistencia, procuró de corazón seleccionar al hombre apropiado para la importantísima tarea de ser el primer rey de Israel.

3. La elección de Saúl

La elección recayó sobre Saúl, un oscuro miembro de la tribu de Benjamín, la más pequeña de todas. Saúl nunca había mostrado en su carácter signos de ambición o progreso egoísta. Su clan, el de Matri, era muy pequeño, pero su padre, Cis, tenía fama de hombre rico y valeroso.

El padre de este joven granjero benjaminita lo envió a buscar unas asnas que se habían extraviado. Al no hallarlas, decidió consultar al vidente

Samuel. Cuando ambos se encontraron, Samuel tenía negocios más urgentes que buscar asnas perdidas. Saúl quedó sumamente sorprendido cuando Samuel le dijo: "¿Para quién es todo lo que hay de codiciable en Israel, sino para ti y para toda la casa de tu padre?" (9:20).

A Saúl le resultaba increíble que una persona tan sencilla como él fuera elegida rey (9:21). Pero el extremo respeto y la cortesía solemne de Samuel terminaron por convencerlo. El viejo profeta y el joven rey electo juntos realizaron una fiesta de celebración, en la cual se le dio a Saúl el asiento principal en presencia de 30 líderes de Israel. Después del banquete, Samuel invitó a Saúl a que pasase la noche en su casa. Muy temprano a la mañana siguiente, Samuel ungió a Saúl como rey, y le dijo que fuera a su casa a esperar los acontecimientos.

4. La confirmación de la elección de Saúl

Cuando retornaba a su hogar Saúl recibió de parte de Dios una confirmación indudable de su elección. Dos hombres, en las cercanías del "sepulcro de Raquel", le informaron que se habían hallado las asnas. En el roble histórico que existía cerca de Tabor, tres hombres que iban a adorar a Bet-el le dieron en señal de respeto dos hogazas de pan, tres cabritos y una botija de vino. Finalmente, cuando llegó hasta la guarnición de los filisteos, le salió al encuentro un grupo de profetas que bajaban del "lugar alto" con "salterio, pandero, arpa y flauta". El espíritu contagioso y de alabanza de esos hombres inspiró a Saúl. Entonces el Espíritu de Dios vino sobre Saúl, quien profetizó también a la par de los profetas (10:10).

Esta inusitada demostración de poder y emoción proféticos, de parte de un joven campesino tan apartado de esto, asombró al pueblo; pero para Saúl fue toda una crisis en su vida espiritual. Anteriormente había sido un joven indiferente a la religión. A partir de ese momento la religión jugó un papel preponderante en su vida. Entonces tuvo el presentimiento de que se le encomendaba la misión divina de liberar y guiar al pueblo. Durante algún tiempo guardó este secreto, y ni aun a su familia lo reveló.

5. Saúl, el hombre

El hombre escogido para inaugurar el reino en Israel tenía cerca de 40 años, y era padre de un joven, Jonatán. Saúl era hombre alto de estatura, en la plenitud de la vida, y "noble, tanto en hechos como en apariencia". Para el pueblo de Israel era la representación del rey ideal. Después de su muerte lo llamaron, afectuosamente, el corzo o gacela de Israel, símbolo de gracia y dulzura, de belleza y gentileza. Pero su vida espiritual era tan débil, en proporción opuesta a la fortaleza de su cuerpo. Era valeroso cuando se enfrentaba al enemigo, pero tímido cuando creía desagradar a sus amigos. Aunque fue capaz al principio de ocupar un lugar entre los profetas, hacia el fin de su vida perdió el equilibrio espiritual y descuidó su alma. Fue una persona impulsiva; a menudo afectuoso como lo demuestra su amor por David y Jonatán; frecuentemente noble en su patriótico celo por Dios; pero siempre careciendo del control de firmes principios de vida.

6. La coronación

Con el fin de prestar apoyo y acatamiento a Saúl, se congregó en Mizpa una gran asamblea nacional. Entonces Samuel presentó el "elegido de Dios" para que Israel lo aclamara como rey. En un momento de pánico ante la tremenda responsabilidad que se le entregaba, corrió a esconderse entre el bagaje. Pero el pueblo, loco de entusiasmo, lo buscó y lo trajo al lugar donde debía ser coronado. Cuando fue presentado a la multitud, su gallarda estampa varonil conquistó al pueblo. Por primera vez en la historia de Israel resonó el grito: "¡Viva el rey!"

B. Ensanchando las fronteras (1 Samuel 11–14)

Si bien Saúl estaba contento por el gran honor que se le había conferido inesperadamente, también estaba consciente de las enormes responsabilidades que involucraba el cargo. La situación política de Israel era muy comprometida. Aunque hacía 300 años que los israelitas estaban en Palestina, solo habían podido conquistar una parte muy pequeña de la tierra prometida. De hecho, al momento de la coronación de Saúl estaban casi a merced de los enemigos y a punto de perder su existencia nacional.

El pueblo estaba desarmado. Tenían restringido hasta el uso de herramientas. Tenían que ir a afilar sus hoces, guadañas y hachas a los vecinos pueblos filisteos. Solamente Saúl y su hijo Jonatán poseían espadas (13:19-22). Las tropas enemigas y los cobradores de impuestos se paseaban de continuo por Israel. Algunos israelitas de la tribu de Saúl, la de Benjamín, y de otras, los habían forzado a alistarse en tropas enemigas, para pelear contra sus propios compatriotas. Solo un rey que disfrutase de la bendición de Dios podía aspirar a librar al pueblo de sus enemigos.

1. El buen comienzo de Saúl

La primera prueba seria para Saúl vino de parte de los amonitas que presionaban del margen este del Jordán. Allí, entre las tupidas colinas boscosas de Galaad, estaba situado el pueblo de Jabes. Un antiguo lazo sanguíneo unía a este pueblo con la tribu de Benjamín, a la cual pertenecía Saúl, porque 400 de sus mujeres jóvenes fueron entregadas como esposas para los sobrevivientes de una guerra entre las tribus, durante el período de los jueces.

Algunos mensajeros trajeron la noticia que Nahas, rey de Amón, había puesto sitio a Jabes, y había amenazado con quitarles a todos los hombres el ojo derecho, como afrenta a Israel. Los grandes hombres surgen en las grandes ocasiones. Tal noticia avivó la chispa de líder que tenía Saúl y la convirtió en llama. Inmediatamente sacrificó dos bueyes, los cortó en pedazos y los repartió por todo Israel, conminándolos a salir en defensa de Jabes de Galaad. Los que desobedecieran, correrían la misma suerte de los bueyes. Por primera vez, desde los tiempos de Gedeón, el pueblo entero respondió como un solo hombre.

Un inmenso número de voluntarios de todas las tribus se reunió en el lugar convenido (11:8). Los israelitas atacaron a través del Jordán por tres puntos diferentes. Después de un breve y fútil intento de defensa, hicieron huir a los amonitas. Saúl se había asentado con firmeza como rey.

Saúl adornó su triunfo con un acto de misericordia real. El pueblo había pedido a Samuel que ejecutase a todos los hombres que no habían querido que Saúl reinase sobre ellos. Pero Saúl dio muestras de su innata humildad cuando declaró que nadie debía morir el día que Jehová había dado una gran victoria (11:13). Para celebrar la notable victoria, volvió a convocarse otra gran asamblea en Gilgal, y nuevamente ungieron a Saúl como rey, con gran gozo del pueblo (11:15).

2. El discurso de despedida de Samuel

Este gozo fue ensombrecido por el retiro de Samuel de la vida pública. El venerable profeta testificó ante todo el pueblo de su integridad moral desde su infancia hasta ese momento, y les recordó todo lo que había hecho Dios por ellos desde el tiempo en que Jacob había descendido a Egipto hasta entonces. Les dijo que por su propia voluntad habían solicitado un rey, y dependería de ellos que el reino fuera establecido firmemente. Si ellos honraban a Dios y le eran fieles, tendrían bendición y crecimiento permanentes. Pero si eran rebeldes y contumaces, la mano de Dios se volvería contra ellos.

Entonces, con pasión profética señaló hacia el brillante cielo del oriente y pidió que sus palabras fuesen confirmadas por una tormenta de truenos y lluvias. El pueblo se prosternó ante esa muestra de poder divino, y le rogó a Samuel que orara por ellos a fin de que nadie muriese. El anciano líder les prometió que nunca dejaría de orar por ellos y que siempre los ayudaría con sus consejos y sabiduría.

3. Preparativos para la guerra

El aplastante triunfo sobre Amón no pasó desapercibido a los otros enemigos de Israel, particularmente a los filisteos. Este belicoso pueblo, que poseía la parte más fértil de Palestina, estaba en el apogeo de su poder. En producción agrícola, comercio y guerras, los filisteos eran agresivos y progresistas. Cualquier crecimiento en el poderío de Israel podía significar un peligro para sus ciudades y las productivas rutas comerciales que controlaban. Tanto Israel como los filisteos comenzaron a prepararse para la guerra.

Saúl había escogido 3,000 soldados para que fueran su principal fuerza de choque. De estos hombres 2,000 estaban estacionados en Micmas, en las colinas de Bet-el, y 1,000 estaban acampados en Gabaa, con Jonatán, el hijo de Saúl. Jonatán realizó un exitoso ataque por sorpresa contra una hueste de filisteos en el collado de Geba. Envalentonados por este triunfo sobre los afamados guerreros filisteos, Saúl reunió todas sus fuerzas en Gilgal. Los filisteos respondieron al desafío con un ejército inmenso de 30,000 carros (los tanques de guerra de la antigüedad), seis mil jinetes, y varios miles de soldados de infantería.

4. Signos de debilidad

Antes de salir a la batalla, Israel tenía la costumbre de ofrecer sacrificios a Jehová y pedir así su ayuda y bendición en la empresa. Samuel le había indicado a Saúl que lo esperase a él, pues vendría a ofrecer el sacrificio a los siete días. Pero el gran ejército de los filisteos llenó de pánico a los israelitas, y estos comenzaron a desertar en masa. Pensando que debía hacer algo inmediatamente, Saúl hizo las veces de sacerdote y ofreció el sacrificio con sus propias manos.

Acababa Saúl de terminar el sacrificio cuando apareció Samuel y le preguntó qué había hecho. Saúl se disculpó diciendo que los filisteos lo apremiaban y que el pueblo estaba desertando. Con tristeza pero con severidad, Samuel le dijo al rey que había actuado locamente. Le aseguró que este acto de desobediencia, unido a otros, determinaría la pérdida de su reino.

5. Una victoria parcial

Jonatán, el hijo del rey, obtuvo una rápida e inesperada victoria actuando con intrepidez y valor. Acompañado solo de su escudero atacó una vanguardia del ejército filisteo y la derrotó en Micmas de donde Saúl se había retirado. El sorpresivo ataque causó una confusión enorme en el campo filisteo. Los enemigos se batían entre sí. Un temblor de tierra vino a aumentar la confusión, y el pánico cundió en el ejército. Aprovechando la situación, Saúl atacó con sus fuerzas logrando poner en fuga a todo el ejército. La persecución pudo convertirse en una magnífica victoria de no haber sido por otro hecho necio de Saúl. Pronunció un voto insensato, obligando al pueblo a no probar alimento hasta que se pusiera el sol. El resultado fue que los soldados israelitas se hallaron demasiado cansados para seguir combatiendo y obtener una victoria completa.

C. La breve gloria de Saúl (1 Samuel 15)

Dos grandes victorias militares habían cimentado el prestigio de Saúl y asegurado la lealtad de su pueblo. A estos triunfos le siguieron una serie de victorias sobre otros pueblos, Moab, Amón, Edom y los reyes de Soba. Este fue el período de mayor gloria de Saúl, quien ahora ocupó plenamente su regio papel. Su ejército de 3,000 hombres estaba comandado por su tío Abner, uno de los militares más brillantes en toda la historia de Israel. Una guardia especial de benjaminitas, elegidos por su estatura y apostura, asistían al rey en todas las ocasiones. Para reclutar esta guardia Saúl había actuado tan arbitrariamente como Samuel había predicho: "Y a todo el que Saúl veía que era hombre esforzado y apto para combatir, lo juntaba consigo" (14:52). Como los reyes solían hacer, Saúl juntó también ganado y rebaños. Aun el sumo sacerdote se sometía a las órdenes del rey (21:2).

1. La gran prueba de Saúl

Aunque Saúl había demostrado ya dos veces que era incapaz de realizar su tarea, se le dio una tercera oportunidad para demostrar su obediencia. La gran tribu beduina de los amalecitas continuaba siendo un peligro para el reino naciente. Esta fiera tribu había atacado a Israel varias veces en el pasado: cuando acampaban bajo el Sinaí, cuando andaban por el desierto y en los tiempos de Gedeón. Saúl recibió el encargo especial de destruir por completo a este pueblo ominoso e idólatra. Se le encomendó muy especialmente matar a todo ser viviente de la tribu.

El rey respondió inmediatamente. Marchó hacia el sur al frente de una tropa de 200,000 soldados, a los que se agregaron 10,000 hombres de la tribu de Judá. Con la habilidad de un general consumado, Saúl sorprendió a los amalecitas que estaban desmoralizados por la deserción de sus aliados, los ceneos. La victoria fue decisiva. El ejército de Saúl aniquiló a la tribu por entero, con la excepción de unos pocos que pudieron escapar. Solo se tomó vivo a Agag, el rey.

Los judíos capturaron un botín enorme, producto de todo el pillaje de los amalecitas, que esquilmaban a cuanta caravana pasaba por sus dominios. Grandes rebaños de ovejas y cabras, y manadas de camellos y vacas estaban en poder de los amalecitas. Todos estos ganados tenían que ser destruidos, según las indicaciones de Samuel. Pero la tentación de conservar el botín fue demasiado grande. El pueblo se convenció primero a sí mismo y luego convenció a Saúl para que no sacrificase esos animales.

También perdonaron la vida de Agag, a quien deseaban exhibir como trofeo de la victoria. La antigua humildad de Saúl había dado paso al orgullo del militar afortunado. Para recordar a la posteridad su victoria, Saúl levantó un monumento en el oasis que estaba cerca del Carmelo.

2. Saúl es rechazado

Mientras tanto, Dios le había dicho a Samuel que fuera a encontrarse con Saúl en Gilgal para comunicarle que había sido rechazado por Dios. El amoroso y tierno Samuel sintió una pena muy honda, y "clamó a Jehová toda aquella noche" (v. 11), sufriendo por tener que declarar un mensaje penoso. Pero a la mañana siguiente estaba listo para cumplir su deber. El encuentro entre los dos hombres fue profundo por su significado moral, y trágico por sus resultados. Actuando como si nada malo hubiera sucedido, Saúl informó al profeta de los resultados de la batalla y le dijo que había cumplido su misión. Con su escaso discernimiento espiritual, Saúl creía ver justificadas sus acciones.

Le dijo a Samuel que había guardado lo mejor del ganado de los amalecitas para ofrecer sacrificios a Dios. Samuel interrumpió las palabras de Saúl para establecer uno de los grandes principios espirituales de la Biblia: "¿Se complace Jehová tanto en los holocaustos y víctimas, como en que se obedezca a las palabras de Jehová? Ciertamente el obedecer es mejor que los sacrificios, y el prestar atención que la grosura de los carneros" (15:22). Y en seguida vino la terrible sentencia: "Por cuanto tú desechaste la palabra de Jehová, él también te ha desechado para que no seas rey" (15:23).

Apesadumbrado y lleno de remordimiento, Saúl confesó con humildad que había temido al pueblo. Le suplicó a Samuel que viniera con él y ofreciera sacrificio, quizá para que los israelitas no supieran que había sido rechazado. Samuel rehusó, y dio media vuelta para irse. Saúl tomó el manto de Samuel con ánimo de retenerlo consigo, pero el manto se rasgó en dos. Entonces dijo Samuel: "Jehová ha rasgado hoy de ti el reino de Israel, y lo ha dado a un prójimo tuyo mejor que tú" (15:28).

D. Miedo y caída (1 Samuel 16–31)

Este encuentro entre Samuel y Saúl marcó un cambio decisivo en la vida de Saúl. De la euforia de la victoria se pasó a la desesperación de la derrota. En su mente repicaban las palabras de Samuel cuando este le dijo que había sido desechado y abandonado por Dios.

La mano que antes no había querido tomar el cetro, se transformaba ahora en una garra que no lo quería soltar. Si Dios lo rechazaba, él trataría de asegurar su posición al conquistar al pueblo de alguna manera. Pero aunque había decidido retener la corona a cualquier precio, el miedo y la suspicacia comenzaron a minar su estabilidad mental.

1. Un rey temeroso

Pronto se hizo evidente entre los siervos de Saúl que al rey lo aquejaba una rara melancolía, y solicitaron permiso para buscar un trovador cuya música pudiera alejar al "espíritu malo de parte de Dios" cuando cayera sobre Saúl (16:16). Un hábil pastor del pueblo de Belén, llamado David, tuvo la suerte de ser elegido para esta tarea, y se quedó con Saúl hasta que este mejoró considerablemente. Más tarde, David impresionó a Saúl por su espectacular victoria sobre Goliat, el gigante filisteo, y el rey lo hizo comandante del ejército (18:5).

Con sus repetidas victorias sobre los filisteos, David fue ganando fama y popularidad. Pero este éxito despertó los celos de Saúl, y cuando las mujeres cantaron: "Saúl hirió a sus miles, y David a sus diez miles", el cariño de Saúl por David se convirtió en odio. Saúl se dio cuenta que él mismo había encumbrado al hombre que más temía: el que había de sucederle en el trono. A partir de ese momento Saúl dedicó toda la astucia de su mente perturbada para destruir a David.

2. El odio de Saúl y el amor de David

Después de fallar dos veces en su intento de matar a David, Saúl lo expulsó del palacio. Pero como no podía despedir a un héroe nacional, lo rebajó a la categoría de capitán de mil hombres. Saúl prometió a David darle por esposa a su hija Mical, si era capaz de matar él personalmente a 100 filisteos. Confiaba en que David moriría en el intento. Pero David le trajo una cantidad doble de enemigos muertos y reclamó que se le diera su esposa.

Puesto que esta estratagema no había dado resultado, Saúl dio órdenes a sus hombres para que mataran a David, pero Jonatán, su gran amigo, y Mical, su esposa, lo ayudaron varias veces a escapar de la furia del rey. Este insano deseo de Saúl lo llevó a cometer acciones atroces, tal como el asesinato de 85 inocentes sacerdotes de Jehová, que habían prestado ayuda a David. La inestabilidad del carácter de Saúl se pone de manifiesto en el desierto de En-gadi, cuando David le perdonó la vida en dos ocasiones, y el rey estalló en patéticas demostraciones de gratitud y cariño. ¡Pero poco después lo estaba persiguiendo de nuevo con 3,000 hombres! Por fin Saúl se resignó a lo inevitable, y cesó en sus intentos de matar a David.

3. La trágica muerte de Saúl

La muerte de Saúl en los campos de Gilboa fue el final trágico de una vida igualmente trágica. Los filisteos habían iniciado una guerra definitiva contra Israel. Confuso y descorazonado, Saúl consultó a una hechicera, la adivina de Endor en busca de dirección. Esta acción desacertada dejó a Saúl en una situación más desastrosa que nunca. Su terror contagió a sus soldados, que fueron derrotados fácilmente por los filisteos. Saúl escapó de la batalla con unos pocos sobrevivientes. Fue alcanzado y herido, y mataron a sus tres hijos: Jonatán, Abinadab y Malquisúa. Para evitar caer prisionero y ser torturado, Saúl se suicidó arrojándose sobre su propia espada.

II. DAVID, SEGUNDO REY DE ISRAEL

El primer rey de Israel había fracasado. A Saúl se le había ofrecido una oportunidad inapreciable, pero su "impetuosidad y obstinación, su falta de afinidad espiritual con el profeta, y sus crasos y superficiales conceptos del deber religioso, probaron que era incapaz de alcanzar los elevados designios ordenados para Israel y tendieron a fundar un reino meramente terrenal"[3].

Si Saúl hubiera poseído una verdadera visión espiritual y sanos principios, su instinto lo hubiera guiado rectamente. Pero su temor de los hombres, y su predilección por las ceremonias externas, empañaron lo mejor de su naturaleza, y así terminó por ser un líder frenético, atemorizado y al borde de la locura, cuya conducta impía terminó en un triste suicidio.

A. Un nuevo campeón (1 Samuel 16–17)

Bastante tiempo antes de la muerte de Saúl, el dedo de Dios había señalado a su sucesor. Cuando Samuel se afligía por Saúl, Dios le dijo: "¿Hasta cuándo llorarás a Saúl, habiéndolo yo desechado para que no reine sobre Israel? Llena tu cuerno de aceite, y ven, te enviaré a Isaí de Belén, porque de sus hijos me he provisto de rey" (16: 1). A Samuel lo enviaron a un pequeño poblado en el territorio de Judá, como a siete kilómetros al sur de Jerusalén. Belén era una aldea de baja reputación (Miqueas 5:2), pero rica en historia espiritual. La tumba de Raquel, esposa de Jacob, se hallaba en las cercanías. En sus campos de trigo se había desarrollado el romance entre Rut y Booz. En sus colinas David pastoreaba las ovejas de su padre.

1. La preparación de David

Las experiencias de David en Belén fueron de gran valor en la formación del futuro líder y rey de Israel. Ninguna ocupación hubiera sido mejor para desarrollar las cualidades de "prudencia, prontitud y valentía que requirió su vida posterior, que esa de pastor"[4]. Lo mismo que Moisés, la soledad le ayudó a desarrollar un mayor compañerismo con Dios. Sus largas vigilias nocturnas, en que contemplaba la grandiosidad del cielo estrellado, fueron experiencias ennoblecedoras.

Se familiarizó con la furia de las tormentas, la bendición de las estaciones y el misterio de la vida que experimenta todo aquel que vive en contacto con la naturaleza. Sus luchas con los animales salvajes de la región le dieron coraje, confianza en sí mismo y fortaleza física. Ya que su casa estaba en los linderos con la tribu de Benjamín, David sin duda se sintió tentado a competir con aquellos individuos que "tiraban una piedra con la honda a un cabello, y no erraban" (Jueces 20:16). Pero lo más importante de todo fue que esta clase de trabajo y el sano ambiente le brindaron una oportunidad excelente para el desarrollo de su talento musical y su capacidad de entender verdades espirituales.

2. Samuel unge a David

Aunque Dios lo había comisionado para ungir un nuevo rey de Israel en lugar del desobediente Saúl, Samuel fue a Belén con cierta reticencia. Cuando llegó, pidió a Isaí, nieto de Booz, que reuniera a sus hijos, ocho en total, para realizar un sacrificio que concluiría en una fiesta religiosa. Cuando todos los hijos de Isaí estuvieron delante de Samuel, el profeta los examinó uno por uno para saber cuál era el escogido del Señor.

El hijo mayor atrajo su atención por su estatura y apostura física. Pero Dios, recordándole que por su porte había sido escogido Saúl, dijo que este no era el escogido. Los otros hijos fueron pasando en rápida sucesión. Finalmente Samuel preguntó si no había más muchachos. Le dijeron que el más joven de todos estaba en el campo cuidando las ovejas. Cuando David se presentó delante de Samuel, este lo ungió inmediatamente, y el Espíritu Santo vino sobre David en el acto.

A partir de este momento, el progreso de David fue sumamente rápido. Cuando lo recomendaron para tocar el arpa delante de Saúl, ganó de inmediato el corazón del monarca, y lo hizo su paje de armas (16:21). Su presencia parecía ser un tónico para el rey. Aparentemente este se repuso rápidamente de su melancolía, pues David volvió a cuidar sus ovejas.

3. David y Goliat

Cuando los filisteos hicieron otra irrupción en el campo de Israel, David tuvo oportunidad de salir de nuevo a la luz pública. Goliat, el gigante de Gat, era un hombre de estatura colosal, casi de tres metros de alto, y el campeón del ejército filisteo. Posiblemente era uno de los descendientes de Anac (Números 13:33; Josué 11:22), personas de elevada estatura, que Josué había expulsado de Hebrón y que se habían refugiado entre los filisteos. Cuando David llegó al frente de batalla llevando alimentos para sus hermanos, se sorprendió al observar el miedo que paralizaba a los soldados de Israel. Como no estaba dispuesto a ver a su nación avergonzada, David desafió al gigante a una batalla muy desigual, pero venció al coloso, y con él, al ejército filisteo.

La gloria de David se difundió rápidamente. Cuando entró en Gabaa, las mujeres salieron a encontrarle, cantando este refrán al son de sus tamboriles:

Saúl hirió a sus miles.
Y David a sus diez miles (1 Samuel 18:7).

B. La preparación para el reino (1 Samuel 18–31; 2 Samuel 1)

Aunque a David lo habían ungido rey, aún debía pasar por un largo proceso de aprendizaje. Pudo ver ejemplificados en Saúl los resultados desastrosos de menospreciar la voluntad divina, y de actuar sin consultar a Dios. Dando muestras de una rara y ejemplar paciencia, nunca levantó su mano contra Saúl. Aun cuando este, finalmente perdió el trono, David no se alegró por eso y lamentó sinceramente su desaparición.

1. David en la corte

El rey Saúl había prometido la mano de su hija a quien venciera al gigante Goliat. Después de someterlo a otras pruebas, el rey dio su consentimiento para el casamiento de David con Mical. Además de casarse con la hija del rey, David entabló una profunda y estrecha amistad con Jonatán, el hijo mayor de Saúl. A partir de ese momento, extraños sucesos ocurrieron entre el rey y su yerno y capitán. Un día, cuando David estaba tocando el arpa delante de Saúl, este intempestivamente tomó una lanza y se la arrojó. David pudo eludirla ágilmente. Después Saúl le encomendó empresas peligrosas y difíciles en el ejército. Pero David contaba con la bendición de Dios, y pudo salir airoso en todas sus empresas, ganando más prestigio y popularidad.

2. David se convierte en proscrito

Después de sufrir varias experiencias de esa clase, David huyó de la presencia de Saúl y se fue con Samuel a Ramá. Jonatán, el hijo de Saúl, demostró su amistad con David al mantenerlo informado de los movimientos y las intenciones de su padre. Jonatán era el lógico heredero del trono, pero comprendiendo que David era el escogido de Dios, con verdadera alma grande, se hizo a un lado y aun ayudó a David a obtener la corona.

Pero aun este profundo y hermoso afecto entre Jonatán y David que se ha vuelto un clásico ejemplo de amistad, no desvió a Saúl de sus criminales intentos[5]. Cuando se hizo evidente que la animadversión de Saúl no se calmaría, David abandonó la corte permanentemente.

Acompañado de unos pocos seguidores, David llegó al histórico santuario de Nob. Allí rogó al sacerdote Ahimelec que les diera pan y refugio. Para vengarse, Saúl ordenó la matanza de los 85 indefensos sacerdotes que vivían en el santuario por la inocente ayuda a los que huían. David pudo escapar de Nob, y se refugió en Adulam, un paraje escarpado, lleno de grutas y cavernas. Se cree que la cueva de Adulam estaba como a 9 kms. al sureste de Belén, en la quebrada de El-kureitum. Es una caverna grande y natural, en la ladera del barranco. Era tan difícil acercarse a la entrada que con unos pocos defensores decididos se podía contener a un ejército. Probablemente esta cueva había sido el lugar favorito de David en sus correrías de niño. David hizo de esa fortaleza su cuartel, y reunió allí una banda de leales seguidores. Estos hombres llegaron a formar más tarde el corazón de su ejército. Los salmos 34 y 62 deben leerse teniendo en mente esta fortaleza, porque "la fortaleza de Adulam fue sin duda alguna el motivo para la analogía de Dios como un refugio, una roca y un escondedero seguro, tan común en los salmos"[6].

3. David perdona a su enemigo

Advertido por un profeta de Dios, David se fue a los bosques de Haret. Aquí, en un mortal juego en el que David se escondía para salvar la vida, ocurrieron dos incidentes que revelan la grandeza de espíritu de David. Por dos veces tuvo a Saúl a su completa merced, pero en ambas rehusó dañarle. En la primera ocasión David y sus hombres rodearon a Saúl en una cueva secretamente (24:3). La segunda vez entraron silenciosamente en el campamento de Saúl cuando el rey estaba dormido (26:4-12). En ambas ocasiones David se contuvo de vengarse del hombre que lo había tratado con tanto odio e injusticia. No solo eso, David también amenazó de muerte a cualquiera que hiriese a Saúl, porque era "el ungido de Jehová". En esta actitud de David, de respetar al ungido de Dios, hallamos una lección de suma importancia. Es muy peligroso atacar a los siervos de Dios o abusar de las cosas sagradas.

4. La vida errante de David

La vida de David como proscrito resultó para él un entrenamiento extraño pero provechoso. Como dice Carl S. Knopf: "David tenía el genio de un líder. Su banda no era una banda de forajidos, sino una especie de policía privada"[7].

Cuando David se informó de que los filisteos habían saqueado a Keila, corrió al rescate de la ciudad. Consiguió dispersar al enemigo y por un tiempo breve hizo de ella la base de sus operaciones (23:1-6).

Sin embargo, la persistente persecución de Saúl lo obligó a huir otra vez (23:7-14). Esta vida errante de David redundó en su beneficio. Sus fuerzas sumaban ahora 600 hombres enteramente fieles a él. Además se casó con una viuda muy rica, Abigaíl, que había sido mujer de Nabal, un acaudalado hacendado del monte Carmel (25:2-42).

Al fin, David salió del reino y buscó refugio entre sus antiguos enemigos, los filisteos. Con el consentimiento de Aquis, rey de Gat, estableció su cuartel general en Siclag, donde permaneció cerca de un año (27:1-7). Durante ese tiempo David se ganó la amistad del rey filisteo, ayudando a sus hombres en las luchas contra las tribus sureñas en el desierto de Shur (27:8-12). Cuando los filisteos decidieron emprender una guerra de exterminio contra Saúl, no permitieron que David participase, sospechando que no sería fiel a ellos al tener que pelear contra su propio pueblo.

5. El lamento de David por Saúl y Jonatán

Un amalecita le llevó a David que estaba en Siclag la triste noticia de la muerte de Saúl y Jonatán y sus otros hijos. Este hombre llegó con sus ropas desgarradas y tierra sobre su cabeza, el signo de duelo. David ayunó ese día hasta la noche. Una persona de menos estatura moral se habría regocijado con la muerte de tan persistente y peligroso enemigo. Pero cuando cayó la noche, David tomó su arpa y cantó una bella y sentida endecha:

Saúl y Jonatán,
   amados y queridos;
Inseparables en su vida,
   tampoco en su muerte fueron separados (2 Samuel 1:23).

A ambos guerreros se los celebró como "más ligeros... que águilas" y "más fuertes que leones". La endecha describe la alegría de los filisteos sobre los dos campeones caídos con estas palabras memorables:

¡Ha perecido la gloria de Israel sobre tus alturas!
¡Cómo han caído los valientes!

No lo anunciéis en Gat,
Ni deis las nuevas en las plazas de Ascalón;
Para que no se alegren las hijas de los filisteos,
Para que no salten de gozo las hijas de los incircuncisos (1:19-20).

David invita al reino de la naturaleza a participar de la pena de Israel, sugiriendo que caiga una maldición sobre la región donde ocurrió la tragedia:

Montes de Gilboa,
Ni rocío ni lluvia caiga sobre vosotros, ni seáis tierras de ofrendas;
Porque allí fue desechado el escudo de los valientes,
El escudo de Saúl, como si no hubiera sido ungido con aceite (1:21).

A las hijas de Israel, que una vez provocaron los celos de Saúl por cantar en honor de David, ahora David las invita a llorar por el rey caído:

Hijas de Israel, llorad por Saúl,
Quien os vestía de escarlata con deleites,
Quien adornaba vuestras ropas con ornamentos de oro (1:24).

Pero el mayor estallido de dolor y pena está reservado para Jonatán:

¡Cómo han caído los valientes en medio de la batalla!
¡Jonatán, muerto en tus alturas!
Angustia tengo por ti, hermano mío Jonatán (1:25-26).[8]

C. David como rey (2 Samuel 2:1–5:5)

Con la muerte de Saúl, quedó despejado para David el camino al trono de Israel. Ya tenía más de 30 años y había demostrado muchas características de un verdadero rey. Su valor estaba fuera de duda; su habilidad para dirigir hombres fuertes era legendaria; su espíritu magnánimo era reconocido por toda la nación. Era el ungido de Dios. Sin embargo, la transición no fue tan fácil como las circunstancias parecían indicar. Abner, el general de Saúl, rehusó reconocer a David como rey, y en vez de ello sentó en el trono a un hijo de Saúl llamado Is-boset (2:8-9).

1. David como rey sobre Judá

La propia tribu de David fue la primera en reconocer las habilidades de David y de aceptarlo como rey de Judá (2:4), con su capital en Hebrón, donde reinó por siete años y medio. Durante todos estos años fueron creciendo su fortaleza y su fama, en tanto que la casa de Saúl iba empobreciendo y debilitándose (3:1). David no mostraba interés en combatir a la casa de Saúl. Más bien esperaba con paciencia el tiempo en que fuera reconocido único rey. Pero por debajo de la superficie ambas facciones militares alimentaban intrigas amargas y despiadadas.

Abner, el general de Is-boset había dado muerte a un joven guerrero llamado Asael, hermano de Joab, uno de los grandes comandantes de David. Abner quiso concertar una alianza con los hombres de David, y unir los dos reinos, pero sus esfuerzos fracasaron cuando Joab lo condujo a una emboscada y pretendiendo que quería hablar con él en secreto, le dio muerte, vengando la muerte de su hermano.

Otro acto de violencia fue el asesinato de Is-boset, perpetrado por dos hombres jóvenes de Judá disfrazados de mercaderes, quienes mataron al hijo de Saúl mientras dormía. Cuando David se enteró de este crimen, ordenó la ejecución de los culpables. Todo Israel, excepto la tribu de Judá, había quedado sin gobierno. Haciendo a un lado su orgullo, los ancianos de Israel acudieron a David y le rogaron que fuera rey sobre todos ellos (5:3).

Fue un maravilloso triunfo para David. Durante diez años había esperado con paciencia que se cumplieran las palabras de Samuel. Su hoja personal no había sido manchada por ningún acto de odio o enemistad. Nunca manifestó espíritu de rebelión o de desobediencia.

2. David, rey sobre todo Israel

Las circunstancias que rodearon la coronación de David fueron muy significativas. En primer lugar, la asamblea de coronación no fue formada solo por los ancianos o los delegados. La nación entera se reunió para coronarlo rey. En 1 Crónicas 12:23-40 se da el número exacto de hombres de cada tribu que acudieron a la coronación. La tribu de Isacar envió solo 200 hombres, pero el número total llegó a 280,000. De este modo, a los 38 años de edad y en la plenitud de su vida, David ascendió al trono del reino unido de Israel.

D. Las conquistas de David (2 Samuel 5:6–10:19)

El joven pastor, haciendo gala de extraordinario talento, cumplió sus promesas como rey. Sus conquistas fueron brillantes y permanentes. En primer lugar hizo de Jerusalén la capital de la nación. Luego derrotó sistemáticamente a sus enemigos, lo que logró para Israel casi un siglo de paz. También hizo traer el arca de Dios a Jerusalén, no olvidando los intereses espirituales del pueblo y el valor de la adoración a Dios. Finalmente, consolidó todas sus conquistas haciendo importantes reformas sociales.

1. Jerusalén, la ciudad de David

Hebrón no podía ser la capital de una nación importante y poderosa en Palestina. Carecía de buenas defensas, y habría sido rechazada por la tribu de Benjamín. Asimismo, una ciudad en el norte no habría sido aceptada por la tribu de Judá, que estaba en el sur. Si el reino iba a disfrutar de un gobierno estable, la capital tendría que ser una ciudad central, que pudiera ser un símbolo de las proezas nacionales. La ciudad de Jebús, situada a 30 kms. al norte de Hebrón, en terreno neutral entre las tribus del norte y del sur, rodeada de excelentes defensas naturales, era ideal para el establecimiento de la capital.

Jebús, ciudad de los jebuseos, ocupaba un lugar estratégico. Era el punto de encuentro de las carreteras de Gaza, Jope, Siquem, Jericó y Belén. Estaba suficientemente aislada para estar segura. Edificada sobre tres colinas, sus murallas medían 12 metros de espesor. Los jebuseos se sentían tan seguros de que su ciudad era inexpugnable, que decían que los ciegos y los inválidos podrían defender la ciudad (5:6). David prometió recompensar al primero de sus héroes que consiguiera penetrar en la ciudad. Este héroe fue Joab. Los israelitas habían descubierto un canal subterráneo que llevaba agua a la ciudad. Joab subió por las rocas, penetró por este canal y sorprendió a los defensores. No hace mucho tiempo que un oficial inglés, durante unas excavaciones en Jerusalén, realizó sin dificultad esta misma hazaña.

Se le devolvió a la ciudad su antiguo nombre de Jerusalén, y se le independizó del sistema tribal de Israel. Debía ser la ciudad del rey; sus moradores eran los asistentes del rey, que habían dejado sus antiguas relaciones para dedicarse solamente al servicio del real señor. La elección de esta estratégica ciudad para que fuese su capital es una demostración del genio político de David[9].

2. Conquistas militares

La principal campaña militar de David fue encaminada a quebrar el poderío filisteo. Desde la muerte de Saúl en los montes de Gilboa, este pueblo había tratado violentamente a Israel. David comenzó a hostilizar al poderoso enemigo con incursiones esporádicas convirtiéndose en un azote para los filisteos. Estos intentaron entonces una acción desesperada, y concentraron todas sus fuerzas en el valle de Refaim. En dos batallas cruentas David los derrotó tan rotundamente, que después de eso, los filisteos nunca volvieron a ser una amenaza para Israel (5:17-25).

Militar sagaz, David aprovechó sus ventajas al máximo. Moab, Edom, Amón, Soba y Siria, experimentaron el peso de su mano y se sometieron pagándole tributo (2 Samuel 8:2-8 y 21:15-22). Dios concedió a David victoria tras victoria. David colocó guarniciones militares en las regiones de Siria y Edom. Varios puertos marítimos estuvieron bajo su control. Recapturó la fortaleza de Esdraelón, punto estratégico del norte. David fue el instrumento divino que hizo realidad la antigua promesa de Dios a Abraham: "Y te daré a ti... toda la tierra de Canaán en heredad perpetua" (Génesis 17:8).

3. Conquistas religiosas

Otro hecho notable de David fue la centralización del culto religioso en la capital. En el pasado, Silo, Mizpa y Gilgal habían sido centros religiosos. Cada una de estas ciudades poseía nobles tradiciones y sagradas memorias en la vida de la nación, pero existía el peligro de que se convirtieran en centros de facciones antagónicas. Al radicar el arca en Jerusalén, los ojos de toda la nación se fijarían en la capital como el centro de toda autoridad final[10]. Desde los tiempos en que había sido capturada por los filisteos, el arca había estado en una casa particular, en un pueblo pequeño pero de nombre grande, Quiriat-jearim.

David ordenó edificar en Jerusalén una especie de tabernáculo, o tienda, y allí colocó el arca. Al mismo tiempo convocó una reunión de todo Israel para que acudieran a Jerusalén. El pueblo nunca había visto antes una fiesta como esa. Cuando los levitas que conducían el arca entraron por las puertas de Jerusalén, David dio rienda suelta a su gozo danzando delante de Jehová (2 Samuel 6:16). Con la colocación del arca en la ciudad, Jerusalén llegó a ser no solo "la ciudad de David", sino también la "ciudad santa", el centro del culto a Jehová.

4. Conquistas sociales

David había vencido a todos sus enemigos y establecido una nueva capital. Había dado al pueblo un centro religioso como nunca había tenido. Ahora tocaba el turno de organizar el gobierno y mejorar las condiciones sociales. Para atender las complejas tareas del gobierno, David designó oficiales que habían demostrado antes su capacidad. Estos hombres constituyeron el gabinete del rey, su concilio privado.

Muchos de ellos se los menciona por nombre así como el cargo que desempeñaban. Los había designado el propio rey, y eran responsables de lo que hacían solo ante él. Floreció la actividad industrial. Llegaron ejércitos de obreros y toneladas de material de construcción. Se contrataron arquitectos y maestros de obras entre los fenicios, expertos en esas artes. Obreros de todos los países vecinos acudieron a Israel, para participar de la prosperidad de la nación. Algunos cananeos pobres, y aun algunos hebreos se convirtieron virtualmente en esclavos. Se perfeccionó el sistema militar, que sobrepasó a toda otra actividad de la nación. La autoridad central sobre todo Israel era ahora un hecho consumado. David era supremo en su tierra, y admirado y temido en otros países.

E. El crepúsculo y la estrella vespertina (2 Samuel 11–24)

Cierto historiador opinó que Abraham Lincoln murió "a tiempo", porque si hubiera vivido un poco más, quizá hubiera cometido algún error que habría empañado su gloria. Pero David no murió en la cumbre de su grandeza y gloria. Vivió lo suficiente para cometer su más grave error y su pecado más grande.

1. El gran pecado de David

Una tarde cuando el rey David se paseaba por la terraza de su palacio, vio en la casa vecina a una mujer que se estaba bañando. David preguntó quién era, y le dijeron que era Betsabé, esposa de Urías, uno de los capitanes heteos. La concupiscencia de David pudo más que sus nobles sentimientos, y cayó en adulterio con Betsabé. Para encubrir su pecado y evitar el escándalo, David ordenó a Joab que pusiera a Urías en lo más recio de la batalla, para que lo mataran. Pronto Joab le pudo enviar un informe a David comunicándole que su deseo se había cumplido. El asesinato y el adulterio estaban ahora registrados indeleblemente en la carrera del gran rey.

2. Natán denuncia el pecado de David

Dios mandó a Natán, el profeta, que fuera a denunciar a David por su pecado. Esta era una misión que tenía sus riesgos, ya que el monarca tenía poder de vida y muerte sobre sus súbditos. Pero el valiente profeta fue al palacio y despertó el interés del rey contándole una parábola:

Había dos hombres en una ciudad, el uno rico, y el otro pobre. El rico tenía numerosas ovejas y vacas; pero el pobre no tenía más que una sola corderita, que él había comprado y criado, y que había crecido con él y con sus hijos juntamente, comiendo de su bocado y bebiendo de su vaso, y durmiendo en su seno; y la tenía como a una hija. Y vino uno de camino al hombre rico; y este no quiso tomar de sus ovejas y de sus vacas, para guisar para el caminante que había venido a él, sino que tomó la oveja de aquel hombre pobre, y la preparó para aquel que había venido a él (12:1-4).

David percibió la injusticia. Su ira estalló inmediatamente: "Vive Jehová, que el que tal hizo es digno de muerte. Y debe pagar la cordera con cuatro tantos, porque hizo tal cosa, y no tuvo misericordia" (12:5-6). Natán, entonces, le respondió severamente: "Tú eres aquel hombre... A Urías heteo heriste a espada, y tomaste por mujer a su mujer, y a él lo mataste con la espada de los hijos de Amón" (12:7,9). Tanto el rey como el profeta comprendieron que esta era la voz de Dios. David mostró otra vez su grandeza de alma, haciendo una humilde confesión: "Pequé contra Jehová". David sabía que sería castigado por su pecado.

3. La paga del pecado

El castigo vaticinado por Natán no tardó en venir. Y vino en la forma que más fuerte golpeó a David: en su propio hogar. Amnón, uno de los hijos de David violó a Tamar, hija también de David, y media hermana suya. Absalón, hermano de Tamar, mató a Amnón. David castigó al vengativo Absalón con tres años de destierro. Al volver del exilio, Absalón comenzó a conspirar para derrocar a su padre, quizá porque sabía que Salomón era el hijo favorito de David, y seguro candidato al trono. Tanto éxito tuvo Absalón en su empresa, que consiguió ir a Hebrón, juntar mucho pueblo y hacerse proclamar rey.

Cuando David y sus fieles supieron de la rebelión de Absalón huyeron sin demora. Husai, fiel amigo de David, fingió pasarse a las fuerzas de Absalón para mantener informado a David de los movimientos del rebelde y aconsejar erróneamente al joven. Absalón reunió un gran ejército y se lanzó en persecución de su padre. Pero los diestros generales de David sabían mucho de guerra, y Absalón era un aprendiz. El resultado fue que Absalón y su ejército pronto fueron derrotados. Cuando el rebelde huía en su mula, sus largos cabellos se enredaron en las ramas de una encina. Joab dio muerte a Absalón, y envió la infausta noticia al rey. La muerte de Absalón produjo en David una depresión profunda, de la que lo sacó una violenta invectiva de Joab.

David volvió a Jerusalén, y de allí en adelante su autoridad nunca fue seriamente desafiada, aunque un hombre de la tribu de Benjamín, llamado Seba, levantó una sedición que fue sofocada prontamente. Tentado por Satanás, David ordenó que se hiciera un censo, que trajo como consecuencia una plaga que diezmó cruelmente al pueblo. Ya anciano, la ambición de otro de sus hijos vino a perturbar la paz de su espíritu. David murió a la edad de

70 años, habiendo reinado sobre Judá siete años, y sobre todo Israel 33 años.

David fue un hombre destacado en todos los aspectos. Era tan humano como grande. Su amor a Dios fue profundo, y su fe y su lealtad inquebrantables. Sentía verdadera hambre de conocer la voluntad de Dios. En cierta manera también, reflejaba la debilidad y las características de una época violenta. Sin embargo, David se levanta como un verdadero monumento. Daniel-Rops ha hecho sucintamente la evaluación de David con estas palabras:

¡... qué habilidad, qué poder, y qué gracia! Como soldado lleno de valor, como poeta cuya obra ha perdurado hasta nuestros días, decisivo en la política y caballeroso en la guerra, determinado en todas sus empresas, profundamente afectuoso en sus relaciones personales, poseía todas las cualidades que hacen amable y querido a un hombre.[11]

RESUMEN

El reino de Israel se encontraba firmemente establecido hacia el fin del reino de David. Durante la vida de Saúl se lograron algunos progresos importantes, a pesar de sus titubeos. La mayor parte de estos progresos fueron en la forma de victorias ocasionales sobre sus enemigos en las fronteras. A causa de sus pecados de presunción, Saúl fue rechazado y su corona entregada a David.

A la muerte de Saúl, David fue aceptado como rey sobre Judá, pero la mayor parte de la nación prefirió a un hijo de Saúl llamado Is-boset. Después de siete años y medio toda la nación aceptó como su soberano al pastor y poeta de los salmos. David rigió a todo Israel durante 33 años. Bajo su reinado, Jerusalén fue establecida como la capital. El culto religioso se estableció en Jerusalén. Los enemigos de Israel fueron vencidos y las fronteras se ensancharon grandemente. Se hicieron también amplios avances sociales. Aunque su inexcusable pecado manchó su obra y produjo rebelión, dolor de corazón y derramamiento de sangre, la obra de David permaneció sólida y estable. Cuando su hijo Salomón llegó al trono, halló una nación próspera, fuerte y respetada. Salomón condujo a la nación a su más alto nivel de poderío político y prosperidad.

LECTURAS RECOMENDADAS

Blaikie y Matthews, *A Manual of Bible History*, pp. 165-95.
William J. Deane, *Samuel and Saul: Their Lives and Times*, pp. 79-213.
———, *David: His Life and Times*, pp. 1-222.
Alfred Edersheim, *The Bible History*, tomo IV, pp. 35-196.
Joseph P. Free, *Archaeology and Bible History*, pp. 150-61.
James C. Muir, *His Truth Endureth*, pp. 113-38.

G. Frederick Owen, *Abraham to Allenby*, pp. 48-59.

David R. Piper, *Youth Explores the Bible*, pp. 89-104.

Ira M. Price, *The Dramatic Story of Old Testament History*, pp. 181-229.

Henry P. Smith, *Old Testament History*, pp. 106-55.

William Smith, *Old Testament History*, pp. 379-472.

PARA UN ESTUDIO MÁS COMPLETO

1. ¿Qué cambios se produjeron en Israel, al pasar de una confederación de tribus a una monarquía?

2. ¿Por qué aceptó Dios el deseo del pueblo de tener un rey, cuando su plan era el de una teocracia?

3. Comente las advertencias de Samuel sobre el peligro de tener un rey. ¿En qué modo se cumplieron estas advertencias?

4. ¿Qué características o talentos poseía Saúl que lo hacían apto para el trono? ¿Cuáles eran sus defectos?

5. ¿Puede usted notar algún factor común en todos los pecados de Saúl, que determinaron que Dios lo rechazara como rey?

6. ¿Qué ejemplo famoso de amistad hallamos en 1 Samuel? Mencione otras famosas amistades de la Biblia, y otras en la vida y literatura.

7. Describa la muerte de Saúl. ¿Cómo interpreta usted la escena con la adivina de Endor?

8. Explique la situación política después de la muerte de Saúl.

9. ¿De qué tribu y linaje venía David? ¿Por qué es esto importante?

10. ¿Cómo hizo David su entrada en la vida pública?

11. Escriba y comente las virtudes de David que hicieron de él un hombre de éxito.

12. ¿Por qué se negaba David a dañar a Saúl? ¿Qué oportunidades tuvo de dar muerte al rey? ¿Cómo reaccionó Saúl ante la bondad de David?

13. ¿Por qué pasos, o proceso, llegó David a ser rey sobre todo Israel?

14. ¿Cuál fue la ventaja de hacer a Jerusalén capital de Israel? ¿Cómo se logró esto?

15. ¿Qué progresos religiosos se lograron bajo David? ¿Cuál fue el significado de traer el arca a Jerusalén?

16. ¿Cuáles fueron los efectos del gran pecado de David, y cómo se vieron en su vida y en la vida de otros?

17. ¿Cómo valora usted la valentía y el tacto de Natán de confrontar al rey con su gran pecado?

18. ¿Hay algún otro registro del arrepentimiento de David además del de 2 Samuel?

19. ¿Qué contribución hizo el reinado de David al poderío y estabilidad de la nación?

NOTAS BIBLIOGRÁFICAS

[1] William F. Albright, *From the Stone Age to Christianity*, p. 221.

[2] William Smith, *Old Testament History*, p. 381.

[3] Cunningham Geikie, *Hours with the Bible*, III, 123.

[4] William H. Taylor, *David, King of Israel*, p. 15.

[5] Carl S. Knopf, *The Old Testament Speaks*, p. 141.

[6] Loyal R. Ringenberg, *The Word of God in History*, p. 147.

[7] Knopf, *op. cit.*, p. 142.

[8] Smith, *op. cit.*, p. 420.

[9] Louis Finkelstein, ed., *The Jews, Their History, Culture, and Religion*, I, 25.

[10] Knopf, *op. cit.*, p. 151.

[11] Henry Daniel-Rops, *Sacred History*, p. 191.

8

SALOMÓN Y EL TEMPLO

Salomón con toda su gloria (Lucas 12:27).

Fuentes: 1 Reyes 1–11; 2 Crónicas 1–9
Para leer: 1 Reyes 1–11; 2 Crónicas 3–5
Período: Aproximadamente 970–931 a.C.

El siglo transcurrido entre la coronación de Saúl y la muerte de Salomón fue el siglo de la gloria de Israel. En esta centuria se estableció el reino, alcanzó su más alta cumbre de poder y prosperidad, y comenzó a declinar. David legó a Salomón una nación firmemente establecida en Palestina y preparada para cumplir su cometido. Por un breve tiempo la sucesión del trono pareció dudosa, pero el anciano rey obtuvo su final victoria asegurando los derechos de Salomón.

Al principio Salomón, al igual que Saúl, caminó en humildad con Dios. Con excepción de una sola campaña guerrera contra Ramat, en el extremo norte (2 Crónicas 8:3), Salomón afirmó su reino por medio de una diplomacia brillante, firmando alianzas con todas las naciones que lo rodeaban. Entonces se embarcó en un gigantesco programa de construcciones, comenzando con su célebre y magnífico templo. Pero lamentablemente se deslizó de la fe en Dios hacia la idolatría. Cuando murió, dejó una nación corrupta y al borde del desastre.

I. LOS PASOS HACIA EL TRONO

Cuando Salomón nació, el reino estaba en paz. David había visto ya suficiente guerra. Por eso, al hijo que tuvo con Betsabé le dio el nombre de Salomón, que significa "pacífico". Al niño lo pusieron de inmediato bajo la tutela del profeta Natán (2 Samuel 12:25). El profeta también se alegró del nacimiento del niño, porque veía por ello que Dios restauraba a David a su favor, tras el adulterio con Betsabé. Natán dio a Salomón el nombre sagrado de Jedidías, "amado de Jehová". Pero este nombre no vuelve a ser mencionado más, pues no era para un uso frecuente. El nombre Salomón llegó a ser un anuncio profético del ideal, y de la historia, del rey que no se inclinó hacia la guerra.

Aunque Salomón fue el primer rey judío nacido en la corte y mecido en una cuna real, no era en forma alguna seguro que estaba destinado a ser el heredero de David. Nombrar un heredero del trono era tarea compleja y peligrosa, tal como lo señala F.W. Farrar:

> Haber dado a conocer la noticia cuando Salomón era todavía un niño, hubiera despertado los celos violentos de sus inescrupulosos rivales y lo hubiera señalado para una destrucción casi cierta.[1]

Adonías era uno de los hermanos mayores de Salomón. Era un joven de "muy hermoso parecer", y su padre lo había tratado siempre con indulgencia (1 Reyes 1:6). Adonías se hizo proclamar rey aprovechándose de la senilidad creciente de David. Cuando le pareció que el tiempo era oportuno, reunió un grupo de seguidores en la peña de Zohelet, cerca de la fuente de Rogel. Cuando la euforia de la fiesta era mayor, los convidados gritaron: "¡Viva el rey Adonías!"

Natán el profeta, y Betsabé, la madre de Salomón, no bien se enteraron de la conjuración de Adonías, corrieron a dar la noticia al rey. Haciendo acopio de sus últimas fuerzas, David llamó al sumo sacerdote Sadoc, e hizo que ungiese a Salomón como rey. Cuando el usurpador Adonías conoció la decisión de David, corrió al tabernáculo en busca de clemencia. Salomón le aseguró que nada le pasaría y lo despachó a su casa.

David mandó reunir a todos los líderes de la nación y al tenerlos presentes, les dio un solemne cargo a ellos y a su hijo Salomón, el nuevo rey. Con gran dignidad y reverencia le dio a Salomón los planos para el templo de Jehová, y los materiales que él había reunido para la construcción. Después hizo una oración de acción de gracias por Salomón, y todo el pueblo celebró una gran fiesta. A Salomón lo ungieron rey por segunda vez, y Sadoc nombrado sumo sacerdote. Debido a la rápida y enérgica decisión de David, coronaron al nuevo rey contando con todo el favor y la simpatía del pueblo. "Y Jehová engrandeció en extremo a Salomón a ojos de todo Israel, y le dio tal gloria en su reino, cual ningún rey la tuvo antes de él en Israel" (1 Crónicas 29:25).

II. EL HOMBRE DE ESTADO: LOS PASOS HACIA LA GLORIA

En los primeros años de su reinado, Salomón fue toda una promesa. Parecía ser un monarca humilde y sabio, cuya mayor preocupación era el bienestar de su pueblo. Cuando estuvo firmemente establecido en el trono, prestó atención a muchos proyectos, los cuales contribuyeron a la gloria de su reino. Pero, aunque el joven rey mostraba cualidades de estadista al conquistar a sus enemigos y negociar alianzas, y se embarcaba en grandes proyectos de construcciones, y aumentaba el comercio y fortalecía la organización interna, su obra no resultó ser duradera. Decisiones equivocadas y pecaminosas fueron minando los fundamentos de la nación y finalmente la llevaron al colapso.

A. Las dificultades iniciales del reinado de Salomón (1 Reyes 2:13-46)

La acción decisiva de David había asegurado el trono para Salomón, pero en los primeros días de su reinado tuvo mucha dificultad y oposición. El problema principal era Adonías y su desenfrenado deseo de llegar a ser rey. Este príncipe y sus principales colaboradores, Joab y Abiatar, fueron por fin ejecutados y el reino tuvo tranquilidad.

1. El segundo complot de Adonías

Poco después de la muerte de David, Adonías renovó sus esfuerzos para apoderarse del trono. Lo ayudó en este complot Joab, el más distinguido jefe militar, y por Abiatar, sumo sacerdote. Les pareció a todos que sería fácil derrocar al joven rey.

La primera etapa de la conspiración consistía en el casamiento de Adonías con Abisag, la joven doncella de David. Esta hermosa joven, que había sido escogida por su belleza para asistir a David en su edad senil, era nativa de Sunem, un pueblo del norte en la llanura de Esdraelón. Era legal y nominalmente esposa de David, aunque en verdad no había sido más que su enfermera (1 Reyes 1:1-4). Según la costumbre de la época, las esposas de un rey pasaban a manos de su sucesor, de modo que si Adonías se casaba con Abisag, tenía derecho a reclamar el trono.

Para obtener este fin, Adonías fue a ver a Betsabé, y le pidió que intercediera por él ante Salomón para que le diera la joven por esposa. Cuando la reina madre presentó el pedido a Salomón, este lo interpretó como un intento de apoderarse del trono. Salomón dijo que esta pretensión le costaría la vida a Adonías. La amenaza se cumplió rápidamente por Benaía, capitán de la guardia, quien dio muerte a Adonías, por orden del rey.

2. La ejecución de Joab

Pronto le llegó la noticia de la muerte de Adonías a Joab, quien corrió a refugiarse en el antiguo tabernáculo de Gabaón. Cuando Salomón supo esto, envió a Benaía, para que matase también al anciano general. El arrojado Benaía no quería quitarle la vida en aquel lugar sagrado, pero el insistente Salomón lo conminó a ello. Entonces fue y ejecutó al viejo y sanguinario guerrero. Así halló Joab la misma muerte que él había dado a muchos.

3. Un sumo sacerdote rechazado

Después de castigar con la muerte a Adonías y Joab, Salomón mostró misericordia con Abiatar, el sumo sacerdote. No lo mató, a causa de la vieja y prolongada amistad que lo había unido con David. Pero le quitó su investidura y lo confinó a su pueblo natal Anatot, situado a 5 km. al noreste de Jerusalén.

Con la expulsión de Abiatar del sacerdocio, se cumplió la advertencia que Dios había hecho sobre la casa de Elí, más de un siglo antes (1 Samuel 2:27-36). La casa de Elí fue rechazada por su infidelidad. Aunque el decreto divino pareció retrasarse muchos años, al fin se cumplió literalmente.

4. La muerte de Simei

Simei, el benjaminita que había maldecido a David el día que iba huyendo de Absalón, lo pusieron bajo vigilancia estricta. Se le ordenó no abandonar Jerusalén bajo ninguna razón. El día que violase esta prohibición pagaría con su vida. Simei desobedeció la prohibición tres años después y también lo ejecutaron.

B. Salomón pide sabiduría (1 Reyes 3–4; 2 Crónicas 1:1-12)

Habiendo eliminado a todos los contendientes por el trono, Salomón fue en procesión solemne hasta el altar en Gabaón, situado como a 8 kms. de Jerusalén, donde todavía estaba el antiguo tabernáculo. El rey celebró aquí un elaborado festival religioso, donde sacrificó más de 1,000 animales, en el venerable y sagrado altar que Bezaleel había construido casi cinco siglos antes.

1. El sueño de Salomón

Esa misma noche, con el futuro del imperio en mente y gratitud en su corazón, Salomón tuvo un sueño. Dios se le apareció, y le dijo que pidiese lo que quisiese, y él se lo daría. Dejando a un lado pequeños intereses personales, Salomón pidió sabiduría y conocimiento para poder gobernar al pueblo. Por haber hecho esta petición tan atinada, Dios concedió a Salomón más sabiduría que a ningún otro hombre, en el pasado o en el futuro (1 Reyes 3:12). Además le prometió riquezas y honores que él no había pedido.

Salomón despertó y comprendió que era un sueño. Empero, reconoció que Dios le había hablado de esa forma. Volvió desde Gabaón hasta el altar en el monte Sion, donde ofreció nuevos sacrificios y acciones de gracias, celebrando una gran fiesta en señal de gratitud (1 Reyes 3:15).

2. La sabiduría de Salomón

Después del sueño en Gabaón, Salomón dio una muestra extraordinaria de sagacidad. Al volver a Jerusalén se confrontó con un problema difícil de resolver. Dos mujeres llegaron ante el rey trayendo a sus pequeños hijos, uno vivo y el otro muerto. Cada una reclamaba al niño vivo como propio. Salomón mandó a uno de sus soldados que cortara en dos al niño vivo, y que le diera una mitad a cada madre. Entonces la verdadera madre del niño dio un grito desgarrador: "¡Ah, señor mío! dad a ésta el niño vivo, y no lo matéis". Este gemido reveló quién era la verdadera madre, y a ella se le entregó el niño.

Pero la sabiduría de Salomón fue más allá de la perspicacia para tratar asuntos diarios. También tuvo conocimientos científicos y talentos literarios (1 Reyes 4:29-34). Se le acreditan 3,000 proverbios, de los cuales solo una pequeña parte ha llegado hasta nosotros. Una producción literaria tan prolija, realizada en medio de sus deberes de estado y trabajos de construcción, revela una mente extraordinariamente vigorosa y activa.

C. Alianzas extranjeras (1 Reyes 3:1; 5:1-18)

Israel había sido llamado a ser un pueblo diferente y separado. Dios se había propuesto ser el único líder de los israelitas. Se había propuesto aumentarlos, prosperarlos y enriquecerlos. Pero el pueblo, por su deseo de tener un rey, había preferido a un monarca en lugar de Dios. Ahora este rey buscaba seguridad y prosperidad formando alianzas con otros pueblos de la tierra.

1. Egipto

La primera de esas alianzas fue con Egipto. El poderío de Egipto estaba en decadencia, y los días de su gloria habían pasado, pero todavía era una potencia modelo por su orden, su programa de edificación y su poderío militar. El relato bíblico describe esta alianza como el primer acto de la política exterior de Salomón (3:1), quien consolidó su posición casándose con una hija del Faraón de Egipto. Este casamiento significó no solo un alejamiento de la tradición de los judíos, sino también un cambio de las costumbres egipcias, ya que estos nunca daban sus hijas en casamiento a los extranjeros. Por lo tanto, debemos razonar que este casamiento fue un acto político de alto nivel, conveniente a ambos estados[2]. Salomón trajo a su esposa a la ciudad de David, donde mandó construir un palacio para ella, cerca del templo. Con esta alianza se eliminó un enemigo potencial en la frontera sur.

2. Fenicia

En el norte no fue necesario un cambio de política, porque ya Salomón había formado una sólida amistad con el rey fenicio Hiram I, quien vivía en Tiro. Hiram I y Salomón eran espíritus parecidos. Ninguno de los dos tenía espíritu guerrero. Ambos se deleitaban en la edificación metódica, en avances artísticos, estabilidad política y progreso económico. Aunque los viajes de sus barcos mercantes lo habían hecho sumamente rico, Hiram tenía necesidad de grano, frutas, aceite y vino de Palestina. Para Salomón la alianza significaba asegurarse de que siempre tendría excelentes albañiles, carpinteros y materiales para llevar adelante su programa de construcción. De acuerdo a una antigua tradición, los lazos de amistad entre ambos reyes se consolidaron con el casamiento de Salomón con una hija de Hiram.

D. Salomón, el gran constructor (1 Reyes 7:1-12; 9:15-19)

Salomón disfrutaba la pasión de construir que era tan característica en muchos reyes de la antigüedad. Su obra maestra fue el templo, pero también supervisó la construcción de las murallas de la ciudad, palacios para él y sus esposas, y hasta ciudades enteras (9:17-19).

1. El templo y el palacio

Primero vino la construcción del templo, que había sido planeado por David, pero que no se le había permitido edificar. Luego vino la construcción de un palacio magnífico, la cual requirió 13 años (7:1). El antiguo palacio del monte Sion parecía del todo inadecuado para un déspota oriental del porte de Salomón. La parte principal del nuevo palacio era una gran sala de recepciones, llamada "la casa del bosque del Líbano".

Enfrente de este notable edificio había un pórtico impresionante que medía 22,5 metros de largo por 13,5 de ancho. Como estaba formado por una serie de columnas era llamado "pórtico de columnas". Junto a él se alzaba el pórtico propiamente dicho, que servía como sala del trono y el pórtico del juicio. Estaba enmaderado todo con cedro, y era la puerta del rey, desde donde Salomón administraba justicia. En esta sala estaba el trono real, que fue la maravilla de su época. Separado de esta estructura por un patio, se alzaba el palacio, o residencia real.

2. Edificaciones militares

Jerusalén estaba fortificada tan sólidamente que no presentaba ningún punto vulnerable en todo el perímetro de la ciudad (1 Reyes 11:27). Salomón había protegido sus dominios por una cadena de fuertes, edificado cada uno en los puntos de mayor acceso.

La fortificación de la antigua capital cananea Hazor, al pie del Líbano (Jueces 4:6) prestaba seguridad a Neftalí y el norte, de cualquier ataque de Rezín, rey de Damasco. Gezer, la ciudad que había conquistado el Faraón, y que este le había dado, protegía los dominios de Salomón al oeste de Efraín (1 Reyes 9:16). Las murallas de Bet-horón, dominaban uno de los pasos naturales de Jerusalén, en tanto que Baalat, en las fronteras de Dan, vigilaba a los filisteos. Salomón también edificó varias ciudades para almacenar provisiones, y ciudades para sus soldados de caballería y los caballos. El imperio de Salomón se extendía desde el desierto de Arabia hasta el Mediterráneo, y desde Egipto hasta Siria.

E. El comercio de Salomón (1 Reyes 10:14-29; 2 Crónicas 9:13-28)

Nada es más notable en el reino de Salomón que el súbito e inmenso comercio exterior que se desarrolló, tanto por mar como por tierra.

1. Comercio terrestre

El comercio terrestre con Tiro se basó mayormente en las necesidades que surgieron del programa de construcciones de Salomón. Él no hubiera podido edificar ni el templo ni los palacios sin la ayuda de los expertos ebanistas y fundidores de Fenicia. Los tirios surtieron de vestidos escarlatas a todos los reyes del mundo. La plata, el oro y el cobre fueron los productos en que se basó su comercio. Ellos recibieron en cambio los productos agrícolas de Israel.

Otra base del comercio terrestre de Salomón se efectuó con la misteriosa Arabia. Sin duda, de este fabuloso país procedieron las especias que fueron tan populares en Jerusalén durante todo este período. De Arabia vinieron también gran parte de las joyas reales y las piedras preciosas.

Egipto llegó a ser un factor vital en el comercio exterior de Salomón. El mayor comercio con Egipto fue en carros y caballos, por los cuales era famosa la tierra de los faraones. El comercio se efectuaba por largas caravanas. Salomón mantenía un enorme establo para los 4,000 caballos de sus 1,400 carros, y caballos de ataque para sus 12,000 soldados de caballería (9:25). Se hallaron grandes establos en Meguido[3], en recientes excavaciones, que confirman el interés del rey por los caballos. Lo que sobraba de estos caballos y carros se vendía a los reyes hititas y arameos con una buena ganancia.

2. Comercio marítimo

La empresa comercial de Salomón se extendía también por el mar. Había construido una flota de barcos en Ezión-geber, un brazo del mar Rojo. Desde este puerto comenzó un lucrativo comercio con Ofir, probablemente en el sur de Arabia, desde donde trajo madera de sándalo y piedras preciosas, y entre 420 y 450 talentos de oro anualmente (1 Reyes 9:28; 2 Crónicas 8:18).

Una flota real en el Mediterráneo iba con los barcos de Hiram a España, y retornaba cada tres años con oro, plata, marfil, monos y pavos reales (1 Reyes 10:22 y 2 Crónicas 9:21). Parece que Salomón concedió a Hiram el privilegio de comerciar con Ofir, a cambio del privilegio que le dio Hiram de comerciar con Tarsis.

Como resultado de su habilidad comercial y genio para los negocios, Salomón levantó a Israel a la cumbre de la riqueza y prosperidad. El historiador sagrado dice: "Hizo el rey que en Jerusalén la plata llegara a ser como piedras, y los cedros como cabrahigos de la Sefela en abundancia" (1 Reyes 10:27).

F. **En toda su gloria** (1 Reyes 4:7-8; 10:1-29)

La historia, la poesía y la leyenda se unen para describir la gloria de Salomón. Rodeado de un asombroso esplendor en pompa y ceremonia, dando rienda suelta a los deseos de su fantasía, Salomón provee el ejemplo clásico de un rey terrenal que alcanza su apogeo.

1. Apariciones públicas

Cuando a Salomón lo nombraron rey, apareció en público montando una mula, como lo había hecho antes David su padre. Pero después de su coronación nunca apareció en público sino en sus brillantes carrozas egipcias. Estas carrozas las tiraban rápidos caballos con magníficos arneses, y luego seguía un desfile de arqueros que cabalgaban en briosos caballos de guerra. Se seleccionaba a estos hombres para la guardia personal del rey por su estatura y su buena presencia. Lucían uniformes realizados con púrpura de Siria, sobre los cuales colgaban sus bruñidas armas.

2. Las fiestas del palacio

La riqueza y esplendor de las fiestas y celebraciones reales contribuyeron a la gloria de Salomón. Todos los vasos y demás vajilla del palacio eran de oro puro (10:21). "Y la provisión de Salomón para cada día era de treinta coros de flor de harina, sesenta coros de harina, diez bueyes gordos, veinte bueyes de pasto y cien ovejas; sin los ciervos, gacelas, corzos y aves gordas" (1 Reyes 4:22-23).

Sus siervos y mensajeros estaban vestidos con vistosos uniformes. Parece que Salomón tenía obsesión por el oro, y lo usaba abundantemente para forrar sus habitaciones y sus muebles. Además de los 300 escudos de oro que adornaban la sala grande del palacio, se veían por todas partes artísticos y preciosos objetos de oro, regalo de príncipes extranjeros y reyes tributarios.

3. La administración del reino

Para mantener un palacio como ese y dirigir una nación de esa clase se requería una eficiencia del más alto orden. Que Salomón poseía ese talento en grado sumo es obvio por el plan que hizo para proveer viandas adecuadas para la mesa real sistemáticamente.

Salomón dividió el país en 12 distritos, poniendo un administrador oficial a la cabeza de cada uno. Era deber de cada distrito enviar durante un mes todas las provisiones para el palacio. Los 12 gobernadores estaban bajo la supervisión de uno de los príncipes de la corte, Azarías, el hijo de Natán. Los nombres de estos oficiales y sus respectivos distritos figuran en 1 Reyes 4:7-19.

4. La renta anual de Salomón

"El peso del oro que Salomón tenía de renta cada año, era de seiscientos sesenta y seis talentos de oro; sin lo de los mercaderes, y lo de la contratación de especias, y lo de todos los reyes de Arabia, y de los principales de la tierra" (1 Reyes 10:14-15). Aunque no se conoce el valor exacto del talento hebreo, es posible estimar la renta de Salomón entre 15 y 20 millones de dólares anuales. Además de estos 666 talentos de oro, Salomón tenía otras muchas fuentes de ingreso. El escritor sagrado destaca: "Así excedía el rey Salomón a todos los reyes de la tierra en riquezas y en sabiduría" (10:23).

5. El trono real

No estaría completa la historia de la gloria de Salomón sin una descripción de su trono real. Estaba tallado en marfil y revestido de oro. Se ascendía a él por seis escalones. En cada escalón había dos leones de oro, uno a cada lado. Estos leones eran emblema de la tribu de Judá, y también de la soberanía. Los dos brazos del sillón del trono estaban guarnecidos asimismo con leones tallados en oro. Los pies del rey descansaban sobre un estrado o banqueta de oro. Sobre este trono se sentaba el rey, vestido en púrpura o escarlata, para administrar justicia.

6. La visita de la reina de Sabá

Tan extraordinario como fue, el reinado de Salomón tuvo que alcanzar su punto culminante. Este fue la visita que le hizo la reina de Sabá, o como es llamada en el Evangelio de Mateo, "la reina del Sur". Sabá era un país al sur de Arabia, en el estrecho de Bab-el-Mandeb, a la entrada del mar Rojo.

Esta mujer era una gran reina en su propio país, y tenía orgullo de su corte y su capital. Pero cuando oyó la sabiduría de Salomón, y vio "la casa que había edificado", y el trabajo de sus ministros y siervos, admitió que: "... ni aun se me dijo la mitad; es mayor tu sabiduría y bien, que la fama que yo había oído" (10:4-7).

La visita terminó con un trueque de costosos presentes. La reina ofreció a Salomón "ciento veinte talentos de oro, y mucha especiería, y piedras preciosas; nunca vino tan gran cantidad de especias, como la reina de Sabá dio al rey Salomón" (10:10). En retribución a su generosidad, Salomón dio a la reina "todo lo que ella quiso, y todo lo que pidió, además de lo que Salomón le dio" (10:13).

III. EL TEMPLO: LA BASE DE LA FE NACIONAL

El templo es el objeto más sagrado de los judíos, y el tema más prominente en toda su literatura. Durante muchos siglos ejerció una profunda influencia en la vida de los israelitas. Tan pronto como hubo reyes y palacios, pareció incongruente que el arca de Dios estuviera en pequeños recintos de madera o bajo tiendas de tela. David había hecho planes para edificar el templo en sus días, pero ese caro sueño no le fue permitido. Como dice Farrar:

> La voz de Natán solo interpretó para él su propio sentido de indignidad religiosa, cuando asignó la erección de la casa de Dios a un hijo, cuya vida tuviese menos fallas morales, y sus manos estuviesen menos manchadas de sangre.[4]

A. Edificando el templo (1 Reyes 5–6; 7:13-51; 2 Crónicas 2–6)

David había hecho toda preparación posible para la edificación del templo. Había reunido albañiles y cortadores de piedra, de madera y de metales, y tenía un cuantioso fondo de construcción. Antes de morir encomendó a Salomón llevar a cabo la obra, cosa que Salomón hizo con entusiasmo.

1. El lugar del templo

El lugar escogido para el templo fue el monte Moriah, en Jerusalén. En ese lugar se levanta ahora la mezquita de Omar. En este mismo lugar, siglos antes, Abraham había levantado el altar para sacrificar a Isaac. Después de los tiempos de Abraham, el monte cayó en poder de los amorreos, cuya ciudad principal, Jebús, ocupaba una colina al oeste del Moriah.

Cuando David conquistó a los jebuseos, el lugar quedó dentro de la ciudad de Jerusalén. David edificó allí un altar que luego se usó durante muchos años. Al edificar el templo en este lugar, Salomón no hizo otra cosa que cumplir los deseos de sus padres. Tuvieron que nivelar un amplio lugar para el templo y sus cortes adyacentes, así que Salomón llenó los lugares bajos con enormes piedras, de siete a diez metros de longitud. En algunos lugares llenaron hasta 50 metros con piedras. El lugar ha sido perfectamente identificado y permanece casi igual hasta hoy día, después de 3,000 años[5].

2. El valor del material y el costo de construcción

Se estima que el costo de la edificación del templo de Salomón fue más del doble de la deuda total de la primera Guerra Mundial. Este solo dato basta para imaginar la gigantesca cantidad de dinero y de trabajo que se empleó para edificar el templo. El pródigo uso que se hizo del oro, y las cantidades de otros metales y materiales que se usaron, son casi increíbles[6]. Pero en los tiempos de Salomón todo estaba hecho de oro, la "plata... no era apreciada" (1 Reyes 10:21).

Al valor incalculable del oro y la plata, hay que agregarle "bronce y hierro, sin medida, porque es mucho" (1 Crónicas 22:14). Había también piedras preciosas, piedras de ónix, piedras semipreciosas, marfil, mármol, madera, lino fino, telas, pieles, etc. El salario que se pagó a los obreros agrega mucho más al costo total del templo finalizado[7].

3. Materiales usados en el templo

La piedra que se usó para la construcción se obtuvo parcialmente de las montañas del Líbano; otra parte salió de las canteras del monte Moriah, y otra parte aun, según una tradición de la Misná, de las cercanías de Belén[8], donde se encuentra una piedra caliza, blanca, a veces llamada "mármol de Jerusalén". La Biblia dice: "Y cuando se edificó la casa, la fabricaron de piedras que traían ya acabadas, de tal manera que cuando la edificaban, ni martillos ni hachas se oyeron en la casa, ni ningún otro instrumento de hierro" (1 Reyes 6:7). La crónica de Josefo dice como sigue:

> Toda la estructura del templo se hizo hábilmente de piedras pulidas, y estaban unidas con tal armonía y exactitud que parecía al observador que no había ningún signo de martillo o de algún instrumento de arquitectura, como si, sin hacer uso de ellas, todo el material se hubiera unido por sí solo[9].

Hacia afuera de las murallas de la ciudad, al norte y al oeste del lugar del templo, existían canteras subterráneas muy vastas que se extendían por debajo de la ciudad. Estas enormes cavernas se las conocían como "las canteras reales". Fueron descubiertas accidentalmente en 1855. La entrada está a unos 50 metros al este de la puerta de Damasco. La caverna más grande tiene cerca de 250 metros de largo por 30 de ancho y de 10 a 15 de alto. La gran cantidad de fragmentos de piedra hallados en la cantera, indica que las piedras no solo fueron extraídas de allí, sino también canteadas y pulidas ahí mismo, tal como lo da a entender el relato bíblico[10].

Esta inmensa cantidad de piedra, y los troncos de cedro del Líbano proveyeron todo el material pesado de construcción. Estos cedros se obtuvieron con el permiso de Hiram, de los bosques que cubrían las laderas de las montañas del Líbano. La labor que requería cortar esos árboles en las montañas; conducirlos por varias decenas de kilómetros hasta el mar; atarlos unos con otros para formar balsas; transportarlos por agua una distancia de más de 100 kms., bajando la costa del Mediterráneo; levantarlos por sobre los acantilados de Jope; cargarlos otros 60 kms. por tortuosos caminos hasta llevarlos a Jerusalén y luego aserrarlos a mano para su uso específico, es una tarea que se compara a la edificación de las pirámides de Egipto.

La belleza de la madera del cedro, su persistente fragancia, y sobre todo su durabilidad, la hacía un valioso material de construcción para el templo. Además de cedro, Salomón usó pino, olivo y sándalo. Los metales usados para el edificio, los muebles y los ornamentos fueron oro, plata, bronce y hierro.

4. Los obreros

Los hijos de Israel habían sido primero esclavos, después nómadas, y luego agricultores y guerreros. Nunca habían sido capaces de adiestrar los obreros que pudieran construir un edificio tan complicado. Por eso Salomón, aprovechando su larga amistad con Hiram, logró que este enviara obreros expertos de Tiro y Sidón.

El ingeniero principal fue un hombre llamado también Hiram de Tiro, a quien no hay que confundir con el rey del mismo nombre. Era hijo de una viuda de la tribu de Neftalí (1 Reyes 7:13-14), y su padre era un hombre de Tiro. Se lo describe como un hombre "el cual sabe trabajar en oro, plata, bronce y hierro, en piedra y en madera, en púrpura y en azul, en lino y en carmesí; asimismo sabe esculpir toda clase de figuras, y sacar toda forma de diseño que se le pida" (2 Crónicas 2:14). Un hombre extraordinariamente dotado de sabiduría y conocimiento por naturaleza, estaba capacitado providencialmente para la gran tarea que se le encomendaba.

5. El plano del templo

El templo, en conjunto, consistía en una serie de terrazas sobre el monte Moriah. El punto más alto estaba coronado por el gran pórtico, el templo propiamente dicho, y por un edificio de tres pisos en dos lados y la parte posterior. La primera terraza, que rodeaba el monte, era un rectángulo de 500 m. de largo por 250 m. de ancho.

Todo el esplendor del templo estaba concentrado en su interior. La única decoración exterior la constituían dos inmensas columnas de cobre, a la izquierda y a la derecha de la entrada. Cada una tenía una altura de 11 m., un poquito más baja que el edificio. Se asemejaban a un alto poste, en cuyo tope estaba colocado un vaso de cobre o bronce, del cual salían hojas de lirio, que parecían estar sujetas por un tejido de cobre. Rodeando este tejido había dos cadenas, cada una con 100 granadas esculpidas.

Una espaciosa puerta conducía a un cuarto de cinco metros de profundidad por diez de ancho. Este cuarto estaba desprovisto de muebles por completo, para sugerir una preparación espiritual antes de entrar al lugar santo. En el centro de la pared que daba frente al pórtico o vestíbulo, se encontraba una magnífica puerta de dos hojas, destellando con los más brillantes colores y atrayendo todas las miradas. Tenía cinco metros de ancho, construida de madera de ciprés y decorada con flores esculpidas, palmas, querubines, y recubierta con láminas de oro. Conducía al lugar santo.

6. El lugar santo

Solo los sacerdotes que estaban ejerciendo su oficio tenían derecho de entrar al lugar santo. Era exactamente el doble de largo que de ancho, 20 metros por 10, todo forrado, de modo que no se veía ni una piedra. Las paredes estaban recubiertas con cedro, la madera más fina que se podía obtener, y era famosa por su fragancia. Aquí también se había hecho una labor de grabado y escultura, palmas, flores y querubines, todo laminado con oro. El piso estaba confeccionado de madera de ciprés, para que los sacerdotes, que caminaban descalzos, no rompieran el silencio con el sonido de sus pasos.

A uno de los lados había una mesa de metro y medio de alto por noventa centímetros de ancho, con los cuernos característicos de un altar para sacrificios. Era el altar del incienso, ricamente laminado de oro. Cerca de él existía otra mesa, también laminada de oro, con los doce panes llamados "de la proposición". A cada lado del altar de incienso había cinco candeleros de oro montados en sus bases, cuya luz brillaba noche y día.

7. El lugar santísimo

Detrás del lugar santo estaba el *sanctum sanctorum* o lugar santísimo, llamado a veces el oráculo. Era un cubo perfecto y tenía diez metros de largo por diez de alto y diez de ancho. En este santuario interior había dos querubines, labrados en madera recubierta de oro, que se alzaban hasta la mitad de la altura del cuarto. Las alas de estos querubines estaban extendidas, de manera que las puntas de las alas del lado de afuera tocaban las respectivas paredes, y las puntas de las alas interiores se tocaban. Bajo las alas de estos querubines y protegida por ellas descansaba una sencilla caja de madera, el arca, que contenía las tablas de piedra de Moisés. Todo el esplendor del lugar santísimo y del lugar santo, y del resto del templo fue diseñado para albergar esta pequeña arca y las tablas de piedra.

B. La dedicación del templo (1 Reyes 8; 2 Crónicas 7)

El templo se dedicó durante el tiempo de la cosecha, cuando se celebraba la fiesta de los tabernáculos. A los ancianos de todas las tribus y a los líderes del pueblo se los invitó a venir a Jerusalén. También hubo muchos invitados de tierras extranjeras. Para recalcar la importancia nacional de este acontecimiento histórico se dio énfasis a la organización tribal de Israel.

Cuando el arca al fin descansó en su sitio definitivo dentro del lugar santísimo, se ofrecieron innumerables sacrificios. En el mismo instante, "la casa se llenó de una nube, la casa de Jehová. Y no podían los sacerdotes estar allí para ministrar, por causa de la nube; porque la gloria de Jehová había llenado la casa de Dios" (2 Crónicas 5:13-14).

1. La oración de Salomón

Salomón, al igual que su padre David, asumió tanto el oficio de sumo sacerdote como el de rey, y procedió a bendecir a la congregación de Israel que estaba de pie reverentemente delante de él. Finalizadas sus palabras de bendición, Salomón fue al macizo altar, y allí, en vez de la postura habitual de pie que se usaba para la adoración, Salomón se arrodilló (1 Reyes 8:54), la primera vez que se menciona esta postura en la Biblia.

Levantando sus manos al cielo, elevó una oración de rara sublimidad y fervor. Pidió que cuando la nación o sus ciudadanos atravesaran por dificultades, en su propia tierra o en tierras extranjeras, Dios oyera el clamor de su pueblo desde su alta morada. Así se lee:

> Cuando Salomón acabó de orar, descendió fuego de los cielos, y consumió el holocausto y las víctimas; y la gloria de Jehová llenó la casa. Y

no podían entrar los sacerdotes en la casa de Jehová, porque la gloria de Jehová había llenado la casa de Jehová (2 Crónicas 7:1-2).

2. Significado de la oración de Salomón

La oración que ofreció Salomón en la dedicación del templo es notable por la comprensión que revela de la grandeza e infinitud de Dios. Este hombre sabio estaba consciente del hecho que Dios no puede habitar en moradas terrenales, porque "... los cielos, los cielos de los cielos, no te pueden contener; ¿cuánto menos esta casa que yo he edificado?" (1 Reyes 8:27). Este conocimiento de la naturaleza de Dios es una prueba irrefutable contra las aseveraciones de los críticos modernos que dicen que Israel no tuvo un concepto claro de Dios como el Ser Supremo, sino hasta el siglo VIII a.C. Aquí no hay una orgullosa referencia a un dios tribal, sino un humilde reconocimiento del Dios universal.

La oración de dedicación revela también un concepto exaltado de compañerismo y comunión con Dios. Salomón se asombra de que el Dios Todopoderoso, que es más grande que todo el universo, condescienda a tener comunión con el hombre. Partiendo de este concepto de un Dios benigno y universal, Salomón reconoce que cualquier alejamiento de los preceptos de Dios ha de traer como consecuencia un pronto castigo y la desaparición (1 Reyes 8:31-32).

3. La fiesta de dedicación

Como culminación de esta fiesta de dedicación, Salomón anunció una fiesta que duraría 14 días, y que en realidad fue parte de una gran ofrenda de animales. Se sacrificaron en total 22,000 bueyes y 120,000 ovejas. Como solo una pequeña parte de la carne de los animales se ofrecía en el altar, el resto se repartía al pueblo para que participara y se regocijara en la fiesta sagrada.

IV. PIEDRAS DE TROPIEZO Y CAÍDA

Con la visita de la reina de Sabá, el esplendor externo del reino de Salomón llegó a su apogeo. En esos días su estrella de rey parecía brillar refulgente en un cielo sin nubes. Después de la visita de la soberana, el lujo y el esplendor continuaron por un breve período. Sin embargo, dos males mortales que conducían a otros, asechaban detrás del brillo superficial de la corte. Esos dos males eran la maldición de la poligamia y la maldición de la dictadura. Ambos trajeron la ruina espiritual del rey y de su pueblo.

Sin duda alguna Salomón conocía las condiciones sobre las cuales descansaba su prosperidad, porque recordó al pueblo, cuando hizo su oración: "Sea, pues, perfecto vuestro corazón para con Jehová nuestro Dios, andando en sus estatutos y guardando sus mandamientos, como en el día de hoy" (1 Reyes 8:61). Pero una cosa es conocer y otra es hacer. Como alguien dijo: "Una cosa es tener una vívida comprensión de una verdad en la juventud, o en circunstancias particularmente solemnes, y otra cosa es tenerla en los años maduros de la existencia o en circunstancias ordinarias de la vida"[11]. Las grandes verdades son generalmente olvidadas o ignoradas en medio de las distracciones y seducciones de la vida.

A. Los pecados de Salomón (1 Reyes 10:23–11:8)

La ley de Moisés prohibía expresamente tres cosas al rey teocrático (Deuteronomio 17:14-20). Salomón violó estas tres prohibiciones en forma deliberada y contumaz, y en gran escala.

1. Se le había prohibido multiplicar caballos

Los caballos eran el símbolo y señal del militarismo. Israel estaba destinado a ser un pueblo de paz. También, para adquirir caballos, era necesario comerciar con Egipto, y Dios había dicho: "No volváis nunca por este camino" (Deuteronomio 17:16). El tráfico de caballos que Salomón inició, y las ganancias que obtuvo vendiéndolos a reyes heteos y sirios, es uno de los hechos más notables de su comercio terrestre.

2. Se le había prohibido amasar plata y oro

Esto podía lograrse solo a costa del empobrecimiento del pueblo. Pero como parte de su gloria Salomón hizo que la plata abundara en Jerusalén tanto como las piedras de las calles.

3. Se le había prohibido tomar numerosas mujeres

Esto, por el peligro que desviaran su corazón (Deuteronomio 17:17). En forma particular se prohibía el casamiento con mujeres extranjeras (Éxodo 34:11-16; Deuteronomio 7:3). "Pero el rey Salomón amó, además de la hija de Faraón, a muchas mujeres extranjeras; a las de Moab, a las de Amón, a las de Edom, a las de Sidón, y a las heteas" (1 Reyes 11:1). Algunos han sugerido que estos fueron matrimonios políticos, destinados a satisfacer la sed de poder y prestigio que devoraba a Salomón. Pero la Biblia dice: "A éstas, pues, se juntó Salomón con amor" (1 Reyes 11:2).

El número de esposas que tuvo Salomón no solamente es sin paralelo en la historia, sino casi increíble. Se dice que tuvo 600 esposas y 300 concubinas. Fue probablemente en la última década de su reinado, cuando

Salomón tenía más de 50 años, que apoyó abiertamente la religión pagana de sus esposas.

Se nos dice que Salomón "siguió a Astoret, diosa de los sidonios, y a Milcom, ídolo abominable de los amonitas" (1 Reyes 11:5), y que edificó dos lugares altos en el monte de los Olivos, uno para Quemos, y otro para Moloc (1 Reyes 11:7). El descubrimiento de un sello en Bet-el, que representa a Astoret, demuestra cuán difundida estuvo la idolatría en ese tiempo[12]. También está comprobado que Salomón hizo arreglos similares para sus otras mujeres extranjeras, que quemaban incienso a sus propios dioses (1 Reyes 11:8).

B. El desagrado divino (1 Reyes 11:9-40)

Salomón podía quebrantar los mandamientos de Dios sin compunción, pero no sin consecuencias. El lujo, la indolencia y la codicia habían hecho su obra en el corazón de los israelitas. La tierra estaba llena de plata y oro, y su tesorería rebosaba. El país estaba lleno de caballos y había una infinidad de carros. Pero también había ídolos y altares paganos. El desagrado divino fue el resultado inevitable.

1. Un profeta de juicio

Fue en estos tiempos que hizo su aparición un profeta llamado Ahías, conocido como el silonita. Dios envió a Ahías a Jeroboam, hijo de Nabat y Zerúa. Como se dice de Jeroboam que era "valiente y esforzado", se supone que se distinguió grandemente en la edificación de los baluartes alrededor de Jerusalén. A causa de su diligencia y habilidad había sido elevado a un alto cargo.

Cuando Jeroboam salía de Jerusalén lo abordó el profeta Ahías. El profeta llevó al joven oficial a un campo cercano. Tomando su propio manto lo rompió en doce pedazos de los que le dio diez a Jeroboam. Con esto quería significar que Dios iba a dividir el reino de Salomón, y que iba a dar a Jeroboam el mando de diez tribus. Después de afirmar que esta ruptura no sería en los días de Salomón, dijo que se debía a la idolatría del rey y de su casa.

2. Traición en la corte

Al parecer, Jeroboam no tuvo paciencia para esperar la muerte del rey. De algún modo "alzó su mano contra el rey". Seguramente el ambicioso Jeroboam había revelado a sus amigos la profecía de Ahías, y quiso apresurar la rebelión. El rey descubrió el complot y ordenó el inmediato arresto del traidor. Jeroboam se puso a salvo huyendo a Egipto, donde permaneció hasta la muerte de Salomón.

C. La muerte de Salomón (1 Reyes 11:41-43)

Porque Salomón se había olvidado de Dios, Dios se olvidó de él. Le advirtió que su hijo heredaría solo una pequeña porción de su reino. Pero aunque la totalidad de su castigo no se realizó inmediatamente, Salomón no escapó del castigo en su propia persona y este castigo vino en una forma que fue especialmente una vejación para el rey.

Su comercio disminuyó, su popularidad estaba empañada, y su cuerpo envejeció prematuramente. Entonces vino a ser presa fácil de enemigos que había desdeñado en sus días de poder. Carecía de poder para castigar a los que se levantaban contra él. Después de la rebelión de Jeroboam, la Escritura no dice nada de importancia respecto de Salomón. La historia de su reinado termina con las palabras: "Y durmió Salomón con sus padres, y fue sepultado en la ciudad de su padre David; y reinó en su lugar Roboam su hijo". Tenía probablemente 58 años cuando murió.

RESUMEN

La vida de Salomón puede dividirse en tres períodos. El primero, al principio de su reinado, cuando todavía era, en todo el sentido de la palabra, Jedidías el "amado de Jehová", y digno de su doble destino de monarca y edificador del templo. Parecía que Dios había derramado sobre él todos sus dones, especialmente sabiduría, belleza, gran inteligencia, nobles aspiraciones y un corazón comprensivo. A esto se agregaba una brillante habilidad para administrar todos los asuntos del reino.

En la segunda etapa de su vida, Salomón alcanzó la cumbre de su poder y gloria terrenal. Edificó el templo, con la fragancia de maderas preciosas, ornado de costosos metales y piedras preciosas. Edificó ciudades y palacios, unos tras otros. Su nombre era conocido por todo el mundo. Aun la magnífica reina de Sabá quedó maravillada cuando llegó a Jerusalén y vio la gloria de Salomón. En medio de todo este brillo, Salomón adquirió mujeres extranjeras.

En la tercera etapa de su historia, la gloria se evaporó. Hubo un colapso súbito. El oro se convirtió en escoria, la prosperidad se desvaneció, la pompa y la ceremonia se marchitaron. El constructor del templo se volvió idólatra y politeísta. El magnífico joven se convirtió con el tiempo en un anciano disoluto, débil y desilusionado. El príncipe bien amado se transformó en un tirano detestable.

Salomón tuvo una oportunidad sin igual para guiar a la nación por caminos de grandeza espiritual. Pero en lugar de aprovechar esas oportunidades, malgastó sus talentos y la riqueza de la nación, y la dejó madura para la división y el desastre.

LECTURAS RECOMENDADAS

W. Shaw Caldecott, *Solomon's Temple, Its History and Its Structure*, pp. 1-70.
F.W. Farrar, *Solomon, His Life and Times*, pp. 2-165.
Fleming James, *Personalities of the Old Testament*, pp. 149-65.
Charles Foster Kent, *A History of the Hebrew People*, pp. 169-206.
John Wesley Kelchner, *A Description of King Solomon's Temple and the Tabernacle in the Wilderness*, pp. 5-65.
Thomas Kirk, Solomon, *His Life and Works*, pp. 2-188.
Theodore H. Robinson, *A History of Israel*, pp. 239-65.
Frederic Thieberger, *King Solomon*, pp. 3-145.

PARA UN ESTUDIO MÁS COMPLETO

1. ¿Quiénes fueron algunos de los rivales de Salomón para ocupar el trono dejado por David?

2. Describa los sucesos que rodearon la coronación de Salomón.

3. ¿Qué lecciones se desprenden de la muerte de Joab?

4. ¿Qué importancia tuvo la decisión de Salomón de pedir sabiduría?

5. A pesar de su gran sabiduría Salomón fracasó. ¿Hay algún don superior a la sabiduría?

6. Comente las diversas áreas en las que Salomón demostró sus cualidades de líder. ¿En cuál de ellas sobresalió?

7. ¿Por qué no le fue permitido a David edificar el templo? ¿Cuál fue su contribución a la construcción del mismo?

8. ¿Qué contribución hicieron otras naciones a la edificación?

9. Comente la importancia de la construcción del templo.

10. ¿Solo a quién le estaba permitido entrar al lugar santísimo? ¿En qué ocasiones?

11. ¿Con qué otras grandes construcciones antiguas se puede comparar el templo?

12. ¿Tiene algún significado la diferencia de años que fueron necesarios para edificar el templo y el palacio?

13. Cuando el culto a Jehová pasó del tabernáculo al templo, la adoración se hizo más formal y ceremonial. ¿Es posible ser formal y espiritual a la vez? ¿Hay algunos peligros en la adoración informal?

14. Lea la oración de Salomón al dedicar el templo (1 Reyes 8:26-54), y comente sus ideas religiosas.

15. ¿Por qué se edificó el templo en el monte Moriah?

16. Dé algunos ejemplos de la prosperidad de Salomón. ¿Puede una persona vivir en el lujo y la opulencia y poseer profunda espiritualidad?

17. ¿Cuándo alcanzó Salomón la cúspide de su poder y prosperidad?

18. ¿Qué edad tenía Salomón cuando comenzó a mostrar signos de decadencia espiritual apoyando la idolatría? ¿Tiene cada edad problemas particulares?

19. ¿Qué pecados específicos cometió Salomón? ¿Qué parte tuvieron esos pecados en su declinación espiritual?

20. ¿Cuál cree usted que fue la medida del éxito de Salomón?

NOTAS BIBLIOGRÁFICAS

[1] F.W. Farrar, Solomon, *His Life and Times*, p. 12.
[2] Frederic Thieberger, *King Solomon*, p. 196.
[3] Jack Finegan, *Light from the Ancient Past*, p. 152.
[4] Farrar, *op. cit.* p. 72.
[5] Percy H. Sykes, *A Brief History of King Solomon's Reign*, p. 30.

[6] John Wesley Kelchner, *A Description of Solomon's Temple*, p. 5.

[7] Sykes, *op. cit.*, p. 31.

[8] Ernest C. Stinson, *The Temple of King Solomon*, p. 68.

[9] William Whiston, trad., *The Works of Flavius Josephus*, p. 244.

[10] Stinson, *op. cit.*, p. 69.

[11] Thomas Kirk, *Solomon: His Life and Works*, p. 168.

[12] Joseph P. Free, *Archaeology and Bible History*, p. 173.

9
LA POESÍA HEBREA Y LOS SALMOS

El dulce cantor de Israel (2 Samuel 23:1).

Fuentes: Los salmos, con ejemplos de poesía que podemos encontrar en Génesis, Deuteronomio, Jueces, Job, Cantar de los Cantares, etc.

Para leer: Salmos 1; 8; 15; 19; 22–24; 27; 32; 34; 37; 40;46; 51; 63; 68; 78; 84; 91; 103; 116; 119; 121; 125; 139

Período: Indefinido (aproximadamente 1050–500 a.c.)

La tercera división mayor del Antiguo Testamento está compuesta de cinco muy importantes libros conocidos como libros poéticos y de sabiduría. Esos libros son: Job, Salmos, Proverbios, Eclesiastés y Cantar de los Cantares de Salomón. En este capítulo vamos a estudiar, después de un breve comentario sobre la poesía hebrea en general, el Libro de los Salmos, libro que es, fuera de toda duda, la más grande e inmortal expresión de las canciones religiosas.

I. POESÍA HEBREA

La experiencia religiosa que se siente profundamente, siempre ha encontrado expresión en imágenes y declaraciones poéticas. El lugar de preferencia que los himnos ocupan en la vida religiosa de nuestro tiempo es una prueba segura de ello. La poesía fue entre los hebreos un arte muy antiguo y jugó una parte vital en el desarrollo de la fe del Antiguo Testamento. Aunque la poesía hebrea alcanzó su punto culminante en el salterio de David y de los otros salmistas contemporáneos y los que le sucedieron, hay algunos ejemplos clásicos de expresión poética en edades muy primitivas.

A. Antiguas expresiones de poesía

El lamento de Lamec (Génesis 4:23-24) es el primer ejemplo de poesía que hallamos en el Antiguo Testamento. Data de la infancia de la humanidad. La profecía de Noé (Génesis 9:25-27) está expresada en forma poética. La bendición de Isaac (Génesis 27:27-29, 39-40), dirigida a sus dos hijos alcanza un alto grado de inspiración poética. Las predicciones de Jacob sobre la carrera futura de sus doce hijos y sus descendientes (Génesis 49:2-27) son ricas en sentimientos e inspiración poéticos.

La canción de Moisés y María (Éxodo 15:1-18, 21) es un himno bellísimo, que contiene palabras que más tarde se usaron en los salmos:

> *Jehová es mi fortaleza y mi cántico,*
> *Y ha sido mi salvación.*
> *Este es mi Dios, y lo alabaré;*
> *Dios de mi padre, y lo enalteceré* (v. 2)[1].

Moisés escribió también uno de los salmos, el 90. Las profecías de Balaam, cuando él vanamente intentaba maldecir a Israel, están escritas asimismo en forma de poesía (Números 23:7-10, 18-24; 24:3-9, 15-24). La despedida final de Moisés es un cántico bello (Deuteronomio 32:1–33:29). La orden de Josué al sol está en forma poética (Josué 10:12-13). El triunfo de Débora y Barac (Jueces 5:2-31), cantado en forma de poema épico, casi no posee parangón en la poesía de cualquier pueblo. La oración de Ana (1 Samuel 2:1-10) es una poesía de suma belleza:

> *Mi corazón se regocija en Jehová,*
> *Mi poder se exalta en Jehová;*
> *Mi boca se ensanchó sobre mis enemigos,*
> *Por cuanto me alegré en tu salvación.*
> *No hay santo como Jehová;*
> *Porque no hay ninguno fuera de ti,*
> *Y no hay refugio como el Dios nuestro (vv. 1-2).*

Pero no solo en el Pentateuco o en los libros históricos hay pasajes de rara belleza poética. Muchos de los libros proféticos también contienen pasajes escritos en la típica forma poética usada por los hebreos. El salmo de Ezequías (Isaías 38:10-20), las lamentaciones de Jeremías (Lamentaciones), la oración de Jonás (Jonás 2:2-9), y la oración de Habacuc (Habacuc 3:2-19), son buenos ejemplos de esos pasajes. Además de estos poemas, hay muchos pasajes en prosa que se alzan a las alturas de bellas imágenes poéticas.

B. Características de la poesía hebrea

La poesía bíblica se caracteriza por un ritmo de pensamiento, expresado en lenguaje gráfico. Este ritmo de pensamiento se distingue por un paralelismo básico que constituye su fundamento. Los elementos épicos y dramáticos no se encuentran muy a menudo. La poesía de la Biblia consiste de expresiones del genio espiritual de una nación cuya esperanza fundamental descansaba en su comunión con Dios.

1. Ritmo

La rima y el metro, en el sentido occidental, están ausentes en la antigua poesía hebrea. La poesía actual, con sus líneas de longitud medida, que consisten en un número fijo de unidades métricas, es más rítmica y musical, pero los salmos y otras poesías hebreas tienen un ritmo majestuoso de pensamiento que no ha sido superado por ninguna otra literatura.

El poema y el salmo hebreos se dividen en líneas casi de la misma longitud. Después, las líneas son arregladas en dísticos o pares, en tercetos, o en cuartetas, que a veces son llamados "versos". Estos versos pueden entonces ser combinados en estrofas, para formar todo un poema. El resultado es un equilibrio o ritmo de pensamiento, más que de sonidos o sílabas. Las líneas se arreglan de modo que el mismo pensamiento pueda expresarse en maneras diferentes, por repetición o amplificación, contraste o réplica.

La irregularidad del poema, o salmo, hebreo constituye un punto intermedio entre el orden estricto del metro por un lado, y la irregularidad aun mayor de la prosa musical por el otro. Pero esta irregularidad tiene su propia belleza y encanto. Davison la describe con estas palabras:

> El pensamiento no surge directamente, sino como si fuera por el "batir alternado de las alas"; o más bien, como el progreso de un pájaro, que avanza con una serie de vuelos en espiral, haciendo grandes círculos en el aire a medida que sube, o desciende gradual y suavemente en su nido sobre el maizal de abril.[2]

2. Paralelismo

Mucha de la belleza y cadencia del poema hebreo se debe al uso del paralelismo. Un ejemplo de esta característica es el pareado, o dístico, en el cual la primera línea expresa un pensamiento, que es repetido o equilibrado en la segunda, con algunas variaciones. Estos paralelismos están arreglados en varias formas, la más conocida de las cuales es la forma doble o dístico.

(a) Paralelismo sinónimo. En esta forma el mismo pensamiento se expresa en dos líneas paralelas, con la segunda línea haciendo eco, o ampliando la primera, y expresando virtualmente lo mismo con diferentes palabras. Esta es la forma más común de paralelismo, y se puede ver en los ejemplos siguientes:

> *Los cielos cuentan la gloria de Dios,*
> *y el firmamento anuncia la obra de sus manos* (Salmos 19:1).

> *Ada y Zila, oíd mi voz;*
> *Mujeres de Lamec, escuchad mi dicho:*
> *Que un varón mataré por mi herida,*
> *Y un joven por mi golpe* (Génesis 4:23).

> *Echó en el mar los carros de Faraón y su ejército;*
> *Y sus capitanes escogidos fueron hundidos en el mar Rojo* (Éxodo 15:4).

(b) Paralelismo sintético o constructivo. En esta clase de paralelismo la construcción de las dos líneas es similar, pero la segunda agrega una variación o suplemento al pensamiento. En esta forma de paralelismo, parte de la primera línea se amplía o se explica en la segunda. De este modo, solo una parte del primer verso es paralelo al segundo, y esto por vía de ampliación.

La ley de Jehová es perfecta, que convierte el alma;
El testimonio de Jehová es fiel, que hace sabio al sencillo (Salmos 19:7).

Yo sé que mi Redentor vive,
Y al fin se levantará sobre el polvo (Job 19:25).

El eterno Dios es tu refugio,
Y acá abajo los brazos eternos (Deuteronomio 33:27).

(c) Paralelismo analítico. En este tipo de paralelismo la segunda línea es una consecuencia de la primera. Lo que se implica en la primera línea se amplía y explica en la segunda.

Jehová es mi pastor;
Nada me faltará (Salmos 23:1).

Él es la Roca, cuya obra es perfecta,
Porque todos sus caminos son rectitud (Deuteronomio 32:4).

Mi porción es Jehová, dijo mi alma;
Por tanto, en él esperaré (Lamentaciones 3:24).

(d) Paralelismo antitético. En esta forma la segunda línea está en oposición y contraste directo con la primera.

Porque Jehová conoce el camino de los justos;
Mas la senda de los malos perecerá (Salmos 1:6).

Por la noche durará el lloro,
Y a la mañana vendrá la alegría (Salmos 30:5).

(e) Paralelismo tautológico. Aquí, por razones retóricas, las mismas palabras están exactamente, o casi exactamente repetidas.

¿Hasta cuándo los impíos,
Hasta cuándo, oh Jehová, se gozarán los impíos? (Salmos 94:3).

(f) Paralelismo de clímax. En esta forma, las mismas palabras se repiten para lograr efecto, y se construye gradualmente el pensamiento hasta alcanzar un clímax.

Venid, aclamemos alegremente a Jehová;
Cantemos con júbilo a la roca de nuestra salvación.
Lleguemos ante su presencia con alabanza;
Aclamémosle con cánticos.
Porque Jehová es Dios grande,
Y Rey grande sobre todos los dioses (Salmos 95:1-3).

(g) Otras formas de paralelismo. Mientras que el dístico, o verso de dos líneas, es la forma básica, con frecuencia se encuentran tercetos (trísticos) o versos de tres líneas. También se encuentran, aunque en forma ocasional, cuartetos y quintetos. Existe también una combinación de tres dísticos o dos tresillos o tercetos, en un verso de seis líneas. Un ejemplo de tresillo es muy conocido:

Bienaventurado el varón que no anduvo en consejo de malos,
Ni estuvo en camino de pecadores,
Ni en silla de escarnecedores se ha sentado (Salmos 1:1).

C. Las formas principales de la poesía hebrea

Hay tres formas principales de la poesía hebrea, que le son conocidas al estudiante de la Biblia. El más querido de todos, y el más frecuente es el tipo lírico o canción. Los salmos son mayormente poesías líricas, y muchos pasajes de las profecías y libros históricos son también poemas líricos. Aunque ya había poesía lírica desde antes de los tiempos de Moisés, la forma fue creciendo en sensibilidad y belleza hasta alcanzar su grado más alto con David, "el dulce cantor de Israel". Después de David, la poesía hebrea fue decayendo lentamente.

Además de poesía lírica, los hebreos produjeron la poesía didáctica o gnómica. Proverbios y Eclesiastés son ejemplos excelentes de este tipo de poesía. La poesía lírica es el deseo del poeta de comunicar sus sentimientos, la poesía didáctica conlleva el deseo de instruir. La poesía didáctica del Antiguo Testamento no se ocupa del pensamiento abstracto. Es más bien la expresión de observaciones acerca de la vida, y de enfoques del deber y el orden moral del universo.

Un tercer tipo de poesía es la poesía dramática, tal como se halla en Job, y, en menor grado, en Cantar de los Cantares. En la poesía dramática hebrea hallamos más movimiento de ideas que de personajes o hechos. El argumento se produce por un entrelazamiento de pensamientos. Por esto no son necesarios los escenarios o adornos externos.

II. EL LIBRO DE LOS SALMOS

Originalmente, el libro de los Salmos fue el himnario de la nación hebrea. Tanto la tradición de los judíos como el mismo título del libro indican que los salmos fueron una colección de himnos para alabar y adorar a Dios. El título hebreo es *Tehillim*, que significa "alabanzas", o cánticos de alabanza. Nuestro conocido título, "Salmos", viene de una palabra griega que significa literalmente "canciones expresadas en música". El término menos conocido, pero histórico, "Salterio", se deriva, casi letra por letra de la palabra griega para instrumento de cuerda, demostrando que estos poemas de aspiración espiritual fueron cantados con acompañamiento musical. En el Nuevo Testamento se le llama "el libro de los Salmos" (Lucas 20:42; Hechos 1:20), título que fue adoptado de la Septuaginta, y usado después comúnmente en la iglesia cristiana.

El libro de los Salmos no es solamente el himnario de la nación hebrea. Es el himnario de la Biblia y de la iglesia cristiana. La música y la religión son inseparables, porque cuando el hombre alcanza un estado de exaltación espiritual, en el cual se siente unido al eterno y todopoderoso Dios, entonces se expresa naturalmente en poesía y canciones. Y también, cuando está cargado de penas o culpas, su alma se derrama en canciones, expresando de este modo sus ansias, sus deseos y sus esperanzas.

Los salmos, canciones sagradas de los hebreos, son un espejo en el cual cada uno puede verse y examinarse, y ver reflejadas sus emociones. Por esto son tan importantes los salmos, porque no son solo una profunda revelación de la vida interior de los hebreos, sino también una pintura sorprendente de la vida espiritual más íntima de todos los seguidores sinceros de Dios. Como acertadamente lo dice Martín Lutero en su segundo prefacio al libro de los Salmos: "Aquí podemos mirar dentro del corazón de todos los santos".

Estas composiciones líricas sagradas, 150 en total, han ejercido durante siglos una gran influencia en la adoración de los judíos y los cristianos. Entre ellas hay cantos que vienen desde el tiempo de Moisés hasta el fin del período del Antiguo Testamento. La mayoría de los salmos son atribuidos a David, pero el problema de la fecha de composición y la paternidad literaria de cada salmo es todavía motivo de discusión entre los eruditos. No hay duda que la estructura de los salmos pasó por muchas modificaciones hasta adquirir su forma presente. Las verdades profundas y divinamente inspiradas de estos cánticos se relacionan con el arrepentimiento y la redención, la santidad y la pureza, la alabanza y la acción de gracias, el pecado y la retribución, Dios y la naturaleza, el orgullo de la nación y su misión histórica.

A. Origen y características de los salmos

El erudito bíblico inglés H. Wheeler Robinson escribe: "El libro de los Salmos es uno de los más importantes y al mismo tiempo uno de los más difíciles del Antiguo Testamento"[3]. Es uno de los más importantes por ser un reflejo de la religión judía en términos de experiencia personal y de un lenguaje vívido. Es también el más variado y diverso de los 39 libros del Antiguo Testamento, revelando la influencia de muchos procesos de desarrollo. Debido en parte a esta variedad, y en parte a la falta de referencias específicas a incidentes históricos, el libro es uno de los más difíciles de interpretar.

1. Los autores de los salmos

Quiénes son los autores de los salmos es un problema que ha inquietado por largo tiempo a los estudiosos de la Biblia. Pero "a pesar de las ingeniosas explicaciones de varias generaciones de eruditos bíblicos, el problema de los autores y la fecha de composición del Salterio, y de los propósitos o circunstancias bajo los cuales se escribieron los diversos salmos, todavía no ha sido resuelto"[4]. La tradición atribuye todos los salmos a David. Los eruditos liberales niegan la composición davídica de la mayoría de los salmos, y los fechan en el período después del exilio. Los eruditos conservadores le atribuyen a David la mayoría pero no la totalidad de los salmos.

Las inscripciones que aparecen al principio de los salmos atribuyen 73 de ellos a David, 1 a Moisés (90), 2 a Salomón (72, 127), 12 a Asaf (50, 73–83), 11 a los "hijos de Coré" (42–49, 84, 85, 87), 1 a Hemán (88) y 1 a Etán (89). Unos 49 son "salmos huérfanos", o sin nombre de autor. Al menos un pasaje escritural menciona a otros autores aparte de David. En 2 Crónicas 29:30 se lee: "Entonces el rey Ezequías y los príncipes dijeron a los levitas que alabasen a Jehová con las palabras de David y de Asaf vidente".

2. Divisiones de los salmos

El libro de los Salmos, en su forma presente, se divide en cinco secciones o libros. Cada sección termina con una doxología. El libro primero termina en el salmo 41, con las palabras:

Bendito sea Jehová, el Dios de Israel,
Por los siglos de los siglos.
Amén y Amén (v. 13).

El libro segundo (42–72), termina con una larga doxología:

Bendito Jehová Dios, el Dios de Israel,
El único que hace maravillas.
Bendito su nombre glorioso para siempre,
Y toda la tierra sea llena de su gloria.
Amén y Amén (vv. 18-19).

El libro tercero (73–89), termina con:

Bendito sea Jehová para siempre.
Amén, y Amén (v. 52).

El libro cuarto (90–106), cierra con:

Bendito Jehová Dios de Israel,
Desde la eternidad y hasta la eternidad;
Y diga todo el pueblo, Amén.

Aleluya (v. 48).

El salmo 150 constituye por sí mismo una doxología del libro quinto (107–150) y de todos los salmos. Termina con estas palabras:

Todo lo que respira alabe a JAH.

Aleluya (v. 6).

Aunque esta división no es original, es sin embargo muy antigua. Uno de los más viejos comentarios (la *Midras*), anterior a la tradición cristiana, comienza con una destellante comparación entre el legislador y el rey; entre los cinco libros de la *Torá* y los cinco libros de los Salmos; entre las bendiciones de Moisés y las bendiciones de David. La Septuaginta reconoce también esta quíntuple división de los Salmos[5].

B. Tipos de salmos

Tan variados y diversos como la vida misma, los salmos "han sido puestos juntos en la misma manera caleidoscópica de las experiencias de la vida"[6]. Dice Rowland E. Prothero:

> El libro de los Salmos contiene toda la música del corazón humano tocada por la mano de su Hacedor.

Luego agrega:

> En ellos se reúne la explosión lírica de su ternura, el "pathos" de su pena, el triunfo de su victoria, la desesperación de su derrota, la firmeza de su confianza, el rapto de su esperanza asegurada.[7]

Otro erudito ha dicho que en los Salmos hallamos el amanecer y el anochecer, el nacimiento y la muerte, la promesa y el cumplimiento, todo el drama de la humanidad. San Ambrosio escribió su concepto de los Salmos con estas palabras.

> Todas las porciones de la Sagrada Escritura respiran la gracia de Dios, pero más dulce que ninguna es el libro de los Salmos. La historia instruye, la ley enseña, la profecía predice, amonesta, castiga, persuade; en el libro de los Salmos tenemos el fruto de todo eso y una clase de medicina para la salvación de todos los hombres.[8]

En este libro encontramos salmos nacionales, salmos históricos, salmos reales o mesiánicos, salmos de la naturaleza, salmos penitenciales, salmos imprecatorios, salmos de confianza, salmos de sabiduría y comunión y salmos de aleluya.

1. Salmos nacionales

Para los hebreos, la política y la religión eran inseparables. Dios estaba vitalmente interesado en el bienestar de las naciones, pero en particular de Israel. Muchas veces libró milagrosamente a Israel de un desastre nacional. Una liberación tal inspiró el gran himno de fe y de confianza que conocemos como el salmo 46. El primer verso: "Dios es nuestro amparo y fortaleza", inspiró a Lutero su himno inmortal "Castillo fuerte es nuestro Dios".

No todos los salmos nacionales son testimonios triunfantes de victoria. Algunos son lamentaciones por desastres. La historia de Israel no es un registro consecuente de rectitud, bendiciones y prosperidad. Más bien es un registro de altibajos, de pecados y arrepentimientos, de guerras civiles y extranjeras, e intervalos trágicos de invasión y destrucción. Sumada a estos males estuvo la permanente amenaza de epidemias, sequías, langostas, inundaciones y tempestades. El salmo 137 es un ejemplo de esas penalidades. Transportado lejos en su exilio, derrotado y cautivo, el pueblo recordaba la gloria perdida y cantaba en la noche su triste canción:

Junto a los ríos de Babilonia,
Allí nos sentábamos, y aun llorábamos,
Acordándonos de Sion (Salmos 137:1).

2. Salmos de la naturaleza

Los salmos son únicos en la simplicidad y acierto con que representan la naturaleza como la vestimenta de Dios[9]. La gloria del orden natural inspira en el salmista un sentido de adoración y visión espiritual. Pero no hallamos aquí una adoración artificial y centrada en el templo de la naturaleza, ningún frustrado intento de conducir la vida conforme a las "leyes de la naturaleza". Más bien, los salmos de la naturaleza hablan del respaldo divino a lo natural, la supremacía de Dios sobre la naturaleza, y su poder revelado en ella.

Los salmos de la naturaleza ilustran la manera en que el salmista ve el universo. El salmo 8 es uno de los más conocidos. Describe desde los esplendores del estrellado cielo de medianoche hasta la multitud de criaturas vivientes que habitan la tierra. Habla de los peces en el mar, y vibra con la dignidad y la nobleza del hombre. Pero el hombre disfruta de tan elevado estado por razón de su relación con el Dios de la creación, porque el salmo termina:

¡Oh Jehová, Señor nuestro,
Cuán grande es tu nombre en toda la tierra! (Salmos 8:9).

El salmo 19 es otro salmo de la naturaleza. Elevándose por encima del estrecho nacionalismo de su tiempo, el salmista declara que la gloria de Dios es universal, y toda lengua la reconoce. Sus preceptos, sus juicios, y aun el temor de Dios tienen un efecto benéfico sobre el hombre. A la luz de esta revelación el cantor pide que su adoración sea aceptable al Señor.

Sean gratos los dichos de mi boca
Y la meditación de mi corazón delante de ti,
Oh Jehová, roca mía, y redentor mío (v. 14).

El más completo de los salmos de la naturaleza es el salmo 104, denominado "un inspirado oratorio de la creación". El marco de este salmo es el relato de la creación según Génesis 1. Se observa en el salmo el orden de los días de la creación con una sola excepción, en la referencia a la vida en el mar después de la vida en la tierra seca. El lenguaje es sublime por sus figuras retóricas y vívidas descripciones:

El que se cubre de luz como de vestidura,
Que extiende los cielos como una cortina,
Que establece sus aposentos entre las aguas,
El que pone las nubes por su carroza,
El que anda sobre las alas del viento (vv. 2-3).

Pero más allá de la belleza de las palabras surge la majestad de Dios, el Creador, cuya prístina gloria hace palidecer las más altisonantes palabras y las más grandes escenas.

3. Salmos reales o mesiánicos

Un grupo importante de salmos es conocido como salmos reales o mesiánicos. Son salmos que encuentran su cumplimiento en la persona y la obra de Jesucristo. El más conocido de estos salmos mesiánicos es el 110. Jesús mencionó este salmo en sus discusiones con los judíos. Contiene una de las más notables referencias a la venida del Rey mesiánico:

Jehová dijo a mi Señor:
Siéntate a mi diestra,
Hasta que ponga a tus enemigos por estrado de tus pies...
Domina en medio de tus enemigos (vv. 1-2).

La mejor manera de interpretar esta declaración es en un sentido profético. El Mesías, el Ungido, debe ocupar un lugar de honor a la mano derecha de Dios, participando su gloria, victorioso sobre sus enemigos. Su pueblo entonces se regocijará por su triunfo y le servirá voluntariamente.

Muchos detalles de la vida de Cristo están señalados notablemente en otros salmos mesiánicos. Su ungimiento por el Espíritu Santo se anticipa en Salmos 45:6-7:

> Tu trono, oh Dios, es eterno y para siempre;
> Cetro de justicia es el cetro de tu reino.
> Has amado la justicia y aborrecido la maldad;
> Por tanto, te ungió Dios, el Dios tuyo,
> Con óleo de alegría más que a tus compañeros.

En Salmos 40:7-8 se halla una referencia indirecta a la oración agónica del Getsemaní:

> Entonces dije: He aquí, vengo;
> En el rollo del libro está escrito de mí;
> El hacer tu voluntad, Dios mío, me ha agradado,
> Y tu ley está en medio de mi corazón.

La experiencia de David escrita en Salmos 22:16 presagia las heridas en las manos y los pies de Cristo:

> Porque perros me han rodeado;
> Me ha cercado cuadrilla de malignos;
> Horadaron mis manos y mis pies.

El sorteo que los soldados romanos hicieron de su manto se predice en Salmos 22:18:

> Repartieron entre sí mis vestidos,
> Y sobre mi ropa echaron suertes.

El grito de angustia que convulsionó el alma del Salvador en la cruz es un eco de Salmos 22:1:

> Dios mío, Dios mío, ¿por qué me has desamparado?

La esperanza de la inmortalidad que latía en el corazón del más grande rey de Israel, y que se expresa en Salmos 16:10, alcanza su realización en el Rey de reyes:

> Porque no dejarás mi alma en el Seol,
> Ni permitirás que tu santo vea corrupción.

Otros salmos mesiánicos, en adición a estos citados arriba, son los Salmos 2, 18, 20, 21, 45, 73, 89 y 132.

4. Salmos penitenciales

El cantor de Israel, sensible a la presencia de Dios, estaba dolorosamente consciente del pecado en su alma. Tal vez al hombre moderno le sea difícil comprender el concepto que David tenía del pecado, porque hoy la borrachera es llamada enfermedad; el divorcio, incompatibilidad de caracteres; el mal carácter, frustración; la inmoralidad, expresión de sí mismo, y otros pecados sociales se los llama símbolos de una personalidad neurótica. Pero en los salmos el pecado es una afrenta a Dios, un poder maligno que debilita y arruina hasta los huesos y la carne. Aquí encontramos a un hombre que mira honestamente en las profundidades de su alma, y humillado por lo que allí ve, pide el perdón de Dios.

Para describir esta condición de pecado se usan tres palabras. La palabra "transgresión" se usa para describir un acto de desafío declarado, obstinado y voluntario a una ley conocida. La "iniquidad" es un estado antinatural, deformado, debido a la presencia de una fuerza maligna y mortal que satura el alma y destruye sus cualidades éticas. "Pecado" significa "errar al blanco", no alcanzar el blanco o ideal propuesto.

Para solicitar el perdón se usan tres palabras también. "Borrar" o quitar, como cuando se borran de un escrito palabras o fechas indeseables. "Purgar" y "lavar" son palabras fuertes, que revelan una necesidad absoluta de limpieza total. "Limpiar" o "purificar" era la frase ritual que usaba el sacerdote cuando declaraba limpio, o curado, a un leproso. Solo el poder de Dios puede dar tal limpieza.

Entre los salmos penitenciales están los siguientes: 6, 32, 38, 51, 102, 130 y 143. En estas peticiones de perdón se expone toda la gama de la experiencia religiosa. Apesadumbrado al sentir que está perdido, el salmista gime:

Vuélvete, oh Jehová, libra mi alma;
Sálvame por tu misericordia (Salmos 6:4).

Pero no se concreta solamente a lamentar su destino. También toma una decisión:

Por tanto, confesaré mi maldad,
Y me contristaré por mi pecado (Salmos 38:18).

Sometido y humillado, el salmista espera delante del Señor. El vaso ha sido vaciado y está listo para volverse a llenar.

Esperé yo a Jehová, esperó mi alma;
En su palabra he esperado (Salmos 130:5).

Dios extiende su misericordia y perdona al pecador arrepentido, y con gran gozo y alegría el hombre transformado presenta su testimonio:

Pacientemente esperé a Jehová,
Y se inclinó a mí, y oyó mi clamor.
Y me hizo sacar del pozo de la desesperación.

del lodo cenagoso;
Puso mis pies sobre peña, y enderezó mis pasos.
Puso luego en mi boca cántico nuevo,
alabanza a nuestro Dios (Salmos 40:1-3).

5. Salmos misceláneos

Los salmos también reflejan muchos otros aspectos de la vida. Están, por ejemplo, los salmos de confianza, de los cuales el 23 es el más amado universalmente. Su lenguaje es eterno, y muy pertinente para el día de hoy:

Aunque ande en valle de sombra de muerte,
No temeré mal alguno, porque tú estarás conmigo;
Tu vara y tu cayado me infundirán aliento (v. 4).

Algunos salmos siguen el estilo didáctico de la literatura de sabiduría, y presentan el castigo inevitable de Dios sobre el pecado, al igual que las bendiciones de la justicia. El salmo 1, así como los salmos 14, 34, 94, 112, 119, 127 y 128, caen dentro de esta categoría. Por ejemplo:

Bienaventurado el varón que no anduvo en consejo de malos,
Ni estuvo en camino de pecadores,
Ni en silla de escarnecedores se ha sentado;
Sino que en la ley de Jehová está su delicia,
Y en su ley medita de día y de noche (Salmos 1:1-2).

En su peregrinaje por la vida el salmista ha aprendido a entretejer una nota de acción de gracias con las experiencias frecuentemente infelices de sus días. Así pues exclama:

Cantad a Jehová, vosotros sus santos,
Y celebrad la memoria de su santidad (Salmos 30:4).

Bendice, alma mía, a Jehová,
Y bendiga todo mi ser su santo nombre.
Bendice, alma mía, a Jehová,
Y no olvides ninguno de sus beneficios (Salmos 103:1-2).

Te ofreceré sacrificio de alabanza,
E invocaré el nombre de Jehová (Salmos 116:17).

C. Las enseñanzas de los salmos

Las verdades contenidas en los salmos son verdades de la vida y la experiencia. No se presenta en ellos ninguna teología formal, pero las grandes doctrinas de la teología están aquí. Puesto que estas verdades brotan del crisol de la vida, y no de la quietud de la biblioteca o del estudio, apelan profundamente al corazón humano. Ideas básicas tales como la naturaleza de

Dios, la naturaleza del hombre, el problema del pecado, la responsabilidad social del hombre, y los intereses de Dios sobre todas las naciones, son consideradas por igual en este gran himnario del Antiguo Testamento.

1. La naturaleza de Dios

Al igual que en el resto de la Biblia, la naturaleza de Dios no es demostrada en los salmos, sino aceptada tácitamente. Como lo afirma W.T. Davison:

> David no coloca un fundamento metafísico de este artículo fundamental de su credo; más bien lo lanza como un desafío a sus adversarios, lo canta como un himno de batalla: "Jehová vive, y es mi Roca".[10]

Es el necio quien niega la verdad última del universo, quien desdeña a Dios en sus pensamientos e ignora a Dios en su conducta. "Dice el necio en su corazón: No hay Dios" (Salmos 14:1). El salmista no combate esta afirmación. Si la gente irracional insiste con arrogancia negar a Dios, y rebajarse al mismo nivel de la bestia, el salmista no está dispuesto a perder su tiempo en discusiones. Todo lo contrario, con un grandioso, y aplastante comentario resuelve el asunto.

> El que hizo el oído, ¿no oirá?
> El que formó el ojo, ¿no verá?
> El que castiga a las naciones, ¿no reprenderá?
> ¿No sabrá el que enseña al hombre la ciencia? (Salmos 94:9-10).

El Dios del salmista es un Dios personal. Jehová, el único verdadero Dios, no se pierde jamás en medio de especulaciones metafísicas. Es una persona que piensa, sabe, siente, ama, y es capaz de enojarse. Es un Dios que habla al hombre, y a quien el hombre puede hablarle. W.T. Davison afirma: "La gloria de los salmos es que nos ponen, simple, directa e impresionantemente en la propia presencia de aquel que, aunque es Dios por sobre todas las cosas, acepta ser el Gran Compañero y Amigo de su creación dilecta, el hombre"[11].

El Dios del salmista les dice a los humanos: "[Yo] te haré entender, y te enseñaré el camino en que debes andar; sobre ti fijaré mis ojos" (Salmos 32:8). Él invita a los hombres: "Buscad a Jehová y su poder; buscad siempre su rostro" (Salmos 105:4). Misericordiosamente Dios escoge pensar en los hombres, por pobres y menesterosos que estos sean:

> ¡Cuán preciosos me son, oh Dios, tus pensamientos!
> ¡Cuán grande es la suma de ellos!
> Si los enumero, se multiplican más que la arena;
> Despierto, y aún estoy contigo (Salmos 139:17-18).

Dios es un refugio, "nuestro pronto auxilio en las tribulaciones" (Salmos 46:1). Frustrado por los enigmas de la vida, el salmista, con todo, abre su corazón en alabanza, ya que:

Los ojos de Jehová están sobre los justos,
Y atentos sus oídos al clamor de ellos (Salmos 34:15).

Los escritores modernos han hecho de Dios una fuerza impersonal, y se mofan de los escritores de la antigüedad, con su ingenua idea antropomórfica de Dios. Pero este es el lenguaje de un hombre que, sobre todo, conocía a un Dios viviente, personal, que sentía profundo interés en él.

2. La naturaleza del hombre

En su pensamiento, los hebreos se apegaban a la realidad. Esto se ve en el hecho de que no pretenden ocultar, o justificar los pecados de sus grandes héroes nacionales. Abraham, Moisés y David están retratados tal como son, en una manera chocante a veces, pero siempre real. El pueblo de Israel era emocional, pero no sentimental. Los escritores modernos pueden hablar sentimentalmente de la bondad natural del hombre, pero no el salmista. Él conocía la naturaleza humana, incluyendo la suya, demasiado bien como para perorar acerca de su bondad innata.

El salmista ofrece una presentación franca de la condición y experiencias humanas. Por ejemplo, el salmo 51 comienza con un cándido reconocimiento de la depravación del salmista:

He aquí, en maldad he sido formado,
Y en pecado me concibió mi madre (Salmos 51:5).

Este pasaje no significa que el acto de procrear es un pecado en sí mismo. Nada indica que el proceso del nacimiento sea impuro. Lo que el salmista dice es que reconoce que sus padres y él llevan la marca o el signo del pecado de la raza, porque son parte de la raza humana. Como lo sugiere Samuel Terrien, el escritor del salmo 51 podría haber dicho: "En un estado de culpa estaba mi madre cuando me concibió, y por eso nací pecador"[12].

Además de su iniquidad inherente, el salmista confiesa su actual estado de pecado deliberado y voluntario:

Porque yo reconozco mis rebeliones,
Y mi pecado está siempre delante de mí.
Contra ti, contra ti solo he pecado,
Y he hecho lo malo delante de tus ojos (Salmos 51:3-4).

Pero el escritor inspirado no deja al hombre hundiéndose en el polvo sin esperanza. Aunque su condición es depravada, sus posibilidades de regeneración son ilimitadas. Por eso ruega:

Lávame más y más de mi maldad,
Y límpiame de mi pecado (Salmos 51:2).

Purifícame con hisopo, y seré limpio;
Lávame, y seré más blanco que la nieve (Salmos 51:7).

Se limpia al individuo de su depravación, y halla perdón y pureza delante de Dios.

Tener un elevado concepto de la naturaleza humana es compatible con la creencia de su depravación, puesto que, aunque el hombre es pecador, todavía es la corona de la creación, y el punto focal del interés de Dios.

Digo: ¿Qué es el hombre, para que tengas de él memoria,
Y el hijo del hombre, para que lo visites?
Le has hecho poco menor que los ángeles,
Y lo coronaste de gloria y de honra (Salmos 8:4-5).

3. Deleite en las enseñanzas de Dios

La vida de Martín Lutero estuvo llena de peligros y conflictos. Quizás esa fortaleza interior que tuvo para enfrentar y sobreponerse a demoledoras experiencias haya venido de las palabras de Salmos 119:92, que el reformador escribió en una de las primeras páginas de su Biblia:

Si tu ley no hubiese sido mi delicia,
Ya en mi aflicción hubiera perecido.

Los hebreos se deleitaban en los principios y preceptos morales, en contraste con los griegos, cuyo mayor interés era intelectual. Por eso la ley de Dios era "lámpara a mis pies" y "lumbrera a mi camino". El hombre "bendecido" era aquel que meditaba todo el día en la ley de Dios. La ley de Dios era perfecta porque renovaba el alma, y el testimonio de Jehová era fiel porque daba sabiduría para no errar. Los estatutos y decretos de Dios eran fieles y verdaderos, y más deseables que el oro. En estos días cuando el hombre se rebela contra toda autoridad, las actitudes del salmista ante la ley de Dios son dignas de examen y emulación.

4. Compañerismo con Dios

La santidad y la pureza inmaculada de Dios se reconocen en todos los salmos. Dios "ejecuta juicios" y "ama la justicia", pero declara: "Al malo y al que ama la violencia, su alma los aborrece". Los santos del Antiguo Testamento conocían el gozo del compañerismo con el Santo de Israel.

Considerando la magra revelación que tuvieron de la gracia de Dios y el severo carácter de su ley, es notable hallar un lenguaje que expresa tal devoción personal, tal comunión espiritual y confianza de acceso a Dios, y tal ternura y compañerismo.

Este anhelo de tener compañerismo con la Deidad se repite vez tras vez:

Como el ciervo brama por las corrientes de las aguas,
Así clama por ti, oh Dios, el alma mía (Salmos 42:1).

Envía tu luz y tu verdad; éstas me guiarán;
Me conducirán a tu santo monte,
Y a tus moradas (Salmos 43:3).

Dios, Dios mío eres tú;
De madrugada te buscaré;
Mi alma tiene sed de ti, mi carne te anhela,
En tierra seca y árida, donde no hay aguas (Salmos 63:1).

El salmo 84 ha sido por largo tiempo un modelo de deleite santo en la adoración y comunión públicas. Está lleno de frases majestuosas que describen el gozo de la adoración espiritual, y la fortaleza que fluye en el alma del adorador devoto.

5. La vida futura

Israel no recibió una revelación clara de la vida futura. La idea más aceptada era la del Seol, un misterioso y vasto mundo subterráneo, de vida sombría, que no puede compararse con la brillantez y la claridad del concepto cristiano del cielo. Esta lóbrega visión de la vida del más allá, que aparece en otros libros del Antiguo Testamento, encuentra su eco en los Salmos:

Porque en la muerte no hay memoria de ti;
En el Seol, ¿quién te alabará? (Salmos 6:5).

¿Qué provecho hay en mi muerte cuando descienda a la sepultura?
¿Te alabará el polvo? ¿Anunciará tu verdad? (Salmos 30:9).

Quizá estas palabras se deban a las muchas aflicciones experimentadas en ese tiempo por el salmista, porque más tarde expresa una gran esperanza:

Porque no dejarás mi alma en el Seol,
Ni permitirás que tu santo vea corrupción.
Me mostrarás la senda de la vida;

En tu presencia hay plenitud de gozo;
Delicias a tu diestra para siempre (Salmos 16:10-11).

En cuanto a mí, veré tu rostro en justicia;
Estaré satisfecho cuando despierte a tu semejanza (Salmos 17:15).

El alcance de las enseñanzas de los salmos es demasiado vasto para ser cubierto aquí, ya que es tan amplio como la vida misma. La providencia de Dios, su capacidad de perdonar, su cuidado paternal y su preocupación por la vida del individuo, todo está tratado en los salmos. El salmista siente el pulso de la humanidad, y describe todas las experiencias que son parte de la vida. También sondea con éxito la naturaleza de Dios.

D. Uso e influencia de los salmos

Los salmos son perpetuos en su apelación, y universales en su influencia. Brotaron espontáneamente en corazones devotos del antiguo Israel. Más tarde, lo cantaron los peregrinos que subían a Jerusalén y coreados por los sacerdotes en la adoración en el templo. En los días aciagos del exilio en Babilonia, alentaron el corazón de los expatriados. Asociados con el nombre de David, el más grande rey de Israel, los usó ampliamente Cristo, el eterno Rey de reyes.

El Nuevo Testamento está lleno del eco de salmos escritos desde siglos atrás. Los mártires ensangrentados de la iglesia primitiva fortalecieron sus corazones con los cánticos de los santos sufrientes del Antiguo Testamento. Los reformadores de la iglesia sintieron la urgencia del hambre apasionada de justicia, que brota de los viejos himnos del salterio. Los niños han balbuceado las rítmicas líneas de los salmos mientras jugaban; los guerreros han cantado sus notas palpitantes mientras peleaban; y los ancianos han susurrado sus promesas de aliento al exhalar el último suspiro. Los salmos ofrecen una razón para que todos los hombres eleven un gran himno de alabanza. Ninguna otra porción de la Biblia es tan usada y aceptada por todas las iglesias.

1. Las canciones de los peregrinos de Israel

Se esperaba en Israel que todo varón judío asistiera todos los años a las grandes fiestas religiosas de Jerusalén: la Pascua, el Pentecostés y la de los Tabernáculos. Generalmente al padre lo acompañaba toda la familia. Eran tiempos de gran regocijo y alegría, porque para el judío todo día santo era una fiesta, y toda fiesta era un día santo. Cuando el ansiado día llegaba, el proclamador oficial anunciaba: "Levantaos, y subamos a Sion, a Jehová nuestro Dios" (Jeremías 31:6).

El pueblo respondía a este llamado acudiendo de todas direcciones, preparado para el emocionante viaje a Jerusalén. Se formaban grupos alegres, marchando al son de las flautas y cantando mientras viajaban. Los salmos 120 a 134 son una colección de tales "canciones de los peregrinos". No fueron escritos originalmente para los que subían a Jerusalén, pero los peregrinos los emplearon durante su marcha. Los salmos tratan una variedad de temas, pero los favoritos eran los que se referían a la historia de la nación.

Uno de los más conmovedores de estos salmos de los peregrinos es el 126, que expresa la indomable esperanza de los exiliados de retornar a sus nativos lugares. Durante el viaje, habían soñado con su tierra recordando la belleza y prosperidad que antes habían tenido. Pero tuvieron que afrontar la muy dolorosa realidad de un país desolado y en la miseria. Empero, aun entonces la lira se negó a enmudecer, pues ellos cantaron:

Cuando Jehová hiciere volver la cautividad de Sion.
Seremos como los que sueñan.
Entonces nuestra boca se llenará de risa,
Y nuestra lengua de alabanza;
Entonces dirán entre las naciones:
Grandes cosas ha hecho Jehová con éstos.
Grandes cosas ha hecho Jehová con nosotros;
Estaremos alegres.
Haz volver nuestra cautividad, oh Jehová,
Como los arroyos del Neguev.
Los que sembraron con lágrimas, con regocijo segarán.
Irá andando y llorando el que lleva la preciosa semilla;
Mas volverá a venir con regocijo.
trayendo sus gavillas (Salmos 126).

2. La adoración en el templo

Los salmos tenían un segundo uso, en la adoración en el templo. A nosotros se nos hace difícil comprender hoy, con nuestras ideas generalizadas de la omnipresencia de Dios, el lugar único y principal que el templo ocupaba en la vida de los judíos. El templo fue el centro de la vida religiosa y nacional. Toda la vida giraba alrededor del templo porque era la habitación de Dios. Dios vivía en ese lugar sagrado, y allí tenía su trono. Teniendo una idea antropomórfica de Dios, ellos creían que el oído de Dios estaba allí para escucharlos cuando sus alabanzas resonaban en el santuario, y decían que el corazón de Dios se regocijaba al escucharlas.

Los cultos de adoración comenzaban habitualmente con un himno procesional al pie del monte Moriah, sobre el cual estaba edificado el templo. Mientras los adoradores escalaban la colina, el coro prorrumpía en su cántico:

> *Cantad alegres a Dios, habitantes de toda la tierra.*
> *Servid a Jehová con alegría;*
> *Venid ante su presencia con regocijo.*
> *Reconoced que Jehová es Dios;*
> *Él nos hizo, y no nosotros a nosotros mismos;*
> *Pueblo suyo somos, y ovejas de su prado.*
> *Entrad por sus puertas con acción de gracias,*
> *Por sus atrios con alabanza;*
> *Alabadle, bendecid su nombre.*
> *Porque Jehová es bueno; para siempre es su misericordia,*
> *Y su verdad por todas las generaciones (Salmos 100).*

Se nos da un detalle significativo de la religión de los hebreos en otro de los salmos procesionales. Cuando la procesión subía la montaña, la pregunta perspicaz desafiaba a cada persona:

> *¿Quién subirá al monte de Jehová?*
> *¿Y quién estará en su lugar santo? (Salmos 24:3).*

El elemento profético de pureza moral se liga aquí con el ritual sacerdotal en un acto significativo de adoración. Este énfasis en la base moral de la adoración es sumamente valioso, especialmente cuando se le compara con las otras religiones de ese tiempo. Solo los hombres de manos limpias y corazón puro podían entrar al lugar secreto de Dios.

Cuando los adoradores llegaban a la puerta del templo alzaban su canto otra vez:

> *Alzad, oh puertas, vuestras cabezas,*
> *Y alzaos vosotras, puertas eternas,*
> *Y entrará el Rey de gloria (Salmos 24:7).*

Desde el interior salía la sonora pregunta:

> *¿Quién es este Rey de gloria? (v. 8).*

Inmediatamente venía la gozosa respuesta:

> *Jehová el fuerte y valiente,*
> *Jehová el poderoso en batalla (v. 8).*

Enlazado con esto iba el insistente requisito:

> *Alzad, oh puertas, vuestras cabezas,*
> *Y alzaos vosotras, puertas eternas,*
> *Y entrará el Rey de gloria (v. 9).*

Una vez más se escuchaba la pregunta desafiante:

> *¿Quién es este Rey de gloria? (v. 10).*

Y de nuevo la entusiasta respuesta:

Jehová de los ejércitos,
Él es el Rey de la gloria (v. 10).

Las puertas del templo se abrían, los peregrinos entraban y las ofrendas comenzaban.

3. Adoración privada en el templo

Además de los grandes festivales públicos, los israelitas también tenían oportunidad de adorar privadamente al Señor. El pueblo acudía al templo por cada trasgresión y pecado, por cada voto especial u ofrenda que deseaba hacer, y por cada profanación o delito. Cada madre debía ofrecer un sacrificio por su purificación, 40 días después del parto. Si alguno había padecido una enfermedad contagiosa, o había cometido algún pecado grave, o había sido acusado, iba al templo para ofrecer sacrificios y buscar perdón y purificación. Habiendo recibido la seguridad de su perdón, el hombre, entonces, cantaba:

Venid, oíd todos los que teméis a Dios,
Y contaré lo que ha hecho a mi alma.
A él clamé con mi boca,
Y fue exaltado con mi lengua.
Si en mi corazón hubiese yo mirado a la iniquidad,
El Señor no me habría escuchado.
Mas ciertamente me escuchó Dios;
Atendió a la voz de mi súplica.
Bendito sea Dios,
Que no echó de sí mi oración, ni de mí su misericordia (Salmos 66:16-20).

4. Devociones personales

En los salmos tenemos la revelación de la presencia de Dios. También hallamos la confesión del alma profundamente consciente de su pecado, buscando, con angustioso acento de culpa, penitencia y esperanza, renovar su comunión personal con Dios. Los salmos devocionales son como un espejo, en el cual cada hombre puede ver reflejada su alma. Expresan en exquisito lenguaje el anhelo de cada corazón de tener comunión con un Dios supremo, inmutable y amoroso, que le será un Protector, Guardián y Amigo.

Una sed universal está grabada indeleblemente en las palabras:

Corno el ciervo brama por las corrientes de las aguas,
Así clama por ti, oh Dios, el alma mía.
Mi alma tiene sed de Dios, del Dios vivo;
¿Cuándo vendré, y me presentaré delante de Dios? (Salmos 42:1-2).

A veces el salmista se indigna ante las injusticias de la vida, y alza su voz proféticamente, viendo a Dios de pie ante los jueces injustos de la tierra, y reprendiéndolos:

Dios está en la reunión de los dioses;
En medio de los dioses juzga.
¿Hasta cuándo juzgaréis injustamente,
Y aceptaréis las personas de los impíos?
Defended al débil y al huérfano;
Haced justicia al afligido y al menesteroso.
Librad al afligido y al necesitado;
Libradlo de mano de los impíos (Salmos 82:1-4).

5. El uso que Jesús hizo de los salmos

Durante el curso de su ministerio el Señor Jesús se refirió varias veces a los salmos. Las bienaventuranzas de Jesús al principio de su ministerio contienen varias de estas referencias. Todas estas muestran la relación que hay entre el Antiguo y el Nuevo Testamentos. Por ejemplo, tenemos la referencia de Jesús a "la piedra que desecharon los edificadores" (Mateo 21:42; Salmos 118:22), que los apóstoles también citaron (Hechos 4:11; 1 Pedro 2:6). En la ocasión de la limpieza del templo, los discípulos "se acordaron... que está escrito: El celo de tu casa me consume" (Juan 2:17, Salmos 69:9). Para explicar el uso frecuente que el Señor hacía de las parábolas, Mateo dice que Cristo lo hizo "para que se cumpliese lo dicho por el profeta, cuando dijo: Abriré en parábolas mi boca" (Mateo 13:35; Salmos 78:2). El Mesías terminó su carrera terrenal con un eco del grito que vino del quebrantado corazón del salmista de la antigüedad, clamando:

Dios mío, Dios mío,
¿por qué me has desamparado? (Salmos 22:1).

6. El uso de los salmos en la iglesia primitiva

El salterio fue el primer libro que la iglesia puso en manos de los recién convertidos. Era la base de la enseñanza religiosa, y nadie podía ser admitido a la orden más alta del clero sin haber memorizado todo el salterio. Hasta el siglo V, el patriarca de Constantinopla rehusaba ordenar a cualquier clérigo que no pudiera repetir a "David" de memoria[13]. Un erudito hace esta observación: El salterio "se utilizaba para el canto congregacional en las primeras asambleas cristianas, y todavía se usa para el culto cristiano. A veces era el único libro de alabanzas y siempre era el más apreciado y duradero de todos"[14].

Muchos de los padres de la iglesia primitiva han detallado el uso de los salmos en la adoración de su tiempo. Agustín escribe:

Oh, qué acentos dirigí a ti en esos salmos, y cómo fui inspirado a dirigirme a ti por ellos; y, desafiado a recitarlos, si fuera posible, por todo el mundo, contra el orgullo de la humanidad.[15]

Atanasio, en su carta a Marcelino, pregunta por qué se cantan salmos. Y contesta su propia pregunta al decir: "No es solo para experimentar alegría, sino para alabar a Dios con cánticos espirituales y obedecer el precepto de amar a Dios con toda nuestra fuerza". Agrega:

Y en segundo lugar, este acompañamiento musical y vocal de los salmos logra el propósito de poner todas nuestras facultades, físicas, racionales, intelectuales y espirituales, en una concordancia amorosa para el servicio de Dios; de modo que el que tiene la mente de Cristo puede venir a ser como un instrumento musical, siguiendo la dirección del Espíritu Santo...[16]

7. El uso que les dieron los reformadores cristianos

Los precursores de la Reforma obtuvieron mucha de su vigorosa fe y su intrépida devoción en los Salmos. Cuando Juan Wycliffe estaba en su lecho de muerte, la tradición dice que lo rodearon los frailes y le urgieron a confesar los males que había causado a su orden. Pero el heroico luchador hizo acopio de sus últimas fuerzas y les contestó parafraseando un salmo:

"No moriré, sino que viviré.
Y declararé los males hechos por los frailes".

Lo mismo que Wycliffe, Juan Huss y Jerónimo de Praga, murieron repitiendo versículos de un salmo. En 1415 a Juan Huss lo condenaron a muerte por el Concilio de Constanza. Mientras se preparaba la estaca donde sería atado y quemado, él oró, repitiendo el salmo 31. Murió, sofocado por las llamas, pero repitiendo con un rostro iluminado: "En tu mano encomiendo mi espíritu" (Salmos 31:5). El sobresaliente Jerónimo de Praga murió un año más tarde en el mismo lugar por la misma fe, y repitiendo la misma línea: "En tu mano encomiendo mi espíritu".

El domingo de Ramos de 1498, arrojaron a Savonarola a la prisión en Florencia, Italia, y lo torturaron brutalmente. Sus verdugos le quebraron el brazo izquierdo y le dislocaron el hueso del hombro. Le dejaron intacto el brazo derecho para que firmara una confesión y se retractara de su fe. Pero en vez de hacer eso, Savonarola escribió con ese brazo sano una meditación sobre los salmos 31 y 41.

Martín Lutero comenzó su carrera docente en Wittenberg dando una conferencia sobre el salmo de los salmos, el 118. Dijo Lutero: "...él me ha salvado de muchos peligros, de los cuales ningún emperador, ningún rey, ningún sabio, ningún santo pudiera haberme salvado. Este salmo es mi amigo, más querido para mí que todos los poderes y honores de la tierra"[17]. Cuando Lutero había avanzado a tientas hacia la luz espiritual, y se enfrentaba a una oposición satánica, en los salmos halló palabras para expresar su libertad espiritual. Con su vida en inminente peligro, se inspiró en estas palabras:

Dios es nuestro amparo y fortaleza,
Nuestro pronto auxilio en las tribulaciones (Salmos 46:1).

Su himno "Eine feste Burg ist unser Gott" ("Castillo fuerte es nuestro Dios"), llegó a ser la marcha de la Reforma y el salmo 46 señaló el camino hacia una nueva era espiritual.

Sufriendo de asma, y apesadumbrado con las noticias de las persecuciones que padecían sus aliados, Juan Calvino mostró su espíritu humilde al citar las palabras de Salmos 39:9: "Enmudecí, no abrí mi boca, porque tú lo hiciste". Más tarde escribió: "Verdaderamente puedo llamar al libro de los Salmos una anatomía de todas las partes del alma, porque nadie puede sentir un impulso del Espíritu que no esté ya reflejado en este espejo"[18].

A *Sir* Thomas More, lo llevaron al cadalso en Inglaterra en 1535 por su oposición al divorcio de Enrique VIII y Catalina de Aragón. De rodillas en el cadalso, repitió su oración favorita: "Ten piedad de mí, oh Dios" (Salmos 51:1). Luego, con calma, puso su cabeza en la picota y recibió el golpe mortal.

8. Uso misceláneo

David Livingstone aludía a un texto de un salmo como el trampolín en su prodigiosa carrera. Amenazado de muerte por los salvajes, con su corazón quebrantado por la infamia del comercio de esclavos, debilitado por fiebres y hambre, infectado de insectos, y soportando tales dolores corporales que creía "estar muriendo de pie", hallaba las fuerzas para cada día en las palabras:

Encomienda a Jehová tu camino,
Y confía en él; y él hará (Salmos 37:5).

Muchos de los grandes líderes espirituales de la fe evangélica le deben mucho a la lectura de los salmos. La mayoría de los cristianos saben de la famosa experiencia espiritual de Juan Wesley en Aldersgate. Temprano en la tarde del 24 de mayo de 1738 oyó cantar un salmo en la catedral de San Pablo. Era el salmo 130:

De lo profundo, oh Jehová, a ti clamo.
Señor, oye mi voz...
Porque en Jehová hay misericordia,
Y abundante redención con él (vv. 1-2, 7).

De acuerdo con su propio testimonio, Wesley halló el salmo "pleno de consuelo"[19]. Esa misma noche tuvo su famosa experiencia, cuando sintió "un fuego raro en su corazón". Cuando murió el 21 de marzo de 1791, sus últimas palabras fueron:

> *Jehová de los ejércitos está con nosotros;*
> *Nuestro refugio es el Dios de Jacob* (Salmos 46:7).

Además de ser una inspiración para individuos, los salmos han inspirado a grandes grupos de cristianos. El salmo 51 fue un favorito de los hugonotes franceses durante los negros días del siglo XVIII en Francia. Un escritor contemporáneo, Florimond de Remond, anota: "Era el libro de los Salmos el que fortalecía la austera moral de los hugonotes, y cultivaba esas varoniles virtudes que hicieron de ellos la flor y nata de la nación"[20].

El salterio fue para los puritanos del siglo XVII el libro de los libros. Los soldados cantaban salmos en sus marchas, en los campamentos y en el fragor de las batallas. El labriego piadoso los cantaba junto a los surcos; el buhonero los cantaba mientras caminaba junto a su carreta. Bajo el gobierno de Cromwell, las notas de los salmos salían de las ventanas, sobre cada calle de los recintos puritanos. Cuando el barco "Speedwell" zarpó de Delft Haven, Holanda, para el Nuevo Mundo, los puritanos y sus amigos, congregados en el muelle, cantaron salmos y oraron. Al cántico de los salmos el "Mayflower" salió a buscar el viento favorable que lo llevaría al Nuevo Mundo. La frase: "En Salem está su tabernáculo" (Salmos 76:2), le sugirió a la compañía de Juan Endicott el nombre de su primera colonia. El *Bay Psalm Book* (una colección de salmos) fue el tercer libro que se imprimió en América.

Este universal y bien amado himnario lo usaron durante siglos los cristianos y el pueblo de Dios de más profundas aspiraciones espirituales. Sus notas han hecho eco al paso de los siglos, y sus mensajes han resonado a los latidos de la interminable marcha terrenal de los peregrinos. Tal vez su lenguaje seguirá escuchándose eternamente, cuando los peregrinos lleguen al hogar celestial.

RESUMEN

El genio religioso de los hebreos se expresó en poesías y canciones. Desde la más primitiva expresión de Lamec en el Génesis, hasta los lamentos de los cautivos en Babilonia, esta poesía es rica en contenido espiritual y expresión verbal. Destacada por su majestuoso ritmo de pensamiento y paralelismo estructural, vive todavía como literatura de grande y noble expresión. A más de los poemas líricos tenemos la poesía didáctica o de enseñanza que hallamos en los Proverbios. La poesía dramática, tal como se ilustra en

Job, es otro gran vehículo literario utilizado para presentar grandes verdades religiosas.

El libro de los Salmos es el ejemplo clásico de la poesía hebrea. Gran parte de los salmos seguramente los escribió David, pero hay muchos salmos de cuyo autor y fecha de composición no estamos seguros. Cualquiera que sea el origen de los salmos, o la época en que se escribieron, todas las iglesias lo han empleado durante siglos y constituyen una herencia espiritual común de los hombres. Algunos salmos son intensamente nacionalistas, mientras que otros son apasionadamente personales. Hay salmos que señalan la realidad del pecado humano. El arrepentimiento de corazón y el perdón gozoso retiñen por doquier. Por todo el salterio se nota el reconocimiento de la soberanía, la majestad, la misericordia y la santidad de Dios. Es el himnario de las edades.

LECTURAS RECOMENDADAS

Julius A. Bewer, *The Literature of the Old Testament*, pp. 340-94.
W.T. Davison, *Praises of Israel*, pp. 31-144.
Frederick G. Eiselen, *The Psalms and Other Sacred Writings*.
Alex R. Gordon, *The Poets of the Old Testament*, pp. 1-141.
Elmer A. Leslie, *The Psalms*.
Rowland E. Prothero, *The Psalms in Human Life*, pp. 7-136.
A.S. Rappoport, *The Psalms*.
Theodore Robinson, *The Poetry of the Old Testament*, pp. 11-46, 163-216.
Samuel Terrien, *The Psalms and Their Meaning for Today*, pp. 19-92, 191-238.
Kyle M. Yates, *Preaching from the Psalms*, pp. 134-200.
Kyle M. Yates, *Studies in the Psalms*, pp. 1-48.

PARA UN ESTUDIO MÁS COMPLETO

1. Dé algunos ejemplos de la poesía hebrea primitiva.

2. Compare la estructura de la poesía hebrea con la poesía moderna.

3. Señale varios tipos de paralelismo en la poesía hebrea. Encuentre ejemplos de cada uno que no se haya presentado en el texto.

4. ¿Qué valor tiene la poesía didáctica? ¿Puede señalar ejemplos contemporáneos de esta poesía?

5. ¿Cuál es el secreto de la atracción universal de los salmos? ¿Cuál salmo le apela más, y por qué?

6. ¿Por qué es difícil determinar los autores de los salmos?

7. Escoja y analice uno de los "salmos nacionales". ¿Tenemos hoy día himnos de ese mismo carácter?

8. El salmista amaba la naturaleza. ¿Dónde halla a Dios el salmista en la naturaleza? ¿Está conforme usted con las ideas del autor sobre Dios y la naturaleza?

9. ¿Qué mensajes tienen los salmos con respecto a la venida de Cristo como el Mesías?

10. ¿Qué tan claro es el concepto del pecado y el perdón en los salmos?

11. Se dice a menudo que en tiempos de David existía un concepto inadecuado de Dios. ¿Hacen los salmos justicia a un concepto cristiano de Dios?

12. De acuerdo con los salmistas, ¿nace el hombre naturalmente bueno o depravado?

13. Examine en los salmos tantas referencias como sea posible acerca de la limpieza y purificación.

14. ¿Cómo considera el salmista la ley de Dios?

15. ¿Qué dicen los salmos acerca de la vida futura? ¿Por qué tenemos hoy día una enseñanza más clara en cuanto a la inmortalidad?

16. ¿La gente de hoy posee el mismo deseo de compañerismo con Dios que tenían los salmistas?

17. Describa el uso que hicieron de los salmos los hombres del Antiguo Testamento.

18. ¿De qué modo usaron Jesús y los autores del Nuevo Testamento los salmos?

19. Mencione algo acerca de la influencia de los salmos en los reformadores y líderes de la iglesia.

20. ¿Cuál es el uso principal de los salmos hoy en día? ¿Por qué no cantamos salmos más frecuentemente?

NOTAS BIBLIOGRÁFICAS

[1] La presentación poética de los Salmos en este capítulo sigue a la versión Reina-Valera. Revisión de 1960.

[2] W.T. Davison, *The Praises of Israel*, p. 72.

[3] H. Wbeeler Robinson, *The Old Testament, Its Making and Meaning*, p. 133.

[4] A.S. Rappoport, *The Psalms*, p. 11.

[5] Frederick G. Eiselen, *The Psalms and Other Sacred Writings*, p. 41.

[6] Julius A. Bewer, *The Literature of the Old Testament*, p. 341.

[7] Rowland E. Prothero, *The Psalms in Human Life*, p. 1.

[8] Citado en J.J.S. Perowne, *The Book of Psalms* I,26.

[9] *Ibid.*, p. 134.

[10] Davison, *op. cit.*, p. 106.

[11] *Ibid.*, pp. 114-15.

[12] Samuel Terrien, *The Psalms and Their Meaning for Today*, p. 174.

[13] James Robertson, *Poetry and Religion of the Psalms*, p. 7.

[14] *Ibid.*, pp. 7-8.

[15] Agustín, *Las confesiones*, Libro 9; párrafo 4.

[16] Citado en Davison, *op. cit.*, pp. 258-59.

[17] Prothero, *op. cit.*, p. 122.

[18] Juan Calvino, *Preface to the Commentary on the Psalms*.

[19] *Journal*, I, 103.

[20] Prothero, op. cit., p. 228.

10

LA LITERATURA DE SABIDURÍA

Inclina tu oído y oye las palabras de los sabios (Proverbios 22:17).

Fuentes: Job, Proverbios, Eclesiastés, Cantar de los Cantares de
Salomón.
Para leer: Job 1-2; 23; 28: 31; 42: Proverbios 1; 10; 16: 29; 31;
Eclesiastés 11-12; Cantar de los Cantares de Salomón 2; 8.
Período: Aproximadamente 950-350 a.C.

Del estudio de los Salmos pasamos a otra expresión popular de la
religión hebrea, la literatura de sabiduría, que incluye los libros de Job,
Proverbios, Eclesiastés y Cantar de los Cantares de Salomón. La atracción
de estos libros consiste en que tratan de los grandes valores de la vida, tales
como el problema del sufrimiento, la ética y la moral prácticas y el significado de la vida y el amor.

I. LA SABIDURÍA Y LOS SABIOS

La literatura de sabiduría del Antiguo Testamento presenta cuidadosamente pensamientos y enseñanzas de los sabios de Israel. Si bien estos
escritos se dirigieron a los hebreos, tienen una aplicación universal que hace
una valiosa contribución a la totalidad de los escritos inspirados.

A. La sabiduría entre los hebreos

En los antiguos tiempos, cuando los libros eran pocos y los autores escasos, la sabiduría tradicional de un pueblo pasaba de uno a otro en forma
de aforismos y máximas breves, fáciles de recordar. Como dependían casi
enteramente de la instrucción oral, los sabios y filósofos de Israel pusieron
su enseñanza en moldes compactos, que podían atesorarse en la memoria
con facilidad.

1. El significado de la sabiduría

La idea primitiva de la sabiduría se asemejaba al conocimiento práctico o sagacidad. La palabra sabiduría viene de una raíz semítica, que significa en idioma asirio "conocer", y en arábigo "estar firme", "fijo", "libre de
defecto". En la enseñanza de los sabios de Israel, representa no solo conocimiento, sino también la habilidad de usar ese conocimiento efectivamente.

En Génesis 41:33, 39 y 2 Samuel 14:20, la palabra "sabio" describe a un hombre talentoso para administrar los negocios públicos. En el Libro de Proverbios, se aplica a personas que en su vida pública y privada se gobiernan por elevados principios éticos y religiosos. Para los sabios, la mera adquisición de conocimientos nunca fue un fin en sí mismo. Ellos procuraban que el hombre fuera algo más que una simple enciclopedia humana[1].

2. El uso de la sabiduría

Los sabios intentaron presentar una figura compuesta del hombre ideal. Ellos no pintaron un santo sentimental y apologético, sino un hombre de carne y hueso, dotado de emociones y de sentido común. Era un marido devoto, un amigo verdadero, un consejero sabio, un prójimo caritativo. Era un hombre industrioso, honorable y justo. Sobre todo era sano, normal, y movido por una sana fe en Dios, y un deseo de evidenciar su lealtad al Señor viviente, de acuerdo a sus divinos preceptos. Un hombre feliz y satisfecho.

Los sabios piensan que Dios es el Supremo Maestro:

No menosprecies, hijo mío, el castigo de Jehová,
Ni te fatigues de su corrección;
Porque Jehová al que ama castiga,
Como el padre al hijo a quien quiere (Proverbios 3:11-12).

Además, los sabios añaden que la religión es la fuente y fundamento de toda la sabiduría:

El principio de la sabiduría es el temor de Jehová;
Los insensatos desprecian la sabiduría y la enseñanza (Proverbios 1:7).

B. Los sabios

En los tiempos del rey Salomón, y más tarde también, vivieron unos hombres llamados "los sabios". Eran distintos de los sacerdotes y profetas, y no tenían participación en el culto del templo. Hicieron una recopilación de los mejores proverbios y epigramas, y los enseñaron a otros.

El mensaje de los sabios estaba dirigido primordialmente al individuo. Parece que la mayoría de ellos eran ancianos, que habían pasado la prueba de la vida en contacto con la austera realidad[2]. No dirigían escuelas formales, sino que se detenían donde hallaban discípulos dispuestos. Eran filósofos de ocasión, que ponían interés en las almas que deseaban oír sus enseñanzas. Eran los "censores de las puertas". Se cree que formaron esos círculos de ancianos sabios y prudentes que tenían mucha influencia en las puertas de las ciudades, donde se administraba la justicia y el gobierno[3]. De estos hombres y de aquellos a quienes influyeron, nació y se desarrolló ese tesoro de verdades conocido como la "literatura sapiencial".

La sabiduría en el pensamiento hebreo contrasta vívidamente con la filosofía griega y occidental. El sabio hebreo tenía la preocupación de enseñar una verdad revelada. El filósofo trata solo con la razón humana. Por eso, "los judíos no tienen filósofos, y los griegos no tienen profetas". La metafísica, el estudio de las teorías acerca de la realidad, es la característica sobresaliente del pensamiento occidental. La ética, con su intensa relación a la vida moral, es la primera preocupación de los hebreos. La mente de los griegos se ocupaba de la epistemología, o teorías del conocimiento humano, en tanto que la revelación, o sea la comunicación de la divina verdad, capturó el pensamiento de los hebreos. La lógica fue la base del sistema griego, mientras que la intuición y la comprensión fueron la base del pensamiento hebreo. Unos fueron materialistas; los otros, espirituales. Uno de los autores de este volumen ha resumido así estas diferencias:

> Si bien la razón fue el método de la filosofía griega, y la argumentación su forma, la intuición o comprensión interior fue el método de la sabiduría hebrea, y el proverbio epigramático su forma. Los sabios hebreos no tenían argumentos que sostener, ni cadenas de razonamiento que seguir. Ellos presentaban la verdad con la sencilla seguridad del que la ha visto.[4]

II. JOB, EL PROBLEMA DEL SUFRIMIENTO HUMANO

El Libro de Job será el primero de los libros sapienciales que estudiaremos. A este libro Tennyson lo llamó "el más grande poema de los tiempos antiguos y modernos". Para Carlyle era "una de las composiciones más grandes que ha escrito la pluma... No hay nada en la Biblia, o fuera de ella, pienso yo, con iguales méritos literarios". Por su calidad de poema épico se le compara con *Sobre la naturaleza* de Lucrecio, y *La divina comedia* de Dante, *El paraíso perdido* de Milton y *Fausto* de Goethe. Robert Pfeiffer señala:

> Job es una obra literaria tan única que su comparación con esas otras obras maestras es superficial; lo que ellas tienen en común es mayormente su grandiosa concepción, estilo soberbio, emoción intensa, aprecio de la naturaleza, profundos pensamientos y nobles ideales.[5]

Este poeta se compara favorablemente con los grandes escritores de la humanidad. Su genio creativo no se basó en modelos primitivos para la estructura general de su obra ni para llenar los detalles. Es una de las obras más originales en la poesía de la humanidad[6].

A. Autor y fecha

Julio Bewer dice que Job lo escribió un hombre que sintió en su espíritu el sufrimiento de las almas rectas; que había probado la amargura de la muerte, y cuyo corazón estaba desesperado y protestaba. Cada palabra que ha escrito ha sido "fraguada ardientemente en el horno de un alma que ha luchado en la angustia", ya que es la historia de un hombre que sufrió y batalló, se desesperó y cobró valor, hasta que al fin obtuvo la paz[7].

Quién fue su autor, y en qué fecha se escribió el libro son problemas que no han sido resueltos. El libro guarda silencio en cuanto al nombre de su autor. Algunos dicen que Job mismo es el autor; otros atribuyen el libro a Moisés; otros a un autor desconocido en tiempos de Salomón; otros a un escritor del período del exilio. Unos pocos dicen que debió escribirlo alguien después del exilio, por cierta inferencia que extraen de Ezequiel 14:14-20[8].

B. El mensaje del libro

Para comprender el libro de Job debemos tener en cuenta la doctrina del sufrimiento que prevalecía en Israel antes de ese tiempo. Se creía entonces que el sufrimiento era, no la obra de algún poder sobrehumano hostil a Dios, sino que era el resultado de la desobediencia humana. Estaba en el mundo con el permiso de Dios, y él hacía uso del sufrimiento en su trato con naciones e individuos. Era algo así como un garrote cósmico con el cual él castigaba a los impíos y malos. Pero, ¿por qué sufría el justo? Este era el problema que preocupaba a las grandes mentes de los antiguos tiempos.

Además, para comprender el libro es necesario imaginar las escenas dramáticas que se describen en una forma tan singular. Una persona no podría entenderlo desde una perspectiva exclusivamente racionalista, porque esta obra maestra no está dirigida a la mente del hombre sino a sus sentimientos e imaginación.

Para comprender esta dramática pintura de la batalla del alma de un hombre, uno debe primero disfrutar de la perfección y prosperidad pastorales de ese hacendado llamado Job. Uno debe estremecerse junto con Job cuando calamidad tras calamidad caen sobre él. Sentarse al lado de Job en las puertas de la ciudad y palpar la profunda agonía de su desesperanza. Debe sobrellevar con él los vanos intentos de sus amigos para consolarlo. Y subiendo en un *crescendo* de frustración, el lector o lectora, debe sentirse sin aliento mientras Job denuncia a sus consoladores y llega, casi, a desafiar a Dios. Su oído debe escuchar la voz de Dios y su corazón debe inclinarse, junto con Job, en rendición y sumisión. Finalmente, debe imaginarse la restauración de Job a la felicidad y prosperidad.

C. Escena primera: El hombre perfecto de Dios (1:1-5)

El autor inicia el libro describiendo una bella escena campestre en la cual Job, honrado y respetado, se solaza con los frutos de su labor. Job era un rico "*sheik*", o príncipe oriental, honorable, recto y temeroso de Dios. Entre sus posesiones se contaba un rebaño de 7,000 ovejas, 3,000 camellos, 500 yuntas de bueyes y 500 yeguas.

Como una indicación de la unidad y afecto de esta numerosa familia, los hijos de Job tenían reuniones periódicas, en que se invitaban unos a otros a sus casas para regocijarse. Los siete varones y las tres doncellas eran buenos hijos, un motivo de orgullo para cualquier hombre. Este padre piadoso ofrecía periódicamente sacrificios por cada uno de sus hijos, para asegurar la continuidad de la bendición de Dios sobre la familia.

D. Escena segunda: Una convención cósmica (1:6-12)

Una sombra oscura cae sobre la escena. Se lleva a cabo una convención cósmica en la que los hijos de Dios vienen a presentarse delante del Señor. Satán viene entre ellos, como un delegado de sí mismo, y desafía cínicamente la bondad de Job, a quien Dios llama hombre perfecto. Negando que Job sea verdaderamente un hombre espiritual, Satán dice que en realidad es un materialista, que sirve a Dios y vive rectamente porque obtiene beneficios de ello. Dice Satán: Si las riquezas le fueran quitadas, Job maldeciría a Dios en su propia cara. Dios acepta el desafío y permite a Satán que arruine a Job, pero sin dañar a la persona del hombre perfecto.

E. Escena tercera: Los desastres azotan (1:13–2:10)

Sin pérdida de tiempo, Satán inicia un ataque sistemático y avasallador contra Job. En sucesión dramática, los bandidos sabeos y caldeos roban los rebaños de bueyes y camellos y matan a los criados. Un huracán derriba la casa en donde están los hijos de Job, matando a los diez instantáneamente. Al oír estas noticias, Job rasga sus vestidos, rapa su cabeza, y cae sobre el polvo en angustia de alma. Pero no obstante estas calamidades, afirma su fe diciendo: "Desnudo salí del vientre de mi madre, y desnudo volveré allá. Jehová dio y Jehová quitó; sea el nombre de Jehová bendito" (1:21). En todo esto no pecó Job, ni criticó a Dios.

Los hijos de Dios se reúnen por segunda vez, y de nuevo está Satán entre ellos. Dice que Job retiene su integridad porque su persona no ha sido tocada. Si la salud de Job fuera súbitamente arruinada, entonces se rebelaría. Para poder refutar esta afirmación, se pone a Job en manos de Satanás, pero con la condición de que sea preservada su vida. Job cae víctima de una enfermedad horrible, y todo su cuerpo se llena de llagas supurantes; al igual que un leproso, es arrojado al basurero en las afueras de la ciudad. Para colmar su miseria, su mujer le dice: "Maldice a Dios, y muérete" (2:9). La respuesta de Job muestra la fibra de su carácter: "¿Qué? ¿Recibiremos de Dios el bien, y el mal no lo recibiremos?" (2:10).

F. Escena cuarta: Los consoladores de Job (2:11–37:24)

Días y semanas transcurren, mientras Job soporta en silencio su aflicción. Las noticias de la terrible tragedia se difunden. Tres amigos íntimos de Job convienen en visitar al amigo afligido. A primera vista ellos no reconocen a Job. Cuando la impresión de ver al amigo en tal estado se calma un poco, demuestran su dolor y lloran, rasgan sus vestidos y esparcen ceniza sobre sus cabezas. Llorosos y silenciosos, se sientan delante de Job por siete días, el período de lamento. Por fin habla Job. El lamento del capítulo 3 es un patético intento de hallar una respuesta al abrumador "por qué" de su situación.

El pastor John Rice sugiere que los tres amigos, Elifaz, Bildad y Zofar, representan tres fuentes de autoridad en la religión. Elifaz, el mayor, es intelectual, tranquilo, digno, devoto; un hombre de fuertes prejuicios religiosos, con algo de puritano, y de místico. Aunque tierno de corazón, es rígido y frío en su aproximación, siendo más un orador que un consolador. Da experiencias y advertencias como un profeta, y afirma que lo que él dice lo ha recibido por revelación. El segundo consolador, Bildad, representa a la tradición, la sabiduría del pasado. Su punto de vista está cristalizado. Para todo tiene respuestas en fórmulas precisas. Zofar, el tercer amigo, representa el sentido común práctico. Tiene convicciones profundas y desea que las cosas se hagan a la luz de sus convicciones. Job es un pensador independiente, buscando a tientas su camino tras una experiencia que ha hecho añicos su fe[9].

1. *Primer ciclo de discursos: Se acusa al inocente* (cc. 4–14)

El lamento de Job, en el cual maldice el día en que nació, parece, a los ojos de los amigos, contener una acusación contra la justicia de Dios. Ellos procuran corregir este pensamiento.

(a) El discurso de Elifaz y la respuesta de Job (4:1–7:31). A Elifaz le sorprende que Job, que en el pasado fue consolador de otros, esté ahora abatido, dando rienda suelta a su dolor. Si él fuera inocente, debiera permanecer inconmovible, porque el justo nunca es destruido. Solamente los malos perecen. En vívido lenguaje, Elifaz describe una visión en la cual vio la majestuosa pureza de Dios, comparada con la pecaminosidad de todas las cosas crea-

das. Estas imperfecciones del hombre resultan en pecado y traen su castigo. El camino de recuperación no es una queja amarga, sino un retorno a Dios, cuyos caminos son maravillosos, cuyo poder es supremo, cuyo propósito es beneficiar a la humanidad, y cuyos castigos redundan en bendiciones.

Job se ofende porque su amigo ha exagerado la queja y menospreciado la condición del doliente. Después de todo, su vida ha sufrido un colapso sin causa. Captando la sugestión de Elifaz de perecer, él desea la muerte, y la invita, como el fin de todos sus problemas. ¿Para qué vivir? Aun sus amigos están contra él. Él exige saber qué pecados ocultos le atribuyen. Sus calamidades son solo una parte del destino de la humanidad indefensa. Finalmente, Job parece casi perder toda esperanza de alcanzar el perdón y la misericordia de Dios.

(b) El discurso de Bildad y la respuesta de Job (8:1–10:23). Bildad niega la afirmación de Job de que la raza está en las garras de una fuerza ciega y cruel. Defiende la justicia perfecta de Dios, que se demuestra tanto en el castigo del malo como en la recompensa del bueno. La experiencia del pasado prueba que el malo se marchita pronto, y que Dios no quiere, ni puede, desechar al hombre justo.

Job está aún perplejo. ¿Cómo puede un hombre ser perfecto delante de Dios? Todas las virtudes y talentos humanos vienen a ser insignificantes ante la divina majestad. En un pasaje sublime (9:32-33), Job expresa la profunda necesidad que tiene el hombre de un "árbitro" o mediador entre Dios y el hombre, que pueda poner su mano en ambos. Job clama por la vindicación que Dios debe hacerle, y al mismo tiempo expresa su sentido de la muerte inminente.

(c) El discurso de Zofar y la respuesta de Job (11:1–14:22). Zofar presenta ahora la acusación de hipocresía y pecado, aún con mayor vigor. En su opinión, Job está siendo castigado menos que lo que merece pese a su autojustificación. La sabiduría perfecta de Dios detecta los pecados ocultos de los hombres, los cuales causan súbitas calamidades. Si Job desea paz y restauración, debe abandonar el pecado.

Los tres consoladores usan técnicas muy pobres de consolación, pero Job acepta el valor terapéutico de hablar de sus problemas. Su valor comienza a levantarse, porque se ha convencido de su inocencia. Pide que le muestren cuáles son sus iniquidades. ¿Acosará Dios a una hoja seca? De lo profundo de su desesperanza, obtiene un rayo de luz, ¡quizá pueda vivir otra vez! Quizás en algún otro lugar pueda volver a tener compañerismo con Dios. "Si el hombre muriere, ¿volverá a vivir? Todos los días de mi edad esperaré, hasta que venga mi liberación" (14:14).

Termina así el primer ciclo de discursos. Cada uno de los amigos ha apelado al intelecto de Job, en un esfuerzo para que él vuelva otra vez a pensar correctamente respecto a Dios. El primero proclama la pureza de Dios y la bondad universal; el segundo, su justicia perfecta; el tercero, su conocimiento perfecto. Cada uno termina con una exhortación a Job de retornar a Dios, y entonces todo irá bien. La respuesta de Job es que los argumentos de sus amigos no se ajustan a su caso. Él ha presentado su causa, y en su mente, está vindicado.

2. El segundo ciclo de discursos (cc. 15–21)

Los tres amigos intentan de nuevo despertar la conciencia de Job. Cada uno habla otra vez, y Job responde a cada uno.

(a) El segundo discurso de Elifaz y la Respuesta de Job (15:1–17:16). Elifaz afirma ahora que las propias palabras de Job lo condenan y demuestran su culpa, y que el discurso de Job destruiría toda piedad. Además de eso, Job no es el primer hombre que vive y sufre. Ni Job tiene mayor conocimiento que otros. Entonces, ¿por qué insiste en contradecir la sabiduría combinada de sus tres amigos? Por otra parte, ¿cómo puede ser recto un hombre nacido de mujer? Todos los hombres son pecadores a los ojos de Dios, y el castigo viene como resultado del pecado. Job debe confesar.

Job comprende que tanto el hombre como Dios parecen haberlo abandonado. Si él estuviera en lugar de sus "consoladores molestos", también sacudiría la cabeza y hablaría fácilmente. Sus sufrimientos lo han dejado desolado. Toda habilidad y deseo de defenderse parecen haberlo abandonado. Job se resigna a descender al polvo.

(b) El segundo discurso de Bildad y la Respuesta de Job (18:1–19:29). Bildad usa palabras muy severas al criticar a Job por el trato que da a sus amigos. Demuestra que no solamente Dios, sino aun la naturaleza están contra el pecador. La desgracia de Job es una prueba de que aun el universo se opone activamente a las malas obras.

Job siente ahora que Dios lo ha abandonado completamente. Aun los niños se burlan de él y los ancianos lo escupen. Hundiéndose en los abismos de la desesperación y desilusión, de pronto tiene la seguridad de que Dios aparecerá todavía para vindicarlo:

Yo sé que mi Redentor vive,
Y al fin se levantará sobre el polvo;
Y después de deshecha esta mi piel,
En mi carne he de ver a Dios;

Al cual veré por mí mismo,
Y mis ojos lo verán, y no otro,
Aunque mi corazón desfallece dentro de mí (19:25-27).

(e) El segundo discurso de Zofar y la respuesta de Job (20:1–21:34). Sobremanera irritado por la respuesta de Job, Zofar condena rápidamente el ataque de Job a sus amigos. Job ha acusado a Dios de haberlo tratado mal, y sin embargo espera que él sea su vindicador. Zofar recalca la brevedad de la prosperidad de Job y el terrible castigo que solo podría sobrevenirle por el pecado.

No obstante, Job señala que, muy a menudo, los impíos son prosperados. Sus herederos se benefician con muchas cosas. ¿Cómo puede decirse, entonces, que los impíos nunca prosperan? El carácter no siempre determina la fortuna. ¿Por qué atribuir a Dios lo que él no hace? La historia niega la validez de los argumentos de sus amigos.

Puesto que no han logrado cambiar la manera de pensar de Job, ni despertar su conciencia, los tres amigos lo acusan ahora de pecados específicos.

3. El tercer ciclo de discursos *(cc. 22–31)*

Comienza Elifaz con la aserción de que el sufrimiento no podría deberse a la piedad, de modo que necesariamente tiene que deberse al pecado. Entonces menciona los pecados que un príncipe poderoso y rico de esos días podría cometer. Job los ha cometido porque tiene una idea errónea de Dios, pensando que Dios no los conocería. De nuevo exhorta a Job a reconciliarse con Dios, bajo la promesa de paz y prosperidad.

En respuesta, Job desea saber dónde hallar a Dios. Entonces presentaría su causa delante de él. Pero Dios no puede ser hallado:

He aquí yo iré al oriente, y no lo hallaré;
Y al occidente, y no lo percibiré;
Si muestra su poder al norte, yo no lo veré;
Al sur se esconderá, y no lo veré.
Mas él conoce mi camino;
Me probará, y saldré como oro (23:8-10).

Bildad es incapaz de negar los hechos de la experiencia presentados por Job. Así que presenta su argumento final, esperando penetrar en la profundidad de la mente y la conciencia de Job. Habla de una actitud apropiada de respeto y reverencia a Dios. No importa cuáles hayan sido los hechos de la historia, tal impertinencia y arrogancia de parte de Job deben ser condenadas. En un último análisis, la pureza de Dios debe tener preeminencia sobre la vida del hombre. Job replica diciendo que él acepta la grandeza de Dios. Pero lo que no puede comprender es la justicia de Dios. Zofar ya no añade palabra. Se produce un *impasse* final, porque Job mantiene hasta el fin su inocencia de haber cometido cualquier mal a sabiendas.

4. El discurso de Eliú (cc. 32–37)

Un curioso que estaba junto a las puertas ha tomado agudo interés en estas conversaciones. Ahora interviene. Después de disculparse por su juventud, se siente impelido a hablar. Con la impulsividad de la juventud, ataca tanto a Job como a los tres amigos, en una exhortación que gira alrededor de cuatro pensamientos. En el primero critica a Job por quejarse de que Dios no le responde. En el segundo, afirma que el cargo que Job hace de que Dios lo ha tratado mal no es cierto. Tercero, declara que la protesta de Job de que la justicia no trae más recompensa que el pecado tampoco es cierta. Cuarto, Eliú explica el valor disciplinario de las aflicciones, y termina con una descripción de la grandeza, sabiduría y majestad de Dios.

G. Escena quinta: Un alma encuentra la paz (cc. 38–42)

Una amenazadora tormenta se cierne en el cielo. Las tinieblas caen sobre la tierra. Job se postra ante la tempestad, pero no tiene miedo. Súbitamente, Dios le responde desde un torbellino. Intimida a Job con su augusta presencia y le hace una serie de preguntas hasta que lo deja completamente sometido. El hombre ya había hablado. Ahora le toca hablar a Dios. ¿Qué sabe Job acerca de los formidables hechos de la creación, y los misterios y maravillas del mundo natural? ¿Qué sabe Job acerca del origen de los mares, y de la revolución del sol en su órbita? ¿Está el misterio de la muerte abierto ante él, y sabe algo o tiene control de las potencias de los cielos, o puede regular los planetas?

¿Puede Job darles órdenes a las nubes, y a los copos de nieve? Job se siente pequeño e insignificante. Si Job no puede responder a esas pequeñas preguntas sobre la naturaleza, ¿cómo puede contestar a las grandes preguntas acerca del hombre, la obra más compleja, y la corona de la creación de Dios? Job pone "su mano sobre la boca" y se niega a hablar. Ya ha dicho demasiado. Dios no ha respondido a la pregunta de Job sobre el sufrimiento. Pero eso no parece ya tan importante como antes. Cuando el hombre comprende que él no es el centro del universo, todos sus problemas se atenúan. Job comprende esto, y con este simple conocimiento, logra la paz. Con humildad confiesa:

> *¿Quién es el que oscurece el consejo sin entendimiento?*
> *Por tanto, yo hablaba lo que no entendía;*
> *Cosas demasiado maravillosas para mí, que yo no comprendía...*
> *De oídas te había oído;*
> *Mas ahora mis ojos te ven.*
> *Por tanto me aborrezco,*
> *Y me arrepiento en polvo y ceniza* (42:3, 5-6).

Job termina triunfalmente su peregrinaje espiritual. Fue sumergido hasta lo profundo y no fue vencido. Ahora es restaurado. El libro termina con un Job nuevamente próspero y bendecido, y rodeado de una familia feliz.

El libro de Job enseña algunas verdades de gran importancia. Puesto que el problema del sufrimiento es parte inevitable de la vida humana, estas lecciones son de sumo interés. Algunas de ellas son:

1. El propósito del sufrimiento no siempre es evidente al que sufre, o a los que le ven sufrir.
2. El sufrimiento puede beneficiar al sufriente. Puede refinar su carácter y ennoblecer su personalidad.
3. El problema del sufrimiento es insoluble dentro de los límites de esta vida. Debe ser considerado a la luz de las recompensas y las promesas de la eternidad.
4. La perfección del carácter moral es compatible con las incomprensiones, sospechas, mala salud y revelación parcial. Job era perfecto delante de Dios, y sin embargo era incomprendido y sospechoso delante de los hombres. Sufría enfermedad y pobreza y tenía una revelación parcial de la voluntad de Dios.
5. El sufrimiento de sus santos prueba la gracia sustentadora de Dios.

III. LOS PROVERBIOS

Así como el libro de los Salmos es una colección de los himnos hebreos, el de Proverbios es una colección de la sabiduría hebrea. Hay otro parecido entre ambos libros: David es el autor de muchos salmos y muy a menudo se lleva la gloria de todo el salterio; Salomón es el autor de muchos proverbios y muchas veces se le atribuye la totalidad. Puesto que hay una sección que lleva el título de "proverbios de Salomón, los cuales copiaron los varones de Ezequías", es evidente que el libro no recibió su forma final por lo menos hasta el reinado de Ezequías, en el siglo VIII a.C. No obstante, no todos los proverbios de Salomón han sido preservados, porque en 1 Reyes 4:32 se habla de 3,000 proverbios y más de 1,000 canciones escritas por Salomón.

A. El significado de "proverbio"

La palabra proverbio denota en nuestros días "un dicho expresivo de uso general", tal como "más vale pájaro en mano que cien volando", o "el hábito no hace al monje". Pero para los hebreos, el proverbio, o *mashal,* tiene un significado mucho más amplio. Significa una semejanza, comparación o dicho simbólico, tal como el refrán muy popular en los tiempos de Jeremías (Jeremías 31:29) y Ezequiel (Ezequiel 18:2): "Los padres comieron las uvas agrias y los dientes de los hijos tienen la dentera". También se aplica a dichos tales como: "¿También Saúl entre los profetas?" (1 Samuel 10:12). A veces se refiere a una aseveración más larga, tal como la alegoría de Ezequiel sobre el águila, llevando el cogollo del cedro para plantarlo en otro lado, representando la captura de Joaquín por Nabucodonosor (Ezequiel 17:2-6).

B. Divisiones y autor

Proverbios es, esencialmente, una colección de colecciones, tal como el libro de los Salmos. Esto se nota en los subtítulos y en la diferencia de contenido en las secciones señaladas por esos subtítulos. Si bosquejáramos el libro conforme a sus subtítulos, tendríamos siete divisiones mayores:

1. "Los proverbios de Salomón, Hijo de David, Rey de Israel" (1:1)

Este encabezamiento incluye los primeros nueve capítulos, los cuales ilustran la exposición más extensa de verdades morales y religiosas que se aplican a la vida. Sirve como introducción a todo el libro. Es una lógica exposición de la sabiduría, contrastada con la locura, explicando el propósito del libro y dando exhortaciones a un joven, discípulo del sabio, señalando los peligros a los que se enfrenta la juventud, y sugiriendo la sabiduría como guía.

2. "Los proverbios de Salomón" (10:1)

La segunda sección del libro comienza con 10:1, y se extiende hasta 22:16. Estos 12 capítulos y medio forman la parte central del libro. Los capítulos consisten de proverbios individuales en forma de pareado breve, basados generalmente en un contraste, como:

Del hombre son las disposiciones del corazón;
Mas de Jehová es la respuesta de la lengua (16:1).

Este proverbio corresponde al nuestro, "el hombre propone, pero Dios dispone". Se cree que esta es la parte más antigua del libro. Sus proverbios provienen de la época de oro de la monarquía. El tono es el más brillante y feliz de todo el libro. Los temas tratan sobre las aspiraciones del hombre, las recompensas de la virtud, y la fórmula del éxito y la riqueza.

3. *"Las palabras de los sabios"* (22:17)

La tercera sección es corta y su apéndice es todavía más breve. Algunos autores ponen el apéndice como otra sección. Leemos en Proverbios 22:17: "Inclina tu oído y oye las palabras de los sabios". La Septuaginta muestra que "Las palabras de los Sabios" era el encabezamiento original de esta sección. En Proverbios 24:23 se encuentra otro título: "También estos son dichos de los sabios", encabezando una sección suplementaria que se extiende hasta el fin del capítulo 24. Toda esta sección, incluyendo el suplemento y el apéndice, es una exhortación, al igual que la primera sección, hecha de máximas prácticas, en vez de proverbios individuales. Se dan consejos sobre muchos asuntos. El rey y Jehová deben ser temidos, y la rebelión es una calamidad. Aquí el paralelismo es sintético, presentando una idea, pero extendiéndola por cinco o seis líneas, como se ilustra en el presente pasaje que describe los efectos del licor embriagante:

¿Para quién será el ay? ¿Para quién el dolor? ¿Para quién las rencillas?
¿Para quién las quejas? ¿Para quién las heridas en balde?
¿Para quién lo amoratado de los ojos?
Para los que se detienen mucho en el vino,
Para los que van buscando la mistura.
No mires al vino cuando rojea,
Cuando resplandece su color en la copa.
Se entra suavemente;
Mas al fin como serpiente morderá,
Y como áspid dará dolor.
Tus ojos mirarán cosas extrañas,
Y tu corazón hablará perversidades.
Serás como el que yace en medio del mar,
O como el que está en la punta de un mastelero.
Y dirás: Me hirieron, mas no me dolió;
Me azotaron, mas no lo sentí;
Cuando despertare, aún lo volveré a buscar (23:29-35).

La primera parte de esta colección (22:17–24:22), es de interés especial en vista del descubrimiento de un libro de sabiduría egipcia, conocido como *La enseñanza de Amenofis,* escrito probablemente alrededor del 600 a.C. y que muestra muchas similitudes notables con esta sección de Proverbios[10]. Por ejemplo, leemos en Proverbios:

> *No te entremetas con el iracundo,*
> *Ni te acompañes con el hombre de enojos* (22:24).

Amenofis tiene un paralelo muy cercano:

> No te asocies con el hombre apasionado
> Ni te aproximes a él en conversación.

4. La cuarta sección del libro de Proverbios incluye los capítulos 25–29, y se titula: "También estos son proverbios de Salomón, los cuales copiaron los varones de Ezequías, rey de Judá" (25:1). Esta tercera colección "salomónica" es un tanto diferente en carácter de las dos primeras. La forma no se limita al pareado o dístico, sino que en algunos casos se extiende a nueve o más versos. Se advierte un intento de agrupar los dichos por temas. Por ejemplo, los primeros siete versos del capítulo 26 tratan sobre reyes; otra sección (vv. 13-16), sobre holgazanes; un poco más allá hay una serie de condenaciones y críticas de los adulones engañosos (vv. 18-28). El sentido práctico y utilitario parece exceder al sentido religioso y moral en esta sección; como por ejemplo:

> *El que labra su tierra se saciará de pan;*
> *Mas el que sigue a los ociosos se llenará de pobreza* (28:19).

5. La quinta sección, capítulo 30, se titula "Palabras de Agur, hijo de Jaqué; la profecía que dijo el varón a Itiel, a Itiel y a Ucal" (30:1). El carácter y la forma de esta sección son peculiares. Comienza con la creencia de un escéptico en cuanto a Dios (vv. 1-4), la cual es seguida por un claro rechazo de esa actitud a la luz de la revelación, y una oración para ser salvado de ella (vv. 5-9). La mayor parte de lo que sigue puede ser llamada "juegos de cuatros", o sea, grupos de cuatro cosas que son semejantes, y que se pueden unir para arrojar luz unas a otras. Hay cuatro clases de hombres malos (vv. 11-14), cuatro cosas insaciables o voraces (vv. 15-16), cuatro cosas misteriosas (vv. 18-19), cuatro cosas insufribles (vv. 21-23), cuatro animalitos sabios (vv. 24-28), cuatro cosas de hermoso andar (vv. 29-31). A continuación damos un ejemplo:

Tres cosas me son ocultas;
Aun tampoco sé la cuarta:
El rastro del águila en el aire;
El rastro de la culebra sobre la peña;
El rastro de la nave en medio del mar;
. *Y el rastro del hombre en la doncella (30:18-19).*

6. La sexta sección, consiste en los primeros nueve versos del capítulo 31 y se intitula: "Palabras del rey Lemuel; la profecía con que le enseñó su madre" (31:1). En estos versos hay una fuerte advertencia contra la sensualidad y el beber vino, y una admonición para defender la causa de los desamparados.

Dad la sidra al desfallecido,
Y el vino a los de amargado ánimo (31:6).

Abre tu boca, juzga con justicia,
Y defiende la causa del pobre y del menesteroso (31:9).

7. La séptima y última sección no tiene título pero está nítidamente separada del resto. Su tema es la alabanza de la mujer virtuosa. Está escrita en forma de poema acróstico, en el cual cada uno de los 22 versos (vv. 10-31) comienza con una letra sucesiva del alfabeto hebreo.

C. Las enseñanzas de Proverbios

Las enseñanzas de Proverbios tratan con todos los problemas de la vida. Abarcan la naturaleza de Dios y de los hombres. Enfatizan las virtudes personales tales como las buenas costumbres y la buena conducta. Muchos pasajes tratan sobre las relaciones familiares, incluyendo las de padres, hijos y siervos. Discuten también las relaciones sociales entre amigos y enemigos, entre ricos y pobres. Respecto a estas enseñanzas, Bewer comenta:

Hay una riqueza de sabiduría, de observaciones sobrias y apegadas a la realidad, de aguda caracterización epigramática, de amable humor y amargo sarcasmo, de cálida exhortación personal y de apelación urgente, que hace del Libro de Proverbios una verdadera mina de oro de buen consejo para el arte de vivir rectamente.[11]

1. Enseñanzas acerca de Dios

Proverbios nos presenta un excelso concepto de Dios. Jehová conoce todos los caminos de los hombres. Él es el poder detrás de la creación y del reino de la naturaleza. Su dominio sobre la humanidad es supremo. Su odio es implacable al mal, y es el invencible Campeón de los necesitados. Estos conceptos aparecen en los siguientes versos:

Porque los caminos del hombre están ante los ojos de Jehová,
Y él considera todas sus veredas (5:21).
Jehová con sabiduría fundó la tierra;
Afirmó los cielos con inteligencia (3:19).
Como los repartimientos de las aguas,
Así está el corazón del rey en la mano de Jehová (21:1).
Jehová asolará la casa de los soberbios;
Pero afirmará la heredad de la viuda (15:25).

2. Enseñanzas acerca del hombre

Este libro nos muestra revelaciones sobre la naturaleza y personalidad del hombre que concuerdan asombrosamente con lo que sabemos hoy de él:

Todo camino del hombre es recto en su propia opinión;
Pero Jehová pesa los corazones (21:2).
El corazón alegre constituye buen remedio;
Mas el espíritu triste seca los huesos (17:22).

3. Educación y religión

La educación y la espiritualidad no se excluyen mutuamente. El hombre espiritual busca conocimiento y comprensión, mientras que el necio rechaza considerarlas:

La ciencia del prudente está en entender su camino;
Mas la indiscreción de los necios es engaño (14:8).

Para obtener sabiduría uno debe estar motivado apropiadamente, y apreciar la enseñanza:

Busca el escarnecedor la sabiduría y no la halla;
Mas al hombre entendido la sabiduría le es fácil (14:6).

Anticipándose al énfasis que los modernos educadores le dan a la enseñanza de los niños en su infancia, el proverbista dice:

Instruye al niño en su camino,
Y aun cuando fuere viejo no se apartará de él (22:6).

Contradiciendo algunas modernas enseñanzas sobre la disciplina, el antiguo sabio aconseja:

La vara y la corrección dan sabiduría;
Mas el muchacho consentido avergonzará a su madre (29:15).

Los resultados del aprendizaje son satisfactorios y permanentes:

Manantial de vida es el entendimiento al que lo posee;
Mas la erudición de los necios es necedad (16:22).

4. Enseñanzas misceláneas

Toda la amplitud de la vida está considerada en los epigramas punzantes de este libro. Las relaciones domésticas reciben amplia atención:

La mujer virtuosa es corona de su marido;
Mas la mala, como carcoma en sus huesos (12:4).
Oye a tu padre, a aquel que te engendró;
Y cuando tu madre envejeciere, no la menosprecies (23:22).

El trabajo duro es necesario, y la pereza es condenada en términos bien claros:

La pereza hace caer en profundo sueño,
Y el alma negligente padecerá hambre (19:15).

La moderación y el control interior son presentados como posesiones de mayor valor que la fortaleza física y el poder militar:

Mejor es el que tarda en airarse que el fuerte;
Y el que se enseñorea de su espíritu, que el que toma una ciudad (16:32).

La ancianidad, si se trata de una persona justa, es una edad de honor y satisfacción:

Corona de honra es la vejez,
Que se halla en el camino de justicia (16:31).

Las enseñanzas del libro de Proverbios incluyen todo el temario de los intereses prácticos de la vida, y tocan cada faceta de la existencia humana. Este libro enseña que el hombre debe ser honesto, abnegado, industrioso, buen vecino, ciudadano ideal y modelo de padre y marido. Sobre todo, el hombre sabio es el que camina en rectitud delante del Señor.

IV. ECLESIASTÉS

El libro de Eclesiastés es uno de los más enigmáticos de todo el Antiguo Testamento. Los problemas que obsesionaron a Omar Khayyam, a los autores de tragedias griegas, a Schopenhauer y a los autores rusos pesimistas, son discutidos francamente en este libro. Metido como una cuña entre los escritos de "resplandecientes sacerdotes, extáticos salmistas e implacables profetas", este libro ha fascinado a los eruditos bíblicos. Y tanto la naturaleza de su contenido como el misterio de su origen le han añadido atracción.

A. El significado de "Eclesiastés"

El autor adopta el nombre hebreo "kohelet", que se deriva probablemente de *kahal*, que significa "congregación" o "comunidad". Se supone que el autor lo usa en el sentido de "uno de los sabios" o "el hombre sabio". "Eclesiastés" se toma de la Septuaginta. Es un término griego que se usa raramente, y que significa "uno que se sienta y habla en una asamblea o en la iglesia". Más tarde el término *ecclesia* vino a denominar la iglesia del Nuevo Testamento.

B.   Autor

La tradición asigna la composición de este libro a Salomón, porque en el primer versículo se lee: "Palabras del Predicador, hijo de David, rey en Jerusalén" (1:1). Las palabras de 1:16, y también del capítulo 2 en que el autor afirma su sabiduría y riqueza, que sobrepasa a las de todos sus antecesores, parecen confirmar esta suposición.

Hasta fecha muy reciente, tanto judíos como cristianos atribuyeron este libro a Salomón. De acuerdo a la tradición de la sinagoga, el libro se atribuye en forma específica a Salomón, hijo de David, rey de Jerusalén. Una fuente rabínica declara que Salomón, en su juventud, escribió el Cantar de los Cantares haciendo énfasis sobre el amor; en la madurez, escribió Proverbios haciendo énfasis en los problemas prácticos; y durante su ancianidad, escribió Eclesiastés, con sus melancólicas reflexiones sobre la vanidad de la vida[12].

Sin embargo, la suposición de que Salomón sea el autor de Eclesiastés ha sido abandonada por muchos eruditos modernos, y aun por algunos hebraístas judíos. Los eruditos modernos le asignan al libro diversas fechas de composición, que van desde el período persa, alrededor del 500 a.C., hasta el año 120 a.C.[13] Muchos ven en él un tratado filosófico saturado del pensamiento griego, o un tratado religioso que refleja el pensamiento egipcio o griego.

Hay la misma diversidad en lo que toca al autor. Los eruditos atribuyen el libro a David, Salomón, Isaías, Ezequías, a los escritores talmúdicos, o a algún autor desconocido durante la cautividad babilónica; o a algún autor, también desconocido, en los tiempos de Antíoco Epífanes. No obstante esta incertidumbre respecto a su autor, el libro sigue siendo un enfoque de la vida a través de los ojos de Salomón.

C.   Una evaluación literaria del Eclesiastés

C.A. Dinsmore recalca el gran valor literario de Eclesiastés. Tal vez el Predicador alegue que "todo es vanidad", pero el cuidado que pone en perfeccionar su estilo, muestra que al menos tiene una alta estimación por la excelencia literaria. Sus frases "son suaves y equilibradas, y el elemento emocional, aunque subordinado al elemento intelectual, es suficiente para sostener una belleza rítmica"[14]. E.C. Stedman le da el siguiente tributo al libro:

> Sea prosa o sea verso, no conozco nada más grande que Eclesiastés, en su apasionado examen del dolor y placer humanos; en su apreciación del fracaso y el éxito; nada hay de más noble tristeza; ningún poema que luche más indomablemente en busca de iluminación espiritual.[15]

D. El mensaje de "el Predicador"

Se han hecho muchas sugerencias para buscarle un subtítulo a este libro. He aquí algunos de ellos: "Sobre el significado de la vida"[16], "La desilusión de la mundanalidad"[17], "La filosofía del autoexamen"[18], y "El libro del hombre natural"[19]. Estos subtítulos nos sugieren el alcance del libro. Job estaba preocupado con el problema del sufrimiento. Proverbios contiene fórmulas para la felicidad y el éxito. Eclesiastés es un intento de resolver el enigma de la existencia. Lucha con la eterna pregunta: ¿Tiene la vida algún significado? El autor es un hombre inteligente, y con sus reflexiones sobre las experiencias de la vida, busca el significado fundamental de la vida misma. Aunque "muestra cierto toque de cinismo, no es un amargado, sino un desilusionado".

Desde el mismo principio (1:2), el Predicador afirma su convicción de que nada hay permanente o final en la existencia: "Todo es vanidad". En su desilusión, la vida le parece un eterno girar en círculos sin sentido. Pasa una generación de hombres, solo para ser reemplazada por otra. Repite este tema solo para llegar a la misma conclusión, que todo es un ciclo incesante (1:2-9), tanto en la naturaleza como en la experiencia humana. Luego resume su búsqueda del significado de la vida (1:12–3:15); el mero conocimiento solo sirve para aumentar el dolor; el gozo no se halla en las cosas materiales; los placeres sensuales lo dejan a uno embotado e insatisfecho; portarse como necio trae la amargura; todo lo que el hombre granjea con su trabajo, lo tiene que abandonar el día de su muerte, y tal vez un tonto lo herede todo; es imposible para el hombre natural conocer a Dios; pero ya que el hombre está sujeto a un orden divinamente establecido, su cometido es gozar y disfrutar de su trabajo como mejor pueda.

En rápida sucesión examina las variadas esferas de la actividad humana. Compara al hombre con las bestias del campo, por el hecho de que todos mueren de la misma manera y se tornan al polvo (3:16-20). Alaba a los muertos más que a los vivos; y en realidad sería mejor nunca haber nacido. La religión está llena de simulación y fingimiento (5:1-7). Describe el antagonismo entre ricos y pobres, pero ninguno es feliz, ya que ambos están en las garras de un destino impersonal. Pero aun el cínico debe poseer una fórmula para hacer más llevadera la vida, y entonces presenta una serie de proverbios (cc. 7–10), por los cuales una persona puede obtener cierta satisfacción en la vida.

El consejo final del Predicador, con todo, es extrañamente profundo y conmovedor. Está en forma de "una dorada gema, la cual es uno de los más exquisitos poemas de la Biblia, 'La Casa de la Vida', una incomparable pintura de la ancianidad"[20]. Nadie, de hecho, ha escrito tan bien sobre este tema como el autor del Eclesiastés:

Acuérdate de tu Creador en los días de tu juventud,
Antes que vengan los días malos,
Y lleguen los años de los cuales digas:
No tengo en ellos contentamiento;
Antes que se oscurezca el sol, y la luz, y la luna
y las estrellas,
Y vuelvan las nubes tras la lluvia;
Cuando temblarán los guardas de la casa,
Y se encorvarán los hombres fuertes,
Y cesarán las muelas porque han disminuido,
Y se oscurecerán los que miran por las ventanas;
Y las puertas de afuera se cerrarán,
Por lo bajo del ruido de la muela;
Cuando se levantará a la voz del ave,
Y todas las hijas del canto serán abatidas;
Cuando también temerán de lo que es alto,
Y habrá terrores en el camino;
Y florecerá el almendro,
Y la langosta será una carga,
Y se perderá el apetito;
Porque el hombre va a su morada eterna,
Y los endechadores andarán alrededor por las calles;
Antes que la cadena de plata se quiebre,
Y se rompa el cuenco de oro,
Y el cántaro se quiebre junto a la fuente,
Y la rueda sea rota sobre el pozo;
Y el polvo vuelva a la tierra, como era,
Y el espíritu vuelva a Dios, que lo dio
(Eclesiastés 12:1-7, líneas arregladas en forma poética).

V. EL CANTAR DE LOS CANTARES

"Cantar de los Cantares", que es la forma del título hebreo original, debe entenderse como un superlativo, tal como "el lugar santísimo" y "Rey de reyes"[21]. De esa manera se declara que el poema es "el mejor de todos los cánticos". Los escritores antiguos lo llamaron simplemente "Cánticos", tomando este nombre de la Vulgata. Es uno de los libros más breves del Antiguo Testamento. En las versiones modernas de la Biblia consta de ocho capítulos con 117 versículos.

A. Naturaleza y tema del libro

En el libro de Job, el autor describe la lucha de vida o muerte de un hombre que procura conservar la fe en Dios en medio de las tragedias de la vida. En Eclesiastés, el "cínico gentil" intenta resolver el problema del enigma de la existencia. En el Cantar de los Cantares, el autor se aparta de todo sombrío pensamiento y desilusiones ponderadas. Aquí hay lugar "para un solo pensamiento, el gozo de la vida, y una sola emoción, el amor, como la suprema manifestación de ese gozo"[22].

El designio particular de este libro es todavía materia de discusión. De acuerdo a la interpretación común, el poema se refiere al noble amor de una joven que enfrenta y vence grandes tentaciones. La fidelidad de esta pastora hacia su pastor ausente, no obstante las tentaciones de la corte, hace de este libro una romántica historia del más alto nivel.

Según esta interpretación, había una familia que vivía en Sunem, compuesta de una madre viuda, varios hijos, y una hija. Los hermanos de esta familia campesina eran particularmente amables con su hermana, a la que cuidaron con especial cuidado. En el curso de los sucesos, la joven se enamora de un guapo y amable pastor, y pronto están comprometidos.

Mientras tanto, el rey Salomón, en una visita veraniega que hace a los alrededores, conoce a la joven y queda prendado de su gracia y hermosura. El rey intenta hacerla una esposa más para su harén, pero es rechazado. Entonces la lleva a la capital con gran pompa, con la esperanza de deslumbrarla con su esplendor. Pero esta estratagema también falla, a pesar de prometerle joyas, vestidos, prestigio y la más elevada posición entre sus esposas. A pesar de todas las atenciones del rey, la joven campesina mantiene firme su amor por el pastor ausente. Finalmente Salomón reconoce la profundidad y nobleza de este amor, y permite a la joven salir de la corte. Acompañada por su amado pastor, ella cambia la corte por su humilde cabaña en el campo.

Esta interpretación asemeja al Cantar de los Cantares a un drama lírico. Pero se objeta que el contenido carece completamente de direcciones para representar tal tragedia, y las escenas son demasiado breves para servir como drama. Se dice, además, que el drama era desconocido en la literatura hebrea, siendo Job su ejemplo más cercano. Sin embargo, el poema posee cierta cualidad dramática, aun cuando el plan no es muy claro.

B. Otras interpretaciones

El Cantar de los Cantares ha sido, probablemente, el libro de la Biblia que más diferentes interpretaciones ha tenido. Mencionaremos brevemente dos de ellas.

1. Interpretado como una alegoría poética

Debido mayormente a la influencia de Josefo, los antiguos intérpretes judíos lo consideraban una alegoría del amor de Jehová por Israel. Más tarde, Orígenes popularizó esta interpretación entre los cristianos, aplicándola al amor de Cristo para la Iglesia. En ciertos casos los comentaristas fueron muy lejos, encontrando varios significados espirituales en cada detalle del libro. Otros no fueron más allá de identificar al héroe como Cristo, y a la heroína como la Iglesia. Para sostener esta interpretación se cita el uso frecuente que se hace del amor del esposo para su esposa como símbolo del amor de Jehová por Israel y de Cristo para con la Iglesia.

2. Una colección de cánticos nupciales

En años recientes se ha hecho común interpretar el libro como una colección de cánticos nupciales. Hay evidencia de que los sirios, aun hasta tiempos muy recientes, consideraban a una pareja recién casada como si fueran un rey y una reina, durante toda la semana que duraba la celebración de la boda[23]. Algunos consideran el libro como una simple colección de cánticos, cuyo tema principal es el amor.

RESUMEN

La literatura sapiencial, formada por los libros de Job, Proverbios, Eclesiastés y Cantares, forma una clase aparte, muy importante entre los escritos de los judíos. La sabiduría fue el resultado de un intento de resolver los problemas encarados por cada individuo. Los sabios fueron un grupo distinguido de maestros que transmitieron de edad en edad, el tesoro de conocimientos de la nación. Como maestros se los consideró de igual importancia que los profetas y los sacerdotes.

Los escritos de los sabios poseen una atracción universal y final. En Job predomina el problema del sufrimiento del justo. En los Proverbios el tema es el desarrollo del carácter y de una vida con éxito por medio de la búsqueda, la comprensión y la práctica de la sabiduría que se basa en la ley de Dios. En Eclesiastés, el fin primordial es resolver el enigma de la existencia: descubrir el significado de la vida. En el Cantar de los Cantares el pensamiento central gira alrededor del amor en los corazones humanos, con su implicación correspondiente al amor de Dios para su pueblo.

LECTURAS RECOMENDADAS

W.S. Bruce, *The Wisdom Literature of the Old Testament*, pp. 53-125.
W.T. Davison, *The Wisdom Literature of the Old Testament*, pp. 20-105.
John F. Genung, *The Epic of the Inner Life*, pp. 3-119.
Robert Gordis, *Koheleth, The Man and His World*, pp. 3-122.
Anthony y Miriam Hanson, *The Book of Job*, pp. 7-118.
Morris Jastrow, *The Song of Songs*, pp. 116-50.
Charles Foster Kent, *Proverbs and Didactic Poems*, pp. 3-21.
Albion R. King, *The Problem of Evil*, pp. 1-56.
John E. McFayden, *The Wisdom Books*, pp. 99-165.
A.D. Power, *Ecclesiastes, or The Preacher*, pp. 1-53.
A.D. Power, *The Proverbs of Solomon*, pp. 3-91.
William B. Stevenson, *The Poem of Job*, pp. 1-86.

PARA UN ESTUDIO MÁS COMPLETO

1. Discuta el significado de "sabiduría" según la entendían los hebreos. Contrástelo con el significado que le dieron los griegos.

2. ¿Qué lugar ocupaban los sabios en la vida de Israel?

3. Explique las diversas teorías respecto al autor del libro de Job. Coméntelas.

4. ¿Debe el lector acercarse al libro de Job lógicamente, o de otra manera? ¿Qué elementos son esenciales para la comprensión de este libro?

5. ¿Cuál es el mayor problema en el libro de Job? ¿Por qué es importante este problema? ¿Tiene algún significado hoy?

6. ¿Cuál era la condición de Job al principio del libro? ¿Por qué le permitió Dios a Satanás que afligiera de tal manera a Job?

7. ¿Cuál fue la reacción de Job ante los discursos de sus amigos?

8. ¿Trató alguien más, además de los amigos, de hablar con Job?

9. Describa el método de Dios para traer a Job al arrepentimiento y sumisión.

10. ¿Qué lecciones relativas al sufrimiento humano pueden aprenderse del libro de Job?

11. ¿Cuál es el significado de "proverbio" según se utiliza en la Biblia?

12. ¿Ha producido nuestra cultura algunos proverbios? Compare algunos de ellos con los proverbios de la Biblia.

13. Haga una lista de cinco asuntos o áreas de enseñanza en Proverbios, dando las citas bíblicas que se refieran a ellos.

14. ¿Qué valor tiene hoy el libro de Proverbios? ¿Hay conflictos entre los conceptos modernos y las enseñanzas de Proverbios?

15. Discuta el significado de la palabra "Eclesiastés".

16. ¿Cuál es el tema principal del libro de Eclesiastés? Sugiera un subtítulo propio para este libro.

17. El capítulo 12 de Eclesiastés es un capítulo célebre en la literatura universal. Analice

y describa su estilo y significado.

18. ¿Qué valor tiene el libro de Eclesiastés para un joven, especialmente si Salomón es la figura central?

19. Discuta la trama del Cantar de los Cantares. ¿Cuáles son las interpretaciones que se le han dado a este libro?

20. Compare la literatura sapiencial con los libros proféticos, y con los salmos.

NOTAS BIBLIOGRÁFICAS

[1] Charles Foster Kent y Millar Burrows, *Proverbs and Didactic Poems*, p. 11.

[2] John M. Rice, *The Old Testament in the Life of Today*, p. 192.

[3] *Ibid.*, p. 193.

[4] W.T. Purkiser, *Conozca su Antiguo Testamento*, p. 141.

[5] Robert H. Pfeiffer, *Introduction to the Old Testament*, p. 683.

[6] *Ibid.*, p. 684.

[7] Julius A. Bewer, *The Literature of the Old Testament*, p. 317.

[8] O.S. Steams, *Introduction to the Books of the Old Testament*, pp. 103-4.

[9] Rice, *op. cit.*, p. 204.

[10] H. Wheeler Robinson, *The Old Testament, Its Meaning and Its Making*, p. 152.

[11] Bewer, *op. cit.*, p. 312.

[12] Robert Gordis, Koheleth, *The Man and His World*, p. 39.

[13] *Ibid.*, p. 37.

[14] C.A. Dinsmore, *The English Bible as Literature*, p. 249.

[15] E.C. Stedman, *Nature and Elements of Poetry*, pp. 211-12.

[16] Bewer, *op. cit.*, p. 330.

[17] Purkiser, *op. cit.*, p. 149.

[18] Rice, *op. cit.*, p. 247.

[19] W.J. Erdman, *Ecclesiastes*, p. 10.

[20] Elmer W.K. Mould, *Essentials of Bible History*, p. 406.

[21] Leroy Waterman, *The Song of Songs*, p. 59.

[22] Morris Jastrow, *The Song of Songs*, p. 27.

[23] Samuel A. Cartledge, *A Conservative Introduction to the Old Testament*, p. 198.

11
EL REINO DEL NORTE Y SUS PROFETAS

Efraín es dado a ídolos; déjalo (Oseas 4:17).

Fuentes: 1 Reyes 12–22; 2 Reyes 1–17; 2 Crónicas 10–31; Jonás,
Amós, Oseas
Para leer: 1 Reyes 12; 15:25-34; 16–19; 21; 2 Reyes 2:1-15; 5; 9;
14:23-29; 17:1-24; Oseas 1; 4; 11; 14; Amós 1:1-2, 5;
Jonás 1–4
Período: Desde la muerte de Salomón, alrededor del 931 a.C.,
hasta la captura de Samaria por los asirios, 721 a.C.

En este capítulo vamos a considerar las causas de la división política
ocurrida a la muerte de Salomón, y la historia del reino del Norte, desde
su fundación hasta su trágico fin en la toma de Samaria por los asirios.
Esencialmente es una historia de apostasía religiosa y sus deplorables consecuencias. No obstante, el carácter sombrío del relato se alivia algo por las
historias de los profetas que acaudillaron la causa de Dios, a despecho de las
fuerzas malignas que actuaban contra ellos.

Se narra la historia de este período en 1 y 2 de Reyes, que tratan alterna-
damente con el reino del Norte, o Israel, y el reino del Sur, o Judá. La historia
paralela de los capítulos 10 al 36 de 2 Crónicas trata principalmente con el
reino del Sur, pero a menudo describe sucesos en que ambos reinos tomaron
parte.

I. LA DIVISIÓN DEL IMPERIO DE SALOMÓN

Después de la muerte de Salomón y el acceso al trono de su hijo Roboam,
el reino de Israel se dividió en dos partes, lo que resultó en la formación de
dos reinos separados, el reino de Judá en el sur, y el reino de Israel en el norte.
Al reino del Norte se lo llama también "Efraín", por el nombre de su tribu
principal.

Las causas de la división fueron varias. *Primero,* por mucho tiempo existían celos entre las tribus, especialmente entre las de Efraín y Judá. David y
Salomón habían elevado a la tribu de Judá a una posición de primacía, pero
hacía tiempo que Efraín reclamaba esa posición entre las tribus, ya que eran

descendientes del hijo mayor de José. Es notable que a la muerte de Saúl, coronaron como rey de las tribus del norte a su hijo Is-boset, que reinó durante siete años, después de la coronación de David en Hebrón.

Segundo. El aislamiento geográfico de Judá, por el carácter montañoso del norte de Palestina, hacía difícil la comunicación entre las dos partes del reino. El hecho de que Roboam tuvo que ir a Siquem para recibir el homenaje de las tribus del norte, sugiere que estas acostumbraban reunirse separadamente en su propio territorio, en lugar de ir a Jerusalén.

Tercero. La infiltración de cultos paganos durante el reinado de Salomón había debilitado el más fuerte lazo de unión entre las tribus, o sea la adoración a Jehová. Con la nueva inclinación hacia la idolatría, desapareció la urgencia de ir a Jerusalén para adorar, excepto para una minoría del pueblo. En consecuencia se quebró fácilmente la unidad política.

Cuarto. Las extravagancias de Salomón y su fastuoso programa de construcciones habían dado como resultado impuestos excesivos y un sistema de trabajos forzados. El resentimiento que esto causó en las tribus del norte se agravó por el hecho de que todas las construcciones se hacían en Jerusalén. Ellos no tenían interés en pagar por obras públicas que no les traían ningún provecho personal.

Quinto. La absurda política de Roboam presentó la oportunidad para la inevitable ruptura. En Siquem, donde lo coronaron las tribus del norte, se le presentó al joven rey una petición para que aliviara la carga de impuestos que Salomón había cargado sobre ellas. Roboam rechazó el sabio y prudente consejo de los ancianos de su corte, y presentó una necia respuesta, mal aconsejado por sus alocados camaradas jóvenes.

Una *sexta* causa de división puede verse en la sagacidad y ambición de Jeroboam, un efrainita que había sido oficial en la administración de Salomón. Por una ofensa hecha a su soberano había tenido que huir a Egipto, pero después que se enteró de la muerte de Salomón, volvió para acaudillar la causa de las tribus norteñas. A la arrogante respuesta de Roboam, Jeroboam añade una réplica igualmente arrogante: "¿Qué parte tenemos nosotros con David? No tenemos heredad en el hijo de Isaí. ¡Israel, a tus tiendas! ¡Provee ahora en tu casa, David!" (1 Reyes 12:16).

Una probable *séptima* causa puede ser el hecho de que Jeroboam, durante su exilio, buscó la protección del rey de Egipto, Sisac o Sesonc, que invadió a Judá según se describe en 2 Crónicas 12:1-12. Desde los tiempos de

Salomón notamos que Egipto era un factor importante en la historia de los reinos. Se dice que "Egipto, virtualmente engañó a ambos estados hebreos, y los llevó a la ruina, al involucrarlos en sus esquemas políticos contra Asiria y Caldea"[1].

II. LA TRÁGICA HISTORIA DE UNA NACIÓN APÓSTATA

Al principio de la división, el reino del Norte, o Israel, tenía muchas ventajas materiales sobre la nación hermana del sur. Su territorio era aproximadamente tres veces más grande y su población más del doble que la del reino del Sur. La tierra de Israel era fértil, y su posición comercial muy ventajosa. Esto condujo a la prosperidad y lujo que forman el trasfondo de las profecías de Amós y Oseas. En contraste, Judá era montañoso y árido, y el pueblo tenía que trabajar duramente para poder vivir, lo que, sin duda alguna, contribuyó a su mayor estabilidad. Sus más grandes haberes eran la posesión de Jerusalén, del templo y de la dinastía ininterrumpida de David.

A. De Jeroboam a Omri: Descenso espiritual
(1 Reyes 12:25–16:22; 2 Crónicas 13)

La división del reino de Salomón y el establecimiento del reino de Jeroboam habían sido predichos por el profeta Ahías, en un dramático encuentro con Jeroboam, cuando este último iba en fuga para Egipto (1 Reyes 11:29-39). Por estas palabras sabemos que el ascenso de Jeroboam al trono no fue un accidente, ni algo sin aprobación divina. El reino se dividía en dos y la mayor parte se quitaba de la casa de David a causa del pecado de Salomón, y Dios estaba escogiendo a Jeroboam para que fuese rey del nuevo reino de Israel. De haber permanecido fiel a Dios, hubiera llegado a ser el sucesor de David. Pero, al igual que Saúl, Jeroboam fue infiel a la comisión encomendada por Dios, trayendo la desgracia, no solo para sí mismo, sino para toda la nación que estaba bajo su mando.

1. El pecado de Jeroboam

Una de las primeras acciones de Jeroboam fue levantar dos altares de adoración para que el pueblo no tuviera necesidad de ir a Jerusalén, donde quizá pudiera ser desviado de la lealtad a su gobierno. En estos dos altares, en Dan en el extremo norte y Bet-el en el sur, colocó becerros de oro, como supuestas imágenes de Jehová, pero violando directamente el segundo mandamiento[2]. Eligió como sacerdotes a hombres que no eran hijos de Leví, sino hombres "de entre el pueblo", y que por lo tanto no tenían vínculo religioso alguno con Judá. Por estos actos de impiedad fue condenado por el mismo profeta que le había prometido el reino. En años posteriores se hacían frecuentes alusiones a él como el "que hizo pecar a Israel", pecado del cual ninguno de los reyes posteriores de Israel se apartó (2 Reyes 3:3; 10:29; etc.).

2. Guerras y discordias civiles

Durante los 22 años del reinado de Jeroboam, hubo guerra incesantemente entre los dos reinos. En una ocasión, Jeroboam sufrió una seria derrota a manos de Abiam, el hijo de Roboam (2 Crónicas 13:2-20). A la muerte de Jeroboam subió al trono Nadab su hijo, pero no reinó mucho tiempo. Mientras estaba saqueando un pueblo de filisteos lo asesinó Baasa, un hombre de la tribu de Isacar, quien después mató a toda la familia de Jeroboam, apoderándose del reino.

El reinado de 24 años de Baasa parece una repetición del reinado de Jeroboam. Continuó la adoración de los becerros de oro en Dan y Bet-el, y hubo guerra permanente entre Baasa y Asa, rey de Judá. En las primeras fases de esta guerra, Baasa, aparentemente, salió victorioso, y amenazó cortar la importante ruta comercial de Judá hacia el norte. Asa, empero derrotó a Baasa con la ayuda de Ben-adad, rey de Siria, quien atacó a Baasa desde el norte.

Casi la misma clase de destrucción que Baasa había causado a la casa de Jeroboam aguardaba a la suya propia. En el tercer año después de la muerte de Baasa, su hijo Ela fue asesinado por Zimri, uno de sus capitanes, y ejecutaron a toda la familia de Baasa. A su vez Omri, otro aspirante al trono, asedió a Zimri en el palacio. Zimri alcanzó a reinar solo siete días y pereció en las llamas que él mismo encendió.

B. La casa de Omri: Idolatría desenfrenada
(1 Reyes 16:23–2 Reyes 9:37; 2 Crónicas 18, 22)

Con Omri empieza un nuevo período en la historia de Israel, caracterizado por la introducción del baalismo, y el aumento de la idolatría a un grado tal que casi anuló por completo la adoración de Jehová. Este nuevo auge de la idolatría vino como consecuencia del casamiento de Acab, hijo de Omri, con Jezabel, una princesa sidonia que era fiel devota de su religión nativa.

1. Dirección política de Omri y Acab

Omri (885–874 a.C.), de quien hay numerosas referencias en las tablillas arqueológicas de Asiria y Moab, fue un rey muy respetado por las naciones extranjeras[3]. La Biblia le acredita haber edificado la capital, Samaria.

Este fue, indudablemente, su logro más notable, y contribuyó mucho a fortificar y consolidar el reino desde un punto de vista puramente político[4]. La conquista que realizó de Moab está descrita en la famosa piedra moabita, descubierta por un misionero prusiano en 1868:

> Omri, rey de Israel, oprimió a Moab muchos días, porque Quemos, el dios de Moab, estaba enojado con la tierra... Omri tomó posesión de Medeba, y habitó allí todos sus días, y la mitad de los días de su hijo, cuarenta años.[5]

Puede decirse que Omri y su hijo Acab fueron los fundadores del reino del Norte. Como soldado y estadista, Acab (874–853 a.C.), parece haber sido uno de los más sagaces y valientes reyes de Israel. Cuando el rey de Siria, Ben-adad, sitió a Samaria, y pidió como precio de la paz que sus soldados pudieran dedicarse al pillaje, y se pusiera en cautiverio a todas las mujeres y los niños, Acab le envió el memorable mensaje: "Que no se alabe tanto el que se ciñe las armas, como el que las desciñe" (1 Reyes 20:11). Además, Acab mantuvo su desafío. En la batalla que siguió, derrotó al ejército sirio y tomó prisionero al propio Ben-adad.

En las relaciones extranjeras en general, Acab siguió una política de paz. Gracias a su matrimonio con Jezabel, mantuvo buenas relaciones con los fenicios. Después de derrotar a Ben-adad firmó un tratado de paz con Siria, sin duda intentando fortalecer su posición contra los asirios. De acuerdo con los registros asirios, los dos reyes pelearon hombro a hombro en la batalla de Karkar (854 a.C.)[6]. Esta gran batalla aparentemente contuvo a los asirios varios años. Un tercer pacto de amistad fue firmado con Judá, concluyendo un período de hostilidad que había durado cincuenta años (1 Reyes 22:44). Para hacer esta paz más permanente, Atalía, la hija de Acab se casó con Joram, el hijo de Josafat, rey de Judá.

2. Predominio del baalismo

No obstante su habilidad administrativa, Acab es descrito por los autores sagrados como el más impío de los reyes de su tiempo. "Hizo también Acab una imagen de Asera, haciendo así Acab más que todos los reyes de Israel que reinaron antes que él, para provocar la ira de Jehová Dios de Israel" (1 Reyes 16:33). Bajo la influencia de Jezabel introdujo el culto licencioso de Baal, y le dio la sanción del estado. Se edificaron altares y templos para esta deidad fenicia, y se dice que más de 450 profetas de Baal y 400 profetas de Asera comían en la mesa real (1 Reyes 18:19)[7]. La rivalidad entre el baalismo y la adoración de Jehová llegó a hacerse violenta. Los profetas de Dios fueron perseguidos sistemáticamente, obligados a esconderse, y asesinados. Los pocos que sobrevivieron se ocultaron en cuevas, donde fueron alimentados secretamente por Abdías, uno de los siervos del rey que permanecía fiel a Dios.

Los efectos de esta ola de idolatría, que fue contenida temporalmente por Elías y las reformas posteriores de Jehú, se sintieron por muchos años, tanto en Israel como en Judá. Por medio de los matrimonios de las familias reales, el baalismo se introdujo en el reino del Sur, donde estuvo en boga por espacio de 15 años, y probablemente preparó el ambiente para los reinos idólatras de Acaz y Manasés.

3. Muerte de Acab y Jezabel

El castigo de Acab por todo el mal que había traído sobre su pueblo no tardó mucho en llegar. La precaria alianza que había firmado con Ben-adad, rey de Siria, se quebró pronto. Acab, con la ayuda de Josafat, realizó un ataque al ejército sirio cerca de Ramot de Galaad, con el pretexto de reforzar los términos del tratado. Temiendo las palabras del profeta Micaías que le había predicho la proximidad de su muerte (1 Reyes 22:17-23), Acab se disfrazó antes de entrar en la batalla, pero "un hombre disparó su arco a la ventura e hirió al rey de Israel por entre las junturas de la armadura" (1 Reyes 22:34). Al día siguiente "lavaron el carro en el estanque de Samaria; y los perros lamieron su sangre", cumpliéndose así dramáticamente la profecía de Elías (1 Reyes 21:24; 22:38).

Por casi 13 años después de la muerte de Acab, la reina madre Jezabel continuó ejerciendo una maléfica influencia sobre el reino del Norte. Los dos hijos de Acab, Ocozías y Joram[8], que reinaron sucesivamente durante ese período, continuaron las prácticas idólatras de su padre. Ocozías encontró su fin al segundo año de su reinado, al caer accidentalmente por una ventana del palacio. Joram fue herido en la batalla contra los sirios en Ramot de Galaad, donde en una situación parecida su padre había sido también herido.

Ungido como rey por un joven profeta enviado por Eliseo, Jehú, el valiente comandante del ejército de Israel, corrió en su carro desde Ramot de Galaad hasta el palacio imperial de Tirsa, para hacerse cargo del reino y librar a la nación, de una vez por todas, de la casa idólatra de Acab. En el camino mató a Joram, rey de Israel y a Ocozías, su primo que había venido a ver a este.

Cabalgando velozmente a Tirsa, mandó que arrojaran a Jezabel desde una ventana del palacio, adonde se había asomado, desafiándole. Se abandonó su cuerpo para que lo devoraran los perros, en cumplimiento de la profecía de Elías, y como un símbolo del castigo de Dios sobre el pecado.

C. La casa de Jehú: Una última oportunidad
(2 Reyes 10:1–15:12; 2 Crónicas 25; Amós; Oseas)

El reinado de Jehú (853–841 a.C.) es notable por la implacable destrucción de la casa de Acab y la abolición del culto de Baal. Bajo el pretexto de celebrar un gran festival a Baal, Jehú hizo un llamado a todos los adoradores de Baal para que se reunieran en el gran templo que había edificado Acab. Cuando estuvo seguro de que todos estaban dentro, ordenó a sus soldados que rodearan el templo y exterminaran a toda la compañía. Así se suprimió el baalismo en Israel, cuando menos temporalmente.

1. La invasión siria

En la historia de la reforma de Jehú, vemos la mano de Dios castigando al pueblo por su infidelidad y por permitir la existencia de tan crasa idolatría. Con los mensajes de Elías y Eliseo repicando todavía en sus oídos, los israelitas debían haber demandado que fuera restituido el culto a Jehová en toda su pureza. Pero Jehú no llevó a cabo su reforma completamente. Los altares idolátricos de Dan y Bet-el continuaron funcionando en una escala quizá mayor. Otros hechos demostraron que Jehú no tenía la intención de promover el culto puro de Jehová. Por eso Dios les envió otro castigo, para advertir tanto al pueblo como al rey, de su disgusto. "En aquellos días comenzó Jehová a cercenar el territorio de Israel; y los derrotó Hazael por todas las fronteras, desde el Jordán al nacimiento del sol" (2 Reyes 10:32-33; cf. Amós 4:10).

Hazael, el déspota rey sirio que condujo estas bárbaras incursiones, había sido ungido por Eliseo al igual que Jehú, aparentemente como una vara de castigo para Israel[9], y demostró ser uno de los más crueles enemigos de Israel. Por ejemplo, durante el reinado de Joacaz, hijo de Jehú, se dice acerca de las continuas invasiones de Hazael y Ben-adad III: "No le había quedado gente a Joacaz, sino cincuenta hombres de a caballo, diez carros, y diez mil hombres de a pie; pues el rey de Siria los había destruido, y los había puesto como el polvo para hollar" (2 Reyes 13:7).

Sin embargo, ocurrió un cambio de suerte para Israel en la última parte del reinado de Joacaz. El rey, en su desesperación por las opresiones de los sirios, clamó a Dios por ayuda, "y dio Jehová salvador a Israel" (2 Reyes 13:5). Los asirios, conducidos por Adad-nirari III, que subió al trono en 805 a.C., comenzaron una serie de devastadoras incursiones en Siria desde el norte, e Israel se salvó temporalmente. De acuerdo con el famoso obelisco negro de Salmanasar III[10], Israel ya había comenzado a pagar tributo al rey de Asiria, y esto pudo haber sido la causa de la relativa tranquilidad de Israel en los últimos tiempos del rey Joacaz.

2. Reinados prósperos de Joás y Jeroboam II

Durante el reinado de los dos reyes siguientes se nota un aumento gradual de la prosperidad. Joás, hijo de Joacaz, recuperó en tres batallas decisivas todas las ciudades que su padre había perdido a manos de los sirios (2 Reyes 13:25)[11]. También libró una victoriosa batalla contra Amasías, rey de Judá. Saqueó a Jerusalén; tomó rehenes reales y destruyó una buena parte del muro de la ciudad (2 Reyes 14:11-14).

Jeroboam II (793–753 a.C.), el cuarto rey de la casa de Jehú, vino a ser el más próspero de todos los reyes desde los tiempos de Salomón. Aunque en la historia de los reyes no se habla mucho de él, a causa de lo impío de su reinado, existen atisbos de sus hechos en los escritos de los profetas contemporáneos, Amós y Oseas. Durante los 40 años de su reinado el país no sufrió ninguna invasión por parte de ejércitos extranjeros, y se le reconoce por haber extendido las fronteras de su reinado, desde el extremo sur del mar Muerto (el reino de Moab) hasta la "entrada de Hamat" (2 Reyes 14:25, probablemente el paso entre los montes Líbano y Hermón)[12]. Las riquezas aumentaron mucho, tanto en Israel como en Judá, pero con ellas entró la decadencia moral, la cual fue causa de las severas advertencias de los profetas (ej. Amós 3:9-15 y Oseas 4:1-11).

En la momentánea prosperidad que el pueblo disfrutó en este período, y en las advertencias y ruegos de profetas tales como Amós y Oseas, vemos a Dios dando la última oportunidad de arrepentimiento a la apóstata nación de Israel (Amós 4:11-12; 5:4-6; Oseas 6:1-6; 11:1-7). Así lo expresa el Dr. Blaikie:

> Ahora ya era evidente que, cuando menos en el reino de las diez tribus, la enfermedad de la idolatría no podría ser sanada por ningún remedio que actuara internamente. Era también evidente que los juicios y castigos ordinarios no producirían el efecto deseado. Era necesario padecer una gran catástrofe, un juicio a tal grado arrasador que casi consumiera a toda la nación, pero que permitiera, en algún tiempo distante, una resurrección de vida nueva.[13]

D. La caída del reino del Norte: La retribución final
(2 Reyes 15:13–17:41)

Los últimos 32 años del reino de Israel pueden ser descritos como un período de anarquía. Durante este corto tiempo la nación tuvo seis soberanos, de los cuales solo uno murió de muerte natural. Zacarías, el hijo de Jeroboam II, después de reinar solo seis meses, fue asesinado por un hombre llamado Salum, quien llegó a ser rey en su lugar. Un mes más tarde, Salum también halló una muerte violenta a manos de Manahem, otro aspirante al trono. La dinastía de Manahem duró 12 años, pero llegó a su fin cuando Peka asesinó a Pekaía, su hijo, uno de sus propios oficiales. A Peka también, después de un azaroso reinado, lo asesinó Oseas, el último monarca del reino del Norte.

Asiria, que una vez había sido enviada a Israel como un "salvador" (2 Reyes 13:5), volvió ahora para ser su destructor. El juicio profetizado por Amós (3:11–4:3; 5:27, etc.), y por Oseas (1:4-6; 3:4; 9:3; etc.) estaba a punto de descender sobre Israel. Tiglat-pileser III, llamado también Pul, invadió Palestina dos veces. En la primera de esas invasiones, que ocurrió en días de Manahem, el rey compró la paz al invasor, extorsionando a los hombres ricos, de quienes obtuvo una gran suma de dinero (15:19-20). En la segunda invasión, durante el reinado de Peka (cerca de 734 a.C.), los asirios despojaron a Israel de todo su territorio al este del Jordán, y gran parte de Galilea. Los documentos asirios dan una descripción vívida de esta invasión, acerca de la cual J.C. Muir escribe:

> Los invasores asirios irrumpieron sobre Siria, el norte de Israel, Edom y Moab como un aluvión de muerte. Más de 500 ciudades pagaron tributo o fueron arrasadas. Miles de sus moradores fueron llevados a Asiria. El monarca asirio no conocía la misericordia. Se ufanó diciendo: "Yo colgué vivos a sus capitanes en estacas, y así los exhibí en su propia tierra". Los tesoros de muchas naciones se llevaron a Asiria para decorar los palacios del rey, y los grandes templos de sus dioses.[14]

El reino de Israel quedó reducido a esta parte central de Palestina dominada directamente por la ciudad de Samaria. A Oseas, el rey, lo obligaron a pagar tributos a los asirios. Cuando dejó de pagarlo, quizá con la esperanza de una alianza con Egipto (17:4), Salmanasar V, que había subido al trono en el año 728 a.C. atacó a Samaria. Después de tres años de sitio, el sucesor de Salmanasar V, Sargón II (722-705 a.C.) en el año 721 a.C. tomó la ciudad. Según los propios registros históricos de este rey, tomó 27,290 cautivos de la ciudad; y luego repobló a Samaria con gente de otros lugares[15]. Al rey Oseas lo apresaron y encadenaron, y el pueblo de Samaria se dispersó entre los pueblos de Media y Mesopotamia (17:4-6)[16]. Así llegó a su fin el reino de Israel, Siria y Palestina, excepto una pequeña porción alrededor de Jerusalén, vinieron a ser parte del imperio asirio.

E. Las causas enumeradas: Una vista retrospectiva
(2 Reyes 17:7-23; Amós; Oseas)

El escritor profético, al narrar la historia de la caída de Israel, da considerable atención a las causas que determinaron la catástrofe. La causa principal fue la infidelidad a Dios, la práctica casi universal de la idolatría, a menudo en su más crasa forma, como en los tiempos de Acab; y su testarudo rechazo de los avisos y advertencias de los profetas que Dios enviaba al pueblo. No obstante los fieles ministerios de Elías, Eliseo, Amós y Oseas, los reyes nunca se apartaron del pecado de Jeroboam, hijo de Nabat, quien instituyó la adoración a un becerro de oro en lugar de la adoración del Dios verdadero. Eso abrió la puerta para las peores idolatrías y sus males asociados. La mayor fuente de moral para un pueblo descansa en su fe en Dios, y cuando se desvía de ella, se hace presa fácil para sus enemigos.

Relacionada estrechamente con la apostasía religiosa estaba la degeneración moral del pueblo. El pueblo había disipado su fortaleza moral en orgías y libertinaje. Lo más triste de todo fue que esta rebeldía se manifestaba más durante las fiestas religiosas. Los sacerdotes y el pueblo eran igualmente corruptos; la nación carecía de hombres de estado o líderes religiosos que fueran íntegros. Los pobres eran oprimidos para que los ricos pudieran continuar con sus orgías y francachelas.

> El cuadro que Amós y Oseas pintan de estas condiciones es espantoso. La nación estaba literalmente "sentada sobre un volcán", ciega a las hirvientes fuerzas que amenazaban hacerla volar en pedazos en cualquier momento. Y por causa de esta mala conducta de Israel, la nación se vio obligada a enfrentarse con su Dios.[17]

La enemistad y la contención que existieron durante muchos años entre Judá e Israel contribuyeron también a debilitar la posición de ambas naciones. Esta enemistad, sumada a la poca envidiable posición de Israel como zona divisoria entre Judá y las fieras naciones del norte, contribuyó a llevarla a la derrota final. Si el reino del Norte hubiera cultivado la amistad de Judá, podría haber formado una alianza, la cual, consolidada con la fe en Dios, los hubiera hecho fuertes como para defenderse de sus enemigos.

III. LOS MENSAJEROS DE DIOS AL REINO DEL NORTE

Al estudiar a los profetas y su mensaje, es importante conocer algo de las características de esos hombres del Antiguo Testamento. El término profeta viene de una palabra griega, *profetes,* que significa "uno que habla en nombre de otro". También puede interpretarse como "uno que habla públicamente", o que "hace una declaración pública". El concepto moderno de profetas, que es "uno que predice" o "uno que anuncia el futuro", se basa en el hecho de que los antiguos profetas predijeron eventos futuros ocasionalmente, gracias a la inspiración divina. Pero este representó solo un aspecto de su ministerio. Hablar públicamente, más que predecir el futuro, fue su ministerio primordial.

Los profetas, lo mismo que los sacerdotes, eran líderes religiosos del pueblo. A diferencia de los sacerdotes, ellos poseían un llamado personal de Dios. Este llamado hacía que el profeta estuviera "consciente de Dios" a tal grado que tendía a separar al verdadero profeta de todos sus semejantes, como una persona que era dirigida por el Espíritu divino en una forma peculiar. Literalmente, llegaron a ser "la boca de Dios", y así eran reconocidos por el pueblo. En armonía con esta profesión de espiritualidad más profunda, el profeta era, invariablemente, un hombre de oración y del más puro carácter moral.

Desde los tiempos de Samuel los profetas habían vivido juntos, en "escuelas" o comunidades, donde recibían instrucción y ayuda mutua. Los profetas jóvenes se agrupaban alrededor de un profeta mayor, y eran llamados "los hijos de los profetas". El principio de tales asociaciones lo vemos ilustrado en la acción de Eliseo al seguir a su maestro Elías (2 Reyes 2). Estas escuelas de profetas, y los profetas individuales, influyeron mucho para moldear la historia de Israel, especialmente en Jerusalén. La acusación hecha contra el reino del Norte fue que, a pesar de que Jehová les había enviado profetas que les advirtieran, ellos habían rehusado escuchar y habían seguido con obstinación sus malos caminos (2 Reyes 17:13-15).

Se mencionan seis profetas en el reino del Norte: Elías, Eliseo, Miqueas, Jonás, Amós y Oseas. En las páginas siguientes consideraremos la historia personal de cada uno de ellos, con excepción de Miqueas, cuya historia ya dimos en 1 Reyes 22.

A. Elías, un campeón de la causa de Dios
(1 Reyes 17:1–2 Reyes 2:12)

Elías, el "tisbita", nació probablemente en el pequeño pueblo de Tisbe, Galilea, pero parece que vivía en Galaad, un territorio al este del Jordán (1 Reyes 17:1). Su ministerio se llevó a cabo mayormente durante los reinados de Acab y Jezabel, y su obra más importante fue detener el avance del baalismo en el reino del Norte. Se le describe como "un varón que tenía vestido de pelo, y ceñía sus lomos con un cinturón de cuero" (2 Reyes 1:8). Por esta forma de vestirse, y por otras características también, fue prototipo del gran profeta del Nuevo Testamento, Juan el Bautista (Malaquías 4:5; Mateo 11:14; etc.).

1. Elías y Acab

La historia de Elías es una de las más dramáticas del Antiguo testamento. Su aparición delante de Acab fue súbita e inesperada, y su mensaje empezó con un: "Vive Jehová Dios de Israel, en cuya presencia estoy, que no habrá lluvia ni rocío en estos años, sino por mi palabra" (1 Reyes 17:1). Una gran sequía, y el hambre consecuente, los envió Dios como castigo por los pecados del pueblo.

La partida del profeta fue tan súbita como su llegada. Mientras el hambre cundía en la tierra, Dios mandó a Elías a esconderse en el desierto, al este del Jordán. Se refugió en una cueva, cerca del arroyo de Querit, donde los cuervos lo alimentaron providencialmente. Cuando el arroyo se secó, lo enviaron a un pequeño pueblo, llamado Sarepta de Sidón, donde se alimentó milagrosamente en casa de una viuda pobre.

2. La disputa en el monte Carmelo

Tres años más tarde, cuando la escasez de comida era más aguda, Elías se aparece otra vez ante Acab. El rey fue el primero en hablar esta vez. "¿Eres tú el que turbas a Israel?" (18:17). Pero Elías tenía lista la respuesta: "Yo no he turbado a Israel, sino tú y la casa de tu padre, dejando los mandamientos de Jehová, y siguiendo a los baales" (18:18). Entonces los desafió a un encuentro entre Dios y Baal en el monte Carmelo. Los 450 profetas de Baal, y los 400 de Asera, debían reunirse en una montaña de la parte noroeste del reino, no lejos de Tiro y Sidón, las ciudades donde se había originado la adoración de Baal. Dos bueyes debían ser sacrificados, uno por Elías, el otro por los profetas de Baal. El Dios que enviara fuego del cielo para consumir el sacrificio sería reconocido como el único y verdadero Dios.

La tierra estaba agrietada por la sequía, y Acab difícilmente podía negarse a competir con Elías. Los baalitas se reunieron en el lugar convenido y el pueblo acudió para presenciar el encuentro.

Elías se dirigió en primer lugar al pueblo. "¿Hasta cuándo claudicaréis vosotros entre dos pensamientos? Si Jehová es Dios, seguidle; y si Baal, id en pos de él" (18:21). Entonces ordenó que se prepararan los dos sacrificios, y que los profetas de Baal, y él invocaran por turno a sus dioses. "El Dios que respondiere por medio de fuego, ése sea Dios".

El pueblo consideró que esta lid era equitativa. Después de preparar su buey, los sacerdotes de Baal oraron y danzaron delante de su ídolo desde la mañana hasta el mediodía sin ningún resultado. A esa hora Elías comenzó a burlarse de ellos. "Gritad en alta voz, porque dios es; quizá está meditando, o tiene algún trabajo, o va de camino; tal vez duerme, y hay que despertarle" (18:27).

Cuando llegó la tarde, y aún no había respuesta de Baal a las frenéticas oraciones de sus adeptos, Elías entró en acción. Primero hizo que repararan el altar de Dios y colocaran el sacrificio sobre él. Luego mandó que echaran agua sobre el buey, varias veces, para que no hubiera ninguna sospecha de fraude. Entonces oró al Señor: "Respóndeme, Jehová, respóndeme, para que conozca este pueblo que tú, oh Jehová, eres el Dios, y que tú vuelves a ti el corazón de ellos" (18:37). No bien había pronunciado estas palabras cuando el fuego de Jehová cayó sobre el sacrificio. No solamente consumió todo el buey, sino que secó las aguas y fundió las rocas del altar.

3 La huida al monte Sinaí

El profeta del Señor había salido victorioso. El pueblo se postró y dijo: "¡Jehová es el Dios, Jehová es el Dios!" Se apresó y ejecutó a los profetas de Baal. Orando en la cima del monte, el profeta recibió el anuncio de Dios de que la larga sequía tocaba a su fin y que se aproximaba una gran lluvia.

Pero Jezabel no fue derrotada tan fácilmente. Cuando recibió la noticia de que Elías había dado muerte a todos los profetas de Baal, juró que Elías pagaría con su vida. El profeta huyó hacia el sur. Dejó a su siervo en Beerseba, y siguió en dirección del monte Sinaí. En un momento de profundo abatimiento, se sentó debajo de un enebro y pidió a Dios que le permitiera morir, pero en vez de eso, un ángel le dio alimentos y agua, y le indicó que prosiguiera su camino.

En el monte Sinaí, Elías se refugió en una cueva, y se quejó con Dios, diciéndole que solo él quedaba en la tierra para adorarle, y que sus enemigos buscaban su vida. Pero en "un silbo apacible y delicado", Dios le aseguró nuevamente su presencia y protección, y le dijo que aún quedaban 7,000 hombres en Israel que no habían doblado la rodilla delante de Baal. Luego, Dios le encomendó que ungiera al joven Eliseo como su sucesor.

4. El fin de una carrera sobresaliente

En otra ocasión, Elías apareció de nuevo ante Acab, esta vez para denunciarlo por haber asesinado a Nabot, a quien el rey había despojado de su viña. En esta oportunidad, Elías pronunció las profecías que, como ya hemos visto, se cumplieron con la muerte de Acab y Jezabel, y de su hijo Joram.

La última escena en la vida del profeta Elías es inolvidable. Habiendo cruzado el Jordán con Eliseo, su compañero de los últimos años, el gran profeta fue arrebatado súbitamente al cielo en medio de un torbellino, en un carro de fuego con caballos de fuego. Cuando Elías ascendió, su manto cayó sobre Eliseo, quien había orado antes pidiendo una doble porción del espíritu de Elías.

Elías es considerado por judíos y cristianos como uno de los más grandes profetas. Hay muchas referencias a él en el Nuevo Testamento, y en la transfiguración de Jesús aparece junto a Moisés como un representante del orden profético (Mateo 17:3).

B. Eliseo, un tipo del Mesías
(1 Reyes 19:15-21; 2 Reyes 2:1–9:10; 13:14-21)

Eliseo (ap. de 855-795 a.C.) es el más grande obrador de milagros del Antiguo Testamento, y fue discípulo y sucesor de Elías. Era hijo de Safat, un hombre pudiente que vivía en el valle del Jordán. Todas las historias que tenemos de Eliseo son profundamente humanas.

1. Un discípulo de Elías

El profeta Elías recibió en el monte Sinaí la comisión de ungir a Eliseo como su sucesor en el oficio profético (19:15-17). Cuando llegó a la casa de Eliseo, el joven estaba arando el campo de su padre con doce yuntas de bueyes. Cuando Elías pasó cerca, echó su manto sobre él, acción simbólica que el joven entendió muy bien. "Te ruego que me dejes besar a mi padre y a mi madre, y luego te seguiré", fue su inmediata respuesta. El negocio se arregló pronto, y después de ofrecer un sacrificio apropiado al Señor, y una fiesta para sus amigos y vecinos, "se levantó, y fue tras Elías, y le servía" (19:19-21).

Puede darse por sentado que Eliseo pasó varios años con su gran maestro, aunque la historia de su vida hace referencia más bien a sus últimos años. Por el relato de la traslación de Elías podemos ver el grado de comunión que ambos tenían, y el respeto que "los hijos de los profetas" le tenían a Eliseo, que pronto llegó a ser el líder de ellos (2 Reyes 2:1-18).

2. Un profeta influyente

Para comprender el significado de las historias siguientes que se refieren a la influencia de Eliseo en los asuntos nacionales, es necesario tener en cuenta la importancia de los profetas y de la escuela de los profetas para moldear la opinión pública y determinar la política de los reyes. La historia de Elías ilustra esa influencia, pero aun cuando Eliseo no poseía la fuerza ni la originalidad de su maestro, estaba destinado a obtener un éxito más inmediato en las metas religiosas y políticas que se propuso.

Es notable que, si bien fue Elías quien recibió la comisión de ungir a Hazael como rey de Siria, y a Jehú como rey de Israel, fue Eliseo quien lo hizo (2 Reyes 8:7-15; 9:1-10). Parece que la reforma de Jehú y la prosperidad que vino en los días de su nieto Joás, y que llegó a su clímax en los tiempos de Jeroboam II, fueron en parte resultado directo del liderazgo político y religioso de Eliseo, cuyo ministerio cubrió todo el período desde Acab hasta Joás (cerca de 60 años). Esta es la opinión de eruditos bíblicos de nota[18], lo que le concede a Eliseo una importancia especial para los estudiantes del Antiguo Testamento.

3. Un tipo de Cristo

La personalidad de Eliseo debió ser particularmente atractiva, y en este, como en muchos otros aspectos, sobresale como uno de los más importantes tipos de Cristo en el Antiguo Testamento. Su profundo conocimiento de los hombres, y su habilidad para hablarles la palabra atinada a su tiempo, hizo de él una influencia en favor de la justicia por dondequiera que anduvo. La habilidad que tuvo para enseñar a los jóvenes profetas nos recuerda la sabiduría del gran Maestro y las enseñanzas que dio a sus discípulos.

Muchos de los milagros de Eliseo, como los de Cristo, fueron obras de misericordia, y algunos de ellos tienen una semejanza particular con los milagros de los Evangelios. Una vez endulzó una fuente cuyas aguas eran amargas; otra vez, tornó inofensiva una olla donde se habían cocido calabazas silvestres venenosas; multiplicó el aceite de una pobre viuda; levantó de la tumba al hijo de una mujer sunamita; multiplicó los panes para una multitud hambrienta, y sanó a un oficial sirio de su lepra. El tratamiento generoso que le dio a las tropas sirias que le enviaron para capturarlo parece estar en sorprendente concordancia con la regla de oro (2 Reyes 6:8-23). A veces también mostró severidad, en una forma que nos recuerda la severidad de Cristo al tratar a los escribas y fariseos.

Cuando vemos el ministerio de Eliseo en su totalidad, nos impresiona el notable cumplimiento de su deseo de tener una doble porción del espíritu de Elías (2 Reyes 2:9-15). Parece, en efecto, haber alcanzado una estatura espiritual muy adelantada para sus tiempos, y de haber anticipado, al igual que Moisés (Deuteronomio 18:15, 18; 34:10), la venida del Profeta más grande.

C. Jonás, un profeta de la misericordia de Dios hacia una nación pecadora (Jonás 1-4)

El profeta Jonás es mencionado a veces como el primero de los profetas literatos, es decir, los profetas cuyos escritos se conservaron. Pero el libro de Jonás es biográfico, relata un solo episodio en la vida del profeta, y es posible que no haya sido escrito por el profeta mismo, y ni siquiera en tiempos del profeta. El autor del libro constantemente se refiere a Jonás usando la tercera persona. Por la referencia a Nínive en tiempo pasado (3:3), los eruditos deducen que el libro se escribió después de la destrucción de la ciudad en el año 612 a.C.

1. Identidad del profeta

Jonás, el hijo de Amitai, vivió en Gat-hefer, una villa cerca de Nazaret de Galilea. Leemos en 2 Reyes 14:25 que estuvo muy activo durante la primera parte del siglo VIII a.C., y se le acredita haber profetizado las conquistas victoriosas de Jeroboam II. Al observar el impacto de su ministerio en Nínive, podemos concluir que fue un poderoso predicador y que la prosperidad en tiempos de Jeroboam II pudo haber sido, en parte, resultado del avivamiento espiritual que él inspiró[19].

2. Misión a Nínive

La historia que se narra en los cuatro breves capítulos de Jonás es muy interesante. Se le encomienda al profeta ir a Nínive y predicar a esa impía ciudad. Él no quiere ir, porque teme que los ninivitas se arrepientan y sean perdonados. Tratando de escapar de esta tarea desagradable, toma un barco y se dirige a Tarsis, en la costa de España. Se levanta una furiosa tempestad y los marinos claman a sus distintos dioses. Como la tormenta arrecia, arrojan la carga al mar para aliviar el buque. Puesto que la tormenta continúa, los marineros echan suertes para averiguar cuál de ellos es el culpable de haber provocado la ira de los dioses. La suerte cae sobre Jonás quien entonces confiesa su culpa, y pide a los marineros que lo arrojen al mar.

"Pero Jehová tenía preparado un gran pez que tragase a Jonás" y le proveyera un lugar donde arrepentirse, "y estuvo Jonás en el vientre del pez tres días y tres noches". En el vientre del pez Jonás oró desesperadamente, y prometió pagar los votos que había hecho. Al fin de tres días el pez vomitó a Jonás en tierra seca. Cuando Dios le reiteró su comisión de ir a predicar a Nínive, Jonás obedeció inmediatamente. Como resultado de la predicación de Jonás, Nínive se arrepintió, y en consecuencia, Dios suspendió el castigo. El profeta se enojó por este resultado, y buscando refugio bajo una calabacera, le pidió a Dios que lo dejara morir.

Ahora se ve con claridad la razón por la que Jonás huyó de Dios: "¿No es esto lo que yo decía estando aún en mi tierra? Por eso me apresuré a huir a Tarsis; porque sabía yo que tú eres Dios clemente y piadoso, tardo en enojarte, y de grande misericordia, y que te arrepientes del mal" (Jonás 4:2).

3. *El mensaje del libro*

Mientras Jonás protesta y refunfuña debajo de la calabacera, un gusano ataca la planta y la seca. El ardiente sol castiga la cabeza de Jonás, y un viento cálido hace peor su incomodidad. Jonás se enoja por la destrucción de la calabacera y el Señor aparece para amonestarlo:

> Entonces dijo Dios a Jonás: ¿Tanto te enojas por la calabacera? y él respondió: Mucho me enojo, hasta la muerte. Y dijo Jehová: Tuviste tú lástima de la calabacera, en la cual no trabajaste, ni tú la hiciste crecer; que en espacio de una noche nació, y en espacio de otra noche pereció. ¿Y no tendré yo piedad de Nínive, aquella gran ciudad donde hay más de ciento veinte mil personas que no saben discernir entre su mano derecha y su mano izquierda, y muchos animales? (4:9-11).

En este soberbio pasaje tenemos el mensaje del libro de Jonás: La infinita compasión de Dios por todos los seres humanos, cualquiera que sea su raza o color, y el deber que tenemos, ordenado por Dios, de llevar las buenas nuevas de salvación a todas las naciones. Los judíos del tiempo de Jonás eran intensamente patriotas, de mentalidad estrecha e interesados solamente en el bienestar de Israel. El profeta, aunque conocía la misericordia de Dios, poseía los mismos prejuicios de su nación, y esta lección le enseñó que debía instruir a su pueblo en los caminos de Dios.

4. *¿Historia o alegoría?*

Que el libro es historia, y no una simple alegoría como sostienen algunos, parece evidente por los siguientes hechos:

a. La narración se presenta como un evento histórico, y en ningún lugar se da a entender que sea una parábola o alegoría.

b. El héroe del libro es un personaje histórico (2 Reyes 14:25), y se conocían todos los lugares mencionados en el tiempo de Jonás.

c. Los judíos siempre han considerado el relato como histórico, y han puesto el libro, desde sus primeras colecciones, entre los de sus profetas reconocidos.

d. Lo más importante de todo es que Jesús se refiere a los hechos del libro como sucesos históricos, como se lee en Mateo 12:39-41 y Lucas 11:29-30.

D. **Amós, un profeta de las demandas justas de Dios** (Amós 1–9)

Jonás aceptó muy a su pesar el llamado de ir a predicar a la lejana Nínive. Sin embargo, Amós salió obedientemente de su pueblo natal, Tecoa de Judá, para ir a predicar contra la impiedad de Samaria y Bet-el, las dos importantes ciudades del reino del Norte. En el capítulo séptimo del libro, Jonás describe las circunstancias de su llamado: "No soy profeta, ni soy hijo de profeta, sino que soy boyero, y recojo higos silvestres. Y Jehová me tomó de detrás del ganado, y me dijo: Vé y profetiza a mi pueblo Israel" (Amós 7:14-15). En otro pasaje exclama: "Si habla Jehová el Señor, ¿quién no profetizará?" (3:8).

1. Carácter de Amós

A pesar de su origen humilde, Amós fue un agudo observador de los hombres y poseyó una comprensión extraordinaria de los secretos de la política internacional. Profundamente religioso, ardía en él una indignación justa contra la inmoralidad, la injusticia y la falsedad que halló en las ciudades de Israel. En su manera brusca, directa y valiente, acaudilló la causa de los pobres, que eran oprimidos sin misericordia por los ricos y las clases dirigentes.

2. El trasfondo de su profecía

Amós cumplió su ministerio profético, al igual que Jonás y Oseas, durante el reinado de Jeroboam II. Podemos fechar los mensajes contenidos en el libro alrededor del año 760 a.C. Los escritos de Amós y Oseas nos dan un vívido cuadro de las condiciones que existían en el reino de Israel en ese tiempo.

Israel había llegado a la cúspide de su prosperidad. Las clases ricas se habían entregado al lujo y la extravagancia. El profeta habla de "casas de marfil", casas de piedras labradas, casas de verano y casas de invierno, y lechos lujosos de marfil tallado, con forros de damasco. Los ricos "gorjean al son de la flauta, e inventan instrumentos musicales", también bebían costosos vinos y se ungían con los mejores aceites (3:12, 15; 4:1; 5:11; 6:4-7).

Sin embargo, el pueblo era exteriormente religioso, los templos en Betel y Gilgal estaban llenos de adoradores, y los festivales religiosos eran ocasiones para el despliegue de pomposas ceremonias. Se cantaban los salmos piadosamente y se hacía mención de la venida inminente del día de Jehová. Pero la falsedad de esta religión quedaba demostrada por la inmoralidad de sus vidas. Por todos lados fluía corrupción, embriaguez y lujuria. Los ricos oprimían a los pobres, el soborno pululaba en las cortes, y los justos eran aborrecidos y ridiculizados. Los sacerdotes no solo toleraban el robo en los caminos, el adulterio y el asesinato, sino hasta lo practicaban. La idolatría era evidente por todas partes (2:6-8, 3:9-10; etc.).

3. El libro de Amós

Hay cuatro secciones principales en el libro de Amós.

a. Los capítulos 1 y 2 constituyen una introducción al libro. Comenzando con el anuncio de un terremoto, el cual se interpreta como la voz de Dios (1:1-2; Zacarías 14:5), Amós declara que el juicio de Dios está a punto de caer sobre las naciones. Usando un soberbio lenguaje retórico, el profeta pronuncia juicios sobre Siria, Filistea, Fenicia, Edom, Amón y Moab. A Judá e Israel se las coloca con tacto al final de la lista, y sus pecados se denuncian como si fuesen más terribles, porque han tenido la gran oportunidad de conocer la voluntad de Dios.

b. Los capítulos 3-6, la sección que forma el corazón del libro, están formados por tres sermones sobre la impiedad de Israel. Cada uno empieza con esta frase: "Oíd esta palabra". No obstante el favor que Dios les había mostrado, eran culpables de transgresiones más grandes que las naciones gentiles de alrededor (3:2, 9-10). Se les había advertido repetidas veces de la visitación de la ira: hambre, sequía, vientos, oruga y langosta, añublo, pestilencia, espada y terremoto. A pesar de esos juicios, no se había vuelto al Señor: "No os volvisteis a mí, dice Jehová... y porque te he de hacer esto, prepárate para venir al encuentro de tu Dios, oh Israel" (4:6, 12). Dios no aceptaba la jactanciosa adoración del pueblo, porque su vida estaba llena de inmoralidad.

> *Aborrecí, abominé vuestras solemnidades, y no me complaceré en vuestras asambleas. Y si me ofreciereis vuestros holocaustos y vuestras ofrendas, no los recibiré, ni miraré a las ofrendas de paz de vuestros animales engordados. Quita de mí la multitud de tus cantares, pues no escucharé las salmodias de tus instrumentos. Pero corra el juicio como las aguas, y la justicia como impetuoso arroyo* (5:21-24).

En esta sección se predice específicamente la cautividad de Israel como en 3:11-15; 5:27; y otras referencias.

c. Los capítulos 7-9 (omitiendo 9:7-15) contienen una serie de cinco visiones de juicio; todas predicen el juicio final de Israel. Por la poderosa intercesión del profeta se detienen una invasión de langostas y un fuego devorador. Luego el profeta ve una plomada en la mano del Señor, y le advierte a la nación que no podrá escapar del juicio del Señor por su pecado. Una cesta de fruta de verano, pudriéndose al sol, sugiere que Israel ya está listo para la destrucción. Finalmente, en la última visión, se encomienda al profeta que derribe el altar idolátrico, y se describe al pueblo sepultado bajo las ruinas de su falsa religión.

d. El capítulo 9 termina con una promesa de salvación y restauración del remanente de Israel (vv. 7-15): "En aquel día yo levantaré el tabernáculo caído de David, y cerraré sus portillos y levantaré sus ruinas, y lo edificaré como en el tiempo pasado" (9:11).

E. Oseas, un profeta del amor de Dios para su pueblo (Oseas 1–14)

Aunque Amós profetizó al reino del Norte, él era ciudadano de Judá, y la aspereza de su mensaje pudiera reflejar cierta falta de simpatía hacia un pueblo que por largo tiempo había estado en rebelión contra Jerusalén, y hasta había llegado a empuñar las armas en contra de los paisanos de Amós. A diferencia de este, Oseas (alrededor del año 750 a.C.), era oriundo del reino del Norte, y muestra en todo su libro una tierna compasión por el pueblo de su tierra. Siendo de naturaleza muy sensible, pudo comprender el amor de Dios por el pueblo, y transmitirlo en términos inolvidables.

1. El llamado del profeta

El llamado de Oseas es único. El mismo profeta cuenta cómo, en obediencia al mandamiento divino, se casó con una mujer de dudoso carácter, y cómo ella, después de procrear tres hijos, lo abandonó por otros amores, y finalmente cayó en esclavitud. Pero Oseas continuó amándola, e impulsado por su amor, la compró de nuevo sacándola de su esclavitud, y trató de persuadirla, por todos los medios, para que ella le fuera fiel (1:2–3:3).

No se conoce el final de esta historia conyugal, pero la dolorosa experiencia en la vida del profeta le dio una nueva revelación de Dios. Las penas domésticas de Oseas llegaron a ser una lección objetiva para él mismo y para su pueblo. El amor suyo por una esposa infiel se interpreta como un tipo del amor de Jehová por su pueblo idólatra.

2. El mensaje del profeta

La mayor parte del libro de Oseas (4–14), se compone de una serie de mensajes en los cuales advierte alternativamente a sus paisanos respecto a sus pecados, y luego les ruega que dejen sus malos caminos y se vuelvan al Dios que los ama.

Porque no hay verdad, ni misericordia, ni conocimiento de Dios en la tierra. Perjurar, mentir, matar, hurtar y adulterar prevalecen, y homicidio tras homicidio se suceden (4:1-2).

Venid y volvamos a Jehová; porque él arrebató, y nos curará; hirió, y nos vendará... y conoceremos, y proseguiremos en conocer a Jehová...y vendrá a nosotros como la lluvia, como la lluvia tardía y temprana a la tierra (6:1, 3).

Sembrad para vosotros en justicia, segad para vosotros en misericordia; haced para vosotros barbecho; porque es el tiempo de buscar a Jehová, hasta que venga y os enseñe justicia (10:12).

En el capítulo 11 se pinta a Dios como un padre que enseña a su hijo a caminar, y cuando este se debilita, lo toma en sus brazos y lo carga. Con estas palabras el profeta quiere enseñarle al pueblo a depender de Dios, y la obligación de serle fiel a él como él lo había sido para ellos.

En el último capítulo hay otra hermosa apelación a los israelitas al arrepentimiento, combinada con una promesa de perdón y restauración final, que dependen de que ellos cedan a las demandas del Señor (14:1-8). El libro termina con una admonición para hacer uso sabio de la revelación que habían recibido.

> *¿Quién es sabio para que entienda esto, y prudente para que lo sepa? Porque los caminos de Jehová son rectos, y los justos andarán por ellos; mas los rebeldes caerán en ellos* (14:9).

RESUMEN

Hemos seguido la historia del reino del Norte desde su fundación bajo la dirección de Jeroboam, después de la muerte de Salomón, hasta su caída en los tiempos de Isaías, cuando Samaria, después de tres años de asedio, la tomaron los asirios. En el curso de unos 210 años, se sucedieron 19 reyes, representando nueve dinastías, en contraste con el reino de Judá, donde en los 350 años de su historia, reinaron solamente 20 reyes, y a excepción de la usurpadora Atalía, todos fueron de la dinastía de David. A pesar de las repetidas advertencias de los profetas, y la mano castigadora de Dios, vista en todos los azotes sangrientos que tuvo que soportar la tierra, los reyes del reino del Norte persistieron en "los pecados de Jeroboam", y el pueblo no quiso volver su corazón a Dios. Finalmente llegó el golpe, y al pueblo se lo llevó cautivo a soportar una servidumbre cruel, de la cual muy pocos, o tal vez ninguno, pudieron volver a su tierra. Mientras tanto, Palestina, excepto una pequeña porción ocupada por el reino de Judá, se la entregó a una población que resultó de la unión de varios pueblos y que llegaron a ser los antepasados de los samaritanos, mencionados tan a menudo en los Evangelios.

LECTURAS RECOMENDADAS

Blaikie y Matthews, *A Manual of Bible History*, pp. 204-33.
Joseph P. Free, *Archaeology and Bible History*, pp. 175-201.
Dorothy Ruth Miller. *A Handbook of Ancient History in Bible Light*, pp. 86-108.
James C. Muir, *His Truth Endureth*, pp. 153-96.
Ira M. Price, *The Dramatic Story of Old Testament History*, pp. 252-306.
Loyal R. Ringenberg, *The Word of God in History*, pp. 175-97.
G.L. Robinson, *The Twelve Minor Prophets*, pp. 15-29, 47-59, 70-93.
Kyle M. Yates, *Preaching from the Prophets*, pp. 23-82, 186-90.

PARA UN ESTUDIO MÁS COMPLETO

1. ¿Cuál de las siete causas mencionadas en este capítulo fue la causa determinante, o la ocasión principal, de la división política del reino de Salomón?

2. ¿Qué nombres le daban los hebreos al reino del Norte?

3. ¿Qué razones puede dar usted para la relativa fortaleza y prosperidad del reino del Norte? ¿Cuál reino fue más estable y por qué?

4. ¿Hay alguna evidencia que demuestre que Jeroboam, al principio de su carrera, actuaba bajo la dirección divina?

5. Divida la historia del reino del Norte en cuatro períodos lógicos, y mencione la duración aproximada de cada uno.

6. ¿Sobre qué se basa la afirmación de que Acab y Omri fueron los verdaderos fundadores del reino del Norte? Indique algunas fuentes arqueológicas que tienen referencias a Omri.

7. Describa el conflicto entre el baalismo y la adoración de Jehová en los tiempos de Acab. ¿A qué se atribuye ese gran incremento de la idolatría?

8. ¿Qué efectos tuvo la influencia de Acab y Jezabel sobre el reino de Judá? Explique.

9. ¿Quiénes fueron los dos grandes personajes principalmente responsables por la destrucción del baalismo?

10. Describa la reforma bajo Jehú. ¿Por qué no se lo considera un rey bueno?

11. ¿Cuáles fueron las dos naciones que invadieron a Israel durante el último siglo de su historia? Proporcione algunos detalles particulares respecto a esas invasiones.

12. ¿Puede dar alguna razón de la prosperidad que gozó el reino del Norte bajo Jeroboam II? ¿Cuáles fueron los principales resultados de esa prosperidad en la vida del pueblo?

13. ¿Cuáles profetas ministraron durante el gobierno de ese rey?

14. Describa la caída de Samaria. ¿De qué importante fuente, aparte de la Biblia, tenemos información de este suceso?

15. ¿Cuáles fueron las causas principales, de acuerdo con la profecía, de la caída de Israel?

16. Mencione algunos de los modos que Dios buscó para restaurar a Israel a la fidelidad. (Compare Amós 4:6-12).

17. ¿Cuál es el significado del término *profeta* en la Biblia? ¿En qué es diferente del significado que se le da en los tiempos modernos?

18. Describa al típico profeta hebreo. ¿Qué importancia tuvo la escuela de profetas?

19. Describa brevemente el carácter de los profetas del reino del Norte: Elías, Eliseo, Jonás, Amós y Oseas. ¿Puede usted mostrar que hubo una progresión en su ministerio y mensaje?

20. Haga bosquejos breves de los libros de Amós y Oseas, y señale un versículo clave de cada uno.

NOTAS BIBLIOGRÁFICAS

[1] Blaikie y Matthews, *A Manual of Bible History*, p. 206.

[2] Cf. J.P. Free, *Archaeology and Bible History*, p. 180.

[3] Elmer K. Mould, *Essentials of Bible History*, p. 229.

[4] En cuanto a las excavaciones arqueológicas de Samaria, véase la obra citada de Free. *op. cit.*, pp. 181-83; y de J.C. Muir, *His Truth Endureth*, pp. 161, 167.

[5] *Mould, loc. cit.*

[6] *Muir, op. cit.*, p. 164.

[7] Para leer sobre Asera, la madre de Baal, véase Mould, *op. cit.*, p. 77.

* Estos reyes no deben ser confundidos con los dos reyes del mismo nombre que reinaron durante este mismo período en Judá.

9 Para la interesante historia del ungimiento de Hazael, véase 1 Reyes 19:15-17; 2 Reyes 8:7-15; y Muir, *op. cit.*, pp. 166-68.

10 Muir, *op. cit.*, p. 170; Mould, *op. cit.*, p. 239.

11 Mould, *op. cit.*, p. 241.

12 *Ibid.*, p. 243.

13 Blaikie y Matthews, *op. cit.*, pp. 227-28.

14 Muir, *op. cit.*, p. 182.

15 Véase G.A. Barton, *Archaeology and the Bible*, p. 466. Compare con 2 Reyes 17:24. Los samaritanos del Nuevo Testamento son los descendientes de la mezcla resultante de razas.

16 Para una explicación concerniente a las diez tribus "perdidas", véase *Conozca su Antiguo Testamento* de W.T. Purkiser, pp. 105-6, y Loyal R. Ringenberg, *The Word of God in History*, p. 183.

17 W.N. Nevius, *The Old Testament, Its Story and Religious Message*, pp. 128-29.

18 I.M. Price, *The Dramatic Story of the Old Testament*, pp. 277-79; C.F. Kent, *The Kings and Prophets of Israel and Judah*, pp. 47-50; y Mould, op. cit., pp. 236-37.

19 Mould, *op. cit.*, p. 243.

12
EL PRINCIPIO DE LA
DECLINACIÓN DE JUDÁ

¿Qué haré a ti, oh Judá? La piedad vuestra es como nube de la mañana, y como el rocío de la madrugada, que se desvanece (Oseas 6:4).

Fuentes: 1 Reyes 12:1–2 Reyes 16:20 (las historias entrelazadas de Judá e Israel), y 2 Crónicas 10:1–28:27 (donde tenemos exclusivamente la historia de Judá)

Para leer: 2 Crónicas 10–28

Período: Desde el 931 a.C. hasta el 726 a.C., aproximadamente, o sea desde el comienzo del reinado de Roboam hasta la muerte del rey Acaz.

En este capítulo consideraremos la historia del reino del Sur durante los dos siglos que siguieron a la muerte de Salomón, que es precisamente el mismo período que consideramos en el capítulo anterior. Para Judá fue generalmente un período de declinación espiritual, atenuada a veces por ciertos conatos de avivamiento. Políticamente, durante este período vemos el crecimiento de Siria, y más tarde de Asiria, como los más grandes enemigos de la paz de Judá, y también en este tiempo ya se echa de ver la inminente ruina de las diez tribus del norte, bajo el poder de la bota militar de Nínive.

I. RELATOS PARALELOS EN REYES Y CRÓNICAS

Las fuentes de la historia de estos dos reinos, en el Antiguo Testamento, se encuentran en 1 y 2 Reyes y en 2 Crónicas. Los relatos de los Reyes difieren un tanto de los de Crónicas, porque en los primeros se pone mayor énfasis en los sucesos del reino del Norte y sus diez tribus, y el movimiento profético que se inició allí. Le concede gran importancia a la estrecha relación entre la vida religiosa de ambas naciones, y su destino político, relación que los profetas estaban destacando de continuo.

El Libro de Crónicas, por su parte, recalca el punto de vista sacerdotal, y se limita, durante este período, a lo que ocurría en Judá, donde se mantenían todavía el sacerdocio y la adoración en el templo. Al igual que Reyes, Crónicas relaciona directamente la suerte política de la nación con su estado moral y espiritual. Los dos libros de Reyes forman una unidad histórica con

Josué, Jueces y los dos libros de Samuel, unidad que narra la historia de la nación desde la muerte de Moisés hasta el exilio a Babilonia. Los libros de Crónicas forman una unidad histórica con Esdras y Nehemías, para describir la historia de la nación desde el principio del reino de David hasta la restauración. Debe notarse que el final de 2 Crónicas y el comienzo de Esdras son enteramente iguales, indicando así la continuidad de estos dos libros.

Tanto Reyes como Crónicas citan frecuentemente de fuentes que no pertenecen al canon inspirado y que por ello no han llegado hasta nosotros. El escritor de Reyes, por ejemplo, se refiere al "libro de los hechos de Salomón" (1 Reyes 11:41), como material adicional a la historia del reino de Salomón. También cita al "libro de las historias de los reyes de Israel" (1 Reyes 14:19) para detalles concernientes a la historia de las tribus del norte. Asimismo cita "las crónicas de los reyes de Judá" (1 Reyes 14:29) para ciertos hechos del reino del Sur.

El escritor de Crónicas (y muchos eruditos bíblicos creen que fue Esdras, el gran sacerdote-escriba de la restauración), cita 15 fuentes diferentes de material suplementario, incluyendo el "libro de los reyes de Judá y de Israel" (2 Crónicas 16:11; 25:26; 27:7; etc.); y también historias escritas por los profetas Samuel, Natán y Gad (1 Crónicas 29:29), Ahías e Iddo (2 Crónicas 9:29), y Jehú, el hijo de Hanani (2 Crónicas 20:34); un libro acerca de Uzías, escrito por el profeta Isaías (2 Crónicas 26:22), y una elegía fúnebre, escrita a raíz de la muerte del rey Josías por el profeta Jeremías (2 Crónicas 35:25).

Los arqueólogos han descubierto fuentes laterales de la historia de este período en Palestina, Egipto y Asiria. Estos hallazgos confirman el texto del Antiguo Testamento en las relaciones de Judá con sus vecinos. Uno de los más notables es la transcripción exacta de nombres de reyes extranjeros mencionados en el Antiguo Testamento, nombres que se hallaron en forma idéntica en monumentos e inscripciones de Babilonia, Asiria, Egipto y Persia[1]. No es posible afirmar que cada punto de la historia bíblica está ya confirmada por la arqueología, porque los datos arqueológicos son, por su propia naturaleza, fragmentarios e incompletos, pero puede decirse que dondequiera que la arqueología y la Biblia se encuentran, queda confirmada la veracidad de esta última.

II. DE ROBOAM A JOSAFAT: UN CICLO DE DECLINACIONES Y AVIVAMIENTOS

Los primeros 80 años de la historia de Judá se caracterizan por una serie continua de declinaciones y avivamientos religiosos. Los cuatro reyes que guiaron los destinos de la nación durante este período, aunque eran descendientes de David y Salomón, fueron tan diferentes de estos como es posible serlo. La primera guerra entre Israel y Judá dio paso a una firme alianza, y durante este período a Judá lo invadió Egipto dos veces.

A. Roboam (1 Reyes 12:1-24; 14:21-31; 2 Crónicas 10–12)

Después de la muerte de Salomón, ocurrida alrededor del año 931 a.C., su hijo Roboam ascendió al trono sin que al parecer tuviera ninguna oposición de los otros aspirantes al trono de David. La madre de Roboam fue Naama, una mujer amonita, una de las tantas mujeres extranjeras que tenía Salomón. Extrañamente, nada se dice de los demás hijos de Salomón, aunque se mencionan dos hijas en 1 Reyes 4:11, 15.

1. La rebelión de las diez tribus

La actitud de Roboam al ser coronado ofrece un marcado contraste con la humildad que Salomón desplegó al principio de su reinado. David había encomendado la educación de Salomón al santo profeta Natán. Roboam se había criado en una atmósfera de lujo y mundanalidad. El concepto salomónico, en sus primeros años, de un monarca sabio y benevolente, conduciendo con sabiduría a su pueblo, había dado paso al concepto del absolutismo, en el cual el capricho del soberano viene a ser la ley, y el pueblo carece de todos los derechos.

Cuando los representantes de las tribus se reunieron en Siquem para proclamar rey a Roboam, acudieron con una importante condición. A través de Jeroboam demandaron como condición de su acatamiento que se aliviara la pesada carga de los impuestos y del despotismo. En los tres días que pidió para considerar esta demanda, el joven rey consultó primero con los sabios consejeros de su padre, y luego con los jóvenes que se habían criado con él. Desoyendo el consejo de los ancianos, que le pidieron que actuase con moderación, Roboam decidió hacer una jactanciosa exhibición de fuerza. Su réplica fue: "Mi padre agravó vuestro yugo, pero yo añadiré a vuestro yugo; mi padre os castigó con azotes, mas yo os castigaré con escorpiones". Estas insensatas e impolíticas palabras parecen significar: "Mi padre os trató como esclavos; yo os trataré como vulgares criminales", quienes en aquel entonces eran azotados con látigos con garfios de metal para desgarrar la carne[2].

De inmediato se produjo una revuelta y Roboam apenas escapó con vida. Adoram, a quien enviaron en busca de una reconciliación diplomática, lo mataron a pedradas, y el rey tuvo que huir aterrorizado a Jerusalén. Su primera reacción en la capital fue armar un gran ejército para tratar de dominar a los rebeldes. Pero este peligroso proyecto fue abandonado cuando el profeta Semaías le dijo que la mano de Jehová estaba detrás de todo esto.

2. La ventaja inicial de Judá

Al comienzo de la historia, el reino de Judá estaba en mejores condiciones en algunos aspectos que el de Jeroboam. Aunque tenía solamente la mitad de la población, y apenas un tercio del territorio de Israel, Judá estaba menos expuesta a los ataques enemigos y era más fácil de defender. Parece que Roboam pasó tres años fortificando las fronteras y preparándose para cualquier ataque que pudiera venir de afuera. El Dr. Frederick J. Bliss descubrió una fuerte ciudadela, fortificada con ocho grandes torres en Azeca, una de las ciudades que 2 Crónicas 11:9 menciona que fueron edificadas por Roboam[3].

Judá también poseía la ventaja de una capital bien defendida, Jerusalén, con su tradición religiosa profundamente arraigada y su magnífico culto en el templo. Aunque la lealtad de Judá para con Dios fluctuaba considerablemente, pasaron tres siglos antes que la apostasía de la nación le trajera su destrucción. En ciertos intervalos, algunos líderes fuertes lograron que Judá regresara a Dios. Pero aunque estos avivamientos no fueron ni muy fuertes ni durables, por lo menos aplazaron la destrucción de Judá, que sobrevivió a Israel por más de un siglo.

3. La invasión egipcia

Los 17 años del reinado de Roboam se caracterizaron por una impiedad e idolatría crecientes en el pueblo. A pesar del hecho de que la mayoría de las familias levitas y otras personas temerosas de Dios que vivían en el norte, se trasladaron a Jerusalén, donde pudieran participar en el culto de adoración en el templo de Jerusalén, la marea creciente de la apostasía era demasiado fuerte como para poder detenerla. Una nación cuya mayor fortaleza había sido su fidelidad a Dios, llegó así a debilitarse completamente y ser una presa fácil de los agresores extranjeros.

Cinco años después de la coronación de Roboam, Sisac, rey de Egipto, invadió el territorio de Judá y saqueó los tesoros del templo. Conocido en la historia egipcia como Sesonc I (reinó del 954 al 924 a.C.), este faraón dejó una representación considerablemente exagerada de su campaña militar grabada en la pared sur del gran templo en Karnak, en Egipto. En el mural, Sesonc I está representado conduciendo a los hebreos, con cuerdas amarradas a sus cuellos, y todavía se leen muchos nombres de pueblos palestinos en la inscripción carcomida por el tiempo[4].

Indudablemente, desde el punto de vista de Sesonc, el propósito de esta expedición era fortalecer el reino de Israel contra el reino potencialmente más fuerte de Judá. Se recordará que Jeroboam halló refugio en la corte de Sesonc cuando estuvo prófugo en Egipto. Sesonc encabezaba una nueva dinastía y, por lo tanto, no estaba obligado por lazos de parentesco con Salomón. Además, a Egipto le convenía que el reino de Salomón estuviera dividido en dos partes casi iguales, que tenderían a eliminarse la una a la otra como enemigos posibles de Egipto. Sin embargo, el cetro del dominio mundial había pasado ya de las manos de Egipto a las de Asiria y Babilonia, y bien pronto los antes poderosos faraones iban a sentir también el yugo del opresor.

B.   Abiam (1 Reyes 15:1-8; 2 Crónicas 13)

Abiam fue hijo de Maaca, una hija (o descendiente, como se dice en 2 Crónicas 13:2) de Absalom. Maaca fue la esposa favorita de Roboam, y parece que antes de su muerte en 914 a.C., el rey había señalado a Abiam como sucesor (llamado también Abías, 2 Crónicas 11:21-22).

Dos hechos significativos se destacan de los tres años que reinó Abiam. Primero, continuó con la idolatría e impiedad de su padre. Aquí hallamos la influencia de su madre Maaca, de quien se dice que había hecho una imagen de madera tallada de Asera, quien era la diosa de la fertilidad que adoraban los pueblos cananeos, que se menciona frecuentemente en las tablillas de Tell-el Amarna y Ras Shamra[5]. La adoración o culto de Asera iba acompañada de una inmoralidad indescriptible, y era particularmente ofensiva a la naturaleza santa de Dios. Solo la promesa que Dios había hecho a David salvó a la casa de Abiam de la destrucción que vino por el mismo pecado a la casa de Jeroboam (1 Reyes 15:4-5).

El segundo hecho que se menciona del reinado de Abiam fue el estallido de una guerra total entre Judá e Israel, guerra que parece haber provocado el mismo Abiam. Los 18 años desde la división del imperio habían sido caracterizados por una constante lucha de guerrillas entre los dos reinos (1 Reyes 15:6). Entonces Abiam se puso al frente de un ejército de 450,000 hombres, que aún así era apenas la mitad del número que podía reunir Israel. Aunque él mismo era un idólatra, Abiam no vaciló en apelar a la antigua religión de Judá, haciendo caso omiso de su propia infidelidad y la de su pueblo contra Dios (2 Crónicas 13:4-12). La posibilidad de una grave derrota hizo que Judá clamara a Dios por ayuda con desesperación. Dios les concedió la victoria, cosa que ellos aprovecharon para efectuar una masacre horrible del ejército del norte. La historia registra muchos casos de "piedad" o religión militar, que pronto se olvida cuando el peligro de la guerra ha pasado. Sin embargo, puede decirse que esta victoria preparó el camino para un avivamiento de la antigua fe de Judá, el cual se produjo durante el reinado del hijo de Abiam.

C. Asa (1 Reyes 15:9-24; 2 Crónicas 14–16)

Asa debió haber sido muy joven cuando ascendió al trono en el año 911 a.C., porque su abuelo había muerto a la edad de 58 años, tres años antes. Esto explica algo de su carácter, ya que desde su juventud gobernó bajo la dirección del sumo sacerdote, escapándose así del ejemplo y de la influencia de un padre impío.

1. Primeros años de paz

El reinado de Asa duró 41 años; durante los 10 primeros leemos que la tierra disfrutó de un período de paz. Varios factores contribuyeron a esa tregua. Israel no se había recuperado todavía del desastre de la guerra con Abiam, y estaba destrozado por la revolución que terminó con la casa de Jeroboam. Egipto estaba debilitado también, por un cambio de dinastía, y no fue sino hasta años después que se recuperó lo suficiente como para intentar otra invasión de Palestina. Parece que Abiam había concertado una alianza con Siria (2 Crónicas 16:3), la cual duró hasta el tiempo de Asa, y protegió temporalmente a Judá contra invasiones desde el norte.

Estos años de tranquilidad fueron bien aprovechados por el joven rey. Primero, empezó con una completa reforma religiosa. A su abuela Maaca la despojaron de su dignidad de *Gevirah,* o reina madre, y destruyeron el ídolo que ella había fabricado. Quemaron todos los altares idolátricos que hallaron, y urgieron al pueblo a servir a Dios y cumplir sus mandamientos. Se expulsó de la tierra a todos los viciosos pervertidos sexuales, cuya deshonesta actividad había jugado una parte tan importante en el culto a la diosa Asera y los Baales. "El corazón de Asa fue perfecto para con Jehová toda su vida", es el comentario del escritor sagrado, quien hace notar, sin embargo, que algunos de los del pueblo continuaban adorando en sus altares de los "lugares altos" (1 Reyes 15:14).

2. La invasión de Zera

Los 10 años de paz terminaron bruscamente con otra invasión desde el sudoeste. Esta vez el enemigo fue Zera, el etíope, cuyo vasto ejército se componía de libios y etíopes (2 Crónicas 16:8), y también de egipcios. A Zera se lo identifica generalmente con Osorkon I (924-895 a.C.) el sucesor de Sisac, faraón de Egipto, aunque esta identificación ha sido discutida[6]. Las inscripciones egipcias no dicen nada de esta invasión, pero era la costumbre general de entonces olvidar las derrotas y mencionar solo las victorias.

El ejército de Asa tenía menos que la mitad del número de soldados del enemigo. Aunque el lugar de la batalla, el valle de Sefata cerca de Maresa, era un lugar inapropiado para combatir con un gran ejército, la victoria de Asa fue indudablemente resultado de la intervención divina. La gran oración de Asa antes de la batalla (2 Crónicas 14:11) es una de las más claras expresiones de fe en Dios que se pueden hallar en el Antiguo Testamento.

Una victoria tan sobresaliente fue la ocasión favorable para completar las reformas religiosas que habían comenzado antes. El profeta Azarías, hijo de Obed, salió a encontrar al ejército que regresaba y exhortó al rey a continuar en ese camino de obediencia a Dios. Después de su regreso a Jerusalén, Asa reunió al pueblo y renovó el antiguo pacto con Dios, aboliendo la adoración de ídolos y decretando la muerte para todos aquellos que introdujeran la idolatría en la tierra.

3. La caída de la fe de Asa

Es cosa triste que la vida espiritual de Asa no haya continuado en el mismo alto nivel con que comenzó. Parece que la prosperidad y la paz produjeron cambios sutiles en el carácter del rey. Cuando Baasa, el guerrillero que usurpaba el trono de Israel, hizo una alianza con Siria para invadir a Judá, Asa olvidó su fe en Dios. En vez de buscar otra vez la ayuda del Señor, Asa procuró aliviar su situación con arreglos políticos. Tomando los tesoros del templo, y oro y plata de su propio palacio, sobornó a Ben-adad, rey de Siria, para que rompiera su alianza con Baasa. Esto era lo que Ben-adad deseaba. Invadió a Israel por el norte y Baasa, atrapado entre dos enemigos, se vio obligado a retirarse de los lugares que había conquistado dentro del territorio de Judá.

Cuando Asa, confiando en el Señor, había derrotado al ejército etíope-egipcio, un profeta de Dios lo había recibido con palabras de paz y promesas de seguridad. Pero cuando con maniobras políticas obtuvo una victoria temporal sobre Baasa, el profeta de Dios salió a encontrarle con un mensaje de desaprobación. Hanani, el vidente, denunció sin temor alguno la necedad de una alianza con un rey mundano, en lugar de confiar en Dios que le había dado antes tan gran victoria (2 Crónicas 16:7-9). Un pecado condujo a otros y Asa echó al profeta a la cárcel. Pero "algunos del pueblo" evidentemente apoyaron al vidente, lo cual forzó al rey a adoptar una política de perseguir a muchos que hubieran sido sus baluartes más fuertes (2 Crónicas 16:10).

Aun entonces no se detuvo. Dos años antes de su muerte, Asa cayó enfermo, y en su enfermedad "no buscó a Jehová, sino a los médicos" (2 Crónicas 16:12). Aun después de su muerte parece que la tendencia hacia la incredulidad prosiguió: A Asa lo sepultaron en un mausoleo que él mismo había edificado, con ritos algo paganos de incienso y embalsamamiento. En la historia de Asa, como sucedió a menudo en la historia de Judá, vemos que un buen comienzo no siempre garantiza un buen final. La lealtad a Dios debe ser mantenida siempre, para que signifique algo.

D. Josafat (1 Reyes 22:1-50; 2 Reyes 3:7-20; 2 Crónicas 17:1–21:1)

El reinado de un cuarto de siglo de Josafat, hijo de Asa, es uno de los pocos puntos brillantes en la accidentada historia de Judá. Tenía treinta y cinco años cuando ascendió al trono, en 872 a.C. Parece que sirvió como corregente del reino durante los dos primeros años de su reinado. En los últimos años de su reinado, no obstante su piedad personal, Josafat tomó algunas decisiones que acarrearon graves consecuencias para la nación después de su muerte.

1. Avivamiento religioso

La primera tarea del nuevo rey fue completar la obra que había iniciado su padre, o sea eliminar la idolatría y establecer la religión pura de Judá. En el tercer año de su reinado mandó príncipes y sacerdotes por todo el país para enseñarle al pueblo de Judá la obediencia a la Ley. Casi podemos estar seguros de que el libro que usaron fue el Pentateuco[7].

2. Alianza con Acab

Entonces vino uno de los errores más serios en la vida de Josafat. Tal vez debido a una excesiva confianza por las victorias que Dios le había dado a Judá, y por la prosperidad que gozaba, Josafat terminó la larga guerra que había con Israel, y en las palabras del escritor sagrado, "contrajo parentesco con Acab" (2 Crónicas 18:1). Tal vez el rey esperaba lograr así la unión de los dos reinos, el del Norte y el del Sur. Su primera decisión fue tomar a Atalía, la hija de Acab y de la impía Jezabel, como esposa para su hijo Joram. Las consecuencias de esta fatídica unión pusieron en peligro a Judá por varios años, y destruyeron la mayor parte del bien que Josafat había tratado de hacer durante su vida.

Luego, Josafat fue a visitar a Acab, y en esa ocasión este lo persuadió a que se aliara con él en un intento militar de recuperar a Ramot de Galaad, que estaba en poder de los sirios. Por deferencia a la piedad de Josafat, Acab reunió 400 profetas falsos, quienes unánimemente predijeron la victoria. No satisfecho con esto, Josafat preguntó si no había algún profeta de Jehová. Acab le contestó que había un hombre llamado Micaías, hijo de Imla, pero agregó: "Nunca me profetiza cosa buena, sino siempre mal" (2 Crónicas 18:7).

Como Josafat insistiera, trajeron a Micaías, posiblemente de alguna prisión. El profeta predijo dramáticamente la derrota y la próxima muerte de Acab. La noble respuesta que dio al ministril que quiso silenciar su mensaje, será por siempre la divisa de todo profeta y predicador verdadero: "Vive Jehová, que lo que mi Dios me dijere, eso hablaré" (2 Crónicas 18:13).

En tanto que Acab entró a la batalla vestido como un soldado raso, Josafat se vistió sus ropas reales, en un gesto que casi le cuesta la vida. En la batalla que se libró fueron derrotadas las armas combinadas de Judá e Israel. Acab, herido de muerte, falleció el mismo día. Después de la acción, Josafat regresó a Judá. Entonces le salió al encuentro Jehú, hijo de Hanani, profeta, quien le reprochó su alianza con Acab. Parece ser que Josafat soportaba la crítica con mucha mayor paciencia que su padre, porque Asa había puesto en prisión a Hanani, el padre de Jehú, cuando lo había reprendido en una ocasión similar. Es de notar, sin embargo, que la represión de Jehú no fue suficiente para impedir que Josafat hiciera todavía dos intentos más de alianza con el perverso reino del Norte.

Josafat continuó su obra de reformas religiosas, aun tomando parte personalmente en la instrucción del pueblo. Sus reformas incluyeron el nombramiento de jueces en todas las ciudades de la nación, con una especie de suprema corte, o corte de apelaciones en Jerusalén, compuesta de levitas, sacerdotes y laicos distinguidos. Es posible que este grupo haya sido el antecesor del sanedrín, en tiempos de Jesús[8].

3. Guerra con los amonitas y moabitas

Pronto fue turbada la paz de la nación por una gran confederación de moabitas y amonitas, que venían del este del río Jordán. Desesperado, Josafat guió al pueblo en un acto de humillación ante Dios, para pedir su ayuda. Jahaziel, hijo de Zacarías, predijo la victoria con la afirmación: "No es vuestra la guerra, sino de Dios" (2 Crónicas 20:15). Con esta inyección de confianza, Josafat alentó al pueblo. Cuando entraron en la batalla vieron que sus enemigos se habían peleado entre sí, y que nada le quedaba por hacer al ejército de Judá sino recoger los despojos de la batalla.

4. Mayores alianzas con Israel

Otra vez buscó Josafat alianza con Israel, esta vez en una aventura comercial. Juntándose con Ocozías, que había sucedido a Acab, el rey de Judá construyó una flota mercante para comerciar con Tarsis (España). De nuevo vino un profeta de Dios para condenar su alianza con un rey impío. La aventura fue un fracaso y el escritor sagrado destaca que se destruyeron los barcos antes que pudieran salir del puerto de Ezión-geber, quizá por algún huracán imprevisto para el cual no estaban preparados. Aparentemente Ocozías deseó repetir el intento, pero Josafat, ya escarmentado, a lo menos temporalmente, no quiso (1 Reyes 22:49).

Otra alianza de Josafat con el reino del Norte manchó una vez más la historia de su vida. Cuando los moabitas se rebelaron contra el control de Judá, Joram, el sucesor de Ocozías pidió la ayuda de Josafat para someter a los rebeldes. La Escritura recibe en esta parte del Antiguo Testamento una interesante confirmación por parte de la célebre piedra moabita, descubierta en 1868, y reconstruida luego en el museo de Louvre de París. Es una inscripción de Mesa, rey de Moab, mencionado en 2 Reyes 3:4. Mesa, como es característico, habla de sus victorias, pero no de sus derrotas[9].

Joram había demostrado algunas señales de tener un carácter mejor que sus antecesores, y Josafat quiso formar una alianza con él. La expedición estuvo en inminente peligro de terminar en desastre, pero la oportuna intervención del profeta Eliseo los salvó. Eliseo indicó que era la presencia de Josafat con ellos lo que movía la misericordia de Dios. Los moabitas fueron derrotados, y saqueado gran parte de su territorio por las tropas de Judá e Israel.

Josafat murió a la edad de 60 años. Se dice que "anduvo en el camino de Asa su padre, sin apartarse de él, haciendo lo recto ante los ojos de Jehová" (2 Crónicas 20:32). Pero el mal fruto de las alianzas con el impío reino del Norte se nota con mucha claridad en la vida de su hijo. Cualesquiera que hayan sido sus propósitos en cuanto a la unificación del reino, Josafat logró solamente destruir el bien que él mismo había intentado lograr tan arduamente.

III. DE JORAM A JOÁS: EL FRUTO DE UNA ALIANZA MALIGNA

El segundo período de la historia de Judá como una nación separada muestra muy visiblemente los resultados de la apostasía de la fe en el único y verdadero Dios. Este período se extiende, aproximadamente, del 848 a.C. al 796 a.C., y muestra los frutos amargos que resultaron de la impía alianza de Josafat con la casa de Acab. Tres reyes y una reina malvada se sentaron en el trono durante esta media centuria.

A. Joram (2 Reyes 8:16-24; 2 Crónicas 21)

Joram fue el desventurado hijo de Josafat a quien este casó con Atalía, la impía hija de Acab y Jezabel. Su carácter está tersamente descrito así en las

Escrituras: "Y anduvo en el camino de los reyes de Israel, como hizo la casa de Acab, porque una hija de Acab fue su mujer; e hizo lo malo ante los ojos de Jehová" (2 Reyes 8:18). Su reinado se extiende desde el 848 a.C. hasta el 841 a.C., y se le cuenta como si fueran ocho años. El primer acto oficial de Joram fue decretar la muerte de sus seis hermanos, y de todos los príncipes de Israel que pudieran ser una amenaza a su supremacía.

1. La influencia de Atalía

Aunque no se menciona a Atalía cuando se discute de la introducción de la idolatría, no hay duda alguna que esta reina fue el poder detrás del trono. En cuanto hubo asegurado su posición al asesinar a los otros hijos de Josafat, Joram deliberadamente introdujo la idolatría en el reino, cambiando la adoración del verdadero Dios por la de Baal y Astoret, las deidades paganas de las naciones vecinas. Mandó reedificar los altares destruidos por su abuelo y su padre. El escritor sagrado da a entender que Joram hizo uso de presión política y persecución para forzar al pueblo a adorar en esos altares idolátricos (2 Crónicas 21:11).

Por este tiempo le llegó una carta a Joram, de parte de Elías, en la que el profeta denunciaba su idolatría, y vaticinaba calamidades tanto personales como nacionales. Parece que esta carta se escribió durante el casamiento del rey con la hija de Acab. El lenguaje de la narración bíblica en este punto parece indicar que el profeta había escrito su carta con la intención de que fuese entregada en el momento en que su lectura lograse el bien máximo posible (2 Crónicas 21:12-15). Sin embargo, la influencia de Atalía era tan fuerte, y tan fuertes también las tendencias idólatras de Joram, que el rey aparentemente hizo caso omiso de la carta de Elías.

2. Los resultados de la idolatría

Pronto a la idolatría le siguió el debilitamiento nacional, y el desastre político se vino sobre ellos dos veces, en rápida sucesión. Primero, en el suroeste, el pueblo de Edom que había estado sometido durante 150 años, se rebeló contra la autoridad de Joram. Por el relato de Reyes sabemos que rodearon al ejército de Joram, y aunque el rey y sus capitanes lucharon de noche para escapar, el resto desalentado del ejército se volvió a casa y Edom quedó libre de todos modos (2 Reyes 8:21-22).

Enseguida, desde el sur y el oeste, los filisteos y árabes invadieron a Judá y apresaron y se llevaron cautivos a todos los de la casa del rey así como sus tesoros, dejando solo a su hijo más joven, Joacaz, y a la causante de todas sus desgracias, la pagana Atalía. Casi inmediatamente le acometió el desastre personal anunciado por Elías: contrajo disentería, que se volvió crónica, y al cabo de dos años de penosos sufrimientos sucumbió por la enfermedad.

La reacción del pueblo por la muerte del rey se puede adivinar en el relato sagrado: "No encendieron fuego en su honor, como lo habían hecho con sus padres. Cuando comenzó a reinar era de treinta y dos años, y reinó en Jerusalén ocho años; y murió sin que lo desearan más" (2 Crónicas 21:19-20). Joram no solamente intentó apartar al pueblo de Dios, sino que los desastres políticos que llenaron su reino deben haber contribuido a su impopularidad. Aunque lo sepultaron en la ciudad de Jerusalén, no se lo consideró digno de ser enterrado en los sepulcros de los reyes que fueron antes de él. Vivió una vida tormentosa de pecado, murió solitario, abandonado por todos, y separado de sus ancestros más dignos en su sepultura.

B. Ocozías (2 Reyes 8:25-29; 9:15-29; y 2 Crónicas 22:1-9)

Ocozías, el hijo de Joram reinó solo un año, alrededor del 841 a.C. Llevaba el mismo nombre de su tío, el perverso hijo de Acab, que había sido rey de Israel alrededor de 12 años antes. También es conocido como Joacaz y Azarías.

Sin duda el corto reinado de Ocozías estuvo completamente bajo el control de su inescrupulosa y dominante madre. En 2 Crónicas 22:3 leemos: "También él anduvo en los caminos de la casa de Acab, pues su madre le aconsejaba a que actuase impíamente".

Continuando con la política de colaboración con el reino del Norte, que había comenzado Josafat, Ocozías se unió con su tío Joram[10], rey de Israel, en una expedición contra Ramot de Galaad. Esta fortaleza estaba a la sazón en manos de los sirios, que habían sostenido una larga guerra por años con el reino de Israel. Que Joram estaba bastante fuerte por este tiempo como para animarse a pelear con un vecino poderoso y guerrero se explica en parte por las inscripciones asirias, las cuales dicen que Siria estaba siendo presionada fuertemente en la frontera norte por el poder creciente del imperio asirio[11].

Si bien parece que el ataque fue victorioso, a Joram lo hirieron en la batalla y se retiró a Jezreel a recobrarse de sus heridas. Acab, su padre, había poseído un palacio de verano en Jezreel, y al parecer Jezabel retuvo esa casa después de la muerte de Acab. Cuando Joram descansaba en Jezreel, Ocozías vino a visitarlo. Este fue el tiempo de la insurrección de Jehú, hijo de Nimsi. Jehú creía estar ungido divinamente para llevar a cabo el juicio de Dios contra la casa de Acab. Aprovechando la oportunidad de la enfermedad del rey,

Jehú cabalgó a Jezreel, mató a Joram y a Jezabel su madre, y pasó a cuchillo a toda la casa de Acab. Ocozías huyó a Samaria para salvar su vida, esperando hallar refugio entre los partidarios de su abuelo Acab. Aquí lo capturaron los soldados de Jehú. Pudo escaparse, pero herido mortalmente y llegó solo hasta Meguido, para morir allí. Por respeto al abuelo paterno de Ocozías, Josafat, Jehú permitió que llevaran el cuerpo a Jerusalén y lo sepultaran allí.

C. Atalía (2 Reyes 11; 2 Crónicas 22:10–23:21)

Enterada de la muerte de su hijo, Atalía, la reina madre, no perdió tiempo en apoderarse del trono. Haciendo gala de un total desprecio por la vida humana, característica de su padre y su madre, mandó matar a todos sus nietos, solo pudo escapar el pequeño Joás. Josabet, esposa de Joiada, el sumo sacerdote, ocultó a Joás en una cámara secreta del templo y de esa manera preservó la vida del niño. Este golpe de estado se facilitó porque aparentemente Ocozías había dejado a su madre a cargo de los asuntos del reino mientras él hacía su fatídica visita al reino del Norte.

Parece que Atalía se movía por otras razones aparte de su ambición personal. Ella sabía que si el gobierno pasaba a manos de un regente, por ser el rey menor de edad, su posición y tal vez su vida correrían serio peligro. Aunque unos cuantos príncipes del reino del Sur parecían haberse asociado con las tendencias contra Jehová introducidas durante los reinados de Joram y Ocozías, la gran mayoría resentía amargamente la influencia de Atalía, la reina extranjera. El líder del partido de oposición era Joiada, el fuerte y capaz sumo sacerdote, cuya esposa Josabet era media hermana de Ocozías.

A Joás lo mantuvieron oculto por seis años en el templo, mientras su terrible abuela ocupaba el trono que había usurpado. Durante ese tiempo el niño probablemente pasó como uno de los hijos, o quizás nietos de Joiada. Cuando el niño llegó a la edad de siete años, Joiada preparó un audaz plan para librar al país de la indigna reina. Tanto los sacerdotes como la guardia personal de la reina participaron en la revolución. Primeramente Joiada llamó a los cinco capitanes de la guardia del palacio, y les pidió su ayuda. Luego se hicieron arreglos para reunir a los líderes de la nación, probablemente con el pretexto de algún festival religioso. Se arreglaron todos los detalles con sumo cuidado, y el sábado designado, Joiada sacó al niño, lo ungió, puso la corona en su cabeza y lo proclamó rey.

Oyendo los gritos jubilosos del pueblo, Atalía corrió al templo. Al instante la arrestaron y, antes que algún partidario suyo acudiera en su defensa, la sacaron al patio del palacio que había sido escenario de muchas de sus perversidades y la ejecutaron. El golpe de Joiada, certero, rápido y bien planeado, devolvió el trono de Judá a un descendiente de David, con la pérdida de una sola vida, la de la usurpadora.

D. Joás (2 Reyes 12; 2 Crónicas 24)

Joás es también conocido como Joacaz, pero la forma abreviada es preferida por los escritores hebreos. Llegó a ser rey en 835 a.C. y reinó durante 40 años.

1. La influencia de Joiada

La vida de Joás se desarrolló en dos etapas bien definidas. La primera de ellas, y la más ilustre, incluye los primeros años de su vida, cuando estuvo bajo la influencia del noble y patriota Joiada. Inmediatamente después de la coronación del niño-rey, Joiada hizo un doble pacto. El joven rey y el pueblo decidieron servir solo a Jehová, y el pueblo y el rey prometieron ser recíprocamente fieles.

Bajo la dirección de Joiada se dio comienzo inmediatamente a una reforma religiosa. Se demolió un templo de Baal que habían construido en Jerusalén, y ejecutaron al sumo sacerdote de ese culto. Se reorganizó la adoración en el templo de Salomón conforme a la ley de Moisés. Pero a pesar de estos esfuerzos del rey y el sumo sacerdote, muchos israelitas iban todavía a sacrificar en los altares paganos. Y la idolatría florecía aún en el país (2 Reyes 12:3).

Probablemente el más grande adelanto que hizo Joás en los primeros años de su reinado fue la reparación del templo. Durante los 15 años en que Atalía había promovido con vigor la idolatría pagana en la capital de Judá, el templo desmejoró mucho. Habiendo reunido los fondos necesarios por medio de las ofrendas voluntarias del pueblo, Joás y Joiada ordenaron que se llevara adelante la obra. Mientras duró la vida del sacerdote Joiada, se continuaron regularmente los sacrificios en el templo.

2. La apostasía de Joás

La muerte de Joiada, a la avanzada edad de 130 años, ocasionó el cambio de dirección en la vida de Joás. Casi inmediatamente se mostró que el rey carecía de convicciones religiosas que fuesen personales y estables. Algunos de los príncipes de Judá convencieron al joven monarca de la conveniencia de restablecer el culto de Baal en el reino.

Parece que la caída espiritual y moral de Joás tocó fondo. Pronto lo hallamos instigando la muerte del profeta Zacarías, hijo (o nieto, según Mateo

23:35) del sacerdote Joiada, que tanto había hecho por él. Pero el "Espíritu de Dios" llenó a Zacarías (2 Crónicas 24:20), quien protestó enérgicamente contra la nueva ola de idolatría. El crimen inexcusable del rey se cometió en el mismo recinto del templo, y la muerte de Zacarías vino a ser un presagio del martirio que a menudo visitaría a los fieles profetas del Señor (Lucas 11:51).

El juicio de Dios no tardó en llegar. Antes que transcurriera un año, un pequeño, pero victorioso ejército sirio había invadido a Judá y penetrado hasta las mismas puertas de Jerusalén. Los invasores aniquilaron al grupo de príncipes que había fomentado el retorno del paganismo, y que había originado la protesta y muerte de Zacarías. El autor sagrado señala que al ejército de Joás, superior en número y armamento, lo venció una pequeña fuerza armada debido a que el rey y los príncipes habían olvidado a Dios. Se preservó la vida del rey temporalmente, quizá por hallarse enfermo o convaleciente de heridas recibidas en alguna batalla. Los sirios se llevaron los tesoros del templo como recompensa por no destruir la ciudad.

Poco después de la victoriosa invasión de los sirios merodeadores, sus propios siervos asesinan a Joás, vengaron así la muerte de Zacarías. El hecho que tuviera éxito una conspiración tal, indica que la popularidad del rey había decaído mucho en sus últimos años. El cuerpo del rey lo sepultaron en Jerusalén, pero no en los sepulcros de los reyes.

La muerte de Joás cerró el segundo ciclo de la declinación de Judá. Este ciclo está caracterizado por la lastimosa alianza de Josafat con Acab y Jezabel. Mostró también la debilidad y vacilación general, contra la cual los profetas lucharon tan vigorosamente[12]. La combinación fatal de presión externa y debilidad interna presagiaba el colapso nacional que ocurriría muy pronto.

IV. DE AMASÍAS A ACAZ: PROSPERIDAD Y PELIGROS

El tercer ciclo en la declinación de Judá cubre un período de setenta años, y abarca los reinados de cuatro reyes. Comienza con un período de presión externa, se levanta a una nueva altura de prosperidad, y finaliza con la renovada amenaza de ser conquistados por los crecientes imperios del norte.

A. Amasías (2 Reyes 14:1-20; 2 Crónicas 25)

El reinado de Amasías, hijo de Joás, se extiende desde el 796 a.C. hasta el 767 a.C. Durante la última parte de este período, parece que Amasías vivió en un virtual exilio en Laquis, mientras su hijo Uzías gobernaba en Jerusalén.

El asesinato de Joás causó tal inquietud que pasó un tiempo antes que Amasías se sintiera seguro en el trono. En cuanto lo logró ordenó la ejecución de los hombres que habían dado muerte a su padre. Hay que poner a favor suyo que no haya ordenado también la muerte de los hijos de los asesinos, cosa que era común en aquella época[13].

Pronto, Amasías quiso también sojuzgar el reino de Edom, al suroeste de Judá, reino que se había rebelado con éxito en tiempos del rey Joram. No solamente reunió un ejército de judíos, sino que contrató 100,000 soldados mercenarios de Israel, a un alto precio. Cuando el ejército iba rumbo al campo de batalla, vino un profeta a advertirle a Amasías del error de tomar soldados del norte, asegurándole que Dios podía darle victoria sin la ayuda de los soldados mercenarios norteños. Lamentando la pérdida de tanto dinero invertido en la empresa, Amasías licenció la tropa con desagrado, y la envió de vuelta a sus casas. Su propio ejército libró la batalla solo, y fácilmente obtuvo una gran victoria. Cayeron 10,000 soldados enemigos en la batalla, y se tomaron prisioneros otros 10,000. Se despeñó con brutalidad inaudita a estos infelices desde una alta montaña que se encontraba sobre su ciudad capital de Sela, o Petra, como más tarde fue conocida[14].

Encolerizados por el sumario despido, y por no poder participar del botín de la batalla, los mercenarios israelitas desahogaron su rabia contra el que los había contratado, cometiendo depredaciones y pillajes por toda Judá en su regreso a Israel. El veleidoso Amasías volvió de la exitosa campaña contra Edom, trayendo como trofeos muchos ídolos paganos. Un fiel profeta de Dios le advirtió que por esa acción idolátrica y vanidosa Dios había decretado destruirlo; sin embargo, él intentó hacer una campaña contra Israel, para castigar el pillaje de los mercenarios. Después de un cambio de mensajes igualmente insolentes por parte de ambos reyes, se libró una batalla. Derrotaron y capturaron a Amasías, pero más tarde pudo retornar a su capital. Joás, rey de Israel, destruyó una parte del muro de Jerusalén, saqueando los últimos tesoros que quedaban en el templo. También se apoderó de algunos rehenes, para asegurar la continuación de su dominio sobre Judá, y después se volvió a Samaria, su capital.

Aunque la cronología es confusa y difícil en este punto, parece que la derrota y desgracia de Amasías a manos de su vecino, provocó poco después un levantamiento popular. Como ya hemos dicho, Amasías huyó a Laquis para salvar su vida. Habrá vivido allí alrededor de dos años, hasta que lo alcanzó el odio de sus enemigos y murió asesinado. Mientras tanto, el pueblo había tomado a su hijo Uzías (o Azarías), y lo había hecho rey en Jerusalén

(2 Reyes 14:19-22). Por esto se superponen algunos años los reinados de Amasías y Uzías, como más tarde el reinado de Uzías con el de Jotam. Esta afirmación parece implicarse en la declaración de que nombraron rey a Uzías "en lugar de... su padre", y que edificó a Elot "después que el rey Amasías durmió con sus padres" (2 Crónicas 26:2).

B.   Uzías (2 Reyes 14:21-22; 15:1-7; 2 Crónicas 26)

Uzías lleva el nombre de Azarías en la historia de los Reyes. Vino a ser corregente en el reino de su padre en el año 791 a.C., y reinó un total de 52 años. Su reinado fue el segundo en duración de todos los registrados en Israel y Judá. En su mayor parte, cosa rara, fue un reinado próspero en medio de la fortuna decadente del reino del Sur. Se nos dice que "en estos días en que buscó a Jehová, él le prosperó" (2 Crónicas 26:5). Mucho del mérito de esta prosperidad debe atribuirse a un profeta o sacerdote llamado Zacarías, de quien se dice que era "entendido en visiones de Dios", pero que no se lo menciona en otras partes[15].

1. Prosperidad al principio

La suerte de Judá estaba en un nivel sumamente bajo cuando Uzías ascendió al trono a la edad de 16 años. El reino del Norte lo tenía bajo su control desde la humillante derrota sufrida por el rey Amasías. Hay una nota en 2 Reyes 15:1 que sugiere que 12 años después de la muerte de Amasías, Judá, bajo el mando de Uzías, recuperó su completa independencia.

A partir de ese momento Uzías comenzó un programa de administración y obras públicas que condujo a la nación a uno de sus más altos pináculos de prosperidad. Conquistó y reedificó a Elat, una importante ciudad portuaria, abriendo nuevos canales al comercio. Una expedición contra los palestinos y las comunidades árabes del suroeste dio como resultado la captura, y desmilitarización parcial de Gat, Jabnia y Asdod, todas ellas importantes fortalezas enemigas. Se dice que los amonitas estaban obligados a pagar tributo a Judá por este tiempo, lo cual significaría que Uzías reconquistó territorios que antes habían estado bajo el control de Israel.

Uno de los proyectos más ambiciosos de Uzías fue la fortificación de la ciudad de Jerusalén. No solamente reparó los daños hechos por Joás cuando derrotó a Amasías, sino que construyó torres muy importantes para la defensa de la ciudad. En 2 Crónicas 26:15 se habla de la instalación de poderosos artefactos para arrojar flechas y piedras contra cualquier fuerza que los asediara. Se reorganizó y fortaleció el ejército.

Se prestó atención especial a los distritos rurales. Por el notable interés que Uzías tenía por la agricultura (2 Crónicas 26:10), mandó construir torres en el desierto para poder divisar y protegerse de ataques. Se abrieron pozos y manantiales, y el ganado prosperó en las tierras bajas, mientras las lomas y colinas se llenaban de viñedos.

2. El sacrilegio de Uzías

Lástima que estos testimonios de progreso y prosperidad no puedan ser mantenidos sin interrumpirse. Leemos que "cuando ya era fuerte, su corazón se enalteció para su ruina" (2 Crónicas 26:16). El orgullo realizó su obra mortal, y Uzías pretendió entrar al santuario del templo para quemar incienso, usurpando el oficio del sacerdocio levítico, ordenado por Dios. Cuando los sacerdotes lo detuvieron, Uzías se enfureció, y tomó el incensario a la fuerza para efectuar su acto sacrílego. De golpe fue herido de lepra. Cuando el estigma inconfundible de la enfermedad apareció en su frente, los sacerdotes a una sacaron al rey del recinto sagrado. Uzías mismo, aterrorizado, se apresuró a huir, reconociendo que el juicio de Dios había caído sobre él.

No es posible precisar cuánto tiempo pasó entre el acto de sacrilegio, el terrible castigo, y la muerte del rey, pero se nos dice que se vio forzado a delegar el reino en manos de su hijo Jotam, mientras él se recluía en una habitación apartada fuera de la ciudad, hasta el día de su muerte. El profeta Isaías escribió una crónica de los hechos de Uzías (2 Crónicas 26:22), y por ella sabemos que "en el año que murió el rey Uzías" Isaías tuvo su magnífica visión de la gloria de Dios (Isaías 6:1). El hecho que fuera sepultado en un campo perteneciente a los reyes (2 Crónicas 26:23), parece implicar que su lepra impedía que fuera sepultado en los sepulcros de los reyes en Jerusalén. Es trágico el hecho de que un hombre de tal habilidad, y que había sido notablemente bendecido y prosperado por Dios, cayera en el sutil defecto del orgullo, y tuviera que sufrir un fin tan miserable.

C. Jotam (2 Reyes 15:32-38; 2 Crónicas 27)

Es difícil fechar correctamente el reinado de este rey, puesto que este fue parcialmente simultáneo con el de su padre por un cierto número de años. Se dice que Jotam gobernó durante 16 años, muriendo a la edad de 41. La revista *American Journal of Archaeology* informó en 1941 que se había descubierto en Ezión-geber un anillo para sellar con el nombre de este rey. Estaba en un estrato alrededor de la ciudad de Elat, reedificada por Uzías, y cuya fecha se fija en el siglo VIII a.C.[16]

En el aspecto religioso, el reinado de Jotam fue muy parecido al de su padre. Mantuvo en Jerusalén la adoración al Dios verdadero, pero no intervino frente al pueblo que seguía adorando a los ídolos paganos. Pero el hijo había aprendido la amarga lección del padre, y no interfirió nunca en el oficio sacerdotal.

Jotam continuó con la vigorosa política de construcciones de su padre, añadiendo a las murallas de Jerusalén y erigiendo torres y fortificaciones en los distritos rurales. Una campaña militar venturosa contra los amonitas dio como resultado que ese enemigo secular pagara cuantiosos tributos. El escritor sagrado atribuye las victorias de Jotam, a su fidelidad a Dios: "Así que Jotam se hizo fuerte, porque preparó sus caminos delante de Jehová su Dios" (2 Crónicas 27:6).

D. Acaz (2 Reyes 16; 2 Crónicas 28)

El último de este grupo de reyes es Acaz, el indigno hijo de Jotam. Reinó, más o menos, del 740 a.C. hasta el 726 a.C. Acaz está mencionado en las tablillas asirias como uno de los tantos reyes que pagaban tributo al rey Tiglat-pileser.[17]

Acaz fue un idólatra desde el principio y deshizo todo lo bueno que su padre había hecho. Tenía 20 años al subir al trono y se dice de él que anduvo en los caminos de los reyes de Israel, e hizo además, imágenes fundidas a los baales (2 Crónicas 28:2). No solamente ofreció sacrificios a los dioses falsos en altares paganos, sino que ofreció al menos uno de sus propios hijos en sacrificio a esos ídolos.

Fue durante el reinado de Acaz que el ministerio profético de Isaías alcanzó su apogeo. Cuando hubo una amenaza de ataque de parte de los sirios, Isaías vino al rey Acaz a fin de exhortarle a que confiara solamente en Dios, sin buscar la ayuda extranjera. En vez de hacer eso, Acaz envió a Tiglat-pileser los tesoros de su palacio y del templo, para que el emperador asirio marchara hacia el sur con sus ejércitos, forzando a los sirios a levantar el sitio de Jerusalén. Cuando Acaz se encaminó a Damasco para rendir pleitesía personalmente a Tiglat-pileser, vio en Damasco un altar pagano que le gustó. Mandó hacer un dibujo del altar y lo trajo a Jerusalén, para que hicieran uno igual y lo pusieran en el templo. La culminación de todas sus rebeliones contra Dios fue colocar ese mismo altar en el lugar donde antes había estado el altar de bronce de Jehová.

RESUMEN

El resultado de los dos siglos de historia que hemos considerado es funesto. Hemos seguido la suerte de los reyes del reino del Sur a través de tres ciclos de declinación y avivamientos, terminando con Acaz y una época de negra apostasía. El reinado de Ezequías detuvo el progreso de la idolatría, pero solo por un tiempo. Solo esos años de avivamiento salvaron a Judá de sufrir una ruina tan fulminante como la del reino de Israel.

LECTURAS RECOMENDADAS

Blaikie y Matthews, *A Manual of Bible History,* pp. 234-43.
Alfred Edersheim, *The Bible History: Old Testament,* tomo VI, pp. 9-34, 47-80, 84-109.
Joseph P. Free, *Archaeology and Bible History,* pp. 184-201.
Dorothy Ruth Miller, *A Handbook of Ancient History in Bible Light,* pp. 86-104.
James C. Muir, *His Truth Endureth,* pp. 153-77.
G. Frederick Owen, *Abraham to Allenby,* pp. 83-94.
Albertus Pieters, *Notes on Old Testament History,* tomo II, pp. 181-206.
Ira M. Price, *The Dramatic Story of Old Testament History,* 4a edición, pp. 252-303.
Loyal R. Ringenberg, *The Word of God in History,* pp. 200-15.
William Smith, *Old Testament History,* pp. 504-60.
Merrill F. Unger, *Archaeology and the Old Testament,* pp. 235-60.

PARA UN ESTUDIO MÁS COMPLETO

1. ¿Por qué el escritor de Crónicas trata solamente con Judá, después de la división del reino, mientras que el escritor de Reyes trata con la historia de ambos reinos?

2. ¿Por qué razón son los registros arqueológicos, por su propia naturaleza, "fragmentarios e incompletos"?

3. ¿Por qué, al dividirse el imperio de Salomón, uno naturalmente esperaría que Judá le sería más fiel a Dios que Israel?

4. Comente algo sobre la afirmación de 1 Reyes 14:26-27: "Y tomó (Sisac) los tesoros de la casa de Jehová, y los tesoros de la casa real, y lo saqueó todo; también se llevó todos los escudos de oro que Salomón había hecho. Y en lugar de ellos hizo el rey Roboam escudos de bronce, y los dio a los capitanes de la guardia, quienes custodiaban la puerta de la casa real".

5. ¿Qué ejemplos de la persistente influencia de mujeres nota usted en este capítulo?

6. ¿Cree usted que Abías fue sincero en su declaración al pueblo antes de la gran batalla con los israelitas?

7. Cite varios incidentes en la vida de Asa que podrían calificado como uno de los reyes "buenos" de Judá. ¿En qué falló?

8. ¿Qué puede usted aprender del hecho de que, aunque Josafat era un hombre de indudable piedad personal, cometió graves errores de política internacional?

9. ¿Qué representa Micaías, hijo de Imla, en la historia del movimiento profético?

10. Mencione algunas de las consecuencias que siguieron a los intentos de Josafat de concertar alianzas con el reino del Norte.

11. Dé un breve resumen de la historia de Judá, desde Joram a Joás.

12. Aunque Elías había sido arrebatado ya al cielo unos años antes, Joram recibió una carta de él. Explique.

13. ¿Por qué Jehú mandó asesinar también a Ocozías, cuando destruyó toda la casa de Acab?

14. Describa cómo fueron los seis años del reinado de Atalía en Judá.

15. ¿Cómo puede explicar usted el cambio de conducta de Joás después de la muerte de Joiada; y cómo el tratamiento que le dio a Zacarías?

16. ¿Por qué son parcialmente simultáneos el reino de Uzías, el de Amasías y el de Jotam? ¿Hay alguna razón por la cual Isaías tuvo la visión del trono de Dios "en el año que murió el rey Uzías"?

17. Compare los reinados de Jotam y Acaz.

18. Note en este capítulo las evidencias que se ofrecen de que el destino de una nación depende de su integridad moral y espiritual.

19. Escriba una frase caracterizando a cada uno de los siguientes reyes.

Roboam	Joram	Amasías
Abías	Ocozías	Uzías
Asa	Atalía	Jotam
Josafat	Joás	Acaz

20. Haga una lista de los profetas mencionados en este capítulo, así como el evento respectivo.

NOTAS BIBLIOGRÁFICAS

[1] Cf. Floyd E. Hamilton, *The Basis of Christian Faith*, pp. 183-86.

[2] Alfred Edersheim, *The Bible History: Old Testament*, V, 127-28.

[3] Jack Finegan, *Light from the Ancient Past*, p. 161.

[4] George A. Barton, *Archaeology and the Bible*, pp. 28, 456-57.

[5] Cf. J. McKee Adams, *Ancient Records and the Bible*, pp. 91-93.

[6] Edersheim, *op. cit.*, p. 162. Para el punto de vista contrario, véase la obra de William F. Albright, *From the Stone Age to Christianity*, p. 18.

[7] *Ibid.*, p. 180.

[8] James Hastings, *A Dictionary of the Bible*, artículo "Sanhedrin", p. 398.

[9] James C. Muir, *His Truth Endureth*, pp. 159-160.

[10] Atalía, la madre de Ocozías, era hermana de Joram.

[11] Finegan, *op. cit.*, pp. 171-73.

[12] Véase en el próximo capítulo el mensaje de los profetas en relación con la caída de Judá.

[13] Aunque ya estaba prohibido por la ley (Deuteronomio 24:16) le correspondió a Ezequiel (Ezequiel 18:2, 4, 20) enunciar este principio con mucha mayor fuerza. Véase Otto J. Baab, *The Theology of the Old Testament*, pp. 56-57, para una discusión sobre el punto de vista hebreo de la solidaridad familiar.

[14] J. McKee Adams, *Biblical Backgrounds*, pp. 446-49.

[15] Hay un total de 31 hombres en el Antiguo Testamento que llevan el nombre de Zacarías. Significa "Jehová se acordó".

[16] Finegan, *op. cit.*, p. 153.

[17] *Ibid.*, p. 174.

13

LA EDAD DE ORO DE LA PROFECÍA

Jehová... había hablado por sus siervos los profetas (2 Reyes 24:2).

Fuentes: 2 Reyes 15–20; 2 Crónicas 26–32; Isaías; Miqueas
Para leer: 2 Reyes 18–20; Isaías 1:1–2:4; 4–6; 7:1-20; 9:1-7; 11–12; 35; 40; 41:10-13; 53; 55; 62; 65:17-25; Miqueas 1:1-9; 2:1-3; 3:1-12; 4:1-4; 5:2-4; 6:6-8; 7:18-19
Período: Desde la muerte de Uzías, alrededor del 740 a.c., hasta el fin del reinado de Ezequías, alrededor del 697 a.c., o posiblemente más tarde[1].

A la era de Isaías se la puede llamar la edad de oro de la profecía. De todos los profetas que habían aparecido desde Moisés, y de todos los que vendrían después de él en el período del Antiguo Testamento, Isaías sobresale sin lugar a dudas como el más grande. Al valorar la influencia de Isaías, tanto sobre el pueblo de sus días como sobre las generaciones venideras, vemos que su ministerio representa la expresión más auténtica del genio profético.

En el antecedente inmediato del ministerio de Isaías y su contemporáneo Miqueas tenemos el ministerio de sus colegas del reino del Norte, Oseas y Amós, y los reinados de Uzías, Jotam, Acaz y Ezequías, reyes de Judá, y la caída de Samaria. A todos estos personajes y sucesos, excepto Ezequías, se los trató ya en los capítulos anteriores. Para completar el contexto histórico del ministerio de Isaías, debemos examinar la interesante historia del reinado de Ezequías, la cual se relata en los capítulos 36 al 39 de Isaías, y en 2 Reyes y 2 Crónicas.

I. EL BUEN REY EZEQUÍAS

Ezequías subió al trono de Judá cinco o seis años antes que la caída de Samaria pusiera fin al reino del Norte. En marcado contraste con su padre Acab, Ezequías demostró ser el más fiel de todos los reyes de Judá desde el tiempo de David.

En Jehová Dios de Israel puso su esperanza; ni después ni antes de él hubo otro como él entre todos los reyes de Judá. Porque siguió a Jehová, y no se apartó de él, sino que guardó los mandamientos que Jehová prescribió a Moisés. Y Jehová estaba con él; y adondequiera que salía, prosperaba (2 Reyes 18:5-7).

A. Avivamiento religioso en Judá
(2 Reyes 18:3-4; 2 Crónicas 29-31)

Desde el principio de su reinado, Ezequías puso en marcha el más grande movimiento espiritual que Judá había conocido. El profeta Isaías, quien ya tenía un ministerio muy activo en el reinado de Acaz, ejerció sin duda una influencia muy grande en este avivamiento. Se limpió y reparó el templo, y se restauraron las ceremonias conforme a la ley de Moisés. Se hizo un decidido intento de desarraigar por completo la idolatría de todo el territorio de Judá. De nuevo se celebró la Pascua que había estado olvidada por muchos años. Eso trajo gran regocijo al pueblo, y se invitó a venir a los creyentes tanto de Judá como de Israel.

B. Invasión de Senaquerib
(1 Reyes 18:13–19:37; 2 Crónicas 32:1-26; Isaías 36–37)

El suceso más destacado en el reinado de Ezequías fue la invasión de Judá por el poderoso Senaquerib, rey de Asiria, al frente de un gran ejército. Se relatan los detalles de esta invasión en tres libros de la Escritura, como hemos mencionado, y están confirmados en muchos de sus aspectos por las propias crónicas de Senaquerib, conocidas como el "Cilindro de Taylor", descubierto en el palacio de este rey en Nínive[2].

En el año 701 a.C., 20 años después de la caída de Samaria, Senaquerib, que había subido al trono en el 705 a.C., invadió a Judá con un poderoso ejército. Según sus propios cronistas, avasalló 46 ciudades y fortalezas de Judá, tomando en cautividad a más de 200,000 personas. El rey Ezequías, que se había unido a otros reyes vecinos en un intento de resistencia, trató de detener al invasor ofreciéndole tributo. Le envió un mensajero a Laquis diciendo: "Yo he pecado; apártate de mí, y haré todo lo que me impongas" (2 Reyes 18:14). Para poder pagar la enorme suma exigida por Senaquerib, Ezequías tuvo que vaciar los tesoros del templo y la casa real, y aun arrancar el oro y la plata con que estaban forradas las puertas.

Pero el pago de este tributo no satisfizo al voraz asirio, quien rompió su promesa inmediatamente y puso sitio a Jerusalén. Por boca de su general Rabsaces, envió a Ezequías un amenazante y blasfemo mensaje que escuchó todo el pueblo. Al no recibir respuesta, le envió al rey un ultimátum para que se rindiera. Ezequías llevó esta carta al templo y la desplegó delante del Señor, orando con gran fervor para que Dios vindicase su gran nombre y salvase al pueblo de sus enemigos. En medio de su oración recibió un reconfortante mensaje de Isaías que le aseguraba que Dios defendería la ciudad, y que el asirio no entraría, ni arrojaría una sola flecha contra ella. Esa misma noche "salió el ángel de Jehová, y mató en el campamento de los asirios a ciento ochenta y cinco mil" (2 Reyes 19:35)[3]. Senaquerib tuvo que retirarse a Nínive y por los siguientes 20 años de su reinado no volvió a Palestina. ¡Así protege Dios a los que confían en él!

C. Las condiciones sociales de Judá en tiempos de Ezequías e Isaías

De los escritos de Isaías y Miqueas obtenemos una descripción clara de las condiciones sociales de Judá durante este período. No obstante las reformas de Ezequías, prevalecían muchos abusos. G.L. Robinson los describe como sigue:

> Terratenientes avarientos y rapaces usaban su poder para oprimir a los pobres, confiscando las casas de los desvalidos y aun expulsando a las viudas de sus propiedades. Se perpetraba toda clase de crímenes económicos. Los plutócratas devoraban a las clases humildes "como la oveja come el pasto". Bajo el rey Ezequías, que intentó la reforma del estado, las condiciones se hicieron aún más desesperadas. Los hombres cesaron de confiar el uno en el otro; Jerusalén era un foco de intrigas y agitación política... los guardianes de la ley abusaban de su poder, los nobles esquilmaban a los plebeyos, los jueces aceptaban cohecho, los profetas adulaban a los ricos y los sacerdotes enseñaban por dinero. La codicia por las riquezas imperaba en todos lados... el materialismo y el mercantilismo habían suplantado casi hasta el último resto de toda ética y espiritualidad[4].

En medio de esta crisis aparecieron los profetas Isaías y Miqueas para hacer un llamado a la nación que regresara a Dios, y a sus obligaciones morales para con sus compatriotas.

II. ISAÍAS: PRÍNCIPE DE LOS PROFETAS DEL ANTIGUO TESTAMENTO

Isaías, el hijo de Amoz, nació en Jerusalén, probablemente de familia noble, cerca del año 765 a.C. Una tradición judía dice que era primo del rey Ezequías. Fue un joven contemporáneo de los profetas del reino del Norte, Amós y Oseas, a quienes debió conocer en su juventud. Se dice que profetizó en los reinados de cuatro reyes de Judá: Uzías, Jotam, Acaz y Ezequías (1:1). Pero la referencia a la muerte de Uzías, que se menciona en conexión con el llamamiento del profeta, nos hace deducir que su ministerio activo comenzó por el año 740 a.C. (6:1)[5]. Quizá se casó con "la profetisa" poco después de esa fecha (8:3), quien le dio dos hijos. Los nombres de estos niños representaban un mensaje a Judá y Jerusalén (8:18)[6].

Puesto que se crió en Jerusalén, Isaías recibió sin duda alguna, la mejor educación posible. El estilo de sus escritos revela una preparación retórica del más alto nivel, y su conocimiento de los problemas mundiales era sin duda superior al de todos sus contemporáneos. "Conocía no solamente los libros, sino también a los hombres; por lo tanto, estaba eminentemente preparado para ser el consejero político y religioso de la nación"[7].

Sin duda alguna Isaías es el más grande entre los videntes que escribieron sus profecías. Yates hace una vívida descripción del profeta.

> Como predicador de la justicia social, no tenía rival entre los profetas. Tenía convicciones profundas, el valor de un rey, visión clara, intuición espiritual, y un raro poder para presentar la verdad con claridad... Con su cabeza en las nubes y sus pies sobre la tierra, Isaías pasó su vida tratando de ayudar a los pecadores a ver a Dios tal como él lo conocía, a odiar el pecado tal como él lo odiaba, y a que se dedicaran, como él lo estaba, a la obra de bendecir los corazones de los hombres... Brillante oratoria brotando de un corazón puro, peculiarmente directa y misteriosamente eficaz.
>
> Como gigante espiritual, Isaías se destaca como el pico más alto de la cordillera... Caminó con Dios, y ese compañerismo divino hizo algo indecible para con él. Por su toque íntimo con Dios fue capaz de hacer sentir a los otros algo de su proximidad preciosa y su atracción infinita, así como también algo de las sorprendentes cualidades que ponen a Dios por encima de todos los demás hombres. La profunda espiritualidad del profeta dio a sus palabras un significado adicional cuando tocaban los oídos de los hombres. Isaías gastó su vida tratando de que Israel conociera a Dios y su Palabra, y que confiara plenamente en la dirección divina.[8]

Como escritor Isaías es magnífico. En lo que toca a versatilidad de expresión y a imágenes refulgentes no tiene superior entre los escritores hebreos. Sus poesías son comparables a las mejores de todos los tiempos, tanto antiguos como modernos. Es un perfecto artista de las palabras. Jerónimo compara su oratoria a la de Demóstenes. Verdaderamente, fue un hombre que habló inspirado "por el Espíritu Santo" (2 Pedro 1:21).

A. Un hombre con visión: El llamado de Isaías (Isaías 6)

El suceso que más influyó en la vida de Isaías fue la visión que tuvo de la santidad y majestad de Dios. El profeta describe esta visión en tal forma que nunca nos cansamos de leerla:

> *En el año que murió el rey Uzías vi yo al Señor sentado sobre un trono alto y sublime, y sus faldas llenaban el templo. Por encima de él había serafines; cada uno tenía seis alas; con dos cubrían sus rostros, con dos cubrían sus pies, y con dos volaban. Y el uno al otro daba voces, diciendo: Santo, santo,*

santo, Jehová de los ejércitos; toda la tierra está llena de su gloria. Y los qui-
ciales de las puertas se estremecieron con la voz del que clamaba, y la casa
se llenó de humo. Entonces dije: ¡Ay de mí! que soy muerto; porque siendo
hombre inmundo de labios, y habitando en medio de pueblo que tiene labios
inmundos, han visto mis ojos al Rey, Jehová de los ejércitos. Y voló hacia mí
uno de los serafines, teniendo en su mano un carbón encendido, tomado del
altar con unas tenazas; y tocando con él sobre mi boca, dijo: He aquí que esto
tocó tus labios, y es quitada tu culpa, y limpio tu pecado. Después oí la voz
del Señor, que decía: ¿A quién enviaré, y quién irá por nosotros? Entonces
respondí yo: Heme aquí, envíame a mí (6:1-8).

Dios le advirtió al profeta que su tarea no carecería de dificultades.
Cuanto más el profeta hablase al pueblo, y le advirtiese, más se endurecería
el corazón de ellos (vv. 9-10). ¿Cuánto tiempo seguiría esto? Hasta que la
tierra quedase desolada y al pueblo lo llevasen en cautividad (vv. 11-12). Sin
embargo, siempre habría un remanente fiel que se salvaría y restauraría algún día a su tierra. De este remanente habría de salir la "simiente santa", una
referencia al Mesías (v. 13).

B. Un consejero de reyes: Isaías el profeta estadista
(Isaías 7–10; 30–31; 36–39)

Para comprender bien la parte que le tocó a Isaías en la escena política, debemos examinar los sucesos que ocurrían en esos días. Cuando Isaías
comenzó su ministerio, ya habían llegado a su fin los prósperos reinados
de Jeroboam II en Israel, y de Uzías en Judá. Con el trono de Asiria ocupado por Tiglat-pileser, Judá e Israel, así como otras naciones de la costa del
Mediterráneo temblaban por el temor de una invasión desde el este.

En los primeros años del reinado de Acaz de Judá (740–726 a.C.), se
había hecho una coalición entre Siria e Israel con el propósito de defenderse
de la amenaza de los asirios. Se invitó a Acaz a unirse a la alianza, y cuando
la rechazó, los reyes de Siria e Israel decidieron destronarlo y colocar un
cómplice de ellos en el trono de Judá.

Isaías nos describe la consternación que causó en Jerusalén la noticia de
que Siria e Israel estaban a punto de atacar la ciudad (7:1-2). El ataque a Judá
por parte de Israel y Siria fue la primera fase de la guerra siro-efraimita, que
terminó con la total derrota de Siria y la subyugación de grandes porciones
del reino del Norte por los asirios en el año 734 a.C.

En esta emergencia, Isaías, inspirado por el Señor, aconsejó al rey Acaz a
confiar en Dios, y no temer a los reyes insignificantes que estaban conspirando contra él, porque Dios pronto pondría fin a sus maquinaciones (7:3-9).

Pero Acaz no hizo caso a la palabra del profeta y le rogó al rey de Asiria que lo ayudase. Entonces, en una segunda entrevista, Isaías predijo a Acaz no solamente la caída de Israel y Siria, sino también la destrucción próxima de Judá a manos de las devastadoras hordas de Asiria (7:10-20; 8:1-8; 9:8-21). Esta predicción se cumplió en la invasión de Tiglat-pileser, en el año 734 a.C.; la toma de Samaria por Sargón en el 721 a.C. y la posterior invasión de Senaquerib en el 701 a.C.

En otra ocasión, en los tiempos del buen rey Ezequías, cuando el temor a los asirios había aumentado mucho en Judá por la caída de Israel y de Siria, el pueblo volvió a poner sus ojos en Egipto en demanda de ayuda. Entonces Isaías, con su habitual perspicacia espiritual, predijo el fin de la nación Asiria (10:3-34), y advirtió del peligro de una alianza impía con Egipto (30:1-7; 31:1-5). Y cuando finalmente los ejércitos de Senaquerib amenazaban las mismas murallas de Jerusalén, Isaías vino a reconfortar al rey con un mensaje de salvación de parte del Señor. Con palabras valientes, el profeta se enfrentó a las arrogantes palabras de Rabsaces, el general asirio:

> *Por tanto, así dice Jehová acerca del rey de Asiria: No entrará en esta ciudad, ni arrojará saeta en ella; no vendrá delante de ella con escudo, ni levantará contra ella baluarte. Por el camino que vino, volverá, y no entrará en esta ciudad, dice Jehová (Isaías 37:33-34).*

La profecía salió literalmente cierta. Un súbito desastre aniquiló al ejército asirio y 185,000 soldados murieron en una sola noche. Senaquerib huyó a su país, sin poder cumplir su propósito de tomar Jerusalén. Poco más tarde sus propios hijos lo asesinaron (37:36-38).

Isaías profetizó no solamente el fin del imperio asirio, sino también la cautividad en Babilonia (39:3-7) y la posterior caída de Babilonia (21:1-10). Su fe en Dios, y el don maravilloso de profecía que poseía, formaron indudablemente la base de su sabiduría. Ciertamente una ventaja fue su conocimiento de los problemas del mundo y su aguda mentalidad de estadista. "De principio a fin, Isaías fue un estadista del más alto orden, pero un estadista cuyos consejos fueron la misma 'palabra de Dios' "[9].

III. EL LIBRO DE ISAÍAS, EL EVANGELIO DEL ANTIGUO TESTAMENTO

Por consenso general puede decirse que el libro de Isaías contiene la más completa revelación del evangelio que puede hallarse en el Antiguo

Testamento. El retrato que hace de Cristo es verdaderamente notable, y más aún si se tiene en cuenta que la profecía se escribió más de 600 años antes de su venida. Se hace mención específica de su nacimiento (7:14), el origen de su familia (11:1), su ungimiento con el Espíritu Santo (11:2; 42:1), su ministerio (42:7; 49:6; 61:1-3), el rechazo de parte de los judíos (53:3), su silencio en presencia de sus angustiadores (53:7), su muerte expiatoria (53:8), su entierro en la tumba de un hombre rico (53:9), y su victoria sobre la muerte (53:10-12).

A. La visión de Cristo que tuvo Isaías

En Isaías se presentan muchos aspectos del carácter y ministerio de Cristo: su sabiduría y discernimiento espiritual (11:2-3), sus juicios justos (11:4), su gentileza y bondad (40:11; 42:2-3; 53:7), su paciencia y perseverancia (42:4), su brillantez, que ilumina al mundo (9:2; 42:6), su compasión (53:4), su impecabilidad (53:9), su intercesión (53:12), y su mensaje de buenas nuevas a todos los cautivos del pecado (61:1-3). Sus títulos indican su carácter divino y la misión que vino a realizar: "Emanuel" ("Dios con nosotros") (7:14); "Admirable, Consejero, Dios fuerte, Padre eterno, Príncipe de paz" (9:6); "Rey justo" (32:1); "Siervo de Jehová" (42:1); "brazo de Jehová" (53:1); "grande para salvar" (63:1).

Isaías enseña muchas verdades cardinales del evangelio. Por ejemplo, la depravación humana o la necesidad de un Salvador (53:6); la eficacia de los sufrimientos de Cristo para proveer salvación (53:5, 10-12); la universalidad del evangelio (45:22; 55:1); la urgencia de la salvación (55:6); la voluntad de Dios para perdonar (55:7); el gozo de la salvación (cc. 12 y 35; 55:12-13); la misión de la Iglesia en la proclamación del evangelio (52:7; 60:1-3; 62:1); el poder de la Palabra (55:11).

Las enseñanzas respecto al Mesías muestran una progresión extraordinaria según se avanza en la lectura del libro. En los primeros capítulos el lector ve hacia adelante, hacia los sucesos del distante futuro. En el capítulo 2:2-4 se divisa una edad de oro, en que Jerusalén (Sion) vendrá a ser la cabeza de las naciones y todo el mundo gozará de paz. En 4:2-6 se representa al Mesías como "el renuevo de Jehová", y su venida será un tiempo para purgar el pecado, y de consuelo para los afligidos. El capítulo 7 (v. 14), anuncia que una "virgen concebirá, y dará a luz un hijo" cuyo nombre será Emanuel. En el capítulo 9 se describe a este niño como Rey divino, que reinará para siempre sobre el trono de David, trayendo paz y justicia para todo el mundo. Este rey y su reino son descritos con toda amplitud en el capítulo 11, con términos que se pueden aplicar tanto al reino terrenal como al celestial. El capítulo 12 es un salmo de alabanza y adoración para ser cantado "en aquel día", por todos aquellos que participen de los beneficios de la salvación. En el capítulo 35 se llega a la más importante de todas estas visiones del futuro. La edad mesiánica se retrata con un bello lenguaje figurado, cuya belleza poética no tiene paralelo: "El yermo se gozará y florecerá como la rosa". Las montañas alrededor de Galilea se unirán al gozo general. El temeroso se hará fuerte por su fe en Dios. Los ciegos verán, los sordos oirán, el mudo cantará y el cojo saltará de gozo.

> *Y habrá allí calzada y camino, y será llamado Camino de Santidad; no pasará inmundo por él, sino que él mismo estará con ellos; el que anduviere en este camino, por torpe que sea, no se extraviará (35:8).*

En los sermones posteriores de Isaías (cc. 40–66), el punto desde el cual se contempla el panorama parece cambiar, del propio tiempo del profeta al tiempo de los sucesos mismos. En la visión del profeta la edad del evangelio ha amanecido ya. "Consolaos, consolaos, pueblo mío", grita Isaías, "que su tiempo es ya cumplido, que su pecado es perdonado" (40:1-2). Se oye gritar a Juan el Bautista: "Preparad camino a Jehová" (v. 3, cf. Mateo 3:3; Juan 1:23). Y de nuevo el profeta exhorta a predicar las buenas nuevas:

> *Súbete sobre un monte alto, anunciadora de Sion; levanta fuertemente tu voz, anunciadora de Jerusalén; levántala, no temas; di a las ciudades de Judá: ¡Ved aquí al Dios vuestro! (40:9).*

En el capítulo 42 parece que estamos presenciando el bautismo. El Señor habla de cuando el Espíritu descenderá como paloma:

> *He aquí mi siervo, yo le sostendré; mi escogido, en quien mi alma tiene contentamiento; he puesto sobre él mi Espíritu; él traerá justicia a las naciones (42:1, cf. Mateo 3:16-17).*

El ministerio de Cristo es descrito aquí en términos muy similares a los que el Señor Jesús usó cuando citó Isaías (61:1-3).

> *Yo Jehová te he llamado en justicia... por luz de las naciones, para que abras los ojos de los ciegos, para que saques de la cárcel a los presos, y de casas de prisión a los que moran en tinieblas (42:6-7, cf 60:1-3; Lucas 4:16-19).*

El capítulo 53 nos conduce al pie de la cruz, y nos permite contemplar el significado de la muerte de Cristo, la cual el profeta ve como una realidad presente. El pasaje es tan conocido que no tenemos necesidad de citar ninguna parte de él. El punto que deseamos destacar es que, según la progresión de la revelación de Isaías, la crucifixión acaba de tomar lugar, y se predice la victoria del Mesías (vv. 10-12; cf. 25:8).

En el capítulo 55 parece que hemos llegado a un tiempo subsiguiente al Pentecostés. Se ha hecho toda provisión para que se reciban los beneficios de la expiación obrada por Cristo. El mensaje resuena lejos y cerca:

> *A todos los sedientos: Venid a las aguas; y los que no tienen dinero, venid, comprad y comed. Venid, comprad sin dinero y sin precio, vino y leche. ¿Por qué gastáis el dinero en lo que no es pan, y vuestro trabajo en lo que no sacia? Oídme atentamente, y comed del bien, y se deleitará vuestra alma con grosura. Buscad a Jehová mientras puede ser hallado, llamadle en tanto que está cercano. Deje el impío su camino, y el hombre inicuo sus pensamientos, y vuélvase a Jehová, el cual tendrá de él misericordia, y al Dios nuestro, el cual será amplio en perdonar (Isaías 55:1-2, 6-7).*

Aquí, la edad de la Iglesia está ya en progreso, y en el capítulo 60 se le manda a la Iglesia salir y testificar la verdad del evangelio. Las tinieblas del mundo serán dispersadas por la gloriosa luz de Cristo, y el pequeño grupo de seguidores crecerá hasta llegar a ser una poderosa nación (60:1-3, 22).

En los últimos capítulos del libro, la escena cambia otra vez. Estamos ahora en el tiempo del fin. Se ve en visión al Cristo glorificado, tal como se le ve en el libro del Apocalipsis.

> *¿Quién es éste que viene de Edom, de Bosra, con vestidos rojos? ¿éste hermoso en su vestido, que marcha en la grandeza de su poder? Yo, el que hablo en justicia, grande para salvar (63:1, cf. Apocalipsis 1:10-18).*

La sangre en sus vestidos significa el conflicto del cual él acaba de salir. Los enemigos de la justicia han sido vencidos, y el reino de Cristo es victorioso. Pasó el antiguo orden. Se crean un nuevo cielo y una nueva tierra, y se establece la paz universal (65:17-25; cf. 66:22; 2 Pedro 3:13; Apocalipsis 21:1-5).

B. Una miniatura de la Biblia: Bosquejo del libro

El libro de Isaías puede dividirse naturalmente en tres partes. (1) Los capítulos 1–35 representan los primeros sermones de Isaías, en los cuales el tema principal es el juicio que vendrá sobre el pecado de Judá y los pecados de las otras naciones, pero en esta parte del libro también se ofrecen vistazos de un Salvador venidero, y un tiempo en el cual el pueblo de Dios recibirá su verdadera herencia. (2) Los capítulos 36–39 narran ciertos sucesos que forman el trasfondo de una parte del ministerio de Isaías, y al mismo tiempo son un eslabón con la tercera parte, por una referencia hecha al tiempo de la cautividad. (3) Los capítulos 40-66 están compuestos por los últimos sermones de Isaías, los cuales están desligados de los sucesos contemporáneos y anticipan los tiempos de la cautividad de Babilonia. En estos capítulos finales, el tema general es la esperanza futura de Israel, un mensaje de consuelo para el pueblo que ha sido representado como si estuviese ya en el período del cautiverio.

Si consideramos que las dos primeras partes forman una sola unidad, en la que la parte histórica es un simple suplemento de la parte profética, tendremos una división del libro en dos partes. Un punto interesante que debemos notar es que esta primera sección tiene 39 capítulos, número que corresponde a los libros del Antiguo Testamento. Del mismo modo, la segunda parte tiene 27 capítulos, que corresponderían a los 27 libros del Nuevo Testamento. La analogía puede aumentarse aún más. La primera sección general de Isaías (1-39), lo mismo que todo el Antiguo Testamento, contiene historia y profecía, con frecuentes pasajes de poesía; el tema de esta sección es mayormente la aplicación de la ley y del juicio, con una visión del Mesías y un tiempo de gracia que sigue en el distante futuro. La mayor parte de la segunda sección general (40-66), igual que el Nuevo Testamento, contiene enseñanzas de un elevado tono espiritual. El tema central es la gracia y misericordia de Dios, al proveer un plan de salvación; y los grandes sucesos del nacimiento de Cristo, su ministerio y su muerte, la predicación del evangelio, y la victoria final de la fe en la revelación de la "Nueva Jerusalén", sucesos que se presentan como si estuviesen ocurriendo delante de los ojos del profeta. No decimos con esto que el significado sea siempre evidente al lector. Aquí estamos tratando con profecía, y no con historia. Los sucesos profetizados, aunque son a veces presentados con claridad dramática, como en el capítulo 53, están frecuentemente descritos en forma simbólica y rodeados de misterio, en lo que concierne al contexto.

Antes de principiar el estudio detallado del libro, convendría considerar el bosquejo un poco más. El análisis siguiente podría ser útil como referencia:

I.   Las primeras profecías de Isaías (1-35)

    1-12   Reproches y promesas dirigidos al pueblo de Judá; vislumbres del Mesías (c. 6, el llamado del profeta).

    13-23 Profecías concernientes a las naciones extranjeras.

24–35   Profecías de un juicio general combinadas con prome-
        sas de una era de beatitud reservadas para un remanente
        fiel.

II.   Interludio histórico, de los sucesos en el reino de Ezequías (36–39)

III. Profecías finales de Isaías (40–66)
      40–48   Consuelo para los cautivos en el exilio (se anuncia el na-
              cimiento de Cristo).
      49–55   El Siervo de Jehová (descripción del ministerio y la muer-
              te de Cristo; la invitación del evangelio).
      56–66   El conflicto final y la victoria del pueblo de Dios.

C. Un milagro de profecía: El problema de Isaías 40–66

Se acepta generalmente entre los eruditos que los capítulos 40 al 66 de
Isaías se escribieron desde la perspectiva del exilio o cautividad, cosas que
ocurrieron más de un siglo después de la muerte del profeta[10]. Ciro, cuyo
decreto permitió el retorno de los cautivos (2 Crónicas 36:22-23; Esdras 1:1-
3) se lo menciona dos veces en esta sección del libro (44:28; 45:1; cf. 41:2, 25;
44:26). Por estas y otras razones, muchos eruditos, incluyendo algunos conservadores, han atribuido esta parte del libro a un profeta desconocido del
período del exilio, a quien denominan el Deutero-Isaías (o segundo Isaías).

En respuesta a este punto de vista puede decirse: 1) Que durante 25
siglos nadie dudó que Isaías fuese el autor de todas las partes del libro que
lleva su nombre[11]; 2) que no hay ninguna evidencia de que alguna vez las
dos partes del libro existieran por separado; y 3) que los escritores del Nuevo
Testamento se refieren constantemente a la parte final del libro como que es
de Isaías[12]. Es en efecto muy improbable que un escritor de la talla del autor
de los capítulos 40–66 pudiera permanecer anónimo, en un tiempo cuando
los profetas eran tan altamente estimados.

El problema, en fin de cuentas, debe tomar esta forma: ¿Podemos admi-
tir que Isaías, que vivió en el siglo VIII a.C., pudiera, bajo la inspiración divina, haber profetizado tan exactamente las condiciones del exilio, que tomó
lugar 100 años más tarde? Los eruditos evangélicos han aceptado esta parte
del libro como "una maravilla de profecía vaticinante"[13]. Tan solo el capítulo
53, con su extraordinaria descripción de la crucifixión, escrito más de 600
años antes de que esta ocurriera, debe convencernos del extraordinario poder que Isaías tenía de predecir el futuro. No debe sorprendernos entonces,
que el profeta pudiera hablar de Ciro y mencionar su nombre 120 años antes
que este naciera.

Que el libro de Isaías existía ya cuando menos 100 años antes de Cristo, más o menos en la misma forma que lo tenemos actualmente, queda demostrado definitivamente por el descubrimiento, en 1947, de un manuscrito de Isaías entre los Rollos del Mar Muerto[14].

D. El gran juicio: Mensajes de condenación y advertencia mezclados con promesas a los fieles (cc. 1–23)

Habiendo examinado brevemente el libro de Isaías como un todo y notado el carácter general de su contenido, echemos ahora una mirada más cercana a las varias secciones de este texto notable. El primer capítulo de Isaías ha recibido generalmente el título de "El Gran Juicio"[15]. Como es representativo de toda la primera sección del libro, el mismo título puede usarse para todo el resto de profecías dirigidas especialmente a Judá y demás naciones de su tiempo. Los capítulos 1–12 conciernen a Jerusalén y Judá; los capítulos 13–23 consisten mayormente de advertencias del castigo pendiente sobre las naciones gentiles.

Las condiciones sociales y religiosas de Judá, como están descritas aquí, no difieren radicalmente de las condiciones del reino del Norte en tiempos de los profetas Amós y Oseas. En un tiempo cuando todos estaban bajo la amenaza de graves peligros, las clases dirigentes pasaban su tiempo en medio del lujo, la extravagancia y el vicio, en vez de estar haciendo preparativos para defender a la nación. La tierra estaba llena de ídolos; viudas y huérfanos eran presa de los ricos; los administradores de justicia aceptaban el cohecho; por todas partes había borrachera. Los príncipes eran peores que el pueblo, y los sacerdotes más o menos por el estilo. Las mujeres no eran mejores que sus maridos. "Se ensoberbecen, y andan con cuello erguido y con ojos desvergonzados; cuando andan van danzando, y haciendo son con los pies" (3:16).

En el primer capítulo se presenta a Jehová entrando en una controversia con su pueblo. Él ha escogido a Israel y lo ha exaltado sobre todas las naciones, pero ellos se han rebelado contra su Señor, y ahora están sufriendo las consecuencias de su necedad (1:2-9). La observancia del ritual mosaico no es un sustituto de la recta manera de vivir. La adoración formal y carente de corazón es una abominación a Jehová, pero el arrepentimiento y la obediencia traerán perdón y seguridad (1:10-20).

> *Lavaos y limpiaos; quitad la iniquidad de vuestras obras de delante de mis ojos; dejad de hacer lo malo; aprended a hacer el bien; buscad el juicio, restituid al agraviado, haced justicia al huérfano, amparad a la viuda. Venid luego, dice Jehová, y estemos a cuenta: si vuestros pecados fueren como la*

grana, como la nieve serán emblanquecidos; si fueren rojos como el carmesí, vendrán a ser como blanca lana. Si quisiereis y oyereis, comeréis el bien de la tierra; si no quisiereis y fuereis rebeldes, seréis consumidos a espada; porque la boca de Jehová lo ha dicho (Isaías 1:16-20).

Los capítulos 2–4 nos presentan tres cuadros de Sion (o sea Judá y Jerusalén): (1) El futuro ideal al cual Dios la ha destinado, 2:2-4; (2) su presente situación de pecaminosidad e idolatría, 2:5–4:1; y (3) su purificación final por medio de la venida del Mesías, 4:2-6.

En el capítulo 5 el profeta usando la figura de una viña que ha defraudado a su dueño, describe inteligentemente la ingratitud de Judá y su acción de haber rechazado a Jehová. Entonces, en una serie de seis ayes, Isaías enumera los pecados de la nación por los cuales sufrirá un inmediato castigo.

El llamado del profeta, en el capítulo 6 forma un fondo impresionante para su aparición pública en defensa de la causa de Dios, ante el rey Acaz y el pueblo congregado de Judá (cc. 7–10). El cuadro sombrío que estos capítulos presentan del castigo al cual los iba conduciendo un rey incrédulo, se alivia con vislumbres del Mesías quien vendrá un día para reinar en justicia sobre ellos (7:14; 9:2-7). En el capítulo 10 se explica que Dios usará a los asirios como vara de corrección para castigar a su pueblo, pero después ajustará cuentas a los asirios por su crueldad, y traerá de vuelta a los israelitas fieles de todas las naciones adonde hayan sido conducidos.

Los capítulos 11 y 12 nos llevan más allá del exilio, a los tiempos del Mesías. "Y será la justicia cinto de sus lomos, y la fidelidad ceñidor de su cintura" (11:5). La paz y la justicia tomarán el lugar del odio y la crueldad, "porque la tierra será llena del conocimiento de Jehová, como las aguas cubren el mar" (11:9).

Isaías tiene una clara visión del dominio mundial de Jehová, y de la inclusión final de los gentiles en su plan de salvación, como se revela en los capítulos 13–23. En los mensajes de advertencia y castigos dirigidos a las naciones gentiles en estos capítulos, el profeta enseña que "todos los hombres y todas las naciones son moralmente responsables ante Dios, y el juicio moral de Dios no falla"[16]. Pero con el espíritu de un verdadero misionero muestra una compasión genuina por los sufrimientos que deberán soportar los gentiles (15:5; 16:11; 21:3); mezclados con estos juicios el profeta promete un brillante futuro para los pocos que temen a Jehová entre esas naciones. Por ejemplo, un remanente de los moabitas se salvará (16:14); las naciones de Egipto y Etiopía vendrán por fin al conocimiento de Jehová (18:7; 19:22); y aun se restaurará Tiro algún día y servirá al Señor en santidad (23:17-18)[17].

E. **Un apocalipsis de Isaías:**[18] **Una profecía del juicio general y de la herencia de los santos** (cc. 24-35)

Más o menos en el espíritu de los capítulos 40-66, Isaías en esta sección de su libro que forma una culminación a sus profecías anteriores, nos lleva más allá de sus propios tiempos, y aún más allá del futuro inmediato. Pinta para nosotros el vívido cuadro de un gran juicio mundial, y describe la manera en la cual el pueblo de Dios será protegido de sus terrores. Hay referencias parentéticas a sucesos contemporáneos, a veces de longitud considerable, como en los capítulos 28-33, pero el tema principal concierne más a la consumación final[19].

Una cita de Isaías ilustra la manera que tiene el profeta de tratar esta catástrofe mundial y final:

> Terror, foso y red sobre ti, oh morador de la tierra. Y acontecerá que el que huyere de la voz del terror caerá en el foso; y el que saliere de en medio del foso será preso en la red; porque de lo alto se abrirán ventanas, y temblarán los cimientos de la tierra. Será quebrantada del todo la tierra, enteramente desmenuzada será la tierra, en gran manera será la tierra conmovida. Temblará la tierra como un ebrio, y será removida como una choza; y se agravará sobre ella su pecado, y caerá, y nunca más se levantará (24:17-20)[20].

Debe notarse que el pecado es la causa de esta gran destrucción en el día de la ira del Señor, como fue en los días del diluvio (Génesis 6-9), y que se proveerá una salvación por gracia para los fieles siervos de Dios, como lo fue para Noé y su familia. Algunos indicios de la providencia de Dios sobre su pueblo se dan en los capítulos 25-27 y 32:

> Porque fuiste fortaleza al pobre, fortaleza al menesteroso en su aflicción, refugio contra el turbión, sombra contra el calor; porque el ímpetu de los violentos es como turbión contra el muro (25:4).

> Destruirá a la muerte para siempre; y enjugará Jehová el Señor toda lágrima de todos los rostros; y quitará la afrenta de su pueblo de toda la tierra; porque Jehová lo ha dicho (25:8).

> En aquel día cantarán este cántico en tierra de Judá: Fuerte ciudad tenemos; salvación puso Dios por muros y antemuro. Abrid las puertas, y entrará la gente justa, guardadora de verdades. Tú guardarás en completa paz a aquel cuyo pensamiento en ti persevera; porque en ti ha confiado (26:1-3).

> Tus muertos vivirán; sus cadáveres resucitarán. ¡Despertad y cantad, moradores del polvo! Porque tu rocío es cual rocío de hortalizas, y la tierra dará sus muertos (26:19).

He aquí que para justicia reinará un rey, y príncipes presidirán en juicio. Y será aquel varón como escondedero contra el viento, y como refugio contra el turbión; como arroyos de aguas en tierra de sequedad, como sombra de gran peñasco en tierra calurosa (32:1-2).

Y el efecto de la justicia será paz; y la labor de la justicia, reposo y seguridad para siempre. Y mi pueblo habitará en morada de paz, en habitaciones seguras, y en recreos de reposo (32:17-18).

Dos observaciones deben hacerse sobre estos pasajes: (1) Hay una clara referencia a los últimos días, puesto que se hace énfasis en la resurrección; y (2) algunos de los pasajes pueden tener más de una interpretación legítima. En efecto, si se usa el método "simbólico" de interpretación, todos los pasajes citados pueden referirse al retorno del exilio o al amanecer de la era cristiana. Del mismo modo, el capítulo culminante de esta sección (c. 35) puede ser aplicado a: (1) El período de la restauración de Judá; (2) el ministerio de Cristo en la era cristiana; o (3) la segunda venida de Cristo y la victoria final de los santos21.

F. **El libro de consolación: Un mensaje a las generaciones futuras** (cc. 40–66)

En los primeros 39 capítulos de su libro, Isaías se ocupa mayormente de los problemas y necesidades del pueblo de su día. Aun los pasajes escatológicos de los capítulos 24–35 se dirigen especialmente para despertar la fe en Dios y producir el arrepentimiento. Las muchas referencias al Mesías son para lograr el mismo propósito. El anuncio del nacimiento de Emanuel (7:14), por ejemplo, es como una señal para Acaz, para garantizarle que Dios estaba entre su pueblo, y que había un futuro glorioso para aquellos que confiaran implícitamente en su cuidado providencial. Pero ahora llegamos a una sección del libro que evidentemente se escribió para una edad venidera. La visión del escritor es claramente el exilio, que comienza cerca de 100 años después de la muerte de Isaías. Hay pocas referencias, si es que las hay, a eventos de los propios tiempos del profeta. El propósito desde el comienzo es consolar a un pueblo angustiado.

Isaías ya predijo el exilio a Babilonia (39:6-7), y a menudo trató el tema que aparece en todos los últimos capítulos del libro, que es el retorno de la cautividad y la restauración de Israel (ej. 1:25-27; 6:11-13; 10:20-21; 14:1-4; 30:26; 35). Aquí el profeta se coloca entre los cautivos y asume el oficio de consolador, intentando aliviar sus corazones con las promesas de un retorno y la gloriosa edad que seguirá.

Como en el caso del capítulo 35, las profecías del retorno o restauración no son siempre claramente distinguibles de las profecías de la edad del Mesías. Y no siempre es necesario distinguirlas. Para el pueblo exiliado, la necesidad inmediata era ser restaurado a su tierra, y que se le permitiera vivir una vida de paz sirviendo a Jehová. Pero en el propósito más grande de Dios había una gran restauración en reserva para su pueblo, una redención de la culpa y poder del pecado, y una restauración de su imagen en sus corazones.

El Dr. Sampey caracteriza este "Libro del Consuelo", y el valor que tiene para los cristianos en la siguiente manera:

> Los santos de más de dos mil años han confortado sus quebrantados corazones con estas consoladoras promesas. El libro está lleno de descripciones del carácter de Dios y de sus planes para con su pueblo afligido. De principio a fin nos hallamos ya sea en la presencia de Dios, o de su Siervo escogido, o del Espíritu Santo. Dios habla acerca de las buenas cosas que desea hacer por su pueblo. No hay mejor modo de confortar a los santos que llenar sus mentes y corazones con la presencia del poder de Dios, y su sabiduría, bondad y gran gracia. Una visión del Siervo de Jehová, sufriendo en lugar de los pecadores, derrite el corazón en lágrimas de gratitud. Y cuando el Espíritu levanta el velo del futuro, y permite al creyente ver algunas de las glorias que le esperan, esto también fortalece al corazón y lo anima a soportar las pruebas y aflicciones presentes[22].

No se necesita sino espigar muy someramente en esta parte del libro para hallar muchas preciosas promesas, que están tan llenas de significado para nosotros, como lo estuvieron a quienes se dirigió: para los cautivos del exilio. Por ejemplo, la promesa de un tierno pastor y su cuidado (40:11); la promesa de fortalecer a aquellos que esperan en el Señor (40:28-31); la promesa de la presencia de Dios y su gracia que nos asiste en tiempos de aflicción (41:10-13); la promesa que las aguas de aflicción no "anegarán" a los santos (43:1-2); la seguridad de que sus pecados serán perdonados (43:25; 44:22); la promesa de los tesoros ocultos de la verdad de Dios (45:3); y la promesa de salvación a "todos los términos de la tierra" que miran a Dios por fe (45:22). Estos son solo unos pocos de los excelentes pasajes que se pueden encontrar en esta hermosa porción de la palabra de Dios. Se invita al lector a buscar por sí mismo, y dejar a su alma deleitarse "con grosura" (55:2).

1. El siervo sufriente de Jehová

En los capítulos 40–55 hay numerosas referencias a "mi siervo" o "el siervo de Jehová", que a veces se refieren a Israel como una personificación de la nación que Dios ha escogido para traer la salvación al mundo (41:8; 44:1-2, 21; 45:4; 49:3). En otras referencias se designa con ese término al

Mesías, quien, como representante de la nación escogida, obraría en alguna manera y en obediencia a Dios, su Padre, la obra de la redención.

Hay cuatro de los así llamados "Cánticos del Siervo" en los capítulos 42–53, los cuales describen los sufrimientos y el ministerio de este "siervo de Jehová". El primero (42:1-9) describe la mansedumbre del Siervo y su misión mundial. El segundo (49:1-13) relata su llamado, la eficacia de su ministerio, el rechazo por parte de los suyos, y su exaltación final por su misión de salvar a los gentiles. El tercer poema (50:4-9) habla de la sabiduría del Siervo, su perfección por medio de la obediencia y el sufrimiento (cf. Filipenses 2:7-8; Hechos 2:10), y la certeza de su triunfo final.

El cuarto de los "poemas del Siervo" es uno de los más notables pasajes de toda la Escritura, "el monte Everest de toda la profecía mesiánica"[23]. "Los más profundos pensamientos de todo el Antiguo Testamento pueden hallarse en este pasaje... Es talla exactitud del hecho y de su descripción, que muy bien pudo haber sido escrito después de la tragedia del Calvario"[24]. Policarpo, uno de los padres apostólicos (año 125 d.C.) lo llama "la pasional de oro del Antiguo Testamento".

El poema empieza en el capítulo 52 (vv. 13-15) y abarca todo el capítulo 53. Hay cinco estrofas de tres versos cada una. La primera (52:13-15) describe el destino del Siervo; la segunda (53:1-3), su carrera; la tercera (53:4-6), sus sufrimientos; la cuarta (53:7-9), su sumisión; y la quinta (53:10-12), su recompensa.

La parte más notable de este extraordinario pasaje es la descripción de los sufrimientos vicarios del Siervo a causa de los pecados del pueblo, que lo ha rechazado como su Señor y Salvador.

> *Despreciado y desechado entre los hombres, varón de dolores, experimentado en quebranto; y como que escondimos de él el rostro, fue menospreciado, y no lo estimamos. Ciertamente llevó él nuestras enfermedades, y sufrió nuestros dolores; y nosotros le tuvimos por azotado, por herido de Dios y abatido. Mas él herido fue por nuestras rebeliones, molido por nuestros pecados; el castigo de nuestra paz fue sobre él, y por su llaga fuimos nosotros curados. Todos nosotros nos descarriamos como ovejas, cada cual se apartó por su camino; mas Jehová cargó en él el pecado de todos nosotros (53:3-6).*

El Dr. Sampey declara que no hay versículo más grande en todo el Antiguo Testamento, que Isaías 53:5, el equivalente de Juan 3:16[25].

En el capítulo 55, otro de los grandes capítulos de este libro, tenemos la invitación a recibir y dar los beneficios de la salvación, comprada por los sufrimientos vicarios del Siervo de Jehová. El profeta habla como si fuera un evangelista de los días presentes: ¿Por qué gastáis vuestro dinero en lo que no aprovecha? Las riquezas de la gracia de Dios están al alcance de cada hombre que quiera venir a él. Pero usted debe dejar sus pecados. Debe buscar a Jehová con todo su corazón, y debe hacerlo ahora mismo. El llamado es urgente; mañana puede ser demasiado tarde. Si usted acude a él, Dios está enteramente dispuesto a perdonarle. Dios hará gozoso su camino; hasta las montañas y las colinas elevarán sus cantos delante de usted, y los árboles del campo darán palmadas de aplauso.

2. Una visión de Sion redimida

Los capítulos 56–66 pueden interpretarse como una visión unificada de la redención final de Sion, formando una adecuada conclusión de este libro notable. Para comprender la majestad y belleza de esta visión uno debe tener presente el propósito de todo el libro, y la manera en que el autor ya ha anticipado las ideas que se presentan tan dramáticamente en estos capítulos finales.

El corazón del mensaje de Isaías, desde el principio al fin es, como ya hemos visto, la salvación que Dios tiene reservada para su pueblo, el remanente fiel de Israel, y la misión que este debe cumplir, que es poner al mundo entero bajo el dominio de Jehová. Por Isaías 2:2-4 sabemos que Sion será algún día la cabecera de las naciones, y que instruirá a todos los pueblos en la adoración de Jehová. En numerosos pasajes, a lo largo de todo el libro, se desarrolla gradualmente el plan por medio del cual Jehová cumplirá este propósito, culminando con el capítulo 53, donde "el Siervo de Jehová" es presentado muriendo vicariamente por los pecados del mundo.

En los capítulos finales tenemos una visión de Sion purificada, llena de la gloriosa luz y el poder de Dios, marchando con Cristo para edificar el reino de Dios en la tierra (cc. 56–62). Entonces se presenta al Cristo glorificado (c. 63) y sigue una escena del juicio final. Los siervos justos de Dios son justificados por su oración de liberación (c. 64), y se dan recompensas a los justos e injustos (c. 65–66). Se crean los "nuevos cielos y nueva tierra" (65:17; 66:22) y, como en el libro de Apocalipsis, el pueblo de Dios es bendecido con la presencia real y literal del Señor entre ellos (compare Isaías 65:17-25 con Apocalipsis 21:1-4).

IV. EL PROFETA MIQUEAS, CAMPEÓN DEL PUEBLO

El profeta Miqueas, un contemporáneo de Isaías, nació en la oscura aldea de Moreset-gat, en el suroeste de Judá. Sus profecías están dirigidas a

Israel y Judá, lo cual indica que fueron escritas algunos años antes de la caída de Samaria en el año 721 a.c. A diferencia de su gran contemporáneo, cuyo mayor interés se concentraba en la ciudad, y los problemas de la nación, Miqueas se concentra en el pueblo común y en el individuo. Por esta razón se le llama a menudo "el profeta de los pobres". Con toda la pasión de su alma clama contra las crueles medidas con que los ricos y las clases dominantes oprimen al pueblo. "Mas yo estoy lleno de poder del Espíritu de Jehová, y de juicio y de fuerza, para denunciar a Jacob su rebelión, y a Israel su pecado" (3:8).

El libro de Miqueas puede dividirse en tres partes: Los capítulos 1–3 describen la opresión de los pobres causada por los ricos en Jerusalén; los capítulos 4 y 5 son mesiánicos, y nos recuerdan las profecías mesiánicas de Isaías; los capítulos 6 y 7 pueden titularse "la controversia de Jehová con su pueblo", y contienen un notable análisis de las demandas de la verdadera religión.

A. "Tú, Belén": Una profecía del nacimiento del Salvador (Miqueas 5:2)

En uno de los más famosos pasajes del Antiguo Testamento, Miqueas profetiza que el Mesías nacería en Judea, en el pueblo de Belén. Fue este pasaje, que aparentemente era bien conocido por los judíos en tiempos de Herodes, el que dirigió a los magos que vinieron del oriente en busca del Rey de los judíos que había nacido. Es notable que, en conformidad con el tenor general de las profecías de Miqueas, al Mesías se lo presenta como un hombre del pueblo común, nacido no en la gran ciudad de Jerusalén, como podría esperarse, sino en el pueblito de Belén; y que sería él quien finalmente traería paz y contentamiento a todos los afligidos.

Y se sentará cada uno debajo de su vid y debajo de su higuera. y no habrá quien los amedrente; porque la boca de Jehová de los ejércitos lo ha hablado (4:4).

Y él estará, y apacentará con poder de Jehová, con grandeza del nombre de Jehová su Dios; y morarán seguros, porque ahora será engrandecido hasta los fines de la tierra (5:4).

Y éste será nuestra paz (5:5).

B. "¿Qué pide Jehová de ti?" Una definición de la religión verdadera (6:6-8)

En los capítulos 6 y 7 Miqueas presenta al Señor sosteniendo una controversia con su pueblo. El pueblo era propenso a pensar que Dios era un

Señor cruel, cuyas demandas eran difíciles de cumplir. En su intenso deseo de apaciguarle empleaban métodos erróneos:

> *¿Con qué me presentaré ante Jehová, y adoraré al Dios Altísimo? ¿Me presentaré ante él con holocaustos, con becerros de un año? ¿Se agradará Jehová de millares de carneros, o de diez mil arroyos de aceite? ¿Daré mi primogénito por mi rebelión, el fruto de mis entrañas por el pecado de mi alma? (6:6-7).*

Dios responde a tales interrogaciones recordándoles las muchas cosas que ha hecho por ellos a lo largo de los años, y la misericordia y bondad que ha tenido para ellos vez tras vez. Entonces, en un notable pasaje, que es uno de los más importantes pronunciamientos de la Escritura, el profeta resume las demandas de Dios:

> *Oh hombre, él te ha declarado lo que es bueno, y qué pide Jehová de ti: solamente hacer justicia, y amar misericordia, y humillarte ante tu Dios (6:8).*

El Dr. Merrill hace notar que en este pasaje encontramos condensados los mensajes de Amós, Oseas e Isaías:

> La clave de la enseñanza de Amós es *justicia*. Oseas destaca la más rica y más profunda nota del *amor*. Isaías demanda un reverente y *humilde compañerismo* con el Santo. Estos son sus mensajes característicos. La "religión del Espíritu" ha llegado. Falta todavía un largo camino hasta la plenitud del mediodía, pero la verdadera luz ya está brillando, y brillará más y más hasta el día perfecto en Cristo Jesús[26].

RESUMEN

En este capítulo hemos prestado atención cuidadosa a tres hombres que estaban teniendo una gran influencia en favor de la justicia en el reino de Judá, en los mismos días en que el apóstata reino del Norte llegaba a su trágico fin. No hay duda que la contribución espiritual de estos tres grandes líderes tuvo mucho que ver con la salvación de Jerusalén de un destino similar. Aunque cada uno de estos tres hombres era grande en su esfera particular, es obvio que Isaías, a juzgar por su notable libro, fue el más grande de los tres, como asimismo una de las más grandes personalidades de todo el Antiguo Testamento. El capítulo 53 de Isaías es considerado acertadamente "el monte Everest de la profecía del Antiguo Testamento", describiendo vívidamente, 700 años antes que ocurriera, la muerte expiatoria de Cristo en la cruz del Calvario. Es verdaderamente lamentable que el progreso espiritual que se logró en esta "edad de oro de la profecía" se disipara tan pronto en Judá debido a la mala influencia del rey Manasés, el hijo de Ezequías.

LECTURAS RECOMENDADAS

S.A. Cartledge, *A Conservative Introduction to the Old Testament*, pp. 121-34.

B.A. Copass, *Isaiah, Prince of Old Testament Prophets*, pp. 115-38.

James C. Muir, *His Truth Endureth*, pp. 184-93.

Ira M. Price, *The Dramatic Story of the Old Testament History*, pp. 307-27.

G.L. Robinson, *The Book of Isaiah*, pp. 19-24, 141-46.

————, *The Twelve Minor Prophets*, pp. 94-105.

John R. Sampey, *The Heart of the Old Testament*, pp. 159-75.

Kyle M. Yates, *Preaching from the Prophets*, pp. 83-127.

PARA UN ESTUDIO MÁS COMPLETO

1. ¿Cuáles son algunas de las razones por las cuales se llama a este período, "la edad de oro de la profecía"?

2. Haga un bosquejo del trasfondo histórico de Isaías bajo los siguientes encabezamientos:

     a. Trasfondo histórico

     b. Condiciones sociales

     c. Profetas contemporáneos

3. ¿Qué influencias contribuyeron tal vez a la formación del carácter fiel e íntegro del rey Ezequías? En conexión con esto, considere el carácter impío de su padre Acaz, la influencia piadosa de Isaías, y el ejemplo del reino del Norte.

4. Cuente la historia de la liberación de Israel de los asirios en los días del rey Ezequías.

5. Describa el contraste de carácter entre Isaías y Miqueas. ¿En qué aspectos son similares sus respectivas profecías?

6. Describa el llamamiento de Isaías y muestre cómo podría servir de base para un sermón sobre la santidad.

7. Mencione las diversas ocasiones en que Isaías aconsejó a los reyes de Judá. ¿Qué evidencias hay, en los sucesos que siguieron, que sus consejos eran acertados?

8. ¿Qué problema ha surgido respecto al libro de Isaías? ¿Qué argumentos pueden ofrecerse a favor de la posición de que Isaías es el autor de todo el libro?

9. ¿Qué descubrimiento se ha hecho recientemente de un antiguo manuscrito de Isaías? ¿Cómo se compara la fecha de este manuscrito con los conocidos anteriormente?

10. Desarrolle un breve bosquejo de Isaías, y muestre cómo este libro puede compararse estructuralmente con la Biblia en su totalidad.

11. ¿Qué hechos notables del libro hacen que sea llamado "El Evangelio del Antiguo Testamento"? ¿Puede usted mostrar cómo las grandes verdades referentes al Mesías y el plan de redención se desarrollaron gradualmente en este libro?

12. ¿En qué manera pone Isaías a los gentiles dentro del plan de redención?

13. Señale dos o tres profecías referentes al juicio general. ¿De qué manera se relacionan con las profecías del retorno de la cautividad?

14. Explique el término *apocalipsis* aplicándolo a estos pasajes. Dos libros de la Escritura se los considera apocalípticos; ¿cuáles son, y cuál es su tema principal?

15. Describa el capítulo 35 y las posibles aplicaciones que se pueden hacer de él.

16. ¿A quién está dirigido "El Libro de Consolación" (cc. 40–66) y cuál es su mensaje consolador?

17. Haga un bosquejo de las profecías concernientes al "Siervo de Jehová" contenidas en los cuatro "Cánticos del Siervo". Describa especialmente el capítulo 53.

18. Describa "La Gran Invitación", contenida en el capítulo 55 y muestre su relación con los pasajes del "Siervo de Jehová".

19. ¿Cuál es el tema general de los capítulos 56–66? Muestre cómo esos capítulos forman un final adecuado del libro.

20. Haga un bosquejo del libro de Miqueas, dando títulos apropiados a las siguientes secciones: capítulos 1–3, capítulos 4–5 y capítulos 6–7.

21. Mencione dos versículos sobresalientes del libro de Miqueas, y muestre su relación con el mensaje principal del profeta.

NOTAS BIBLIOGRÁFICAS

[1] Existe una tradición judía que dice que Isaías fue martirizado bajo el reinado de Manasés. Tal tradición afirma que colocaron al profeta dentro del tronco hueco de un árbol y luego aserrado por la mitad (cf. Hebreos 11:37). Que vivió durante el reinado de Manasés se infiere de una referencia en la parte histórica del libro (37:38) que hace mención del ascenso de Esar-hadón al trono y del asesinato de Senaquerib, sucesos que ocurrieron alrededor del 680 a.C.

[2] Cf. J.P. Free, *Archaeology and Bible History*, p. 209 y la lámina 18 que está frente a la página 334.

[3] James C. Muir, *His Truth Endureth*, pp. 188s., y Price, *The Dramatic Story of the Old Testament History*, p. 324.

[4] G.L. Robinson, *The Twelve Minor Prophets*, pp. 95s.

[5] *Los capítulos 1 al 5 probablemente se colocaron al principio para dar a todo el libro una introducción adecuada. Es posible que tengan una fecha posterior al capítulo 6.*

[6] *Sear-jasub*, "un remanente volverá", (7:3) y *Mahersalal-has-baz* "la presa se apresura" (8:3). El significado parece ser que una nación fiera los llevaría en cautiverio y que solo un remanente podría regresar.

[7] G.L. Robinson, *The Book of Isaiah*, p. 20.

[8] Kyle M. Yates, *Preaching from the Prophets*, pp. 87-88.

[9] W.N. Nevius, *The Old Testament: Its Story and Religious Message*, p. 142.

[10] S.A. Cartledge, *A Conservative Introduction to the Old Testament*, pp. 125s.; C.T. Francisco, *Introducing the Old Testament*, p. 116; y Yates, op. cit., p. 88.

[11] Ver G.L. Robinson, *The Book of Isaiah*, p. 59.

[12] Mateo 3:3; 8:17; 12:17, Lucas 3:4; 4:17; Juan 1:23; 12:38; Hechos 8:28; Romanos 10:16-20.

[13] J.R. Sampey, Syllabus for *Old Testament Study*, p. 195.

[14] Véase Free, *op. cit.*, pp. 205ss.

[15] Compare, por ejemplo, Sampey, *op. cit.*, p. 184.

[16] B.A. Copass, *Isaiah, Prince Of Old Testament Prophets*, p. 52.

[17] Véase Robinson, *op. cit.*, p. 95. Para una interpretación diferente véase Copass, *op. cit.*, p. 53.

[18] *El término apocalipsis se usa aquí para designar una profecía escatológica dirigida hacia los sucesos del fin del mundo, en contraste con las profecías que solo se refieren a los sucesos contemporáneos o los desarrollos históricos vaticinados en el inmediato futuro.* Cf. Robinson, *op. cit.*, p. 99.

[19] Un tipo similar de profecía se encuentra en Sofonías y en Joel. Véase el estudio sobre estos profetas en los capítulos XIV y XV de este libro, y en G.L. Robinson, *The Twelve Minor Prophets*, pp. 44-45 Y 133-34.

[20] Véase también 24:21-23; 34:4, 9-12; y compárese con Joel 2:12a, 30-31; Sofonías 1:14-15; 3:8; 2 Pedro 3:10.

[21] Sobre toda esta sección, véase Copass, *op. cit.*, pp. 63-89.

[22] John R. Sampey, *The Heart of the Old Testament*, p. 170.

[23] Yates, *op. cit.*, p. 102.

[24] Robinson, *op. cit.*, pp. 145s.

[25] Sampey, *op. cit.*, p. 173.

[26] W.P. Merrill, *Prophets of the Dawn*, p. 156, como se lo cita en Yates, *op. cit.*, pp. 126s.

14
LA CAÍDA DE JUDÁ

¿Has desechado enteramente a Judá? (Jeremías 14:19).

Fuentes: 2 Reyes 21–25; 2 Crónicas 33–36; Jeremías; Lamentaciones; Ezequiel; Abdías; Nahum; Habacuc; Sofonías; Daniel 1:1-7.

Para leer: 2 Reyes 21–25; 2 Crónicas 33–36; Jeremías 1–2; 4; 18:1-12, 25:8-13; 36; Lamentaciones 1:1-12; 3:22-33; Nahum 3; Habacuc 1:1-2:4; 3:17-19; Sofonías 1; Abdías.

Período: Desde la muerte de Ezequías alrededor del 697 a.C., hasta la destrucción de Jerusalén, 586 a.C.

La historia de este período se relata en 2 Reyes y 2 Crónicas con algunas pequeñas variaciones. Muchos detalles se agregan en los libros de Jeremías, Ezequiel y Daniel, y en el libro de Lamentaciones se da una gráfica descripción de las condiciones en que quedó Jerusalén después de la caída. Para describir este período debemos primero considerar el trasfondo histórico, luego la secuencia de sucesos que condujeron a la caída final del reino, y por último, los profetas relacionados con este período en la historia de Judá.

I. LAS NACIONES EN EL ESCENARIO: LOS SUCESOS QUE SACUDIERON AL MUNDO EN EL SIGLO VII A.C.

Con la muerte de Ezequías (alrededor del 697 a.C.) se desvaneció el último vestigio de independencia política del pequeño reino de Judá. Durante este período final de su historia, que se prolongó por poco más de un siglo, vino a ser presa fácil en las manos de otras naciones. Primero fue dominada por Asiria, luego por Egipto y al fin por Babilonia. No puede comprenderse este período a menos que se conozca algo de la historia de las naciones que la rodeaban, y que ejercieron un estricto control sobre el único estado israelita que quedaba.

A. El apogeo del poder de Asiria bajo la mano de Esar-hadón

Senaquerib había devastado la tierra de Judá y casi cumplió su objetivo de apoderarse de Jerusalén (2 Reyes 18:13–19:37; Isaías 36–37). Cuando murió, en el año 681 a.C., subió al trono su hijo Esar-hadón. Bajo este hábil y astuto monarca, con la subyugación de Fenicia y Egipto, el imperio asirio llegó a ser el poder dominante en todo el Creciente Fértil, y sobre todas las naciones que tenían alguna importancia en la política de esos días. Así podemos comprender el porqué de la sumisión servil de Judá a Asiria en esos tiempos.

Pero el fin de Asiria no estaba lejos. Aunque Asurbanipal, que ascendió al trono en el 668 a.c., fue uno de los reyes más iluminados de los tiempos antiguos[1], no era un genio militar[2]. Durante su reinado perdió a Egipto, y se sembraron semillas de rebelión en todo su imperio.

B.   Cae Asiria, y se levanta el imperio babilónico

Después de la muerte de Asurbanipal, en el 625 a.c., Asiria declinó rápidamente hasta sufrir el colapso final, que llegó 20 años después. En la parte occidental del imperio había continuas invasiones de los bárbaros, que bajaban incesantemente desde el norte. Por el este los babilonios se aprestaban a atacar, bajo el mando de su nuevo rey Nabopolasar, el padre del célebre Nabucodonosor. En el año 614 a.c. los babilonios formaron una alianza con los medos, gobernados por Ciaxares I. Ayudados también por los escitas, atacaron y tomaron la ciudad de Nínive, capital de Asiria (612 a.C.). Pero la lucha se prolongó varios años más todavía. Mientras tanto, el faraón Necao de Egipto había entrado en la arena, y se había apoderado de una parte considerable del territorio del imperio asirio, incluyendo el pequeño reino de Judá. En el año 606 a.c., Nabucodonosor, que a la sazón era comandante en jefe de los ejércitos de su padre Nabopolasar, infligió una aplastante derrota a las fuerzas aliadas de Asiria y Egipto en la batalla de Carquemis, una importante ciudad del Alto Éufrates.

El poderoso imperio asirio había ya pasado a la historia. En su lugar había surgido un nuevo poder mundial, igualmente ominoso para todas las naciones vecinas, el Imperio Babilónico. Bajo el reinado de Nabucodonosor, que llegó a ser el emperador en el año 604 a.C., los babilonios se adueñaron de todas las naciones desde Caldea hasta Egipto. Se embelleció muchísimo la ciudad de Babilonia y se la convirtió en la señora del mundo. Tal era el cuadro político e histórico del mundo cuando el pueblo de Judá cayó finalmente vencido y se lo llevó cautivo a Babilonia, 606-536 a.C. Ahora volvamos a la historia de Judá.

II. LA LAMENTABLE HISTORIA DE LA CAÍDA DE JUDÁ

Los últimos ciento diez años de la historia del reino de Judá son una lastimosa narración de la desobediencia religiosa y sus deplorables resultados. Por efecto de la influencia de malos reyes, el pueblo cayó en un estado de apostasía y degradación moral. Esto hizo de ellos una presa fácil de los invasores extranjeros. Al fin, se destruyó la ciudad de Jerusalén y se llevó cautivo a todos sus habitantes.

A. El impío reinado de Manasés: Degeneración espiritual
(2 Reyes 21:1-18; 2 Crónicas 33:1-20)

La muerte del buen rey Ezequías (alrededor del 697 a.c.) marca el punto culminante de la historia de Judá. El largo reinado de su hijo Manasés (alrededor del 697 a.c. hasta el 642 a.c.) se caracterizó por la idolatría y la maldad en una forma nunca antes conocida en la historia de Judá.

Edificó asimismo altares a todo el ejército de los cielos en los dos atrios de la casa de Jehová. Y pasó sus hijos por fuego en el valle del hijo de Hinom; y observaba los tiempos, miraba en agüeros, era dado a adivinaciones, y consultaba a adivinos y encantadores; se excedió en hacer lo malo ante los ojos de Jehová, hasta encender su ira... Manasés, pues, hizo extraviarse a Judá y a los moradores de Jerusalén, para hacer más mal que las naciones que Jehová destruyó delante de los hijos de Israel (2 Crónicas 33:5-6, 9).

Esta súbita apostasía de Judá, después de las notables reformas de Ezequías, se puede explicar, en parte por la juventud del rey, y la presencia de un partido pagano, el cual estaba esperando la oportunidad para tomar preponderancia. Manasés subió al trono a la edad de 12 años. Durante el reinado de su padre se había podido reprimir un tanto la generación de hombres idólatras que se había desarrollado en el reinado de Acaz. Reprimido, pero no destruido. Inmediatamente después de la coronación del rey, se aprovecharon de su extremada juventud y restablecieron el culto de Baal, reedificando sus altares y otros santuarios paganos que Ezequías había destruido[3].

Otro factor que influyó en las prácticas paganas de Manasés fue su relación con Asiria. Su abuelo Acaz había iniciado la política de pagar tributos a Asiria, convirtiendo a Judá en un vasallo del imperio asirio (2 Reyes 16:8-9). Su padre Ezequías había roto finalmente las relaciones con los asirios y había defendido con éxito a Jerusalén de sus ataques. Pero Manasés aceptó sin lucha el señorío asirio. Esta política de paz probablemente trajo prosperidad material al reino, pero también trajo como resultado la aceptación de muchos elementos de la cultura asiria y la introducción de muchas costumbres paganas. "En el aspecto religioso era más caldeo que hebreo. Bajo su dirección las prácticas paganas de Asiria suplantaron a la adoración de Jehová en todo el territorio de Judá"[4].

A Manasés se lo describió como "el archi-idólatra de la historia hebrea"[5]. Aun le puso a uno de sus hijos el nombre de Amón, por el dios egipcio de igual nombre. De acuerdo con Josefo[6], Manasés persiguió y mató a los profetas del Señor. Las Escrituras dicen que: "Fuera de esto, derramó Manasés mucha sangre inocente en gran manera, hasta llenar a Jerusalén de extremo a extremo" (2 Reyes 21:16). Este pasaje se refiere probablemente a la persecución que hizo de los profetas y de otros que se opusieron a su gobierno. La tradición dice que el profeta Isaías fue "aserrado" en dos por este cruel monarca (Jeremías 2:30; Hebreos 11:37). Lo que sí es seguro es que uno oye muy poco acerca de los profetas durante el período de más de medio siglo en que reinó Manasés.

El reinado de Manasés, indudablemente, decidió el destino de Judá. Después de los días de Manasés parecía imposible, aun para un buen rey como Josías o un profeta de la talla de Jeremías, apartar el corazón del pueblo de la idolatría y la inmoralidad. Según el profeta que nos dejó escrita la historia de la cautividad de Judá, Manasés tuvo la culpa de que Jehová se viera obligado a quitar a Judá de su presencia (2 Reyes 24:3-4). ¡Qué observación tan solemne del poder de una mala influencia!

B. Las reformas de Josías: Un noble ejemplo
(2 Reyes 21:19–23:30; 2 Crónicas 33:10–35:27)

En 2 Crónicas 33:10-17 leemos que Manasés quedó cautivo de los asirios por un período breve de tiempo. Quizá esa amarga experiencia haya sido lo que causó que se arrepintiera de sus maldades y que fuera posteriormente restaurado a su reino. Parece también que en los últimos años de su vida se dedicó a reparar en parte el daño que había hecho. Pero a juzgar por las reformas que intentó llevar a cabo su nieto, el piadoso rey Josías, podemos deducir que fue muy poco lo que Manasés logró remediar.

1. El joven rey Josías

Después del breve y vil reinado de Amón (642-640 a.C.), ascendió al trono su hijo de ocho años, Josías. Durante los primeros años de su reinado, Josías estuvo bajo la influencia de su piadosa madre y de instructores fieles que estaban dedicados al culto de Jehová. Los nombres de Hilcías, el sacerdote, Safán el escriba, y Hulda la profetisa, que se destacan prominentemente en la historia de este rey, pueden indicar algo de las influencias que hicieron de este rey un hombre tan diferente de su padre Amón y de su abuelo Manasés. A la edad de 16 años "comenzó a buscar al Dios de David su padre" (2 Crónicas 34:3). Cuatro años más tarde dio comienzo a una gran reforma tratando de librar al país de todos los ídolos que habían fomentado los dos reyes anteriores.

Cuando el joven rey terminó de limpiar "a Judá y a Jerusalén de los lugares altos, imágenes de Asera, esculturas, e imágenes fundidas. Y derribaron delante de él los altares de los baales, e hizo pedazos las imágenes del sol, que estaban puestas encima" (2 Crónicas 34:3-4), quiso terminar su trabajo, reparando el abandonado templo. El edificio tenía ya más de 300 años, y había sufrido no solo los embates del tiempo, sino también la mano de muchos depredadores. Vez tras vez había sido despojado de sus sagrados tesoros para satisfacer la voracidad de algún agresor extranjero.

2. Hallazgo del libro de la ley

Durante el proceso de reparaciones del templo se halló casualmente un volumen de la ley de Moisés (parte o casi todo nuestro actual Pentateuco). Cómo es que se había extraviado tan sagrado volumen, y cómo es que no había ningún ejemplar en el templo, es algo que no se explica fácilmente. Solo podemos conjeturar que se debió a la fuerte oposición al culto de Jehová durante los reinados precedentes de Manasés y Amón. El descubrimiento del volumen causó verdadera conmoción. Los obreros que lo hallaron lo presentaron primero a Hilcías, el sacerdote; este lo mostró a Safán, el escriba, y ambos lo llevaron inmediatamente al mismo rey.

Cuando Josías leyó el libro de la ley, y vio cuánto se había apartado el pueblo de la obediencia a sus preceptos, rasgó sus vestidos y mandó pedir el consejo de la profetisa Hulda. La profetisa declaró que era la mismísima palabra de Jehová, y el rey convocó una gran asamblea en Jerusalén e hizo que el libro se leyera a oídos de todos.

> Y estando el rey en pie en su sitio, hizo delante de Jehová pacto de caminar en pos de Jehová y de guardar sus mandamientos, sus testimonios y sus estatutos, con todo su corazón y con toda su alma, poniendo por obra las palabras del pacto que estaban escritas en aquel libro (2 Crónicas 34:31).

El descubrimiento del libro de la ley tuvo indudablemente su impacto en profundizar las reformas de Josías, que habían comenzado con la destrucción de todos los altares, imágenes e ídolos paganos. Pero el silencio que sigue a esto, y las severas advertencias de los profetas (2 Reyes 22:15-20), nos hace pensar que hubo poco arrepentimiento genuino en los corazones del pueblo. Por fuera existía una conformidad a la ley de Jehová, pero el corazón de la gente estaba todavía lleno de ídolos. Solamente esperaban que hubiera otro cambio de rey para volver a sus antiguas prácticas idólatras.

3. La muerte de Josías

El reinado de Josías terminó en tragedia. Cuando el faraón Necao, aliado con los asirios, marchó a través de Palestina para enfrentarse en Carquemis, aliado del Éufrates, contra Babilonia y los medos, lo atacó Josías y se libró la batalla de Meguido. La razón de este ataque de Josías no es clara, pero quizá haya temido el peligro que corría su pueblo con la proximidad de los egipcios. El costo fue tremendo para el reino de Judá. Herido mortalmente en la batalla, el rey murió cuando lo llevaban de regreso a Jerusalén, y lo sepultaron en medio de las grandes lamentaciones del pueblo.

El último gran rey de Judá había caído. Veamos ahora la triste historia del fin del reino, y la cautividad del pueblo.

C. La cautividad de Judá: El final de un largo camino de desobediencia (2 Reyes 23:30–25:30; 2 Crónicas 36:1-21; Jeremías; Ezequiel; Daniel 1:1-7)

Después de la muerte de Josías (609 a.C.) el pueblo proclamó rey a su hijo Joacaz. Pero Joacaz reinó solamente tres meses. El faraón Necao, habiendo establecido sus cuarteles en Ribla de Siria, conminó al joven rey a comparecer ante él. Acusado Joacaz de deslealtad, lo cargaron con grillos y lo enviaron a Egipto, de donde nunca retornó. Necao hizo una visita a Jerusalén y asumió la autoridad del reino en nombre de Egipto. Puso a Eliaquim, otro de los hijos de Josías como rey, y le cambió el nombre por el de Joacim.

1. Reinado de Joacim

Joacim reinó un total de 11 años. Primero fue vasallo de Egipto y después de Babilonia. Bajo su reinado los abusos religiosos que habían sido abolidos por Josías su padre, retornaron con más fuerza que antes. En las profecías de Jeremías tenemos una descripción clara de este período. El ministerio de Jeremías coincide con los últimos 40 años del reino de Judá (626-586 a.C.). De acuerdo con lo que dice Jeremías, el politeísmo y la idolatría eran pecados desenfrenados en Judá. Se persiguió y mató a muchas personas inocentes por oponerse a la impiedad y a la política opresora del rey (Jeremías 2:8, 11, 13, 27-28, etc.).

En cierta ocasión, condenaron a un profeta llamado Urías por profetizar contra las impiedades del rey y del pueblo. Habiendo huido a Egipto, lo persiguieron, apresaron y trajeron de regreso a Jerusalén. El rey Joacim lo mató con su espada, y su cuerpo lo echaron "en los sepulcros del vulgo" (Jeremías 26:20-23).

2. La primera cautividad

El destino político de Judá estuvo estrechamente ligado a los sucesos en la historia de Asiria, Babilonia y Egipto. Nínive, como ya hemos visto, sucumbió en el año 612 a.C. frente a los medos y babilonios. Seis años más tarde, Babilonia capitaneada por Nabucodonosor, venció a los asirios y egipcios unidos en la batalla de Carquemis, en las márgenes del Éufrates. Por este triunfo, Babilonia asumió el control de todo el imperio que había sido de los asirios.

Comparando 2 Reyes 24:1 con Daniel 1:1-7, parece que después de la batalla de Carquemis (cerca del 606 a.C.), Nabucodonosor envió una misión militar a Jerusalén, forzando a Joacim a prometerle lealtad, y llevándose muchos de los vasos sagrados del templo para usarlos en los templos de Babilonia. En esta ocasión, para asegurarse la lealtad de Judá, tomó a Daniel y otros talentosos jóvenes de Jerusalén y los llevó como rehenes a Babilonia. Así que fechamos el principio de la cautividad en el año 606 a.C.[7]

3. La segunda cautividad

Tres años más tarde Joacim se rebeló contra Babilonia, confiando probablemente en la ayuda de Egipto, y rehusó seguir pagando tributo. Nabucodonosor, ocupado en otras partes del imperio, no atacó inmediatamente a Jerusalén, pero incitó a bandas de caldeos, sirios, moabitas y amonitas merodeadores a hostilizar al pueblo de Judá. Finalmente, en el año 597 a.C., Joacim murió, dejando el trono a su joven hijo Joaquín. A los tres meses del ascenso de Joaquín al trono, Nabucodonosor capturó la ciudad, llevándose al joven rey, a la reina madre, y a otros 10,000 ciudadanos notables presos a Babilonia. Entre estos cautivos estaba el profeta Ezequiel, como podemos ver en el primer capítulo de su profecía. Incluidos en el número iban 7,000 hombres de guerra y 1,000 artesanos y obreros (2 Reyes 24:14-16; Ezequiel 1:1-2). Solo se dejó a los más pobres del pueblo en la tierra de Judá. Esta fue la segunda cautividad.

4. La destrucción de Jerusalén (Tercera cautividad)

Mientras tanto, se colocó en el trono de Judá a otro hijo de Josías, llamado Sedequías. Los 11 años de su reinado fueron casi una repetición del reinado de Joacim. "E hizo lo malo ante los ojos de Jehová su Dios, y no se humilló delante del profeta Jeremías, que le hablaba de parte de Jehová" (2 Crónicas 36:12).

Aconsejado por los falsos profetas, y creyendo en la ayuda de Egipto, Sedequías se rebeló contra Nabucodonosor. Este llegó prontamente para poner sitio a la ciudad y rendir por hambre al pueblo. Cuando los víveres se hubieron acabado por completo, Sedequías y sus hombres hicieron un desesperado intento de escapar, dejando a la población civil librada a su destino. Pero los soldados babilonios los persiguieron y capturaron en los llanos de Jericó. Se apresó al rey Sedequías y se lo condujo a los cuarteles de Nabucodonosor en Ribla (Siria). Degollaron a sus dos hijos delante de él, luego le sacaron los ojos, y cargado de cadenas lo enviaron a Babilonia, donde pasó en prisión el resto de su miserable vida.

Entonces Nabucodonosor estaba decidido a destruir la ciudad de Jerusalén y poner punto final al reino de Judá. Se despojó al templo de todo valor y luego lo incendiaron. Se destruyó el palacio real y la mayoría de las casas, y se derribó las murallas. Se llevó en cautividad a los habitantes, excepto los muy pobres, quizás unos 24,000 en total[8]. Se redujo la ciudad a escombros y quedó abandonada por más de cincuenta años.

Jeremías el profeta, que había entregado fielmente los mensajes de Dios al pueblo durante esos fatídicos años, pudo escoger entre acompañar a los cautivos a Babilonia o quedar en la tierra de sus antepasados. Él escogió esto último. De entre los pobres de la tierra, que dejaron para que "labrasen las viñas y la tierra" (2 Reyes 25:12), Nabucodonosor eligió un gobernador, Gedalías, quien estableció una capital provincial en Mizpa, a 10 kms. al norte de Jerusalén. Así, en el año 586 a.C. quedó abolido el reino de Judá, y la historia de la nación continuó temporalmente en Babilonia.

D. Se cambia el poder político por comprensión espiritual: La providencia de Dios en la caída del reino
(Jeremías, Ezequiel, Habacuc y Sofonías)

El fin del reino, y la destrucción de Jerusalén y el templo fue una suerte muy dura para que pudiera aceptarla el pueblo. Indudablemente, desde el punto de vista humano, era un golpe terrible. Pero, desde el punto de vista de su progreso espiritual, aquí vemos actuar a la providencia de Dios. J.C. Muir lo expresa de esta manera:

> El nacionalismo hebreo estaba liquidado, pero el gran movimiento religioso que se había originado entre los hebreos apenas empezaba a desarrollarse. Por 1,500 años el gran idealismo espiritual había estado encadenado por el formalismo hebreo. Ahora iba a encontrar libertad fuera de los lazos del nacionalismo. La religión iba a ser desnacionalizada, pero en cambio sería espiritualizada e individualizada...

> Con la caída de Jerusalén los hebreos perdieron su lugar en el concierto de naciones, pero hallaron un lugar más amplio en el mundo de

la religión. Privado de un reino terreno, Israel comenzó a vislumbrar un reino celestial. En la mente del pueblo elegido surgió el significado más profundo del idealismo espiritual que Moisés había expuesto en el monte Sinaí. Durante los años del exilio, la estrecha religión de Israel, demasiado atada a la tradición, se ensanchó por una nueva y más noble comprensión del carácter de Dios. Grandes líderes del pensamiento religioso, explorando todos los ámbitos del espíritu y la mente con inspiración celestial, tuvieron la visión de un Dios que podría redimir a toda la humanidad a través del Mesías venidero.[9]

Entre los más destacados líderes religiosos que fueron despertando así la conciencia del pueblo hacia un mayor y más profundo conocimiento de Dios, estaban, por supuesto, los profetas. Jeremías y Ezequiel, con su nueva enseñanza de la responsabilidad personal por el pecado (Jeremías 31:29-30; Ezequiel 3:18, 33) y la necesidad de la limpieza del corazón (Jeremías 31:31-34; Ezequiel 36:25-27), Habacuc, con su profundo concepto del valor y significado de la fe (Habacuc 1:1–2:4; 3:17-19), y Sofonías, con su amplia visión de los juicios de Dios (Sofonía 2:3-15; 3:8-12), estaban haciendo contribuciones muy significativas para la mayor comprensión espiritual del pueblo. Estudiaremos a Ezequiel en el próximo capítulo. Ahora volvamos a Jeremías y sus contemporáneos entre los profetas de Jerusalén.

III. JEREMÍAS: EL PROFETA DE LA HORA MÁS OSCURA DE JUDÁ

Jeremías es una de las figuras más pintorescas de la historia hebrea. Esto se debe, en parte, al hecho de que sabemos más de su carácter y personalidad que de ningún otro de los profetas del Antiguo Testamento. Su libro abunda en material biográfico. Al contrario de Amós, que nos habla solo de su llamado y su oficio, o de Oseas, de quien solo conocemos la historia de su trágico matrimonio, y en más grande contraste aún con Nahum y Sofonías, que nada dicen de sí mismos, Jeremías, literalmente, desnuda su alma y su mente delante de nosotros.

Llamado al ministerio cuando era todavía un "niño" (Jeremías 1:6), Jeremías pasó casi medio siglo tratando, por todos los medios posibles, de llevar a su pueblo al arrepentimiento y la fe en Dios, a fin de que pudieran, al hacer caso de esas inspiradas advertencias, escapar del juicio que se cernía amenazante sobre ellos. Así dice el Dr. Kyle Yates:

> Jeremías se plantó trágicamente en medio de la corriente del insensato tropel de la humanidad y le advirtió de la inminente destrucción que la amenazaba. Pero sus oyentes corrieron locamente al exilio y a la muerte, pasando por encima de la figura batalladora del fiel mensajero de Dios.

Pero en todas esas horas de lucha y de prueba, Dios sostuvo y fortaleció a su mensajero.[10]

Al igual que Isaías, Jeremías pertenecía a la clase superior, y logró ganar el respeto de reyes y de hombres de rango oficial. El hecho de que Jeremías tenía un amanuense o secretario, y de que pudo comprar una propiedad (Jeremías 32:6-15; 36:4-8; etc.), indica que poseía recursos económicos. Por el tenor general de su libro se deduce que era hombre de cultura y educación, instruido perfectamente en la historia de la nación, la política local e internacional, los cultos y religiones de los pueblos extranjeros, y los asuntos más profundos de la revelación divina. Lo más importante de todo: era un hombre que comprendía y sentía la urgencia de su misión. Cuando se vio tentado a abandonar su ministerio bajo el peso de una implacable persecución, descubrió que la compulsión que sentía dentro de sí mismo era mucho más fuerte que la oposición que pudiera amenazarle desde afuera.

Y dije: No me acordaré más de él, ni hablaré más en su nombre; no obstante, había en mi corazón como un fuego ardiente metido en mis huesos; traté de sufrirlo, y no pude (20:9).

El período del ministerio de Jeremías se infiere con exactitud por las referencias a los reyes Josías, Joacim, Sedequías y la caída de Jerusalén. En Jeremías 1:2, leemos la fecha del llamamiento del profeta: "el año decimotercero de su reinado" (de Josías), o sea el año 626 a.C. Puesto que Jeremías todavía estaba profetizando después de la caída de Jerusalén en el año 586 a.C. (cc. 40–44), su ministerio debe haber durado más de 40 años. Durante los primeros 18 años de este período, ayudó al buen rey Josías en su intento de persuadir al pueblo a que regresara al culto de Jehová. El resto de los 40 años Jeremías lo pasó mayormente en las cortes de los dos impíos hijos de Josías, Joacim (608-597 a.C.) y Sedequías (597-586 a.C.). Fue durante el reinado de estos reyes que Jeremías soportó la persecución que se relata en la sección siguiente.

El libro de Jeremías es difícil de bosquejar satisfactoriamente, ya que los mensajes registrados y los sucesos narrados no siguen un orden temático ni cronológico. En general los primeros 33 capítulos, excepto el capítulo 1 que relata el llamado del profeta, están compuestos de advertencias y predicciones, respecto a la destrucción venidera de la ciudad. Los 12 capítulos siguientes (34–45) son en su mayoría históricos y biográficos, y describen eventos que sucedieron antes y después de la caída de Jerusalén, y dan muchos detalles gráficos de las persecuciones sufridas por Jeremías. Los capítulos 46–51 contienen predicciones concernientes al destino de las naciones extranjeras. El último capítulo (52) es un apéndice histórico, tácitamente equivalente a 2 Reyes 24:17–25:30. Da un repaso de la rebelión de Sedequías, la destrucción de la ciudad y la deportación del pueblo a Babilonia.

A. Una biografía interesante: Las experiencias personales de Jeremías (Jeremías 1–45)

La sección biográfica de Jeremías (cc. 34–45) sigue a las más importantes profecías, pero se hacen referencias a las experiencias del profeta a través de todo el libro. A causa de su interés humano, y porque nos da el fondo adecuado para comprender el ministerio del profeta, trataremos primero la parte biográfica.

Sabemos, por los primeros capítulos del libro, que Jeremías era hijo de un sacerdote llamado Hilcías. Quizá sea el mismo que se menciona en el hallazgo del libro de la ley (2 Reyes 22:8ss.). En los primeros años de su ministerio estuvo indudablemente comprometido en la campaña de reformas del buen rey Josías. Esta acción pudo haberle ganado los enemigos que más tarde lo persiguieron. La mayor parte de sus profecías escritas parecen pertenecer a los reinados de Joacim y Sedequías, los impíos hijos de Josías, bajo quienes Jeremías sufrió tantas persecuciones.

Por el capítulo 11, versículos 18 al 23, sabemos que los hombres de Anatot, el pueblo natal de Jeremías, estuvieron conspirando contra su vida. Aun sus propios parientes estaban entre los conspiradores (12:5-6). Los falsos profetas, que disfrutaban del favor del rey, lo contradecían continuamente (14:13-16; 28:10-11). El sensible profeta creía que todos lo estaban maldiciendo (15:10, 15, 18).

Finalmente a Jeremías lo arrestaron, lo azotaron y encerraron en una mazmorra por un sacerdote llamado Pasur, que era el oficial mayor del templo (20:1-2). Cuando a Jeremías lo liberaron, predijo el exilio de Pasur y de todas las personas que colaboraron con él. Bajo la carga de esta experiencia, el desesperado profeta, maldice el día en que nació (20:14-18).

En el cuarto año del reinado de Joacim, (c. 36), Dios encomendó a Jeremías, que en ese tiempo estaba en la prisión, que escribiera un libro con todas las palabras que él le había dado contra el pueblo de Judá.

Entonces llamó a su fiel amigo Baruc, y le dictó todo el libro. Luego Jeremías lo mandó a leer el rollo en el templo, a oídos de todo el pueblo. Cuando los príncipes le informaron al rey, este ordenó que le trajeran el rollo. Después de escuchar la lectura de tres o cuatro hojas, Joacim lo arrebató, lo cortó en pedazos y lo arrojó a las llamas. También intentó matar a Baruc y a Jeremías, "pero Jehová los escondió" (v. 26).

La prisión del profeta se menciona varias veces durante los reinados de Joacim y Sedequías (cc. 26, 32, 33, etc.). Durante el último asedio de la ciudad, lo acusaron de colaborar con los babilonios, lo arrestaron y lo arrojaron a una oscura mazmorra. De esta mazmorra lo sacó el propio rey cuando la ciudad, en lo más terrible del asedio, necesitaba sus consejos y sus oraciones (37:11-21). Sedequías lo hizo trasladar al "patio de la cárcel" para poder conferenciar con él más tranquilamente. Por mandato del rey le dieron al profeta "una torta de pan al día, de la calle de los Panaderos, hasta que todo el pan de la ciudad se gastase" (37:21).

Los enemigos de Jeremías se enfurecieron con este aparente trato suave para el profeta, y aduciendo que estaba minando la moral de los ciudadanos, aconsejando que se rindieran a los caldeos, pidieron la muerte del profeta. Fue entonces que Sedequías dijo: "He aquí que él está en vuestras manos; pues el rey nada puede hacer contra vosotros" (38:5). Entonces bajaron a Jeremías a una cisterna honda debajo de la prisión por medio de sogas, pero "en la cisterna no había agua, sino cieno, y se hundió Jeremías en el cieno" (38:6).

Al profeta lo rescató de esa cisterna un compasivo etíope, siervo del rey. Como vemos, Dios protegía al profeta en todas sus tribulaciones, tal como le había prometido el día de su llamamiento: "Porque he aquí que yo te he puesto en este día como ciudad fortificada... y pelearán contra ti, pero no te vencerán; porque yo estoy contigo... para librarte" (1:18-19).

Cuando definitivamente se exilió al pueblo, se le permitió a Jeremías permanecer en Jerusalén, bajo la protección de Gedalías, el gobernador. Después que un grupo de traidores dio muerte a Gedalías, a Jeremías lo llevaron a Egipto, contra su voluntad, por una partida de refugiados que comandaba Johanán (cc. 40-43). Por lo que su libro nos dice, es probable que en Egipto haya vivido en paz hasta el fin de sus días.

B. Llorando por Jerusalén: Una característica del profeta y su mensaje (Jeremías 1-33 y Lamentaciones 1-29)

En el llamamiento del profeta (c. 1) tenemos una interesante caracterización de Jeremías. Aparece como un joven tímido y sensitivo, ansioso de cumplir con la voluntad de Dios, pero consciente de la dificultad de la tarea. "¡Ah! ¡ah, Señor Jehová! He aquí, no sé hablar, porque soy niño" (v. 6). Aceptó el llamado de Dios con muchas protestas, pero cuando se hubo entregado a Dios, cumplió su ministerio con derroche de celo santo.

1. Un tipo de Cristo

Hay cierta ternura y calidad emocional en las profecías de Jeremías que nos recuerda a Oseas[11], y en las amargas lágrimas que derramó por Jerusalén, viene a ser un eminente tipo de Cristo[12]. Sin embargo, al igual que Oseas y Cristo, bajo la influencia del Espíritu de Dios fue capaz de censurar con severidad, y declarar sin ningún temor el mensaje de Dios.

2. Rogando y advirtiendo

Desde sus primeros mensajes se destaca el llamado al arrepentimiento. Aun los paganos son fieles a sus dioses, pero Israel ha cambiado al Dios viviente por los ídolos indignos: "Porque dos males ha hecho mi pueblo: me dejaron a mí, fuente de agua viva, y cavaron para sí cisternas, cisternas rotas que no retienen agua" (2:13). La reforma bajo el rey Josías fue insincera: "Judá no se volvió a mí de todo corazón, sino fingidamente, dice Jehová" (3:10). "Lava tu corazón de maldad, oh Jerusalén, para que seas salva. ¿Hasta cuándo permitirás en medio de ti los pensamientos de iniquidad?" (4:14).

Los remedios superficiales no son suficientes: "Y curan la herida de mi pueblo con liviandad, diciendo: Paz, paz; y no hay paz" (6:14). El tiempo de la paciencia de Jehová está llegando rápidamente a su fin; pronto vendrá el grito: "Pasó la siega, terminó el verano, y nosotros no hemos sido salvos" (8:20). El profeta da un grito de aflicción al ver en una visión que el enemigo se acerca: "¡Mis entrañas, mis entrañas! Me duelen las fibras de mi corazón; mi corazón se agita dentro de mí; no callaré; porque sonido de trompeta has oído, oh alma mía, pregón de guerra" (4:19).

3. Esperanza en medio de la desesperación

El dolor de Jeremías se hizo más intenso cuando descubrió que el pecado de Judá era incurable. Con ansia esperó el consuelo en medio de la tristeza. A veces deseaba que sus ojos se convirtieran en fuentes de aguas. Tuvo la tentación de huir de la gente, y buscar refugio en algún desierto (8:18–9:16).

Una de sus mayores pruebas fue saber que Dios no oiría sus oraciones por el pueblo, porque sus corazones estaban endurecidos, Y ya no podían arrepentirse. Más de una vez el Señor le prohibió orar (7:16-18; 11:14; 14:11), pero él no podía refrenarse. El espíritu de intercesión se apoderaba de él y rogaba al Señor que no aborreciera a su pueblo (14:19-22).

En los capítulos finales de esta sección (cc. 25–29) ya existe la firme convicción de que la destrucción de la ciudad, y la captura del pueblo son inevitables, porque año tras año este ha rehusado arrepentirse. El profeta amonesta a sus oyentes a que se sometan al castigo de Dios. Deseando hacer el destino de los exiliados tan llevadero como fuera posible, les escribe una carta aconsejándoles establecerse en sus hogares en tierra extraña, y esperar con paciencia el tiempo del retorno. Todavía hay esperanza, si a través del sufrimiento aprenden a rendir sus corazones completamente a Dios. "Me buscaréis y me hallaréis, porque me buscaréis de todo vuestro corazón" (29:13).

4. El libro de Lamentaciones

Las "Lamentaciones de Jeremías" que siguen al libro del profeta, eran anónimas en el idioma hebreo, y estaban incluidas en los Hagiógrafos. Sin embargo, una tradición muy fuerte asigna estos cantos al profeta llorón. Son muy propias del estilo doliente de Jeremías y siguen naturalmente a la trágica descripción de la caída de Jerusalén mencionada en el capítulo 52[13]. El tema de este pequeño libro es la caída y captura de la capital de los judíos, con los terribles dolores y sufrimientos de sus defensores, una catástrofe producto del pecado y la desobediencia del pueblo. Los primeros cuatro capítulos son poemas acrósticos, compuestos en el original por 22 versos, cada uno de los cuales principia con una de las 22 letras del alfabeto hebreo, también en su debido orden. En la Versión Reina-Valera el capítulo 3 tiene 66 versículos, ya que cada verso del original se ha extendido a tres en la traducción. El último capítulo, que también tiene 22 versículos pero que no es un acróstico, es una oración de perdón y restauración. El libro, en total, es un poema de gran mérito. El pasaje del capítulo 3:22-26, es un salmo cuya belleza y encanto rara vez son igualados en las Escrituras, un verdadero rayo de la cruz, que brilla a través de las tinieblas sin interrupción de una profunda tragedia.

C. Discernimiento espiritual: La explicación del profeta de la caída de Judá (Jeremías 3–33)

En el mensaje de Jeremías podemos ver una nueva interpretación del pecado que explica, cuando menos para el profeta, los trágicos sucesos que por destino le tocó presenciar. Dios era, sin ninguna duda, la única fuente de salvación de los israelitas (3:23), y era capaz de librarlos de su presente mala situación si ellos se volvían a él de todo corazón y estaba dispuesto a hacerlo (4:1). Jehová les exhortaba: "Paraos en los caminos, y mirad, y preguntad por las sendas antiguas, cuál sea el buen camino, y andad por él, y hallaréis descanso para vuestra alma. Mas dijeron: No andaremos" (6:16). Aquí estaba su problema. Era la apostasía del corazón lo que les impedía someterse a las demandas de Dios. "Engañoso es el corazón más que todas las cosas, y perverso; ¿quién lo conocerá?" (17:9).

Jeremías encuentra que hay una diferencia entre "pecados", hacer cosas malas a los ojos de Dios; y "pecado", la disposición del corazón a hacer lo malo, cosa mucho peor y más difícil de tratar. Por esta corrupción interna de la naturaleza, los deseos del corazón se hacen tan pervertidos que el mal llega a ser un deleite para el pecador, y hacer la voluntad de Dios es una imposibilidad. "¿Mudará el etíope su piel, y el leopardo sus manchas? Así también, ¿podréis vosotros hacer bien, estando habituados a hacer el mal?" (13:23). Esto tiene que ver no solamente con el pecado original, sino también con la formación de hábitos pecaminosos, los cuales tienden gradualmente a fijar el carácter y hacer imposible la búsqueda de Dios[14].

Con este nuevo concepto del pecado como una condición del corazón, vino también un nuevo énfasis en la responsabilidad personal por el pecado, lo cual veremos ampliado en las profecías de Ezequiel. Jeremías condena el proverbio con el cual se excusaban los cautivos: "En aquellos días no dirán más: Los padres comieron las uvas agrias y los dientes de los hijos tienen la dentera, sino que cada cual morirá por su propia maldad; los dientes de todo hombre que comiere las uvas agrias, tendrán la dentera" (31:29-30).

Así como el pecado es problema del corazón, así también lo es la obediencia a la ley. En el pasaje del Nuevo Pacto (31:31-34), Jeremías predice un tiempo cuando "Daré mi ley en su mente, y la escribiré en su corazón". Esto, de acuerdo con Hebreos 8:7-13, es la esencia de la religión del Nuevo Testamento.

D. Esperanza para los fieles: Profecías de la restauración y la venida de Cristo (Jeremías 3:11-20; 23:1-8; 30–33)

Las profecías de Jeremías están tan estrechamente asociadas con la caída de Judá y la destrucción de Jerusalén, que la atmósfera que las envuelve es necesariamente tenebrosa. Pero contra este negro fondo de amenaza y castigo aparecen algunas de las más gloriosas profecías mesiánicas del Antiguo Testamento. Esas promesas no están divorciadas del fondo de advertencia, sino que brotan naturalmente de las súplicas del profeta clamando por el arrepentimiento de la nación. Por ejemplo, en el tercer capítulo, después de razonar con su pueblo rebelde, el Señor les ruega por boca del profeta: "Convertíos, hijos rebeldes, dice Jehová" (3:14). Luego viene la promesa:

> Y acontecerá que cuando os multipliquéis y crezcáis en la tierra, en esos días, dice Jehová, no se dirá más: Arca del pacto de Jehová; ni vendrá al pensamiento, ni se acordarán de ella, ni la echarán de menos, ni se hará otra. En aquel tiempo llamarán a Jerusalén: Trono de Jehová, y todas las naciones vendrán a ella en el nombre de Jehová en Jerusalén; ni andarán más tras la dureza de su malvado corazón (3:16-17)[15].

En este pasaje, como es común en los profetas del Antiguo Testamento, tenemos una promesa de la restauración de Israel combinada con una profecía de la edad del evangelio, en la cual judíos y gentiles participarían por igual del reino de Dios[16].

Un pasaje mesiánico más distintivo se encuentra en el capítulo 23:1-8, donde en contraste con los falsos profetas que han desparramado las ovejas, se promete el envío de verdaderos pastores que juntarán el rebaño y lo alimentarán hasta la venida del Renuevo justo, el hijo de David que los regirá:

> He aquí que vienen días, dice Jehová, en que levantaré a David renuevo justo, y reinará como Rey, el cual será dichoso, y hará juicio y justicia en la tierra. En sus días será salvo Judá, e Israel habitará confiado; y este será su nombre con el cual le llamarán: Jehová, justicia nuestra (23:5-6).

Sin embargo, las profecías principales que tratan de la restauración y la venida de la edad del evangelio se hallan en los capítulos 30–33. Estos oráculos se pronunciaron en la hora más oscura de la historia de Judá. La ciudad de Jerusalén estaba sitiada y pronto sería destruida. Jeremías mismo se hallaba preso en el patio de la prisión. Estas eran las circunstancias cuando el profeta recibió el mandato del Señor de escribir palabras de consuelo para el pueblo.

Si pudiéramos parafrasear el mensaje del capítulo 30, diríamos algo así: El temor amenaza a cada corazón. Nunca hemos conocido tales calamidades. Pero ellas no durarán para siempre. Dios quebrará el yugo del opresor y librará al pueblo de su penosa servidumbre. Israel se congregará de nuevo en su propia tierra, y Dios levantará un rey de la casa de David para que los rija (30:5-9). No temáis la mano de corrección. Vuestros muchos pecados hicieron que Dios os castigase; pero cuando él os haya castigado, y vosotros hayáis aprendido a seguirle, él volverá a edificar la arruinada ciudad de Jerusalén, y habrá gozo en sus murallas como en los antiguos tiempos. Entonces volveréis a ser el pueblo de Dios, y él será vuestro Dios (30:10-22).

El corazón del mensaje de esperanza de Jeremías está en el capítulo 31, donde en un bello pasaje poético describe el Nuevo Pacto que Dios hará con su pueblo, un pacto que será escrito, no en tablas de piedra, sino en las tablas de carne del corazón.

> *He aquí que vienen días, dice Jehová, en los cuales haré nuevo pacto con la casa de Israel y con la casa de Judá. No como el pacto que hice con sus padres el día que tomé su mano para sacarlos de la tierra de Egipto... después de aquellos días, dice Jehová: Daré mi ley en su mente, y la escribiré en su corazón; y yo seré a ellos por Dios, y ellos me serán por pueblo... porque perdonaré la maldad de ellos, y no me acordaré más de su pecado* (31:31-34).

Si comprendemos las implicaciones de este pasaje, veremos que Jeremías ha dado aquí la sustancia del evangelio, que Jesús vino luego a revelar en su plenitud, y que se basó en la expiación que él mismo hizo, tal como se explica en el libro de Hebreos (8:6-13; 9:13-15; 10:14-22).

En el capítulo 32, el profeta nos dice cómo lo dirigió Dios para dar una prueba tangible de su fe en la restauración de Jerusalén, mandándole comprar una heredad ancestral en Anatot. El profeta hizo el trato legalmente y depositó la escritura de compraventa en un vaso de barro, según la costumbre de esos días, porque Dios le dio la seguridad de que, aunque la ciudad seguramente caería, de acuerdo a la palabra que había recibido del Señor, ciertamente también sería restaurada, y de nuevo se poseerían casas, heredades y viñas en la tierra de Judá (32:15).

En el capítulo final de esta sección Jeremías anuncia con claridad que, mientras la restauración de Jerusalén al fin de los 70 años (25:12) era el inmediato evento en perspectiva, habría un cumplimiento más completo con el establecimiento del reino de Cristo en un futuro más lejano.

> *Clama a mí, y yo te responderé, y te enseñaré cosas grandes y ocultas que tú no conoces. Porque así ha dicho Jehová Dios de Israel... En aquellos días y en aquel tiempo haré brotar a David un renuevo de justicia, y hará juicio y justicia en la tierra... Porque así ha dicho Jehová: No faltará a David varón que se siente sobre el trono de la casa de Israel* (33:3-4, 15, 17).

IV. LOS CONTEMPORÁNEOS DE JEREMÍAS

De los cuatro profetas que generalmente son considerados contemporáneos de Jeremías, solo Sofonías y Habacuc pueden ser fechados con alguna seguridad razonable. Estos dos profetas, como Jeremías, veían venir y temían la caída cercana de Jerusalén. Nahum y Abdías dirigieron sus profecías a las naciones extranjeras.

A. Nahum: Una gráfica profecía de la caída de Nínive

La profecía de Nahum, quien profetizó inmediatamente antes, o durante el reinado del rey Josías (638-608 a.C.), es un cántico de castigo, prediciendo la caída de Nínive. Es de hecho uno de los más finos y dramáticos poemas del Antiguo Testamento, lleno de gráficas descripciones de las guerras de esos tiempos, como lo ilustra el siguiente pasaje:

> *¡Ay de ti, ciudad sanguinaria,*
> *Toda llena de mentira y de rapiña,*
> *Sin apartarte del pillaje!*
> *Chasquido de látigo, y fragor de ruedas,*
> *Caballo atropellador,*
> *Y carro que salta;*
> *Jinete enhiesto, y resplandor de espada.*
> *Y resplandor de lanza;*
> *Y multitud de muertos,*
> *Y multitud de cadáveres;*
> *Cadáveres sin fin.*
> *Y en sus cadáveres tropezarán (3:1-3).*

Los tres capítulos del libro de Nahum se dividen naturalmente en dos secciones. La primera, el capítulo 1, es un salmo alfabético que ensalza la majestad y el poder del Señor de Judá. Todo está bajo el dominio de Dios: "Jehová marcha en la tempestad y el torbellino, y las nubes son el polvo de sus pies" (1:3). En el corazón del universo hay bondad y amor: "Jehová es bueno, fortaleza en el día de la angustia; y conoce a los que en él confían" (1:7). Pero la justicia de Dios demanda que él traiga el juicio sobre sus enemigos (1:8-10). El está a punto de romper la vara de Asiria, con la cual afligió a su pueblo (1:11-15)17.

La segunda sección, capítulos 2 y 3, está dedicada a una narración en forma profética de la caída de la capital de Asiria, y las razones del severo castigo que se le ha impuesto. La ciudad cruel, representada bajo la figura de una cueva de leones (2:10-13), será rápidamente aniquilada por el trato ultrajante que infligió a las naciones hermanas; y en el día de su calamidad no habrá compasión para ella (3:18-19).

Así, por medio del ejemplo, se le enseña a Judá que aunque el Señor "es tardo para la ira... no tendrá por inocente al culpable" (1:3). El cumplimiento de esta profecía con la destrucción de Nínive (612 a.C.), que se produjo precisamente cuando Josías realizaba sus reformas religiosas, y en medio de las profecías de Jeremías, debió ser una lección objetiva para el pueblo de Judá para detenerlo en su impío camino. Pero no fue así.

B. **Sofonías: Una visión anticipada y temible del día de Jehová**

La aplicación a Judá de la lección del juicio divino enseñada en la profecía de Nahum, es presentada en forma por demás intensa en los sermones del profeta Sofonías, quien era un descendiente del buen rey Ezequías. Aprovechando la amenaza de una invasión por hordas salvajes de escitas desde el norte[18], Sofonías pronosticó la venida de un gran día de juicio para Judá y Jerusalén.

> *Cercano está el día grande de Jehová, cercano y muy próximo; es amarga la voz del día de Jehová; gritará allí el valiente. Día de ira aquel día, día de angustia y de aprieto, día de alboroto y de asolamiento, día de tiniebla y de oscuridad, día de nublado y de entenebrecimiento, día de trompeta y de algazara sobre las ciudades fortificadas, y sobre las altas torres... Ni su plata ni su oro podrá librarlos en el día de la ira de Jehová, pues toda la tierra será consumida con el fuego de su celo; porque ciertamente destrucción apresurada hará de todos los habitantes de la tierra* (1:14-16, 18).

Las condiciones que demandaron esta clase de predicción por parte de Sofonías fueron casi las mismas que ocasionaron las reformas de Josías y las primeras profecías de Jeremías, puesto que Sofonías fue contemporáneo de estos dos grandes hombres (cerca del 625 a.C.), y sin duda habrá llevado a cabo con ellos las responsabilidades de la reforma.

La profecía de Sofonías respecto al día de Jehová fue la inspiración para el famoso himno medieval "Dies Irae"[19], y ha sido considerada por todas las autoridades del Antiguo Testamento como el pasaje clásico del día del juicio. De acuerdo a este profeta. Dios traerá juicio, no solamente sobre Nínive (2:13-15), y no solo sobre Judá, sino sobre todas las naciones de la tierra: "Porque mi determinación es reunir las naciones, juntar los reinos, para derramar sobre ellos mi enojo, todo el ardor de mi ira; por el fuego de mi celo será consumida toda la tierra" (3:8).

Combinada con esta advertencia de juicio hay también en la profecía de Sofonías una invitación de gracia: "Buscad a Jehová todos los humildes de la tierra... quizás seréis guardados en el día del enojo de Jehová" (2:3). Y se da una promesa de liberación a los que permanecen fieles a Jehová:

> *Canta, oh hija de Sion;*
> *Da voces de júbilo, oh Israel;*
> *Gózate y regocíjate de todo corazón,*
> *Hija de Jerusalén.*
> *Jehová ha apartado tus juicios.*
> *Ha echado fuera tus enemigos;*
> *Jehová es Rey de Israel en medio de ti;*
> *Nunca más verás el mal* (3:14-15)[20].

C. Habacuc: Preguntas de un profeta y respuestas de Dios

Habacuc es conocido a veces como el profeta filosófico, puesto que la mayor parte de su profecía se la presenta en forma de una inquisición del profeta, en busca de las razones de la aflicción de Jerusalén durante el reinado de Joacim (608-597 a.C.)[21]. El libro comienza con un diálogo entre el profeta y Jehová (1:1-2:4), y luego registra ciertos "ayes" pronunciados contra Babilonia por su crueldad y opresión (2:5-20), y cierra con un bellísimo poema de confianza en que Dios librará a su pueblo (c. 3).

1. El diálogo

En el diálogo inicial, Habacuc presenta dos quejas ante el Señor, y el Señor le da una respuesta a cada una. En la primera querella (1:1-4) el profeta lamenta la creciente iniquidad de su pueblo. Al contestar, Dios promete castigar el pecado (1:5-11), levantando a los caldeos (esto es, los babilonios) contra ellos. En la segunda querella (1:12-17) Habacuc pregunta si es correcto usar un pueblo impío para castigar a un pueblo que es menos culpable. La respuesta de Dios (2:1-4) es que la justificación de los actos de Dios será evidente conforme se vayan desarrollando los acontecimientos. Todos los impíos serán juzgados y castigados. Aunque la ira divina parezca tardar, vendrá sin embargo en el tiempo designado.

2. La conclusión

Los cinco ayes, dirigidos quizá primeramente contra Babilonia, pero aplicables a todo el pueblo de Judá, se dirigen al "que multiplicó lo que no era suyo" (2:6), al "que codicia" (2:9), al "que edifica la ciudad con sangre, y del que funda una ciudad con iniquidad" (2:12); contra aquel "que da de beber a su prójimo" para aprovecharse de él (2:15), y contra todos los idólatras (2:19). En marcado contraste con todo esto, tenemos el gran principio de recta conducta enunciado en el versículo 4: "El justo por su fe vivirá".

3. El salmo de la fe

El capítulo 3 es un salmo apocalíptico, que describe la venida de Dios en juicio, y cuyo prefacio es una oración por un avivamiento de justicia "en medio de los tiempos" de mundanalidad y pecado (3:2). Los versos finales de la profecía están entre las más finas expresiones de fe que pueden hallarse en la Biblia:

Aunque la higuera no florezca, ni en las vides haya frutos, aunque falte el producto del olivo, y los labrados no den mantenimiento, y las ovejas sean quitadas de la majada, y no haya vacas en los corrales; con todo, yo me alegraré en Jehová, y me gozaré en el Dios de mi salvación. Jehová el Señor es mi fortaleza, el cual hace mis pies como de ciervas, y en mis alturas me hace andar (3:17-19).

D. Abdías: Un juicio pronunciado contra una nación traicionera

La corta profecía de Abdías es el libro más breve del Antiguo Testamento. A veces se la consideró el primero de los libros proféticos, pero los eruditos modernos convienen en que su escrito data poco después de la caída de Jerusalén, o sea alrededor del año 585 a.C.

El profeta reprende al pueblo de Edom por haberse regocijado por la caída de Judá, y señala que, aunque los edomitas se sientan seguros en sus montañas, tendrán el mismo destino común de todas las naciones que han transgredido la ley de Dios. "La soberbia de tu corazón te ha engañado" (v. 3) dice Abdías, y añade: "Como tú hiciste se hará contigo; tu recompensa volverá sobre tu cabeza" (v. 15). "Cercano está el día de Jehová sobre todas las naciones" (v. 15). Solo Sion será restaurada, hasta que todas las naciones conozcan que "el reino será de Jehová" (v. 21).

RESUMEN

En este capítulo hemos trazado las influencias que condujeron a la caída de Judá, y hemos considerado los esfuerzos que hicieron los profetas de Judá para salvar a la nación de la catástrofe que al final terminó por envolverla. Hemos visto las fuerzas en el trasfondo que formaron las causas naturales de la caída de Judá, pero, con la ayuda de los profetas vimos la causa determinante, que fue su desobediencia a Dios, y el haber seguido a los reyes apartados de Dios en lugar de aquellos que los hubiesen dirigido por el camino de justicia. Dios los castigó por su pecado, y al mismo tiempo les enseñó las verdades espirituales que deberían ser la guía de las generaciones futuras. Por primera vez, en las enseñanzas de los profetas, se le dice claramente al pueblo que su mayor enemigo es el mal en sus propios corazones, y que el camino de liberación incluía el perdón personal, la purificación y una vida de fe y obediencia a su voluntad (Jeremías 17:9; 29:13; 31:29-34; Habacuc 2:4; cf. Hebreos 12:11).

LECTURAS RECOMENDADAS

Blaikie y Matthews, *A Manual of Bible History*, pp. 249-61.
Joseph P. Free, *Archaeology and Bible History*, pp. 213-23.
Dorothy Ruth Miller, *A Handbook of Ancient History in Bible Light*, pp. 102-19.
James C. Muir, *His Truth Endureth*, pp. 193-208.
Ira M. Price, *The Dramatic Story of Old Testament History*, pp. 329-53.
Loyal R. Ringenberg, *The Word of God in History*, pp. 198-99; 211-23.
G.L. Robinson, *The Twelve Minor Prophets*, pp. 61-69; 107-36.
Kyle M. Yates, *Preaching from the Prophets*, pp. 128-74.

PARA UN ESTUDIO MÁS COMPLETO

1. ¿Cuáles son algunas de las razones de la sumisión servil de Judá a Asiria, después de la muerte de Ezequías?

2. ¿Qué providencia puede verse en la caída de Asiria y en el crecimiento del poderío del imperio babilónico?

3. Describa el reinado de Manasés, y señale sus efectos sobre el destino de Judá.

4. ¿Cuál parece haber sido la causa principal del intento de reforma bajo Josías? ¿Qué profetas se cree que ayudaron en el movimiento? ¿Con qué resultados?

5. Describa los sucesos que condujeron a la subyugación de Judá por Egipto, luego por Babilonia, y que terminaron con la destrucción final de la ciudad por Nabucodonosor.

6. Dé las fechas de las tres cautividades de Judá, y mencione alguna persona o suceso relacionado con ellas.

7. Al observar el desarrollo de este período en relación con las enseñanzas de los profetas y el futuro de la nación judía, ¿podemos ver la providencia de Dios actuando en la caída del reino y los sufrimientos del pueblo? ¿Cuáles fueron los resultados espirituales de esta experiencia?

8. Describa al profeta Jeremías en comparación con Isaías. ¿Cuál de ellos es un tipo de Cristo? Explique.

9. Relate el llamamiento de Jeremías. ¿Cómo podemos fechar su ministerio?

10. Mencione algunas de las experiencias de Jeremías que estén relatadas en su libro. ¿Cuál fue el destino del profeta después de la destrucción de la ciudad?

11. ¿Qué enseñanzas nuevas hallamos en la profecía de Jeremías respecto al pecado y la redención? ¿En los escritos de qué profeta posterior se dan esas enseñanzas en forma más amplia?

12. Señale algunas de las profecías mesiánicas de Jeremías.

13. Haga un bosquejo de ocho a diez puntos sobre Jeremías, y relacione cada sección de la profecía con su trasfondo histórico específico.

14. ¿De qué modo usó el profeta a su amigo Baruc, el escriba, para la redacción y entrega de sus mensajes?

15. Describa el libro de Lamentaciones. ¿Cuál es su probable relación con el profeta Jeremías?

16. ¿Qué gran suceso se describe en la profecía de Nahum? Describa el estilo y la calidad literaria del libro.

17. ¿Qué lección debió haber aprendido Judá de esta profecía y su cumplimiento?

18. ¿Cuál es el gran mensaje de Sofonías y qué aplicación se le da comúnmente en la teología cristiana?

19. Explique el título de "profeta filósofo" que se aplica frecuentemente a Habacuc. ¿Qué uso se hizo, en tiempos de la Reforma, de uno de los pasajes de esa profecía? Cite el pasaje y explique su significado.

20. ¿Sobre qué base se fija la fecha de la profecía de Abdías? ¿Qué otra posible fecha se sugiere?

NOTAS BIBLIOGRÁFICAS

[1] J.P. Free, *Archaeology and Bible History*, pp. 217-18; Muir, *His Truth Endureth*, p. 193.

[2] Cf. Mould, *Essentials of Bible History*, pp. 260-61.

[3] I.M. Price, *The Dramatic Story of Old Testament History*, p. 329; Mould, op. cit., p. 331.

[4] James C. Muir, *His Truth Endureth*, p. 193

[5] Mould, *loc. cit.*

[6] *Cf. Price, op. cit.*, p. 331.

[7] Cf. Free. *op. cit.*, pp. 224-25.

[8] Vea Price, *op. cit.*, pp. 352, 359. Cf. L.A. Knott, *Student's History of the Hebrews*, p. 268.

[9] *Muir, op. cit.*, pp. 208, 225.

[10] Kyle M. Yates, *Preaching from the Prophets*, p. 128.

[11] Cf. J.R. Dummelow, ed., *A Commentary on the Holy Bible*, p. 457.

[12] Para una comparación entre Jeremías y Jesús, véase Yates, *op. cit.*, pp. 135-36.

[13] Cf. Muir, *op. cit.*, p. 208.

[14] Compare lo que dice Hebreos 6:4-6 y 10:26-27 sobre la apostasía.

[15] Compare Isaías 2:1-4.

[16] Para una profecía similar véase Jeremías 12:14-17.

[17] Compare Isaías 10:5-12. La referencia, por supuesto, es a los asirios, quienes llevaron al pueblo del reino del Norte a la cautividad e invadieron cruelmente varias veces a Judá.

[18] Cf. C.T. Francisco, *Introducing the Old Testament*, p. 134.

[19] Compuesto por Tomás de Celano, un fraile franciscano del siglo XIII, y asociado con San Francisco de Asís, el himno "Día de la Ira" es una reconocida obra maestra de la himnología latina y sin rival entre los himnos cristianos sobre el juicio. Véase en algún himnario la traducción española de este himno extraordinario.

[20] En cuanto al orden de estas líneas compare *Westminster Study Edition of the Holy Bible*, p. 1348.

[21] Para la fecha de la profecía, véase G.L. Robinson, *The Twelve Minor Prophets*, pp. 120s.

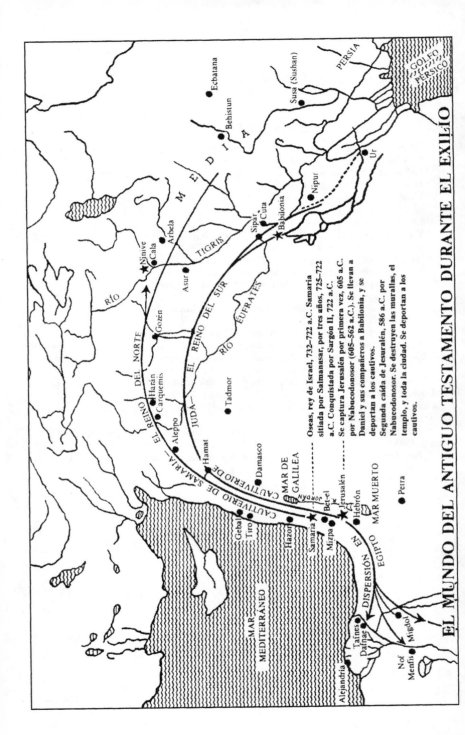

EL MUNDO DEL ANTIGUO TESTAMENTO DURANTE EL EXILIO

Oseas, rey de Israel, 732–722 a.C. Samaria sitiada por Salmanasar, por tres años, 725–722 a.C. Conquistada por Sargón II, 722 a.C. Se captura Jerusalén por primera vez, 605 a.C. por Nabucodonosor (605–562 a.C.). Se llevan a Daniel y sus compañeros a Babilonia, y se deportan a los cautivos.
Segunda caída de Jesuralén, 586 a.C. por Nabucodonosor. Se destruyen las murallas, el templo, y toda la ciudad. Se deportan a los cautivos.

15
EL EXILIO Y LA RESTAURACIÓN

El Señor hizo volver a los cautivos de Sion (Salmos 126:1, Biblia de las Américas).

Fuentes: 2 Reyes 25:27-30; 2 Crónicas 36:22-23; Esdras; Nehemías; Ester; Salmos 85; 102; 118; 126; 137; 146–150; Isaías 39; Jeremías 25; 29; Ezequiel; Daniel; Joel; Hageo; Zacarías; Malaquías.

Para leer: Ezequiel 1–3; 18; 36:25-27; 37:1-14; Daniel 1–2; 5–6; 12; Esdras 1; 5:1-2; 7:6-10; Nehemías 1–2; 4; 6:1-16; 8; Hageo 1; Zacarías 1:1-17; 14:20-21; Malaquías 3.

Período: Desde la destrucción de Jerusalén, 586 a.c. hasta el fin del período del Antiguo Testamento, 400 a.c.

Llegamos ahora a los dos últimos períodos del Antiguo Testamento. Trataremos estos dos períodos juntos porque forman la historia continua de una nación que luchó, a pesar de grandes obstáculos, para conservar algún vestigio de su vida nacional. Los detalles de la historia que han llegado hasta nosotros son bastante limitados.

Los datos del exilio deben ser extraídos de los escritos de los profetas del exilio, Ezequiel y Daniel, y de algunas fuentes arqueológicas y extrabíblicas. Los libros de Esdras y Nehemías, por otro lado, juntamente con los profetas Hageo, Zacarías y Malaquías, nos dan un cuadro bastante completo del retorno de la cautividad y de la restauración bajo Zorobabel, Esdras y Nehemías. El libro de Ester, que pertenece al período de la restauración, es el relato de un solo episodio en la experiencia de los judíos que permanecieron en Babilonia y otras partes del imperio persa, después del retorno inicial del año 536 a.C.

I. EL TRASFONDO HISTÓRICO: LOS IMPERIOS DE BABILONIA Y PERSIA

Durante los períodos del exilio y la restauración, el pueblo de Judá estuvo sujeto primero a los babilonios y después a los persas. La historia de esas dos grandes potencias que dominaron el Medio Oriente durante 300 años (606-331 a.C.), necesita ser bien conocida para comprender mejor lo ocurrido a los judíos durante ese tiempo.

A. El imperio babilónico

Como hemos dicho antes, se quebró el poder asirio finalmente en la batalla de Carquemis (606 a.c.), y Nabucodonosor, rey de Babilonia a la muerte de su padre, Nabopolasar, en el año 605 a.c., llegó a ser dueño de todo el Creciente Fértil*[1]. Su largo reinado de 43 años fue uno de los más ilustres de la historia. Cornill, un experto sobre la historia de Babilonia y Asiria, llama a Nabucodonosor "la más brillante personalidad de toda la historia del antiguo Oriente". Y agrega:

Reedificó las ciudades destruidas, restauró los templos que estaban en ruinas; construyó canales y estanques; reguló el curso de los ríos y estableció puertos; abrió carreteras y nuevos caminos para el tránsito y el comercio. Por 43 años reinó para el bienestar de la humanidad.[2]

Quizá esta sea una opinión algo exagerada del hombre, pero sirve para destacar la importancia que tuvo en el mundo antiguo y entender la contribución que hizo a la civilización de sus tiempos.

1. La ciudad de Babilonia bajo Nabucodonosor

Daniel, que vivió en Babilonia por cerca de tres cuartos de siglo, nos permite vislumbrar algo de la grandeza de la ciudad durante la era de Nabucodonosor. Daniel cuenta que Nabucodonosor se paseaba por la terraza de su palacio, mirando a la ciudad, y exclamó: "¿No es ésta la gran Babilonia que yo edifiqué para casa real con la fuerza de mi poder, y para gloria de mi majestad?" (Daniel 4:30). Las excavaciones que hizo en Babilonia la Sociedad Germana Oriental desde 1899 hasta 1915, han demostrado con certeza el boato y la pompa que alcanzó el reino de Nabucodonosor. Se descubrieron seis columnas con escritos babilónicos que refieren las magníficas construcciones que hizo el rey para ampliar y embellecer la ciudad. Además del descubrimiento de las inmensas murallas dobles y el palacio imperial, los excavadores alemanes hallaron un vasto sistema de fortificaciones, canales, palacios, y templos[3].

2. La caída de Babilonia

Después de la muerte de Nabucodonosor en el año 562 a.C., el imperio babilónico declinó rápidamente hasta llegar a su fin con la captura de la ciudad por Ciro en el año 538 a.C. El hijo de Nabucodonosor, Evil-merodac (2 Reyes 25:27), quien liberó a Joaquín de la prisión, lo asesinaron después de

---

* Región histórica del Medio Oriente. Es un área bien irrigada y fértil en forma de un arco que se extiende sobre la parte norte del desierto de Siria. Está limitada al oeste por el Nilo y al este por el Éufrates y Tigres, e incluye parte de Israel, Líbano, Siria, Jordán e Irak. En la antigüedad estuvo bajo el dominio de diferentes imperios y naciones.

tres años de reinado por Neriglisar, su cuñado, quien lo sucedió en el trono. Cinco años más tarde el poder pasó al hijo de Neriglisar pero a este, a su vez, lo despojaron del gobierno por una conjuración de los sacerdotes, quienes pusieron en el trono a uno de su propio grupo, Nabónido.

Las excavaciones arqueológicas han comprobado que este Nabónido fue el padre de Belsasar (Daniel 5), con quien reinó Babilonia en forma conjunta[4]. Este hecho identifica para nosotros un personaje que por mucho tiempo fue motivo de controversia entre los críticos conservadores y los liberales de la Biblia. Por otra parte, la madre de Belsasar y esposa de Nabónido parece haber sido una hija de Nabucodonosor. Por eso es que Daniel menciona a Belsasar como "hijo" (nieto) de Nabucodonosor (Daniel 5:22).

Las circunstancias generales de la caída de Babilonia, según se describen en el capítulo 5 de Daniel, están bien confirmadas por otras fuentes históricas. La "Crónica de Nabónido" descubierta en las excavaciones de Babilonia, describe el ataque fulminante y la toma de la ciudad "sin lucha"[5]. A Belsasar lo mataron la misma noche del banquete con que regalaba a 1,000 de sus príncipes, completamente inadvertido del peligro que corría la ciudad[6]. A su padre, Nabónido, lo capturaron los persas invasores[7]. De esta manera los persas, que estaban aliados con los medos desde el 550 a.C., y que bajo el mando de Ciro habían sometido toda el Asia Menor, llegaron a ser los dueños del imperio dominado por los babilonios.

B.   El imperio persa

Con la subida de Ciro al poder se inauguró una nueva política con respecto a las naciones vencidas. En vez de tiranizarlas y oprimirlas por la fuerza bruta, Ciro prefirió tratarlas con consideración, para ganar su amistad. Por el célebre decreto facilitado en el segundo año de su reinado, Ciro prometió regresar a sus hogares a todos los pueblos que se hallaban cautivos, que era precisamente lo opuesto de la política que habían llevado hasta entonces los asirios y babilonios. A juzgar por la narración de Esdras, parece que Ciro favoreció especialmente a los judíos y les ofreció una generosa ayuda. Muir hace notar que esta política liberal de los persas señala "un paso definitivo de progreso en la historia de la civilización. La libertad religiosa e individual de los pueblos subyugados fue una nota nueva en la política administrativa nacional"[8].

Ciro reinó diez años más después de la captura de Babilonia. Cuando murió en el 529 a.C. subió al trono su hijo Cambises. Pero Cambises desgraciadamente carecía del talento para gobernar que tenía su padre. Después de su propia muerte, siete años más tarde, el reino lo tomó un noble persa, llamado Darío el Grande[9], quien extendió su imperio desde la India hasta el Danubio, y por el oeste hasta la misma Grecia. Fue Darío quien dio a sus oficiales la orden expresa de reedificar el templo de Jerusalén (Esdras 6:1-12).

Darío es famoso también por su intento de someter la península griega al imperio persa. Se envió una inmensa flota y un gran ejército contra Grecia en el año 492 a.c., pero fueron vencidos. Otro gran ejército fue derrotado en la batalla de Maratón en el 490 a.c. Darío murió cuando preparaba la tercera expedición, pero su hijo Jerjes (486-465 a.C.), conocido como Asuero en el libro de Ester, continuó la campaña contra Grecia. Armó un ejército formidable y una gran flota, y él mismo se puso al frente para ser testigo de sus proezas. Pero en la batalla de Salamina, en el 480 a.C., a la flota persa lo venció la armada griega de Atenas, y el ejército se dispersó y se vieron obligados a huir. El último emperador persa mencionado en el Antiguo Testamento es Artajerjes, *Longimano* (465-424 a.C.), quien permitió a Esdras conducir un gran número de judíos de regreso a Jerusalén, se lo renombra por su amistad con Nehemías, amistad que contribuyó a la reconstrucción de las murallas de Jerusalén. Volvamos ahora a la historia del exilio.

II. JUNTO A LOS RÍOS DE BABILONIA: LA NACIÓN EN EL EXILIO

En el salmo 137 tenemos una vívida descripción de los judíos exiliados:

Junto a los ríos de Babilonia,
Allí nos sentábamos, y aun llorábamos,
Acordándonos de Sion.
Sobre los sauces en medio de ella
Colgamos nuestras arpas.
Y los que nos habían llevado cautivos nos pedían que cantásemos,
Y los que nos habían desolado nos pedían alegría, diciendo:
Cantadnos algunos de los cánticos de Sion.
¿Cómo cantaremos cántico de Jehová
En tierra de extraños?
Si me olvidare de ti, oh Jerusalén,
Pierda mi diestra su destreza.
Mi lengua se pegue a mi paladar,
Si de ti no me acordare;
Si no enalteciere a Jerusalén
Como preferente asunto de mi alegría (Salmos 137:1-6).

Tal era el sentimiento de nostalgia y desaliento que sin duda prevalecía entre los israelitas en Babilonia. Sin embargo, esto no describe con exactitud su situación. No debemos tomar muy literalmente la palabra "cautividad". Los monarcas babilónicos fueron mucho más suaves en su trato con los pueblos vencidos que los asirios. Parece ser que el poder había pasado a manos de los babilonios por la providencia de Dios. De esta manera el pueblo de Judá podía ser castigado por su desobediencia sin tener que sufrir el cruel tratamiento que el apóstata reino del Norte había recibido de sus conquistadores asirios.

A. La vida de los judíos en Babilonia
(Jeremías 25; 29; Ezequiel 1–48; Daniel 1–12)

Una carta enviada por Jeremías a los judíos de Babilonia antes de la caída de Jerusalén, sugiere la vida relativamente pacífica que disfrutaban los exiliados:

> *Edificad casas. Y habitadlas; y plantad huertos, y comed del fruto de ellos. Casaos, y engendrad hijos e hijas; dad mujeres a vuestros hijos, y dad maridos a vuestras hijas, para que tengan hijos e hijas; y multiplicaos ahí, y no os disminuyáis. Y procurad la paz de la ciudad a la cual os hice transportar, y rogad por ella a Jehová; porque en su paz tendréis vosotros paz. Porque así ha dicho Jehová de los ejércitos. Dios de Israel: No os engañen vuestros profetas que están entre vosotros, ni vuestros adivinos; ni atendáis a los sueños que soñáis. Porque falsamente os profetizan ellos en mi nombre; no los envié, ha dicho Jehová* (Jeremías 29:5-9).

Parece que al principio algunos tenían la impresión de que el exilio duraría poco tiempo, y que las muchas predicciones del retorno realizadas por Isaías, Jeremías y otros profetas pronto se cumplirían. Pero la carta de Jeremías y la exhortación del profeta Ezequiel pronto convencieron al pueblo que su estadía sería larga. Compraron propiedades, se dedicaron al comercio, establecieron comunidades religiosas, edificaron sinagogas y llevaron una existencia normal. Muchos de ellos alcanzaron posiciones de eminencia en el estado. Ejemplo de ellos son Daniel y sus tres amigos, Ananías, Misael y Azarías; y también, Mardoqueo, Esdras y Nehemías. Tan buena era la vida que llevaban en Babilonia que al fin de los 70 años de cautiverio, muy pocos judíos tenían deseos de hacer el peligroso viaje de vuelta a Jerusalén, donde indudablemente tendrían que comenzar la fatigosa y pesada tarea de reconstruir la ciudad.

B. Resultados del exilio

Como consecuencia del exilio en Babilonia, comenzaron a notarse ciertos cambios en la vida y pensamiento de los judíos. Primero, el lenguaje que el pueblo hablaba sufrió una modificación. En grado considerable adoptaron el dialecto arameo. Es notorio que en el período de la restauración, cuando Esdras leyó la ley en idioma hebreo, "ponían el sentido" en el dialecto del pueblo (Nehemías 8:8). De hecho, algunas partes de los libros de Daniel y Esdras están escritas en la lengua aramea o caldea.

Segundo, hubo un marcado aumento en la producción de literatura entre los judíos exiliados. Además de los libros de Ezequiel y Daniel, se supone que se completaron los libros de 1 y 2 Reyes, y se escribieron muchos salmos. Por ejemplo, los salmos 85; 102; 108; 126; 137; 146–150 y probablemente el 74 y 79 pertenecen al período del exilio[10]. Los eruditos asumen generalmente que fue en este período cuando se inició el movimiento para formar la colección definitiva de los escritos sagrados.

Tercero, y lo más importante, fueron los cambios en la vida religiosa del pueblo, incluyendo la ruptura final con toda forma de idolatría, la universalización de su concepto del reino de Dios, y el establecimiento de la sinagoga como lugar de adoración. Un gran factor de este cambio, según lo veremos, fue la influencia del profeta Ezequiel. También influyó el hecho de que, al no contar con las ceremonias en el templo, tuvieron que adoptar nuevas formas de expresión religiosa. Como lo observa James C. Muir:

> Sin un templo que fuese el centro de la vida religiosa, las necesidades comunes del alma reclamaron que la religión tuviese una aplicación más humana. La religión revelada dio un gran paso hacia adelante. Jehová dejó de ser el Dios exclusivo de los hebreos, ministrando desde su santo templo de Jerusalén. Él, el Santo, era el Rey divino de toda la humanidad, tanto de judíos como de gentiles, y el universo era el reino de Dios[11].

C. El libro de Ester

En el libro de Ester se da un ejemplo significativo del continuo cuidado que Dios tenía por su pueblo en el exilio. La historia de Ester ocurrió en efecto después del retorno bajo Zorobabel, y probablemente bajo el reinado de Jerjes (486-465 a.C.). Ester, una bella doncella judía que había sido introducida a la corte persa con el alto honor de esposa real, por la mediación de su tío Mardoqueo, un judío eminente, logró una gran liberación para sus paisanos seriamente amenazados. Amán, un ambicioso y poderoso cortesano, indujo al rey por medios sutiles a expedir un decreto de exterminación de los judíos. Pero se demostró que era un traidor, y lo colgaron en la misma horca que había preparado para Mardoqueo. Los judíos fueron liberados, y como muestra de su gratitud por la providencia de Dios instituyeron la fiesta de Purim, la cual ha llegado a ser uno de los festivales judíos más importantes.

III. JERUSALÉN REEDIFICADA: LA RESTAURACIÓN DE JUDÁ

Así como la cautividad se produjo en tres etapas (606, 597 y 586 a.C.), también el retorno fue en tres etapas: bajo Zorobabel en 536 a.C., bajo Esdras en 458 a.C., y bajo Nehemías en 444 a.C. Bajo Zorobabel, se reedificó el templo, en tiempos de Esdras se realizó una gran reforma religiosa, y con Nehemías se levantaron las murallas de la ciudad y se rehabilitó Jerusalén. La historia de los dos primeros retornos está relatada en el libro de Esdras; la historia del tercero en el de Nehemías.

A. El regreso de Zorobabel y la reedificación del templo (Esdras 1–6)

Jeremías había profetizado en dos ocasiones que el exilio duraría 70 años (Jeremías 25:12 y 29:10). El famoso decreto de Ciro, que permitió a los pueblos exiliados volver a sus propias tierras, se produjo en el año 537 a.C., y unos meses más tarde, justamente 70 años después que llevaron a los primeros cautivos a Babilonia, una partida de judíos inició el regreso al hogar, conducidos por Zorobabel (llamado también Sesbasar), un príncipe de la casa de David, y Jesúa (o Josué) el sumo sacerdote. De acuerdo con las cifras suministradas por Esdras (2:64-65), los judíos que regresaron en esta primera ocasión eran cerca de 50,000[12]. La mayoría eran de las tribus de Judá, Benjamín y Leví, pero había algunos pertenecientes a las otras tribus también[13]. La tradición sostiene que a esa inmensa caravana la escoltó una guardia de caballería de 1,000 hombres, y que estuvieron en camino cuatro meses[14]. Esdras menciona que recibieron ayuda económica para el viaje, tanto de parte de los judíos que se quedaban en Babilonia, como del rey (Esdras 1:6-11).

En cuanto llegaron a Jerusalén levantaron un altar, y bajo la dirección del sumo sacerdote se reinició el culto de Jehová. Después de asegurar hogares temporales para todos, la primera preocupación de los que retornaron del exilio fue limpiar el sitio y colocar los cimientos para levantar un nuevo templo. Los samaritanos, a guisa de una pretendida amistad, solicitaron permiso para ayudar en la reconstrucción, pero cuando los rechazaron, comenzaron a hostilizar a los trabajadores y a estorbar las tareas de construcción. Mandaron informes a los persas que los judíos levantaban fortificaciones y estaban planeando una sublevación. Como consecuencia de esto se detuvo la reedificación por orden del rey, y no se reanudó sino hasta el ascenso de Darío al trono, en el año 521 a.C.

La reanudación de las obras de edificación se debió, en parte, a las exhortaciones de dos profetas, Hageo y Zacarías. Cuando los samaritanos mandaron otra vez falsos informes al rey, este decidió investigar quién había dado la orden de reedificar, y se enteró que había sido el mismo Ciro. Entonces mandó a los gobernantes de las provincias que dieran ayuda al proyecto, proveyendo los materiales necesarios, y evitando que hubiera más interrupciones del trabajo. Fue en el año 516 a.c., justamente 20 años después que se había comenzado la obra, cuando se completó la reconstrucción y se dedicó el templo con gran regocijo del pueblo[15].

El nuevo templo no se podía comparar, en muchos aspectos, con la imponente estructura que había levantado Salomón[16], pero este templo, con las modificaciones que introdujo Herodes, sería el escenario de la inauguración de una nueva y gloriosa época en la historia de la redención. La profecía de Hageo (2:1-9) concerniente a "la gloria postrera de esta casa" iba a ser cumplida, y, en las palabras de Malaquías (3:1), el Señor vendría "súbitamente a su templo".

B.   Esdras y Nehemías: La restauración completada
(Esdras 7-10; Nehemías 1-13)

La segunda y tercera etapas del retorno de los judíos a Jerusalén fueron similares en el sentido de que se originaron por el deseo de ayudar a la recientemente organizada colonia de Jerusalén, a completar su obra de restauración.

1. Segunda etapa del retorno bajo la dirección de Esdras

Esdras era un hombre del linaje sacerdotal y escriba docto en la ley de Moisés[17]. Estando en Babilonia se le informó de la necesidad que tenían los habitantes de Jerusalén de una reforma religiosa y de instrucción en la Ley. Por lo tanto solicitó permiso al emperador Artajerjes para conducir otro grupo de judíos a Palestina, con el fin de investigar las condiciones morales y religiosas de los habitantes. El emperador le concedió el permiso y autoridad para requerir de los gobernadores de las provincias vecinas toda la ayuda material que necesitase.

En esta expedición, que tuvo lugar en el año 458 a.C., acompañaron a Esdras más de 1,700 judíos, llevando con ellos los vasos de oro del templo que aún permanecían en Babilonia. Al llegar a Jerusalén, Esdras se enteró de que los judíos, en flagrante violación de la ley de Moisés, se habían casado con mujeres cananeas y de otras naciones extranjeras. Aun los príncipes y sacerdotes eran culpables de este pecado. Esdras quedó tan impresionado por esta prevaricación, que rasgó sus vestidos, se arrancó los pelos de la cabeza y de la barba, y se sentó atribulado y confundido hasta la hora del sacrificio de la tarde. Entonces, se entregó a la oración para confesar los pecados del pueblo. Ese día persuadió a muchos sacerdotes a dejar a sus mujeres paganas, pero más adelante fue necesario aplicar medidas más drásticas para completar la tarea.

Esdras tuvo un ministerio sumamente significativo en la instrucción religiosa del pueblo, que se detalla en el libro de Nehemías, al cual nos tomamos ahora para ver la tercera etapa del retorno, y los sucesos finales del período de restauración.

2. La reedificación de las murallas bajo la dirección de Nehemías (Tercera etapa del retorno)

Nehemías era una persona muy prominente en la corte de Artajerjes en Susa. Al enterarse de la condición lastimosa de sus compatriotas en Jerusalén, y al saber que las murallas de la ciudad eran todavía simples masas de escombros, tal como las había dejado Nabucodonosor, rogó al rey que le permitiera ir a Jerusalén para tratar de ayudar en algún modo a sus paisanos. El rey lo nombró gobernador de Judá, dándole cartas de recomendación para presentar a los gobernadores de las otras provincias a todo lo largo del camino. También le proveyó una buena escolta militar para el largo viaje de 1,600 kms. hasta Jerusalén.

En el año 444 a.C., poco después de llegar a Jerusalén, Nehemías hizo una inspección nocturna, a caballo, por todas las murallas de la ciudad. Después apeló a los líderes del pueblo con la elocuente frase: "Venid, y edifiquemos el muro... y no estemos más en oprobio". El pueblo cooperó lealmente, y las murallas se levantaron de nuevo en un período de dos meses, no obstante la enconada oposición de Sanbalat el samaritano, y otros vecinos hostiles, que indudablemente tenían celos de la ayuda que el rey había prestado a los judíos. Muchas veces los obreros tenían que trabajar con la herramienta en una mano y con la espada en la otra, para protegerse de cualquier ataque por sorpresa.

3. Las reformas bajo Esdras y Nehemías

En los meses que siguieron, Esdras y Nehemías trabajaron juntos para mejorar las condiciones sociales y religiosas del pueblo. En esta tarea tuvieron también la ayuda del profeta Malaquías.

En cierta ocasión, descrita en el capítulo 8 de Nehemías, se leyó la ley de Dios al pueblo cuando se reunió para celebrar la fiesta de los tabernáculos:

Y el escriba Esdras estaba sobre un púlpito de madera que habían hecho para ello... Abrió, pues, Esdras el libro a ojos de todo el pueblo, porque estaba más alto que todo el pueblo; y cuando lo abrió, todo el pueblo estuvo atento. Bendijo entonces Esdras a Jehová, Dios grande. Y todo el pueblo respondió: ¡Amén! ¡Amén! alzando sus manos; y se humillaron y adoraron a Jehová inclinados a tierra... Y leían en el libro de la ley de Dios claramente, y ponían el sentido, de modo que entendiesen la lectura (Nehemías 8:4-6, 8).

El pueblo decidió, por unanimidad, renovar su pacto con Dios, especialmente en lo que referente a su separación de los vecinos mundanos[18].

Después de permanecer en Jerusalén como gobernador por espacio de doce años, Nehemías volvió para hacer una breve visita a Babilonia. Su retorno a Jerusalén, en el año 432 a.C., es el último suceso que podemos fechar en la historia del Antiguo Testamento. Ahora veamos el ministerio de los profetas del exilio y la restauración.

IV. PREDICANDO A LOS CAUTIVOS EN BABILONIA: LA PROFECÍA DE EZEQUIEL

Al profeta Ezequiel lo llevaron cautivo a Babilonia en el año 597 a.C., entre los 10,000 que fueron llevados con el joven rey Joaquín. Ezequiel se estableció con un grupo de exiliados en Tel-Abib, un pueblo del interior de Babilonia, junto al río Quebar, probablemente un canal que comunicaba los ríos Tigris y Éufrates para el paso de los barcos. En el año 592 a.C., cinco años después de su llegada a Babilonia, cuando tenía probablemente 30 años de edad (Ezequiel 1:1), Ezequiel recibió el llamado del Señor para profetizar al pueblo en cautividad.

A. Un pastor designado: El llamamiento del profeta (Ezequiel 1-3)

Ezequiel cuenta de manera dramática la visión que tuvo: Un torbellino que venía del norte, una gran nube, un fuego de brillantez cegadora, cuatro criaturas vivientes, y ruedas llenas de ojos, introducidas una dentro de otra. Con tales visiones fantásticas (extrañas para nosotros, pero quizá no tanto para los que vivían en Babilonia) el profeta describe la revelación que recibió de la gloria de Dios.[19]

En medio de esta gloria, Dios se le apareció en la "semejanza... de hombre", y le presentó un rollo que contenía las palabras de Diòs, y le mandó que lo comiese. Cuando el profeta obedeció, el libro fue en su boca "dulce como miel" (3:3)[20]. Entonces Dios le encomendó que fuera al pueblo cautivo y le predicara las palabras de Dios. De modo que el profeta fue entre ellos y, según nos dice: "Permanecí siete días atónito entre ellos" (3:15). Ezequiel llegó allí sintiendo ira y amargura por las rebeliones del pueblo, pero durante esos siete días su ira se disipó, y su corazón se llenó de compasión por ellos.

En los años que siguieron, Ezequiel llegó a ser una luz guiadora para el pueblo en medio de los días oscuros de la cautividad. Cargado con la responsabilidad de ser el atalaya del pueblo (3:17), se dio a la tarea de advertirles, exhortarles, consolarles, aliviar sus temores y edificar sus esperanzas en un futuro mejor. Su método fue único. Atinadamente se ha dicho que pensaba con imágenes. Pero como predicador, escritor, pastor y profeta de Dios, Ezequiel tiene un lugar destacado entre los grandes hombres del Antiguo Testamento.

B. Un evangelista del Antiguo Testamento: El mensaje de salvación en Ezequiel (Ezequiel 18–36)

El lenguaje altamente simbólico que Ezequiel usó para muchas de sus profecías contrasta con el lenguaje tan comprensible y llano que usó otras veces. Ningún evangelista moderno podría presentar con mayor claridad que Ezequiel, el problema de la responsabilidad personal ante Dios como se expone en los capítulos 18 y 33 de su libro:

> *El alma que pecare, esa morirá; el hijo no llevará el pecado del padre, ni el padre llevará el pecado del hijo; la justicia del justo será sobre él, y la impiedad del impío será sobre él. Mas el impío, si se apartare de todos sus pecados que hizo, y guardare todos mis estatutos e hiciere según el derecho y la justicia, de cierto vivirá; no morirá. Todas las transgresiones que cometió, no le serán recordadas; en su justicia que hizo vivirá... Convertíos, y apartaos de todas vuestras transgresiones, y no os será la iniquidad causa de ruina... haceos un corazón nuevo y un espíritu nuevo. ¿Por qué moriréis, casa de Israel? Porque no quiero la muerte del que muere, dice Jehová el Señor; convertíos, pues, y viviréis* (Ezequiel 18:20-22, 30-32)[21].

Asimismo se presenta con claridad la responsabilidad del "atalaya" como embajador de Dios:

> *Cuando yo dijere al impío: Impío de cierto morirás; si tú no hablares para que se guarde el impío de su camino, el impío morirá por su pecado,*

pero su sangre yo la demandaré de tu mano, y si tú avisares al impío de su camino para que se aparte de él, y él no se apartare de su camino, él morirá por su pecado, pero tú libraste tu vida (33:8-9)[22].

En estos pasajes se nota sin lugar a dudas que la responsabilidad personal por el pecado, concepto que había sido mencionado por algunos profetas y elaborado parcialmente por Jeremías[23], en la profecía de Ezequiel es una de sus enseñanzas cardinales y se le da un énfasis prominente.

Otro aspecto significativo de Ezequiel es su énfasis en la limpieza del corazón, lo cual es una profecía de la dispensación del Espíritu Santo. En esto también su enseñanza se compara con la de Jeremías, en el famoso pasaje del Nuevo Pacto (Jeremías 31:31-34). ¿Qué predicador moderno de la doctrina de la santidad podría presentar la limpieza de corazón con más claridad que la que logra Ezequiel en el siguiente pasaje?

Esparciré sobre vosotros agua limpia, y seréis limpiados de todas vuestras inmundicias; y de todos vuestros ídolos os limpiaré. Os daré corazón nuevo, y pondré espíritu nuevo dentro de vosotros; y quitaré de vuestra carne el corazón de piedra, y os daré un corazón de carne, y pondré dentro de vosotros mi Espíritu, y haré que andéis en mis estatutos, y guardéis mis preceptos, y los pongáis por obra (36:25-27).

C. Un místico con un mensaje de esperanza: Las visiones de Ezequiel concernientes al futuro de Israel (Ezequiel 37–48)

El libro de Ezequiel se divide naturalmente en tres partes. 1) Los capítulos 1–24 contienen los primeros sermones, que precedieron a la caída de Jerusalén, y consisten principalmente en un continuo llamado al arrepentimiento y a la reforma, y predicciones del juicio divino como consecuencia de no escuchar la voz de Dios. 2) Los capítulos 25–32 contienen una serie de juicios pronunciados contra las naciones vecinas. 3) Los capítulos 33–48 se componen de los últimos mensajes de Ezequiel, predicados después que los cautivos recibieron la noticia de la caída y destrucción de su amada capital.

Estos últimos capítulos, que bien pueden compararse con Isaías 40–66, están dedicados especialmente a proporcionar consolación y esperanza. El tema constante es la gloria futura de Israel. Ya hemos tratado una fase de este tema, que se encuentra en el capítulo 36, a saber, la promesa del Espíritu Santo, que ha de purificar los corazones del pueblo y los hará otra vez aceptables a Dios. En los capítulos 37–48, el profeta en su estilo simbólico característico, pinta por medio de una serie de visiones, el futuro glorioso reservado para el remanente fiel.

En la conocida visión de los huesos secos (37:1-14), Ezequiel enseña que Dios es capaz de renovar completamente la vida espiritual del pueblo por medio de su Santo Espíritu. A su debido tiempo, el tiempo señalado por Dios, ellos retornarán a su tierra, y serán otra vez una nación que traiga honor al nombre de Jehová.

Los últimos nueve capítulos están dedicados a la visión del templo espiritual que será edificado en Israel. Este no es el templo de la restauración, como algunos suponen, sino una visión puramente idealista, con la cual el profeta presagia la era mesiánica venidera. Mediante el mismo uso de imágenes, Pablo describe la verdadera iglesia de Cristo (Efesios 2:19-22).

Uno de los pasajes más llenos de esperanza de toda la Biblia es la descripción, en el capítulo 47:1-12, del río de agua de vida que fluye desde el altar de Dios, llevando vida y salvación dondequiera que va. El agua de vida es una figura favorita, tanto en el Antiguo como en el Nuevo Testamentos, de la obra del Espíritu Santo, y es usada por el Señor para describir la influencia de una vida piadosa por el poder del Espíritu que recibirán los que creen en él (Juan 7:37-39)[24].

V. PROFECÍAS DEL REINO DE LOS CIELOS: EL PROFETA DANIEL

A Daniel lo llevaron cautivo entre los primeros exiliados, en el año 605 a.C. Con él llevaron también otros tres jóvenes, Ananías, Misael y Azarías, a quienes los babilonios rebautizaron con los nombres de Sadrac, Mesac y Abed-nego. Las aventuras de estos cuatro jóvenes se relatan en los primeros seis capítulos del libro de Daniel.

A. Modelos de piedad: Las experiencias de Daniel y sus compañeros (Daniel 1–6)

Debido a que todos ellos eran de noble cuna, el rey Nabucodonosor los escogió para darles un entrenamiento especial en su corte. Cuando los colocaron entre otros jóvenes en la escuela de Babilonia, inmediatamente demostraron su superior carácter moral al negarse a comer alimentos que los judíos consideraban ceremonialmente inmundos. Los cuatro decidieron vivir en Babilonia conforme a la ley de Dios, como lo habían hecho siempre en Judá. No les resultó fácil conseguir un cambio de alimentación, pero cuando se hizo una prueba de darles la comida que pedían, al cabo de diez días estaban en mejor condición física que todos los otros jóvenes que se habían alimentado con las viandas del rey. Además, pronto habían hecho tal progreso en su aprendizaje que sobrepasaban a todos sus compañeros en sabiduría, y lograron el favor del rey.

Daniel, lo mismo que José en el libro de Génesis, poseía el don poco común de interpretar sueños. Esto lo condujo rápidamente a una posición de honor en la corte del rey. Otras notables experiencias que se relatan en estos capítulos son: la liberación de los tres compañeros de Daniel del horno de fuego (c. 3); la escritura en la pared, la cual interpretó Daniel en el festín de Belsasar (c. 5), y la liberación de Daniel de la cueva de los leones (c. 6), suceso que ocurrió ya bajo el imperio de los persas, quizá poco después del retorno de los primeros judíos con Zorobabel. La enseñanza que parece ser común a todas estas historias es que Dios nunca abandona a aquellos que son íntegros y permanecen fieles a él. "El ángel de Jehová acampa alrededor de los que le temen, y los defiende" (Salmos 34:7).

B. La gran imagen: El sueño de Nabucodonosor de los cuatro reinos (Daniel 2)

Cabe recalcar que al estudiar las profecías de Daniel estamos usando la palabra profecía en su significado actual y moderno. Daniel no es un profeta en el sentido de que predicó a los judíos de su tiempo, como lo hicieron casi todos los profetas del Antiguo Testamento. A Daniel lo entrenaron para ser un hombre de estado, pero estaba tan dedicado y consagrado a Dios que recibió de él un don especial de predecir el futuro interpretando sueños y visiones. En su libro vemos una verdadera historia de las edades por venir, extendiéndose no solo a la venida de Cristo, sino hasta el mismo fin del mundo. Como profecía de los últimos días, se le considera un apocalipsis, y hay que clasificarlo con el Apocalipsis de Juan[25].

En el sueño de Nabucodonosor y su interpretación en el capítulo 2, tenemos la primera gran profecía que Daniel da del futuro. Es sumamente importante tener una comprensión correcta de este capítulo, para poder interpretar las visiones de Daniel en los últimos seis capítulos de su libro.

Nabucodonosor vio en sueños una imagen colosal, un hombre con cabeza de oro, pecho y brazos de plata, vientre y muslos de bronce, piernas de hierro, y pies y dedos de hierro mezclado con barro. Mientras el rey contemplaba esta imagen, "una piedra fue cortada, no con mano, e hirió a la imagen en sus pies... y los desmenuzó". Cuando el viento esparció los pedazos como si fueran hojas secas, la piedra "fue hecha un gran monte que llenó toda la tierra" (2:31-35). En su interpretación del sueño, Daniel identifica la cabeza de oro como el imperio babilónico, del cual el mismo Nabucodonosor era su mayor autoridad. Las otras tres partes de plata, bronce y hierro, serían imperios sucesivos, todos comparables a Babilonia, creciendo en fortaleza, pero decreciendo en esplendor real. Cualquier estudiante cuidadoso de la historia puede identificar con facilidad estos tres imperios con el medo-persa, el griego y el romano, los cuales sucedieron al babilónico. La piedra es descrita como el reino de Dios, el cual se establecerá al fin de los días de los cuatro imperios (2:44), definitivamente en los días del imperio romano, y se identifica claramente con el reino de Cristo, "que no será jamás destruido" y que un día llenará la tierra "como las aguas cubren el mar" (Isaías 11:9).

C. Las visiones de Daniel: Los tiempos de los gentiles y el reino de Cristo (Daniel 7–12)

Pasemos ahora al capítulo 7, para notar la similitud de interpretación entre el sueño de Nabucodonosor y la primera visión de Daniel.

En el primer año de Belsasar (553 a.C.), cuando Daniel tenía ya cerca de 70 años de edad, tuvo una visión de cuatro bestias que salían del mar: la primera semejante a un león, la segunda a un oso, la tercera era igual a un leopardo, y la cuarta, una bestia espantosa y terrible, con grandes dientes de hierro y diez cuernos. Nótese que en esta visión hay también una especie de progresión similar a la de la imagen del capítulo 2. Lo que las bestias pierden en dignidad, ganan en ferocidad.

Parece que en esta visión se nos conduce hasta los mismos tiempos del juicio:

> *Estuve mirando hasta que fueron puestos tronos, y se sentó un Anciano de días, cuyo vestido era blanco como la nieve... millares de millares le servían, y millones de millones asistían delante de él; el Juez se sentó, y los libros fueron abiertos... y he aquí con las nubes del cielo venía uno como un hijo de hombre, que vino hasta el Anciano de días, y le hicieron acercarse delante de él. Y le fue dado dominio, gloria y reino, para que todos los pueblos, naciones y lenguas le sirvieran; su dominio es dominio eterno, que nunca pasará, y su reino uno que no será destruido (7:9-10, 13-14).*

Otra visión de Daniel que debemos notar está en el capítulo 9. Es conocida comúnmente como la visión de las 70 semanas. En el primer año del imperio persa, cuando Daniel tenía ya casi 85 años de edad, recordó la profecía de Jeremías de que en 70 años acabaría la cautividad, y los judíos podrían regresar a su patria. Daniel se entregó al ayuno y la oración, confesando los pecados de su pueblo, y esperando que la restauración prometida tuviera lugar. En respuesta a su oración, se le envió al ángel Gabriel con la visión de las 70 semanas. Es interesante notar que el decreto de Ciro permitiendo el regreso de los judíos se expidió el mismo año de la oración de Daniel.

El ángel, empero, le reveló a Daniel que los 70 años en realidad representaban 70 semanas de años, o sea un período de 70 veces siete años. De esas 70 semanas, 69 ("siete semanas, y sesenta y dos semanas") representan el tiempo "desde la salida de la orden para restaurar y edificar a Jerusalén hasta el Mesías Príncipe" (9:25). La semana restante parece referirse al reino del Anticristo, que será demorada hasta el tiempo del fin (9:27). Generalmente se cree que la "orden" a la que aquí se hace alusión es la comisión que recibió Esdras de Artajerjes, rey de Persia, en el año 458 ó 457 a.C. (Esdras 7:11-28). Si se usa la última fecha como punto de partida, se notará que desde el tiempo en que se le dio la comisión a Esdras, hasta el comienzo del ministerio público de Cristo en el año 26 de nuestra era transcurren exactamente 483 años (69 veces siete años). ¡Un notable cumplimiento de la profecía!

Ni aun Daniel entendió cabalmente todas las visiones que describe. El tiempo ha aclarado el significado de algunas de ellas, pero otras permanecen aún sin interpretación. En el último capítulo tenemos otra visión de los tiempos del fin:

> En aquel tiempo se levantará Miguel, el gran príncipe que está de parte de los hijos de tu pueblo; y será tiempo de angustia, cual nunca fue desde que hubo gente hasta entonces; pero en aquel tiempo será libertado tu pueblo, todos los que se hallen escritos en el libro, y muchos de los que duermen en el polvo de la tierra serán despertados, unos para vida eterna, y otros para vergüenza y confusión perpetua. Los entendidos resplandecerán como el resplandor del firmamento; y los que enseñan la justicia a la multitud, como las estrellas a perpetua eternidad (12:1-3).

VI. LOS PROFETAS DEL PERÍODO DE LA RESTAURACIÓN

Se consideran usualmente como profetas de la restauración a Hageo, Zacarías y Malaquías, cuyos libros figuran en ese orden al fin de los profetas menores. A estos tres podría agregarse Joel, cuya fecha se desconoce, pero se supone que escribió dentro de este mismo período.

A. Hageo, el profeta de la edificación del templo (Hageo 1-2)

El primer profeta del período de la restauración de Jerusalén fue Hageo, de quien nada sabemos excepto las breves referencias a él en Esdras (5:1-2; 6:14), y los sermones que forman los dos capítulos de su libro. Se infiere a veces del pasaje de 2:3-9, que Hageo era un hombre muy anciano, que había visto la gloria del templo de Salomón antes que fuera destruido por los babilonios.

Cuando el pueblo retornó a Jerusalén en el 536 a.C. su primer propósito fue reedificar el templo. Sin embargo, a causa de la dificultad de la tarea y por la oposición de los vecinos hostiles, cesaron completamente en sus esfuerzos de reedificación y se dedicaron más y más a sus propios asuntos, edificando buenas casas para sí mismos, acrecentando sus rebaños y sus negocios. En la época del primer mensaje fechado de Hageo, 520 a.C., ya habían pasado 15 años desde el principio de la edificación. Hageo reprende al pueblo por habitar en hermosas casas, mientras la casa del Señor está en ruinas. Les hace ver que su falta de prosperidad se debe a su negligencia respecto a la casa del Señor: "Sembráis mucho, y recogéis poco; coméis, y no os saciáis... y el que trabaja a jornal recibe su jornal en saco roto" (1:6).

Como resultado de la ferviente predicación de Hageo, se reanudó la edificación del templo, y Hageo y Zacarías, los "profetas de Dios", trabajaron codo a codo con Zorobabel y el pueblo.

Cerca de un mes más tarde Hageo dirigió otro mensaje al pueblo, esta vez un mensaje de aliento. Cuando los ancianos lamentaban que el templo que estaban edificando era tan pequeño, e inferior al que todos recordaban, Hageo les respondió con uno de los anuncios más significativos de los escritos proféticos:

> Porque así dice Jehová de los ejércitos: De aquí a poco yo haré temblar los cielos y la tierra, el mar y la tierra seca... y vendrá el Deseado de todas las naciones; y llenaré de gloria esta casa... La gloria postrera de esta casa será mayor que la primera...y daré paz en este lugar, dice Jehová de los ejércitos (2:6-9).

B. Zacarías, el profeta de la entrada triunfal (Zacarías 1–14)

Dos meses después que Hageo comenzó a predicar al pueblo para animarlo a la reedificación del templo, el profeta Zacarías comenzó su ministerio de alentar a los trabajadores.

En marcado contraste con la mente práctica de Hageo, Zacarías era una persona dotada de vívida imaginación y un alma sensible. Sus inspiradores mensajes, que apuntan hacia el tiempo del Mesías, continúan brillando llenos de significado para el mundo de hoy:

> Así ha dicho Jehová: Yo me he vuelto a Jerusalén con misericordia; en ella será edificada mi casa, dice Jehová de los ejércitos... y aún consolará Jehová a Sion, y escogerá todavía a Jerusalén... Yo seré para ella, dice Jehová, muro de fuego en derredor, y para gloria estaré en medio de ella... porque el que os toca, toca a la niña de su ojo (1:16-17; 2:5, 8).

Zacarías representa la tarea de edificar la casa de Dios como una obra espiritual, la cual se ha de realizar "no con ejército, ni con fuerza, sino con mi Espíritu, ha dicho Jehová de los ejércitos" (4:6). El verdadero Reedificador es el Renuevo (o Mesías), "el cual brotará de sus raíces, y edificará el templo de Jehová" (6:12). En su persona se combinarán los oficios del rey y profeta, y su reinado no tendrá fin.

Lo mismo que Ezequiel y Daniel, Zacarías, quizás por la influencia del ambiente de Babilonia en el cual creció, habla a menudo en visiones y símbolos. En los primeros seis capítulos de su profecía, el profeta describe ocho visiones que él ha tenido en la noche, y cuyo propósito era alentar al pueblo a creer que Dios los estaba ayudando en su tarea. Esas visiones culminan con la coronación simbólica de Josué, el sumo sacerdote, quien junto con Zorobabel, el vástago de David, representan el doble carácter de sacerdote y rey del Mesías venidero (6:1-15).

Se cree que los últimos seis capítulos del libro (9-14) se escribieron muchos años después de la composición de los capítulos 1-8, tal vez cuando el profeta era ya muy anciano. Todavía usa el método simbólico, mostrando cierta similitud con los primeros capítulos. Pero la característica sobresaliente de esta sección del libro es la abundancia de referencias al Mesías. De hecho, se considera que después de Isaías, Zacarías es el profeta mesiánico más prominente en el Antiguo Testamento. La entrega de Cristo por 30 piezas de plata está profetizada en 11:12-13; la herida de su costado y el llanto junto a la cruz en 12:10; el derramamiento de su sangre por los pecados del mundo en 13:1; la marca de los clavos en sus manos en 13:6; la dispersión de sus discípulos en 13:7; la destrucción de Jerusalén, en los tiempos del Nuevo Testamento, en 14:2, y la segunda venida de Cristo en 14:4.

Quizás el más extraordinario pasaje mesiánico sea el de 9:9-10, donde el lenguaje del profeta pinta la entrada triunfal tan vívidamente como el mejor artista:

> *Alégrate mucho, hija de Sion; da voces de júbilo, hija de Jerusalén; he aquí tu rey vendrá a ti, justo y salvador, humilde, y cabalgando sobre un asno, sobre un pollino hijo de asna... y hablará paz a las naciones, y su señorío será de mar a mar, y desde el río hasta los fines de la tierra.*

C. Malaquías, un predicador de la santidad en el Antiguo Testamento (Malaquías 1-4)

Malaquías, el último de los profetas menores fue probablemente contemporáneo de Esdras y Nehemías. Nada se sabe de él, excepto su nombre, el cual significa "mi mensajero". Algunos han conjeturado que este era un seudónimo que ocultaba su verdadero nombre[26].

Según se deduce claramente de su libro, Malaquías profetizó en tiempos de Esdras y Nehemías. Las bellas promesas de Ezequiel y Zacarías, que se creyó eran de cumplimiento inmediato, no se habían realizado. El pueblo se estaba volviendo más y más indiferente a los valores espirituales. La religión había perdido su fulgor y muchos se estaban tornando escépticos, cínicos y sin escrúpulos. Los sacerdotes eran corruptos e inmorales, y el pueblo rehusaba pagar sus diezmos y ofrendas. La adoración había degenerado en un formalismo hueco. Se ofrecían animales ciegos y cojos en el altar de Jehová. Los hombres se casaban con mujeres paganas, en violación de la ley, y el divorcio era común.

El método que usa el profeta para tratar estos males es único. No predica diversos sermones como hicieron los demás profetas, sino que entra en diálogo con sus contemporáneos. Casi es posible escuchar cómo sus oyentes contestan a su predicación al aire libre haciendo comentarios, y cómo el profeta va desarmando una a una sus objeciones y excusas. El profeta escucha cada objeción, y la contesta antes de hacer un nuevo pronunciamiento. Dos ejemplos serán suficientes para ilustrar este método.

El hijo honra al padre, y el siervo a su señor. Si, pues, soy yo padre, ¿dónde está mi honra? y si soy señor, ¿dónde está mi temor? dice Jehová de los ejércitos a vosotros, oh sacerdotes, que menospreciáis mi nombre. Y decís: ¿En qué hemos menospreciado tu nombre? En que ofrecéis sobre mi altar pan inmundo. Y dijisteis: ¿En qué te hemos deshonrado? En que pensáis que la mesa de Jehová es despreciable. Y cuando ofrecéis el animal ciego para el sacrificio, ¿no es malo?... Yo no tengo complacencia en vosotros, dice Jehová de los ejércitos, ni de vuestra mano aceptaré ofrenda (1:6-8, 10).

¿Robará el hombre a Dios? Pues vosotros me habéis robado. Y dijisteis: ¿En qué te hemos robado? En vuestros diezmos y ofrendas... Traed todos los diezmos al alfolí y haya alimento en mi casa; y probadme ahora en esto, dice Jehová de los ejércitos, si no os abriré las ventanas de los cielos, y derramaré sobre vosotros bendición hasta que sobreabunde (3:8, 10).

La norma que Malaquías señala es una norma de santidad en la conducta diaria y en la actitud del corazón hacia Dios. Además, la venida del Mesías, de acuerdo a este profeta, se caracterizará principalmente por una limpieza del corazón, que será librado de todo pecado. Él afinará y purificará a los hijos de Leví, y los limpiará como a plata y como a oro para que puedan traer "a Jehová ofrenda en justicia" (3:1-3).

D. Joel, el profeta del Pentecostés (Joel 1-3)

La fecha de la profecía de Joel es desconocida. Basándose en algunas evidencias internas, Cartledge supone que se escribió alrededor del 400 a.c., o, lo que es menos probable, cerca del 800 a.c.[27] Sencillamente con el fin de comparar su mensaje con el de los profetas del exilio y la restauración, preferimos incluirlo al fin de este grupo.

La ocasión de la profecía de Joel fue una terrible plaga de langostas, la cual, en combinación con una devastadora sequía, estaba causando grandes males en el país. El profeta ve en este azote, que cubre toda la tierra, un símbolo del día grande y terrible de Jehová, que describe con lenguaje parecido al de Sofonías[28]. Tal como Sofonías, Joel también usa el anuncio del día venidero de Jehová para llamar al pueblo al arrepentimiento.

Rasgad vuestro corazón, y no vuestros vestidos, y convertíos a Jehová vuestro Dios; porque misericordioso es y clemente, tardo para la ira y grande en misericordia, y que se duele del castigo (2:13)[29].

Joel, sin embargo, en 2:18-32, no solo anuncia una restauración de los buenos tiempos en Judá como Sofonías, sino la llegada de un tiempo en que el Espíritu de Dios será derramado sobre sus hijos, los cuales serán liberados de la esclavitud del pecado. En este anuncio se puede comparar a Joel con Jeremías (31:31-34), con Ezequiel (36:25-27), con Zacarías (13:1) y con Malaquías (3:1-3). Pero Joel describe más ampliamente la manera en que sería derramado el Espíritu en el Pentecostés, y algunas de las manifestaciones de su venida. Pedro, en su sermón del día de Pentecostés, se vio forzado a decir:

Mas esto es lo dicho por el profeta Joel: Y en los postreros días, dice Dios., derramaré de mi Espíritu sobre toda carne, y vuestros hijos y vuestras hijas profetizarán; vuestros jóvenes verán visiones, y vuestros ancianos soñarán sueños; y de cierto sobre mis siervos y sobre mis siervas en aquellos días derramaré de mi Espíritu, y profetizarán... Y todo aquel que invocare el nombre del Señor, será salvo (Hechos 2:16-18, 21).

RESUMEN

En un término de 200 años aproximadamente, desde el 600 al 400 a.C., hemos visto a la nación judía caer y ser llevada en cautividad; hemos visto la destrucción de Jerusalén y el templo. Luego, después de 70 años de cautiverio, un remanente del pueblo retorna a su tierra y se reinstala en sus antiguas moradas; se reedifican el templo y las murallas de la ciudad, y la ley de Moisés se restablece como la ley de la tierra. Pero no había ninguna semejanza con la pompa de otros días en este estado sometido de Judá. El Antiguo Testamento se cierra en una atmósfera sombría de paz a costa de la sujeción política. Por la restauración de Jerusalén, y también por la dispersión de los judíos entre las naciones gentiles, se estaba preparando el escenario para la venida de Cristo y la difusión del cristianismo. Las enseñanzas de los profetas, como ya hemos visto, habían preparado la mente del pueblo, en muchas maneras, para la recepción del evangelio. En el tiempo propicio señalado por Dios, las tinieblas que se extendieron rápidamente por todo el mundo antiguo, darían lugar al gozo en los corazones de los fieles, con la venida del Hijo de Dios y la revelación cristiana.

LECTURAS RECOMENDADAS

Blaikie y Matthews, *A Manual of Bible History*, pp. 266-302.
Joseph P. Free, *Archaeology and Bible History*, pp. 224-54.
Dorothy Ruth Miller, *A Handbook of Ancient History in Bible Light*, pp. 110-37.
James C. Muir, *His Truth Endureth*, pp. 209-43.
Ira M. Price, *The Dramatic Story of the Old Testament History*, pp. 354-98.
Loyal R. Ringenberg, *The Word of God in History*, pp. 227-63.
G.L. Robinson, *The Twelve Minor Prophets*, pp. 30-45, 137-69.
Kyle M. Yates, *Preaching from the Prophets*, pp. 175-85, 191-219.

PARA UN ESTUDIO MÁS COMPLETO

1. Describa la ciudad de Babilonia en los días de Nabucodonosor. ¿Hasta qué punto es Nabucodonosor responsable de la grandeza de su ciudad? ¿De dónde obtenemos información respecto a estos asuntos?

2. Mencione las fechas del principio y el fin del exilio de Judá. ¿Cómo entendemos que se cumplieron los 70 años profetizados por Jeremías (25:12)?

3. Describa las condiciones bajo las cuales los judíos vivían en el exilio. ¿En qué libros de la Biblia tenemos información en cuanto a este período?

4. ¿Cuáles fueron algunos de los resultados permanentes del exilio en Babilonia sobre la vida y pensamiento de los judíos?

5. Describa el llamamiento y la comisión de Ezequiel.

6. Compare el concepto que Ezequiel tenía de la limpieza de corazón y la responsabilidad personal con el de Jeremías.

7. Tomando los capítulos 10 y 11, describa la partida de la gloria de Dios del templo, como la presenta Ezequiel. ¿En qué ocasión se predice su retorno? (c. 43).

8. ¿Cómo debe interpretarse la visión de los huesos secos en el capítulo 37?

9. ¿Cuál es el significado de la restauración del templo en Ezequiel 40–48?

10. Explique las circunstancias en que a Daniel lo llevan en cautiverio. ¿Cuál fue su posición en Babilonia, y bajo qué monarcas sirvió?

11. Explique el significado de la palabra "apocalipsis" según se aplica a las profecías de Daniel. ¿En qué difieren las profecías de Daniel de las de otros profetas?

12. ¿Qué dificultad confrontan los eruditos al identificar al Belsasar del capítulo 5 de Daniel? ¿Cómo ayudó la arqueología a resolver esta dificultad?

13. Sugiera la interpretación de los capítulos 2, 7 y 9 de Daniel. Según la interpretación cristiana más aceptada, ¿cuál es el suceso con el cual todas estas visiones tienen su cumplimiento?

14. ¿Qué suceso abrió el camino para el retorno a Palestina?

15. Dé una breve descripción de los tres retornos, bajo Zorobabel, bajo Esdras y bajo Nehemías. ¿Qué contribución hizo cada uno de estos líderes a la restauración de Jerusalén? ¿Dónde se relata su historia?

16. ¿Cuál es el interés principal de la historia de Ester? ¿Quién era Ester, y cómo se relaciona su libro con los retornos de Zorobabel, Esdras y Nehemías?

17, ¿Cuántos años requirió la reconstrucción del templo? ¿Qué dificultades hallaron para completar esta tarea? Explique.

18. ¿Cuáles fueron los dos profetas que ayudaron en la reconstrucción del templo? Describa los libros que ellos escribieron.

19. ¿En qué aspecto puede Malaquías ser comparado con un moderno predicador de santidad? Señale algunos de los más notables pasajes de su libro y muestre cómo son una transición apropiada del Antiguo Testamento al Nuevo Testamento.

20. ¿Qué fechas se sugieren para el profeta Joel? ¿Cuál fue la ocasión de su profecía? ¿En qué aspectos la profecía de Joel se adelanta a la de los otros profetas en cuanto a su visión de la edad del evangelio?

NOTAS BIBLIOGRÁFICAS

[1] Sin embargo, Egipto no fue conquistado otra vez sino hasta el tiempo de Cambises, hijo de Ciro, cerca del 525 a.C. Véase la obra de Elmer K. Mould, *Essentials of Bible History*, p. 351.

[2] Cornill, *A History of the Babylonians and Assyrians*, p. 327.

[3] J.P. Free, *Archaeology and Bible History*, pp. 228s. C.J. Finegan, *Light from the Ancient Past*, p. 185.

[4] Free, *op. cit.*, pp. 233-35; J.C. Muir, *His Truth Endureth*, p. 217.

[5] Muir, *op. cit.*, p. 221; G.A. Barton, *Archaeology and the Bible*, pp. 482s.

[6] Daniel 5:31; cf. Barton, *op. cit.*, p. 483.

[7] Muir, *loc. cit.*

8 *Ibid.*, p. 227.

[9] Este no es el Darío que aparece como personaje importante en el libro de Daniel (5:1)

[10] Cf. J.R. Sampel. *The Heart of the Old Testament*, pp. 200-201, 219.

[11] Muir, *op. cit.*, p. 211.

[12] Ver L.A. Knott, *Student's History of the Hebrews*, p. 288; y cf. Elmer K. Mould, *Essentials of Bible History*, p. 350.

[13] Cf. Blaikie y Matthews, *A Manual of Bible History*, p. 282.

[14] Cf. I.M. Price, *The Dramatic Story of Old Testament History*, pp. 377s.

[15] Cf. Blaikie y Matthews, *op. cit.*, p. 284.

[16] Compare el lamento de los ancianos judíos, que habían visto el templo anterior (Esdras 3:10-13).

[17] Esdras 7:6. La función de un "escriba" era la de un maestro o conocedor de las Escrituras. El escribir era solo una parte secundaria de la tarea de esta clase de líderes religiosos

[18] Nehemías estableció drásticas reformas en relación con el matrimonio (13:25), y puso fin a la profanación del sábado (13:21).

[19] Compare la visión de Isaías (Isaías 6) con la visión de Juan (Apocalipsis 1:10-18).

[20] Cf. Salmos 19:10.

[21] Cf. Ezequiel 33:11-20.

[22] Cf. Ezequiel 3:17-21 y la narración de la responsabilidad de los pastores (34:1-16).

[23] Cf. Kyle M. Yates, *Preaching from the Prophets*, pp. 134s., 180.
[24] Cf. Joel 3:18; Zacarías 14:8; Juan 4:10-15; Apocalipsis 22:1-2.
[25] Cf. C. A. Cartledge, *A Conservative Introduction to the Old Testament*, pp. 218-25.
[26] Cf. G.L. Robinson, *The Twelve Minor Prophets*, pp. 157s.
[27] Cartledge, *op. cit.*, pp. 170-71; Cf. Yates, *op. cit.*, pp. 191s.
[28] Compárese Joel 2:2 y 11 con Sofonías 1:14-15.
[29] Compárese con Sofonías 2:1-3.

16
EL MENSAJE Y EL SIGNIFICADO DEL ANTIGUO TESTAMENTO

Dios, habiendo hablado... en otro tiempo a los padres por los profetas
(Hebreos 1:1).

Nos corresponde ahora considerar el mensaje permanente del Antiguo Testamento y sus valores espirituales para nuestro día. Es un hecho admitido que el Antiguo Testamento tiene, y cumple, un propósito preparatorio. Mira hacia adelante, hacia el gran hecho que divide las centurias entre "antes de Cristo" y "después de Cristo". Establece las bases para la comprensión del Nuevo Testamento. En cierto sentido, está incompleto; es la mitad de un gran todo. Como lo dijo G. Ernest Wright:

> Es claramente obvio que un verdadero conocimiento del Antiguo Testamento es indispensable para una comprensión apropiada y completa del Nuevo Testamento. Fue la Escritura de Jesús y los apóstoles. Desde el alba de su existencia, la iglesia primitiva lo puso aliado de los nuevos escritos cristianos, porque ambos debían estar juntos, ligados por una unidad interna. Para los que, dentro de la historia cristiana, han conocido bien sus Biblias, existen conceptos tales como religión *bíblica*, mente *bíblica*, actitud *bíblica*, y *concepto bíblico* de Dios, lo cual implica una relación básica, que hace de la separación entre el Antiguo Testamento y el Nuevo Testamento una cuestión legítima pero de importancia secundaria. Además, hallamos en el Antiguo Testamento mucho material de gran valor para la fe cristiana, que no está duplicado en el Nuevo Testamento. Los Salmos, la profecía de Isaías, el libro de Génesis, el de Job y otros del Antiguo Testamento, han sido siempre un gran tesoro de la literatura cristiana devocional.[1]

Al mismo tiempo, debe recalcarse que el Antiguo Testamento tiene un mensaje y significado propios. Este mensaje no está en oposición ni es diferente del mensaje del Nuevo Testamento. Sin embargo, está desarrollado de tal modo que le da a esta porción de la palabra de Dios su lugar único y su valor eterno. Ningún estudio de las Escrituras del Antiguo Testamento sería completo si no revelara y destacara esas grandes y permanentes contribuciones.

Consideremos ahora cinco áreas en las cuales el Antiguo Testamento ofrece una contribución única e imperecedera a la suma total de la verdad bíblica.

I. LA DOCTRINA DE DIOS EN EL ANTIGUO TESTAMENTO

La idea de Dios es la verdad central del Antiguo Testamento. Otto J. Baab dice: "En el Antiguo Testamento el único concepto que es abrumadoramente recalcado es el concepto de Dios"[2]. Esta idea se expresa de muchos modos, pero en el fondo de toda esta variedad hay una visión de Jehová Dios que no varía desde Génesis hasta Malaquías, y del mismo modo, hasta el Apocalipsis. Como lo puntualiza el Dr. Snaith, la mira del pensamiento griego era: "Conócete a ti mismo", pero el blanco del pensamiento hebreo era conocer a Dios[3]. El Antiguo Testamento es, por lo tanto, una valiosa fuente de teología.

Diferentes eruditos han bosquejado la visión de Dios en el Antiguo Testamento bajo diferentes términos[4]. Intentaremos clasificar el conocimiento de Dios como está dado en las Escrituras hebreas bajo siete encabezamientos. Por supuesto, es imposible esperar un tratamiento completo de estos importantes asuntos, pero podemos señalar algunos de los puntos más importantes en un tema que requeriría varios volúmenes para tratarlo adecuadamente.

A. Dios como Creador

El propósito y el poder creadores de Dios es el primer hecho que confrontamos en el Antiguo Testamento. "En el principio creó Dios los cielos y la tierra" (Génesis 1:1). Todo el universo infinito debe su existencia a la voluntad creadora de Dios. En las páginas que siguen a los primeros capítulos de Génesis escuchamos muchas veces el eco de las sublimes palabras iniciales:

Los cielos cuentan la gloria de Dios,
Y el firmamento anuncia la obra de sus manos (Salmos 19:1).
Desde el principio tú fundaste la tierra,
Y los cielos son obra de tus manos.
Ellos perecerán, mas tú permanecerás;
Y todos ellos como una vestidura se envejecerán;
Como un vestido los mudarás, y serán mudados;
Pero tú eres el mismo,
Y tus años no se acabarán (Salmos 102:25-27).

La obra creadora de Dios es a menudo el tema de los profetas, y una de las bases de su constante oposición, a veces ridiculización, de la idolatría, la adoración de dioses hechos por manos humanas (cf. Isaías 40:18-24; 46:5-7; Jeremías 10:3-6, etc.).

Así dice Jehová Dios, Creador de los cielos, y el que los despliega; el que extiende la tierra y sus productos; el que da aliento al pueblo que mora sobre ella, y espíritu a los que por ella andan (Isaías 42:5).

El hecho de que Dios tiene poder para crear le asegura a su pueblo que todas sus promesas se cumplirán:

¿No has sabido, no has oído que el Dios eterno es Jehová, el cual creó los confines de la tierra? No desfallece, ni se fatiga con cansancio, y su entendimiento no hay quien lo alcance. Él da esfuerzo al cansado, y multiplica las fuerzas al que no tiene ninguna. Los muchachos se fatigan y se cansan, los jóvenes flaquean y caen; pero los que esperan a Jehová tendrán nuevas fuerzas; levantarán alas como las águilas; correrán, y no se cansarán; caminarán, y no se fatigarán (Isaías 40:28-31).

Del mismo modo, el Creador controla los procesos de la naturaleza, y la puede usar para enviar castigo a un pueblo desobediente (Jeremías 3:2-3; Amós 4:6-11). El día de Jehová, del cual los profetas tuvieron mucho que decir, producirá grandes cambios en el reino de la naturaleza (Zacarías 14:4-7; Joel 3:14-16). La contemplación del gran poder de Dios, demostrado al crear y controlar la naturaleza, nos debería ayudar a comprender cuán débiles somos los seres humanos y cuánto dependemos de Dios (Job 38:1–42:6). La visión del Antiguo Testamento de un Dios-Creador, quien controla y sostiene a su creación, es un teísmo de la más pura clase. Dios no es un Amo ausente, una Primera Causa, que vive espléndidamente despreocupado de lo que sucede en su mundo. Dios no solamente crea, sino que también controla y sustenta a su mundo.

B. Dios como una persona, el Dios viviente

Dios no es solamente un poder creador. Él es la suprema personalidad. Dios planea, habla, ama, elige, guarda celosamente a su pueblo y hace pactos con los hombres. El Dios del Antiguo Testamento no es una abstracción filosófica o un principio lógico. Es el Dios viviente, una Persona infinita. Su más grande acto creador fue la creación de seres finitos a su propia imagen, seres cuyo amor y lealtad él desea.

En el capítulo III vimos cuán rápidamente el Dios Creador *(Elohim,* traducido "Dios" en Génesis 1:1–2:3) fue reconocido como el Señor Dios de redención *(Yahvé* o "Jehová", traducido "Jehová Dios" en Génesis 2:4ss.); "Jehová Dios llamó al hombre" (Génesis 3:9); "Jehová Dios dijo" (3:13); "lo sacó Jehová" (3:23). Es imposible leer las Escrituras hebreas sin llegar a la convicción de que Dios es una Persona divina, con las características personales y distintivas de inteligencia, autodirección y autoconciencia.

Esto último se advierte en la frase "el Dios viviente". Otto Baab afirma:

Quizá la palabra más típica que identifica al Dios del Antiguo Testamento es la palabra "viviente". El Dios viviente es el Dios peculiar de estos escritos. Significa el Dios que actúa en la historia, que realiza hechos poderosos de salvación, y manifiesta su poder entre los hombres.[5]

Es cierto que al hablar del Dios vivo el contraste que surge con más frecuencia es con los baales, que eran ídolos de madera y piedra[6]. Sin embargo, indica también la naturaleza de Dios como un Ser con quien se puede tener una relación personal. El Dios viviente, habitando en medio de su pueblo, expulsaría a sus enemigos (Josué 3:10). Las almas devotas anhelan tener comunión con el Dios vivo:

> Como el ciervo brama por las corrientes de las aguas.
> Así clama por ti, oh Dios, el alma mía.
> Mi alma tiene sed de Dios, del Dios vivo;
> ¿Cuándo vendré, y me presentaré delante de Dios? (Salmos 42:1-2).

La esperanza de Ezequías cuando estaba cercado por el ejército de Senaquerib se declara en su urgente mensaje a Isaías (2 Reyes 19:2-5), y se basaba en el hecho de que los asirios se habían atrevido a lanzar un reto al Dios viviente: "Quizá oirá Jehová tu Dios todas las palabras del Rabsaces, a quien el rey de los asirios su señor ha enviado para blasfemar al Dios viviente" (19:4). El gran pecado de Israel no fue olvidar una fuerza impersonal, o un poder de justicia. La acusación que les hacía Jeremías era: "... pervertisteis las palabras del Dios viviente, de Jehová de los ejércitos, Dios nuestro" (Jeremías 23:36). Dios, que cuida a su pueblo cuando ninguna mano humana puede ayudar, es indudablemente digno de reverente temor. Cuando Darío, aunque era pagano, vio a Daniel ileso en la jaula de los leones, dijo: "De parte mía es puesta esta ordenanza: Que en todo el dominio de mi reino todos teman y tiemblen ante la presencia del Dios de Daniel; porque él es el Dios viviente y permanece por todos los siglos, y su reino no será jamás destruido, y su dominio perdurará hasta el fin" (Daniel 6:26).

C. Dios revelándose a sí mismo

El Dios del Antiguo Testamento no es un Misterio inescrutable, ante el cual no es posible tener nada más que un agnosticismo sentimental. Es un Dios que se revela a sí mismo a través de la naturaleza, por medio de la aparición de ángeles, por medio de sueños y visiones, y a través de la conciencia profética y los grandes sucesos de la historia. La visión del Dios-Creador contradice el naturalismo en todas sus formas. El concepto del Dios viviente y personal desplaza todo panteísmo impersonal. La idea del Dios que se revela a sí mismo elimina el agnosticismo, esa teoría que dice que el conocimiento de Dios está fuera del alcance de la mente humana. Tal vez el hombre no pueda conocer todo lo concerniente a la naturaleza de un Dios infinito, pero Dios encuentra modos de comunicar a las mentes finitas la verdad necesaria acerca de sí mismo para el bienestar personal del hombre.

"Así ha dicho Jehová" es casi la frase clave del Antiguo Testamento. No era un pensamiento extraño que Dios hablase así a los seres humanos. Para los escritores del Antiguo Testamento la creencia de que Dios podía revelarse a sí mismo seguía naturalmente a su creatividad y personalidad, tanto como el día sigue a la salida del sol. Desde el jardín del Edén hasta las llanuras de Babilonia, Dios siempre dio a conocer su voluntad a su pueblo escogido.

Gran parte de la autorrevelación de Dios en el Antiguo Testamento es declarada elocuente pero sencillamente: "Jehová Dios dijo a la mujer" (Génesis 3:13); "Jehová dijo a Caín" (4:6); "Dijo, pues, Dios a Noé" (6:13); "Pero Jehová había dicho a Abram" (12:1); "También Jehová dijo a Jacob" (31:3). No se nos dice en cuanto a la forma y manera de estas declaraciones, pero de que era algo real y personal no nos cabe la menor duda, porque hay momentos registrados en los que un hombre discute cierto punto con Dios, como cuando Abraham ruega por la vida de Lot (Génesis 18:17-33), o cuando Moisés protesta por su llamamiento a conducir al pueblo (Éxodo 3:4–4:17), o Jeremías replica al llamado profético de Dios, haciendo referencia a su juventud y sus dificultades como orador público (Jeremías 1:4-9).

Un agente común de la revelación divina era "el ángel de Jehová" (Génesis 16:7; Números 22:35; Jueces 2:4, etc.) quien, en algunos casos es identificado con Dios mismo (Génesis 16:7, 13; 22:15-16; 48:15-16; etc.). Algunos han creído que estas referencias indican apariciones del Logos, la segunda persona de la Trinidad previas a la encarnación. Otros han visto en ellas una autopresentación de Dios, manifestándose visiblemente a sus criaturas bajo una forma dentro del espacio-tiempo[7].

Sueños y visiones son otro modo más de revelación en el Antiguo Testamento. Ejemplos notables de ello son el sueño de Jacob, cuando huía hacia Harán (Génesis 28:12-16); los sueños de José referentes a su futura autoridad sobre su familia (37:5-10); el sueño del Faraón interpretado por José (Génesis 41); y el sueño de Nabucodonosor y la interpretación de Daniel (Daniel 2). Prominente también es la visión apocalíptica, ejemplos de la cual se hallan en Daniel 7, 8, y 10–12; en Ezequiel, Jeremías, y frecuentemente entre los profetas menores. En estos pasajes los propósitos de Dios, presentes y futuros, se dan a conocer por medio de sucesos y visiones simbólicos.

La obra de Dios en la naturaleza, su ley dada sobrenaturalmente, su obra de milagros y señales, su control providencial de la historia, y el despertamiento de la conciencia profética, son todos ellos modos adicionales por los cuales él se reveló a sí mismo en las experiencias de los hombres.

D. La santidad de Dios

La santidad de Dios es presentada desde el principio de la Biblia como el más maravilloso aspecto de su naturaleza. Los profetas, particularmente Isaías, conocían al Señor como "el Santo de Israel", término que usan no menos de 30 veces. El cántico de Moisés, después de la liberación de Egipto, contiene la primera referencia a la santidad de Dios, si bien la idea está en la base de todos sus tratos con los hombres:

> *¿Quién como tú, oh Jehová, entre los dioses?*
> *¿Quién como tú, magnífico en santidad,*
> *Terrible en maravillosas hazañas,*
> *hacedor de prodigios?* (Éxodo 15:11).

Cuando se llevó el arca del pacto a Jerusalén, el rey David conmemoró el suceso con un salmo en el cual exhorta: "Dad a Jehová la honra debida a su nombre; traed ofrenda, y venid delante de él; postraos delante de Jehová en la hermosura de la santidad" (1 Crónicas 16:29; Salmos 16:8-9). Isaías sintió su impureza personal por medio de la visión de la santidad de Dios en el templo: "Santo, santo, santo, Jehová de los ejércitos; toda la tierra está llena de su gloria" (Isaías 6:3). En la vestidura del sumo sacerdote podía leerse: "Santidad a Jehová" (Éxodo 28:36, etc.); y el salmista declaró: "La santidad conviene a tu casa, oh Jehová, por los siglos y para siempre" (Salmos 93:5).

La santidad de Dios representa su suprema excelencia moral, su total separación de toda inmundicia y pecado. No es un alejarse o apartarse de toda necesidad y sufrimiento humanos; más bien la santidad define a un ser que es "única y distintivamente sagrado y diferente en clase de los aspectos seculares de la vida"[8]. Borden Parker Browne define la santidad divina como una perfección ética. Él dice:

Negativamente, la santidad implica la ausencia de toda tendencia al mal y todo deleite en el pecado. Positivamente, involucra gozo en la bondad y devoción a ella. El conocimiento del mal debe existir en el pensamiento divino, pero la santidad perfecta implica que no encuentra eco en la sensibilidad divina, ni realización en la voluntad divina. Además, implica positivamente, que en Dios se realiza el ideal de la perfección moral; y este ideal incluye el amor como uno de sus mayores factores.[9]

Porque Dios es santo, no puede complacerse en la injusticia y rebelión de los hombres. Todo el libro de Levítico es una lección objetiva de la santidad de Dios, y de la necesidad de una expiación que satisfaga las exigencias de esa santidad. La santidad de Dios es presentada como el gran incentivo para la santidad de su pueblo. "Habla a toda la congregación de los hijos de Israel, y diles: Santos seréis, porque santo soy yo Jehová vuestro Dios" (Levítico 19:2; cf. 11:44-45; 20:26; 1 Pedro 1:15-16).

E. La justicia de Dios

La visión de Dios en el Antiguo Testamento incluye un fuerte sentido de la justicia divina. Pero nunca se presenta la justicia de Dios en contraposición a su amor o misericordia. La justicia, el amor, la rectitud y la misericordia se mezclan en perfecta simetría en la santidad de Dios[10]. "Él es la Roca, cuya obra es perfecta, porque todos sus caminos son rectitud; Dios de verdad, y sin ninguna iniquidad en él; es justo y recto" (Deuteronomio 32:4). "... y no hay más Dios que yo; Dios justo y Salvador; ningún otro fuera de mí" (Isaías 45:21). "Jehová en medio de ella es justo, no hará iniquidad; de mañana sacará a luz su juicio, nunca faltará" (Sofonías 3:5). "Alégrate mucho, hija de Sion; da voces de júbilo, hija de Jerusalén; he aquí tu rey vendrá a ti, justo y salvador, humilde, y cabalgando sobre un asno, sobre un pollino hijo de asna" (Zacarías 9:9). "Justicia y juicio son el cimiento de tu trono; misericordia y verdad van delante de tu rostro" (Salmos 89:14).

Por virtud de su infinita justicia, Dios es, sobre todo, el Juez infalible de todas las acciones y actitudes humanas: "El Juez de toda la tierra, ¿no ha de hacer lo que es justo?" (Génesis 18:25); "Dios es juez justo, y Dios está airado contra el impío todos los días" (Salmos 7:11); "Porque ni de oriente ni de occidente, ni del desierto viene el enaltecimiento. Mas Dios es el juez; a éste humilla, y a aquél enaltece" (Salmos 75:6-7).

Frecuentemente leemos de su recto juicio: "El juzgará al mundo con justicia, y a los pueblos con rectitud" (Salmos 9:8); "... juzgará a los pueblos en justicia" (Salmos 96:10); y, "... juzgará al mundo con justicia, y a los pueblos con su verdad" (Salmos 96:13).

El Antiguo Testamento expone fielmente el doble significado de justicia y juicio. Significa vindicar y recompensar a los que son rectos:

"Jehová juzgará a los pueblos; júzgame, oh Jehová, conforme a mi justicia, y conforme a mi integridad. Fenezca ahora la maldad de los inicuos, mas establece tú al justo; porque el Dios justo prueba la mente y el corazón. Mi escudo está en Dios, que salva a los rectos de corazón" (Salmos 7:8-10).

La justicia significa también la condenación y el castigo de los malos. "Ahora será el fin sobre ti, y enviaré sobre ti mi furor, y te juzgaré según tus caminos; y pondré sobre ti todas tus abominaciones" (Ezequiel 7:3); "Y pondré mi gloria entre las naciones, y todas las naciones verán mi juicio que habré hecho, y mi mano que sobre ellos puse" (39:21).

F. Dios como un redentor misericordioso

Muchos han descrito al Dios del Antiguo Testamento como un Dios de justicia y juicio, que inexorablemente ejecuta sus juicios tanto sobre los hombres como sobre naciones e individuos. Al hacer esto han oscurecido casi completamente la verdad, igualmente prominente, de que Dios en un Redentor paciente y de inmensa misericordia. Así lo destaca el Dr. G.E. Wright:

> Hay tres grandes temas que corren a lo largo del Antiguo Testamento, o si se quiere, a lo largo de toda la Biblia: *Dios, el pecado humano y la redención*. Por esta razón la cruz ha permanecido a lo largo de los siglos, y permanece todavía, como el único símbolo que es un resumen adecuado de la religión bíblica. Por un lado, ilustra la naturaleza del pecado humano, pecado que puede crucificar al Salvador del mundo. Por otro lado representa el propósito de Dios, de redimir al hombre de ese pecado, y su poder para hacerlo, lo cual no significa que necesariamente lo librará de las consecuencias del pecado, sino más bien que lo pondrá por encima de la tragedia del pecado.[11]

El desarrollo del propósito salvador de Dios empieza desde el amanecer de la historia bíblica, con la promesa de que la simiente de la mujer quebrantaría la cabeza de la serpiente (Génesis 3:15), y en la aceptación de la ofrenda de Abel de un cordero inmolado. La institución de los sacrificios y las ceremonias del código sacerdotal, el cuidado manifestado por Dios en proteger a su pueblo que tan frecuentemente se desvió, y particularmente los mensajes de los profetas, todos estos factores son evidencias que sostienen este concepto de la naturaleza de Dios.

Es en el concepto del pacto donde la visión de la misericordia y el perdón de Dios hallan su más alta expresión. "El libro del pacto" y "la sangre del pacto" (Éxodo 24:7-8) evidenciaban la relación especial que había de existir entre Dios y su pueblo. Por sus promesas del pacto, Dios manifestó su misericordia. En los "Salmos del Pacto" (Salmos 105-107), leemos: "Alabad a Jehová, porque él es bueno; porque para siempre es su misericordia. Díganlo los redimidos de Jehová, los que ha redimido del poder del enemigo" (Salmos 107:1-2)

Dios es el Salvador de su pueblo, redimiendo, preservando y protegiendo a los suyos:

> *Ahora, así dice Jehová, Creador tuyo, oh Jacob, y Formador tuyo, oh Israel: No temas, porque yo te redimí; te puse nombre, mío eres tú. Cuando pases por las aguas, yo estaré contigo; y si por los ríos, no te anegarán. Cuando pases por el fuego, no te quemarás, ni la llama arderá en ti. Porque yo Jehová, Dios tuyo, el Santo de Israel, soy tu Salvador; a Egipto he dado por tu rescate, a Etiopía y a Seba por ti. Porque a mis ojos fuiste de gran estima, fuiste honorable, y yo te amé; daré, pues, hombres por ti, y naciones por tu vida* (Isaías 43:1-4).

Se ensalza la amorosa bondad de Dios: "Muestra tus maravillosas misericordias, tú que salvas a los que se refugian a tu diestra, de los que se levantan contra ellos" (Salmos 17:7). Jehová es un Dios de compasión: "Mas tú, Señor, Dios misericordioso y clemente, lento para la ira, y grande en misericordia y verdad" (Salmos 86:15). "... su misericordia es eterna" (1 Crónicas 16:34, etc.). La profecía de Oseas es el lamento del amor no correspondido, el corazón de Dios lamentándose y buscando a una nación descarriada (Oseas 11:1-4). Es esta divina fidelidad hacia un pueblo infiel lo que trae la maravillosa promesa de un nuevo pacto en Jeremías 31:31-34.

G. Dios como Padre

Dios como un Padre divino es parte del concepto de Dios en el Antiguo Testamento, aunque no es presentado con tanta claridad como en el Nuevo Testamento. Moisés exhorta a los israelitas a obedecer y ser leales a Dios porque él es el padre que los ha redimido. "¿Así pagáis a Jehová, pueblo loco e ignorante? ¿No es él tu padre que te creó? Él te hizo y te estableció" (Deuteronomio 32:6). En un salmo atribuido a David, escrito en ocasión del traslado del arca a Jerusalén, leemos:

> *Cantad a Dios, cantad salmos a su nombre;*
> *Exaltad al que cabalga sobre los cielos.*
> *JAH es su nombre; alegraos delante de él.*
> *Padre de huérfanos y defensor de viudas,*
> *Es Dios en su santa morada* (Salmos 68:4-5).

En la segunda mitad de su libro, cuyo tema es la consolación, Isaías se dirige al Señor en oración, diciendo: "Pero tú eres nuestro padre, si bien Abraham nos ignora, e Israel no nos conoce; tú, oh Jehová, eres nuestro padre; nuestro Redentor perpetuo es tu nombre" (Isaías 63:16). "Ahora pues, Jehová, tú eres nuestro padre; nosotros barro, y tú el que nos formaste; así que obra de tus manos somos todos nosotros" (Isaías 64:8). Jeremías dice

"Irán con lloro, mas con misericordia los haré volver, y los haré andar junto a arroyos de aguas, por camino derecho en el cual no tropezarán; porque soy a Israel por padre, y Efraín es mi primogénito" (Jeremías 31:9; cf 3:4, 19). Oseas nos da la promesa de Dios: "Con todo, será el número de los hijos de Israel como la arena del mar, que no se puede medir ni contar. Y en el lugar en donde les fue dicho: Vosotros no sois pueblo mío, les será dicho: Sois hijos del Dios viviente" (Oseas 1:10). Malaquías aduce la paternidad de Dios como la base de la honestidad y la integridad en el trato de unos con otros: "¿No tenemos todos un mismo padre? ¿No nos ha creado un mismo Dios? ¿Por qué, pues, nos portarnos deslealmente el uno contra el otro, profanando el pacto de nuestros padres?" (Malaquías 2:10).

II. UNA FILOSOFÍA DE LA HISTORIA

Excedida en importancia solo por el concepto de Dios en el Antiguo Testamento, y en efecto emanando de tal concepto, está la filosofía de la historia que encontramos en sus páginas. En el sentido más exacto posible, para los escritores de las Escrituras hebreas, la historia es la "historia de Dios". Sobre esto, dice Bernhard W. Anderson: "Los hombres recordaron historias, atesoraron tradiciones y escribieron en varias formas de literatura por una sola e ineludible convicción: se habían confrontado con Dios en sucesos que habían ocurrido en su propia historia"[12]. El profesor Wright señala esta concepción teocéntrica de la historia que tenían todos los escritores de la antigüedad:

> Así es evidente que el Antiguo Testamento no presenta la historia por la historia en sí, sino una interpretación religiosa de la historia, en la cual hay un continuo encuentro entre los hombres y Dios, un encuentro que demanda una decisión... Ellos (los escritores del Antiguo Testamento) abordaron su tarea con una premisa básica. La historia es importante porque Dios existe; él es el regente de la historia, el que determina su acto final; el Único que le da significado. Él se halla detrás de todos los eventos de la vida, controlándolos, revelando su voluntad por medio de ellos, y determinado a reinar supremo en los corazones de los hombres.[13]

A continuación exploramos algunas ideas directrices de la filosofía de la historia del Antiguo Testamento.

A. La historia es importante

En ninguna parte del Antiguo Testamento hallamos el concepto escéptico de la historia que tenía Hegel: "La única cosa que podemos aprender de la historia es que la historia no enseña nada". La historia, para el pueblo del

Antiguo Testamento, era algo digno de registrarse. A los israelitas les agradaba conmemorar. Levantaron monumentos para recordar los grandes eventos, tales como el cruce del Jordán (Josué 4:9), y la gran victoria de Samuel sobre los filisteos (1 Samuel 7:12). Usaron nombres conmemorativos, como Jacob en Bet-el (Génesis 28:17-19); y escribieron poesía conmemorativa, como cuando Moisés cruzó el mar Rojo (Éxodo 15), y cuando Débora y Barac obtuvieron su notable victoria sobre los cananeos (Jueces 5). Escribieron genealogías como las de Génesis, y crónicas tales como "el libro de las batallas de Jehová" (Números 21:14) y el "libro de Jaser" (Josué 10:13).

La tarea de escribir la historia que presenta el Antiguo Testamento comienza realmente con Moisés. Dios le mandó a Moisés que escribiera (Éxodo 34:27), mandato que Moisés cumplió fielmente. A su vez, profetas, sacerdotes y reyes tomaron la pluma y escribieron los sucesos en que fueron actores, o que les eran conocidos.

La importancia de la historia escrita por los hombres del Antiguo Testamento descansa, no en la mera recitación de los eventos, sino en el significado visto en esos sucesos. La historia es suceso, más significado. Como lo dice C.H. Dodd: "De acuerdo al punto de vista unánime de los escritores bíblicos, el significado de los sucesos reside en el encuentro de los hombres con Dios"[14]. Por esta razón, los libros que nosotros llamamos "libros históricos" los hebreos lo clasificaban como "los primeros profetas", y grandes secciones de los libros proféticos son narraciones de sucesos históricos.

B. La nación elegida

Dios opera en la historia a través de una nación escogida. De Génesis a Malaquías, el hecho de que Israel era el pueblo escogido de Dios es el principio director por el cual se interpretan los eventos de la historia. En la edad de los patriarcas, se eligió y llamó a Abraham a un lugar especial de privilegio y responsabilidad (Nehemías 9:7-8). Los escogidos de Dios fueron: Isaac, y no Ismael; Jacob, y no Esaú; la nación de Israel, y no otra nación más poderosa.

Esta elección divina fue la base para separar a Israel de las costumbres impías e idolátricas de otros pueblos:

> *Porque tú eres pueblo santo para Jehová tu Dios; Jehová tu Dios te ha escogido para serle un pueblo especial, más que todos los pueblos que están sobre la tierra. No por ser vosotros más que todos los pueblos os ha querido Jehová y os ha escogido, pues vosotros erais el más insignificante de todos los pueblos; sino por cuanto Jehová os amó, y quiso guardar el juramento que juró a vuestros padres, os ha sacado Jehová con mano poderosa, y os ha rescatado de servidumbre, de la mano de Faraón rey de Egipto. Conoce,*

pues, que Jehová tu Dios es Dios, Dios fiel, que guarda el pacto y la misericordia a los que le aman y guardan sus mandamientos, hasta mil generaciones (Deuteronomio 7:6-9).

Era necesario recordarle a Israel que al haber sido elegidos por Dios, su elección significaba una responsabilidad especial, no solamente un privilegio. "A vosotros solamente he conocido de todas las familias de la tierra; por tanto, os castigaré por todas vuestras maldades" (Amós 3:2). Una revelación mayor significa mayor responsabilidad, y privilegios especiales siempre implican obligaciones especiales.

La fe que los profetas tenían de que el pueblo sería restaurado después que el cautiverio lo hubiere purgado de la idolatría en la que vivían, se basaba en el hecho de que Dios lo había escogido:

Pero tú, Israel, siervo mío eres; tú, Jacob, a quien yo escogí, descendencia de Abraham mi amigo. Porque te tomé de los confines de la tierra, y de tierras lejanas te llamé, y te dije: Mi siervo eres tú; te escogí, y no te deseché. No temas, porque yo estoy contigo; no desmayes, porque yo soy tu Dios que te esfuerzo; siempre te ayudaré, siempre te sustentaré con la diestra de mi justicia (Isaías 41:8-10).

C. El líder ungido

Una parte muy importante en la filosofía de la historia del Antiguo Testamento es el lugar que ocuparon los ungidos de Jehová. Grandes líderes, dirigidos e inspirados por Dios, fueron las figuras clave para moldear el destino de la nación elegida. José, Moisés, Josué, los jueces, Samuel, Saúl por un tiempo, David, Salomón y muchos de los reyes posteriores, ejercieron grande y particular influencia para hacer de la nación lo que llegó a ser.

En ocasiones, alguien fuera de la nación podía ser dirigido especialmente en sus decisiones. Ciro, cuyo decreto facilitó el camino para el retorno de Israel después de la cautividad, es mencionado como el "ungido" de Jehová (Isaías 45:1). Aun después que Saúl había perdido su derecho al trono, David rehusó firmemente dañarlo físicamente, porque era el "ungido de Jehová" (1 Samuel 24:10).

Después del retorno de Babilonia, dos exiliados, Zorobabel y Josué, el sumo sacerdote, se mencionan como "los dos ungidos que están delante del Señor de toda la tierra" (Zacarías 4:14). Sin embargo, el término "ungido" llegó a ser usado preeminentemente para el Libertador divino, en quien empezaba a descansar la esperanza de los judíos oprimidos. "Mesías" es la palabra hebrea para "ungido", tal como "Cristo" es la palabra griega para el mismo concepto.

D. La soberana providencia de Dios

Lo dicho anteriormente sugiere el concepto central en la visión del Antiguo Testamento sobre la historia: Que las fuerzas que controlan la historia proceden de una fuente que no pertenece a la corriente de las acciones y los propósitos humanos. Es la creencia de que Dios está ejerciendo un control soberano sobre los asuntos de los hombres, o sea que "el hombre propone, pero Dios dispone". "Ciertamente la ira del hombre te alabará" declara el salmista (Salmos 76:10). José les recuerda a sus hermanos: "Vosotros pensasteis mal contra mí, mas Dios lo encaminó a bien, para hacer lo que vemos hoy, para mantener en vida a mucho pueblo" (Génesis 50:20). La furiosa rebeldía del Faraón de los tiempos del éxodo se volvió en efecto un instrumento para que Dios pudiera llevar adelante sus propósitos con el pueblo de Israel (Éxodo 9:16).

Una de las ideas cardinales de los profetas era el uso que Dios le daba a los procesos históricos para castigar y corregir a su pueblo. Los pueblos paganos que así eran usados, desconocían, por supuesto, que habían sido instrumentos en las manos de Dios.

> *Oh Asiria, vara y báculo de mi furor, en su mano he puesto mi ira. Le mandaré contra una nación pérfida, y sobre el pueblo de mi ira le enviaré, para que quite despojos, y arrebate presa, y lo ponga para ser hollado como lodo de las calles. Aunque él no lo pensará así ni su corazón lo imaginará de esta manera, sino que su pensamiento será desarraigar y cortar naciones no pocas... Pero acontecerá que después que el Señor haya acabado toda su obra en el monte de Sion y en Jerusalén, castigará el fruto de la soberbia del corazón del rey de Asiria, y la gloria de la altivez de sus ojos... ¿Se gloriará el hacha contra el que con ella corta? ¿Se ensoberbecerá la sierra contra el que la mueve? ¡Como si el báculo levantase al que lo levanta; como si levantase la vara al que no es leño! (Isaías 10:5-7, 12, 15).*

E. Responsabilidad moral

El hecho de la providencia de Dios y de su soberano control de la historia no debe impedirnos ver el hecho, igualmente importante, de la libertad moral del hombre. La soberanía de Dios establece los límites de la decisión y las consecuencias de la decisión, pero escoger es el acto de la autodeterminación humana, capacidad con la cual ha sido dotado el género humano. El ejercicio de la libertad humana no restringe la soberanía de Dios, sino más bien la afirma. C.H. Dodd encuentra tres principios en la filosofía bíblica de la historia que pueden ayudarnos a comprender nuestra presente situación histórica:

1. Dios es el soberano de la historia, la cual sirve a su voluntad y obra para sus propósitos. Esto se presupone a través de todo. ˋ

2. Por otro lado, la Biblia no apoya ninguna teoría que demande que el curso de la historia esté fijado de antemano.

3. La Biblia contempla al hombre como un ser moralmente responsable dentro del marco del propósito divino. "Mira, yo he puesto delante de ti hoy la vida y el bien, la muerte y el mal... escoge, pues" (Deuteronomio 30:15, 19). Es un postulado bíblico que el acto de escoger es real, y que tiene consecuencias reales en la historia[15].

Los profetas estaban muy seguros de la justicia infalible y la rectitud de Dios. Este es un principio universal que nunca cambia. También estaban seguros de que el pecado y la rebelión conducen siempre a la muerte y la destrucción. El hombre no "rompe" la ley de Dios; se rompe a sí mismo por no obedecerla. Que el hombre escoja desafiar o no desafiar la recta justicia de Dios es algo que está dentro de su capacidad para decidir. Una vez que ha hecho tal decisión, no tiene control alguno sobre las consecuencias que resultan de tal decisión. Así fue como los profetas del Antiguo Testamento llegaron a una comprensión correcta de la predestinación y la elección. Dios ha elegido para salvación y vida eterna solo a aquellos que creen en él y le obedecen. "Bienaventurada la nación cuyo Dios es Jehová" (Salmos 33:12). Pero, "los malos serán trasladados al Seol, todas las gentes que se olvidan de Dios" (Salmos 9:17).

III. UN VISTAZO A LA NATURALEZA Y NECESIDAD HUMANAS

El Antiguo Testamento nos da una comprensión inapreciable de la naturaleza humana y su necesidad de redención. Sin entrar en los detalles técnicos de la psicología hebrea, tal vez nos aproveche hacer un breve resumen de la enseñanza del Antiguo Testamento concerniente a la naturaleza humana.

A. La imagen de Dios

La más antigua declaración tocante al hombre se encuentra en Génesis 1:26-28.

Entonces dijo Dios: Hagamos al hombre a nuestra imagen, conforme a nuestra semejanza; y señoree en los peces del mar, en las aves de los cielos, en las bestias, en toda la tierra, y en todo animal que se arrastra sobre la tierra. Y creó Dios al hombre a su imagen, a imagen de Dios lo creó; varón y hembra los creó. Y los bendijo Dios, y les dijo: Fructificad y multiplicaos; llenad la tierra, y sojuzgadla, y señoread en los peces del mar, en las aves de los cielos, y en todas las bestias que se mueven sobre la tierra.

Aquí se pone el énfasis sobre la imagen de Dios. Por virtud de esta imagen el hombre ha de tener una posición de autoridad en el mundo de la naturaleza (v. 27). Su vida es inviolable, por la misma razón, porque "el que derramare sangre de hombre, por el hombre su sangre será derramada; porque a imagen de Dios es hecho el hombre" (Génesis 9:6).

En Génesis 2 vemos que el hombre, en la imagen de Dios, es un "ser viviente" (v. 7). El cuerpo humano se forma "... del polvo de la tierra", y es alentado con el soplo de vida. De todas las revelaciones proporcionadas al hombre sobre la naturaleza humana, esta es una de las más profundas. El hombre es una criatura de dos mundos. Está relacionado con el reino de la naturaleza por medio de su cuerpo físico pues es una criatura de la tierra, del tiempo y del espacio. Pero también es un ciudadano de un orden moral y espiritual que trasciende el reino de lo natural y terrenal. Al igual que las formas inferiores de vida, respira, come, sufre, goza y muere. Empero, siendo la imagen de Dios, razona, imagina, espera, aspira, propone, está consciente de su alto destino, aunque burda y vagamente a veces, y sobre todo, hace decisiones de orden moral entre lo bueno y lo malo, entre Dios y el adversario. "Te alabaré; porque formidables, maravillosas son tus obras" (Salmos 139:14), y:

> Cuando veo tus cielos, obra de tus dedos.
> La luna y las estrellas que tú formaste,
> Digo: ¿Qué es el hombre, para que tengas de él memoria?
> Y el hijo del hombre, para que lo visites?
> Le has hecho poco menor que los ángeles,
> Y lo coronaste de gloria y de honra.
> Le hiciste señorear sobre las obras de tus manos;
> Todo lo pusiste debajo de sus pies:
> Ovejas y bueyes, todo ello.
> Y asimismo las bestias del campo,
> Las aves de los cielos y los peces del mar;
> Todo cuanto pasa por los senderos del mar.
> ¡Oh Jehová, Señor nuestro,
> Cuán grande es tu nombre en toda la tierra! (Salmos 8:3-9).

Así que el hombre es cuerpo o carne (hebreo: *basar*), es espíritu o vida (hebreo: *ruach*), y juntos forman la unidad psicofísica de un alma viviente (hebreo: *nefesh*). El cuerpo, o carne, está más relacionado con el reino de la materia, y no es el asiento o fuente del pecado y el mal, como lo pensaron muchos de los filósofos griegos. El mal no proviene de la naturaleza material del hombre, sino del mal uso, o mala dirección que da a sus necesidades e impulsos. El hecho de que "aquel Verbo fue hecho carne, y habitó entre nosotros" (Juan 1:14), es la prueba más clara posible de que los escritores bíblicos nunca pensaron que la vida física es necesariamente la fuente de la maldad moral del hombre.

B. Libertad de elegir

Del hecho de la imagen divina emana el reconocimiento de la libertad moral. Los escritores del Antiguo Testamento aceptaron tanto la soberanía de Dios como la libertad moral del hombre. Ellos no vieron ninguna contradicción entre esas dos grandes ideas, como en efecto no la hay mientras sean correctamente comprendidas. Como lo dice Albert C. Knudson:

> En lo que concierne a la libertad humana, es un hecho aceptado en todo el Antiguo Testamento. No se dice que el hombre es libre: se usa una expresión más concreta: el hombre "escoge". Pero es la misma idea. Se trata al hombre por doquier como un ser con responsabilidad moral. Su libre albedrío no está fuera del alcance de la influencia de la voluntad divina, pero por otro lado, es algo tan cierto como la misma influencia divina. Si el hebreo hubiera sentido la necesidad de escoger entre la libertad humana, por un lado, y la soberanía divina por el otro, es posible que habría escogido esta última. Pero su mente nunca vio tal necesidad. La libertad y la responsabilidad del hombre aparecían como un hecho fijo en su pensamiento, y puesto que así era, los intereses éticos de la religión quedaban salvaguardados adecuadamente.[16]

La libertad y la responsabilidad no se pueden separar. Desde el relato de la caída en el huerto del Edén, hasta el retorno de los exiliados de la cautividad babilónica, se da por sentado que los seres humanos son responsables por las decisiones que ellos hacen, y por lo tanto, son libres de tomar decisiones, sin compulsión exterior alguna. Esta libertad, como ya hemos visto, no carece de límites. Adán y Eva podían elegir entre el mandamiento de Dios y la sugerencia de Satanás, pero después de haber escogido esta última, ya no eran libres de decidir permanecer en el Edén. Las elecciones o decisiones del hombre tienen consecuencias inevitables.

El desafío divino al hombre siempre entraña el hecho de tomar decisiones. Moisés se enfrentó a Israel con estas palabras: "A los cielos y a la tierra llamo por testigos hoy contra vosotros, que os he puesto delante la vida y la muerte, la bendición y la maldición; escoge, pues, la vida, para que vivas tú y tu descendencia" (Deuteronomio 30:19). Josué, el segundo gran líder de Israel, dijo también: "Escogeos hoy a quién sirváis; si a los dioses a quienes sirvieron vuestros padres, cuando estuvieron al otro lado del río, o a los dioses de los amorreos en cuya tierra habitáis; pero yo y mi casa serviremos a Jehová" (Josué 24:15). El heroico Elías presentó a Israel el mismo dilema cuando dijo: "¿Hasta cuándo claudicaréis vosotros entre dos pensamientos?" (1 Reyes 18:21). El llamado de los profetas fue tersamente resumido por

Jeremías: "Mejorad ahora vuestros caminos y vuestras obras, y oíd la voz de Jehová vuestro Dios" (Jeremías 26:13). Ningún fatalismo sutil, como el conductismo naturalista de Watson, o el rígido determinismo teológico de Juan Calvino pueden hacer a un lado la clara enseñanza del Antiguo Testamento, esto es, que los seres humanos son capaces de hacer una verdadera decisión entre alternativas, y que son personalmente responsables de las consecuencias de sus decisiones.

C. La naturaleza pecaminosa del hombre

El cuadro que el Antiguo Testamento nos da de la naturaleza humana no incluye solo el libre albedrío y la imagen de Dios; también reconoce que la imagen divina en el hombre ha sido dañada por el pecado. En el huerto del Edén, Adán y Eva perdieron lo que los teólogos llaman "la imagen moral de Dios", si bien retuvieron gran parte de la "imagen natural de Dios". Esto significa que el pecado despojó a la raza de la santidad inicial con la cual había sido creada, y dejó la imagen moral del hombre privada de la presencia del Espíritu Santo, separada de Dios, y por ende depravada y pecaminosa. La verdad trágica es que el pecado de Adán tuvo una consecuencia doble. Primero, ya no pudo transmitir a sus hijos una santidad que antes tuvo, pero que trágicamente había perdido. Segundo, a causa de su desobediencia, legó a sus hijos la amarga herencia de una naturaleza privada de la imagen de Dios y con inclinaciones al pecado. Por esa razón leemos: "Adán... engendró un hijo a su semejanza, conforme a su imagen" (Génesis 5:3).

De allí en adelante, en todo el Antiguo Testamento se reconoce la extensión universal del pecado. "Y vio Jehová que la maldad de los hombres era mucha en la tierra, y que todo designio de los pensamientos del corazón de ellos era de continuo solamente el mal" (Génesis 6:5).

"Porque no hay hombre que no peque" (1 Reyes 8:46).

Dice el necio en su corazón: No hay Dios. Se han corrompido, hacen obras abominables; no hay quien haga el bien. Jehová miró desde los cielos sobre los hijos de los hombres, para ver si había algún entendido, que buscara a Dios. Todos se desviaron, a una se han corrompido; no hay quien haga lo bueno, no hay ni siquiera uno (Salmos 14:1-3).

El problema no es solamente lo que el hombre hace. El problema más profundo es lo que el hombre es. Consideremos la vívida descripción que Isaías hace de la corrupción humana:

Oíd, cielos, y escucha tú, tierra; porque habla Jehová: Crié hijos, y los engrandecí, y ellos se rebelaron contra mí. El buey conoce a su dueño, y el asno el pesebre de su señor: Israel no entiende, mi pueblo no tiene conocimiento.

¡Oh gente pecadora, pueblo cargado de maldad, generación de malignos, hijos depravados! Dejaron a Jehová, provocaron a ira al Santo de Israel, se volvieron atrás. ¿Por qué querréis ser castigados aún? ¿Todavía os rebelaréis? Toda cabeza está enferma, y todo corazón doliente. Desde la planta del pie hasta la cabeza no hay en él cosa sana, sino herida, hinchazón y podrida llaga; no están curadas, ni vendadas, ni suavizadas con aceite (Isaías 1:2-6).

El mismo profeta experimenta la condenación de su naturaleza pecaminosa cuando ve la santidad de Dios en toda su gloria: "¡Ay de mí! que soy muerto; porque siendo hombre inmundo de labios, y habitando en medio de pueblo que tiene labios inmundos, han visto mis ojos al Rey, Jehová de los ejércitos" (Isaías 6:5). Isaías solo encontró paz en aquel acto simbólico cuando el serafín tocó sus labios con una brasa ardiente del altar y le dijo: "Es quitada tu culpa, y limpio tu pecado" (v. 7).

Esta naturaleza pecaminosa, que se manifiesta en actos pecaminosos, no es adquirida, sino inherente a la naturaleza del hombre desde su nacimiento. El libro de Job nos ofrece un análisis escudriñador de la naturaleza del pecado en su relación con el sufrimiento. Job y sus "consoladores" a menudo están en desacuerdo. Sin embargo, los tres concuerdan en que la naturaleza carnal es hereditaria. Job dice: "El hombre nacido de mujer, corto de días, y hastiado de sinsabores... ¿Quién hará limpio a lo inmundo? Nadie" (Job 14:1, 4). Elifaz afirma por su parte: "¿Qué cosa es el hombre para que sea limpio, y para que se justifique el nacido de mujer?" (15:14). La frase de Bildad es un eco del mismo pensamiento: "¿Cómo, pues, se justificará el hombre para con Dios? ¿Y cómo será limpio el que nace de mujer? He aquí que ni aun la misma luna será resplandeciente, ni las estrellas son limpias delante de sus ojos; ¿cuánto menos el hombre, que es un gusano, y el hijo del hombre, también gusano?" (Job 25:4-6). David, en su gran salmo penitencial confiesa: "He aquí, en maldad he sido formado, y en pecado me concibió mi madre" (Salmos 51:5).

Es tan radical y profunda la maldad de la naturaleza humana, que el hombre no puede escapar de ella sin ayuda. Este es el dilema del Antiguo Testamento. Ve con claridad la justicia de la ley de Dios, pero también siente agudamente la incapacidad del hombre para guardar esa ley. "¿Mudará el etíope su piel, y el leopardo sus manchas? Así también, ¿podréis vosotros hacer bien, estando habituados a hacer mal?" (Jeremías 13:23). "Engañoso es el corazón más que todas las cosas, y perverso; ¿quién lo conocerá?" (Jeremías 17:9). Como ya lo hemos hecho notar en el capítulo XIV, la esperanza de liberación viene de Dios, con la promesa de un Nuevo Pacto que será cumplido en la edad del evangelio, con la seguridad del perdón y la renovación del corazón (Jeremías 31:31-34). Tanto Ezequiel (36:25-28), como Malaquías (3:1-3), enseñan definitivamente la limpieza completa, que es provista por la plenitud santificadora del Espíritu Santo. Un estudio de los textos utilizados por Juan Wesley en apoyo de la doctrina de la entera santificación muestra que él hizo uso frecuente de Ezequiel 36:25-26, 29 con ese fin.

IV. UNA PROMESA DE REDENCIÓN

Inmediatamente después del diagnóstico de la enfermedad del hombre viene la seguridad del remedio divino. De modo que el gran tema del Antiguo Testamento es la promesa de la redención, expresada en lo que se conoce como la esperanza mesiánica, una visión que se fue volviendo más importante con el paso de los siglos.

Ya se ha mencionado el hecho de que el Antiguo Testamento es un volumen inconcluso. Finaliza con una promesa y una predicción. Si no conociéramos el cristianismo, y se nos diera a leer un volumen del Antiguo Testamento, las Escrituras hebreas, quedaríamos con la sensación de que falta una segunda parte. No puede terminar donde lo hace. Debe haber algo más para completar la historia, para cumplir sus profecías y para llenar los bosquejos de su teología. Tendríamos necesidad de conocer el resultado de la gran transición de un reino terrenal al reino de Dios, que es el punto de transición con el cual termina el Antiguo Testamento. Los hebreos habían perdido la soberanía política, y aún debían crecer en el aspecto espiritual. Dios se había manifestado a su pueblo en ciertos sucesos históricos que se dirigían hacia un gran clímax más allá del horizonte.

A. Un reino espiritual

Los eruditos liberales generalmente han sostenido que la esperanza mesiánica nació del anhelo patriótico de los judíos de ver restaurada su soberanía nacional. Como tal restauración parecía imposible en el inmediato futuro, ellos la trasladaron hacia un futuro mucho más distante.

Tal teoría, sin embargo, pasa por alto la visión que el Antiguo Testamento tiene de la naturaleza del reino de Dios. Este debía ser ético y espiritual, establecido sobre toda la tierra, bendiciendo y alcanzando a todas las naciones[17]. En este reino estriba la esperanza del hombre, porque solo Dios puede romper el ciclo mortal de pecado, juicio, redención, y pecado otra vez. Aquí estamos tratando con algo que es mucho más que una prolongación de sueños nacionalistas. Aquí tenemos una verdadera comprensión, por limitada que sea, del verdadero reino de Dios.

Decenas de referencias pueden darse donde se muestra a Dios como el verdadero Rey. Los salmos están repletos de ellas:

Está atento a la voz de mi clamor, Rey mío y Dios mío,
Porque a ti oraré (Salmos 5:2).

Jehová es Rey eternamente y para siempre;
De su tierra han perecido las naciones (Salmos 10: 16).

Tú, oh Dios, eres mi rey;
Manda salvación a Jacob (Salmos 44:4).

Cantad a Dios, cantad;
Cantad a nuestro Rey, cantad;
Porque Dios es el Rey de toda la tierra;
Cantad con inteligencia.
Reinó Dios sobre las naciones;
Se sentó Dios sobre su santo trono (Salmos 47:6-8).

Isaías vio a su Dios como Rey. En la visión del templo dice: "Han visto mis ojos al Rey, Jehová de los ejércitos" (Isaías 6:5). La salvación viene de Dios el Rey: "Porque Jehová es nuestro juez, Jehová es nuestro legislador, Jehová es nuestro Rey; él mismo nos salvará" (33:22). Dios es el "Rey de Jacob" (41:21), el "Creador de Israel, vuestro Rey" (43:15). Jeremías proclama a Dios como "Dios vivo y Rey eterno" (10:10), y "el Rey, cuyo nombre es Jehová de los ejércitos" (46:18; 48:15; 51:57). En el libro de Daniel, el rey Nabucodonosor de Babilonia se persuade y declara: "Yo... alabo, engrandezco y glorifico al Rey del cielo, porque todas sus obras son verdaderas, y sus caminos justos" (4:37). Y Zacarías predice: "Y Jehová será rey sobre toda la tierra" (Zacarías 14:9).

El reino de Dios es un orden basado en la justicia perfecta, y un ideal que los hombres no pueden alcanzar por sus propias fuerzas. El reino pertenece exclusivamente al Vástago, la raíz de Isaí (Isaías 11:1), de quien se dice:

... No juzgará según la vista de sus ojos, ni argüirá por lo que oigan
sus oídos; sino que juzgará con justicia a los pobres, y argüirá con equidad
por los mansos de la tierra; y herirá la tierra con la vara de su boca, y con el
espíritu de sus labios matará al impío. Y será la justicia cinto de sus lomos, y
la fidelidad ceñidor de su cintura (Isaías 11:3-5).

Pero el reino de Dios tampoco es ese orden exclusivo, o solo para algunos, que ciertos israelitas imaginaron que era, idea que Miqueas corrige con la siguiente declaración:

Acontecerá en los postreros tiempos que el monte de la casa de Jehová será establecido por cabecera de montes, y más alto que los collados, y correrán a él los pueblos. Vendrán muchas naciones, y dirán: Venid, y subamos al monte de Jehová, y a la casa del Dios de Jacob; y nos enseñará en sus caminos, y andaremos por sus veredas; porque de Sion saldrá la ley, y de Jerusalén la palabra de Jehová. Y él juzgará entre muchos pueblos, y corregirá a naciones poderosas hasta muy lejos; y martillarán sus espadas para azadones, y sus lanzas para hoces; no alzará espada nación contra nación, ni se ensayarán más para la guerra (Miqueas 4:1-3; cf. Isaías 2:4).

Muchas otras pruebas se pudieran dar de la extensión mundial del verdadero reino de Dios. El Salmo 22 es uno de los grandes salmos mesiánicos. Allí leemos:

Se acordarán, y se volverán a Jehová todos los confines de la tierra, y todas las familias de las naciones adorarán delante de ti. Porque de Jehová es el reino, y él regirá las naciones (Salmos 22:27-28).

El camino de salvación de Dios será conocido en todas las naciones:

Dios tenga misericordia de nosotros, y nos bendiga; haga resplandecer su rostro sobre nosotros; para que sea conocido en la tierra tu camino, en todas las naciones tu salvación (Salmos 67:1-2).

B. "El Mesías Príncipe" (Daniel 9:25)

El reino espera la venida del Rey. Mucho ha sido escrito sobre la esperanza mesiánica del Antiguo Testamento y no es necesario repetirlo aquí. Ya hemos dicho que el término hebreo "Mesías" y el término griego "Cristo" son iguales: ambos significan "el ungido". Este título exaltado, que se dio primeramente a los reyes y profetas (1 Samuel 12:3, 5; 24:6, 10; 1 Crónicas 16:22, etc.), se usó luego para Aquel que habría de venir para liberar y redimir al pueblo (Zacarías 9:9; Malaquías 3:1-4, etc.). Esta palabra, con tal acepción, se encuentra ya en la oración de Ana, la madre de Samuel, muchos años antes de que hubiera rey en Israel: "Delante de Jehová serán quebrantados sus adversarios, y sobre ellos tronará desde los cielos; Jehová juzgará los confines de la tierra, dará poder a su Rey, y exaltará el poderío de su Ungido" (1 Samuel 2:10). En el Mesías hallamos el clímax y el destino de toda la historia. Interpretando el sueño profético de Nabucodonosor (Daniel 2:31-45), Daniel habla de los reyes de los últimos días:

Y en los días de estos reyes el Dios del cielo levantará un reino que no será jamás destruido, ni será el reino dejado a otro pueblo; desmenuzará y consumirá a todos estos reinos, pero él permanecerá para siempre, de la manera que viste que del monte fue cortada una piedra, no con mano, la cual desmenuzó el hierro, el bronce, el barro, la plata y el oro. El gran Dios ha mostrado al rey lo que ha de acontecer en lo por venir; y el sueño es verdadero, y fiel su interpretación (Daniel 2:44-45).

Se describe al Libertador venidero como un Príncipe (Daniel 9:25); como un Rey (Zacarías 9:9); como un Señor en Israel (Miqueas 5:2); el Príncipe de paz (Isaías 9:6); el Siervo sufriente (Isaías 52:13–53:12). Él es de la línea de David (Jeremías 23:5); y al mismo tiempo es llamado "Jehová, justicia nuestra" (v. 6), y el "Dios fuerte, Padre eterno" (Isaías 9:6; véase también v. 7). Su triunfo, como vimos en el estudio de Isaías 53, en el capítulo XIII, es a través del sufrimiento y la muerte (vv. 7-9), al ser rechazado por los suyos (vv. 2-3)[18].

El último libro del Antiguo Testamento conduce esta gran esperanza de redención a su clímax:

He aquí, yo envío mi mensajero, el cual preparará el camino delante de mí; y vendrá súbitamente a su templo el Señor a quien vosotros buscáis, y el ángel del pacto, a quien deseáis vosotros. He aquí viene, ha dicho Jehová de los ejércitos. ¿Y quién podrá soportar el tiempo de su venida? ¿O quién podrá estar en pie cuando él se manifieste? Porque él es como fuego purificador, y como jabón de lavadores. Y se sentará para afinar y limpiar la plata; porque limpiará a los hijos de Leví, los afinará como a oro y como a plata, y traerán a Jehová ofrenda en justicia (Malaquías 3:1-3).

Mas a vosotros los que teméis mi nombre, nacerá el Sol de justicia, y en sus alas traerá salvación; y saldréis, y saltaréis como becerros de la manada (Malaquías 4:2).

V. UN LIBRO QUE ES FUENTE DE VIDA

La última sección de este libro trata sobre cómo usar el Antiguo Testamento en nuestra tarea de enseñar la Biblia. Esta gran porción de la palabra de Dios es una rica fuente de materiales de gran valor espiritual para el maestro que desea confrontar los asuntos básicos de la vida. Nadie puede ser un maestro competente de religión si no está familiarizado con todos esos recursos; para describirlos enteramente tendríamos que repetir mucho de lo que ya dejamos dicho en este libro. Las sugerencias que damos a continuación tienen que ver con el uso eficaz de los materiales del Antiguo Testamento cuando se enseña la religión de la Biblia.

A. El conocimiento que el maestro debe tener del Antiguo Testamento

El uso apropiado de los materiales del Antiguo Testamento requiere un conocimiento completo de todo el Libro. Una lectura superficial de sus páginas no es suficiente. El que quiera enseñar, primero debe aprender. La enseñanza eficaz demanda la habilidad de relacionar cada parte con el todo. Esto quiere decir que el conocimiento completo de toda la materia debe ser mayor que cualquier asunto o lección que quiera enseñar en un momento dado.

El valor de un estudio introductorio pero comprensivo del Antiguo Testamento, tal como se ha intentado hacer en este libro, es que provee un marco o fondo en el cual cada sección puede ser colocada adecuadamente. El maestro del Antiguo Testamento debe conocer el bosquejo general de todo el libro. Debe conocer los principales períodos de la historia del Antiguo Testamento, y las figuras y eventos descollantes en cada uno de ellos. Debe conocer la relación que existe entre los libros del Antiguo Testamento y el bosquejo histórico. Debe conocer los diversos tipos de literatura que se encuentran en el Antiguo Testamento, y los valores que tiene cada uno.

Además del conocimiento del bosquejo general del libro, el maestro necesita tener un conocimiento detallado de la porción, o porciones, que desea enseñar. La información general nunca puede reemplazar la comprensión de cada detalle. Cuando se estudian los sucesos históricos, es importante conocer los antecedentes. El maestro debe tratar de "ubicarse a sí mismo" en el contexto histórico, y en las actitudes, acciones y circunstancias de los que participaron en ellas. En las porciones del Antiguo Testamento que se están estudiando, el maestro debe tratar de hallar el significado y las implicaciones de cada declaración. No hay palabras desperdiciadas en la Biblia.

Sobre todo, el maestro debe tratar, por todos los medios posibles, que el Antiguo Testamento cobre vida ante sus alumnos. Debe aplicar las enseñanzas de este libro a las necesidades y circunstancias de los alumnos. Debe hacer que su mensaje sea comprensible de acuerdo a la experiencia de aquellos que instruye. En eso consiste el arte de la enseñanza eficaz.

Un ejemplo interesante de esta clase de enseñanza es lo que vio Anne Lindbergh en una pequeña iglesia para esquimales que dirigía un misionero en Point Barrow:

> Nada distraía a la congregación. Hombres, mujeres y niños se inclinaban hacia adelante, escuchando atentamente al predicador. Muchos no sabían hablar inglés. Aun los que lo habían estudiado en la escuela se hallaban perplejos tratando de comprender aquellos salmos cantados por un

pastor en una colina llena de sol.

El predicador tenía que leer: *Todos nosotros nos descarriamos como ovejas.* Pero como el esquimal no conoce a la oveja, leyó: "Todos nosotros nos fuimos como renos que se escapan por las tundras". Cuando tenía que leer: *Vuestros graneros estarán llenos,* dijo en cambio: "Vuestros sótanos estarán llenos de carne de reno".

El siguiente versículo rezaba: *Vuestros bueyes estarán fuertes para el trabajo;* el ministro lo cambió a: "Los perros de vuestros trineos tirarán con fuerza". Entonces pude ver cabezas moviéndose en señal de comprensión.

¿Y cómo explicarles a los esquimales un concepto tan abstracto como *el poder de Dios?*

"A veces, cuando los hombres salen a cazar ballenas" comentó, "los botes quedan apresados entre los hielos. Entonces tienen que poner dinamita y romper el hielo, para dejarlos libres. Esto es poder (dinamita), la dinamita de Dios".

"Porque tuyo es el reino, la 'dinamita', y la gloria, por todos los siglos. Amén", me dije yo a mí misma.[19]

Cada libro de la Biblia se escribió *a un* grupo en particular, pero toda la Biblia se escribió *para nuestro* provecho y comprensión. Extraer las grandes verdades eternas de los eventos pasajeros y circunstancias de una remota edad, y dejar que su clara luz brille para iluminar las condiciones de la vida moderna, es tanto la gloria como el poder de la buena enseñanza. Tal enseñanza requiere una preparación concienzuda, pero tiene su recompensa, pues resulta ser interesante y fructífera.

B.   El uso doctrinal del Antiguo Testamento

El maestro cristiano no debe olvidar los grandes valores doctrinales que tiene el Antiguo Testamento. Son pocas las enseñanzas del Nuevo Testamento que no tienen su fundamento en el Antiguo. Como dijimos, el Sermón del Monte se extrajo casi íntegramente de fuentes del Antiguo Testamento. La admiración de la gente (Mateo 7:28-29) no se debía a la novedad de la enseñanza, sino a la evidente autoridad con que se proclamaba. Los escribas habían dicho muchas veces las mismas cosas, pero Jesús hablaba con el toque de la autoridad divina, y las viejas verdades parecían frescas y nuevas.

Debe reconocerse que el cumplimiento de la verdad bíblica se encuentra en el Nuevo Testamento. Por esta razón, toda enseñanza del Antiguo Testamento debe relacionarse con su cumplimiento en el evangelio. Sin embargo, la ventaja de comenzar nuestro estudio con el Antiguo Testamento yace en la relativa simplicidad con la cual se presenta allí la verdad. Así como la mente humana necesita ser enseñada en las verdades más sencillas antes de que pueda captar los principios abstractos, así Dios se revela en términos más concretos en el Antiguo Testamento. La verdad es, por así decirlo, dramatizada por medio de las ceremonias, los símbolos, los sucesos. Es presentada de tal manera que capta la atención y despierta la imaginación. Como lo declara San Pablo, "ha sido nuestro ayo, para llevarnos a Cristo" (Gálatas 3:24).

C. El valor ilustrativo del Antiguo Testamento

Es por esta riqueza de material ilustrativo que el Antiguo Testamento es una fuente excelente para el maestro cristiano. Los mismos escritores del Nuevo Testamento hicieron un uso intenso de su valor ilustrativo. Jesús se refirió al martirio de Zacarías como un ejemplo del tratamiento que los mensajeros de Dios recibieron de los guías religiosos de su tiempo (Lucas 11:50-51). Usó la historia de Jonás y el gran pez para enseñar cuánto tiempo estaría él en el sepulcro, así como su resurrección (Mateo 12:40). Pablo ilustró la doctrina de la justificación por la fe haciendo referencia a Sara y Agar, y sus respectivos hijos, Isaac e Ismael (Gálatas 4:22-25). Pedro trazó una vívida analogía entre el destino del mundo antiguo en los días de Noé, y la destrucción de Sodoma y Gomorra, con la destrucción de los impíos en los tiempos finales (2 Pedro 2:5-10). Podrían darse muchos otros ejemplos.

Los valores ilustrativos del Antiguo Testamento se encuentran en una variedad de asuntos. Biografías, sucesos históricos, ceremonias, personas y lugares que fueron "tipo" de un evento futuro, todo ello provee material abundante para el uso del maestro. Puede decirse que casi cada tema de importancia en la vida cristiana y la fe está ilustrado en las páginas del Antiguo Testamento. El Dr. Scroggie lo ha expresado muy atinadamente en el siguiente resumen:

> Aquí los fundamentos de la religión se colocan sobre la revelación del único Dios verdadero. Aquí se traza el principio y el desarrollo de la obra oscurecida por el pecado, que va separando al hombre de Dios. Aquí se enseña con claridad, la total incapacidad de la ley para darle al hombre la salvación que necesita. Aquí se anticipan el propósito y el plan redentores de Dios en tipos y profecías. Aquí se promete al Salvador, el Hijo, el Siervo, el Profeta, el Sacerdote y el Rey. Aquí vemos a hombres confrontando graves problemas morales, tales como el pecado y el sufrimiento. Aquí se hace evidente la inmanencia de Dios en la historia, y el hecho de que un principio de justicia sostiene al gobierno universal. Aquí se pulsan todas las cuerdas del corazón humano en cánticos inmortales. Y aquí se nos cuenta la historia de ese pueblo al cual Dios ha placido revelar su propósito, el mismo que él cumple a través de su pueblo, por medio de Jesucristo.[20]

RESUMEN

En este capítulo final nos hemos esforzado en descubrir el mensaje permanente y el significado del Antiguo Testamento. El Antiguo Testamento halla su cumplimiento en el Nuevo, es cierto, pero al mismo tiempo, ofrece mucho material propio de valor incalculable. Su concepto de Dios, su filosofía de la historia, su penetrante análisis de la naturaleza humana, su esperanza de redención, y sus valores para la enseñanza de la religión, todo ello ofrece amplias recompensas para el estudiante cuidadoso. Lo que hemos intentado hacer en este libro es solo una introducción. Solo hemos bosquejado los grandes temas. Cada lector debe ahora albergar la ambición de tener un conocimiento amplio de esta gran porción de la Palabra de Dios, completándolo con su ilimitada riqueza de detalles. Que cada lector haga suyas la sabiduría y la oración del poeta de la antigüedad:

¿Con qué limpiará el joven su camino?
Con guardar tu palabra.
Con todo mi corazón te he buscado;
No me dejes desviarme de tus mandamientos.
En mi corazón he guardado tus dichos,
Para no pecar contra ti.
Bendito tú, oh Jehová;
Enséñame tus estatutos.
Con mis labios he contado
Todos los juicios de tu boca.
Me he gozado en el camino de tus testimonios
Más que de toda riqueza.
En tus mandamientos meditaré;
Consideraré tus caminos.
Me regocijaré en tus estatutos;
No me olvidaré de tus palabras (Salmos 119:9-16).

LECTURAS RECOMENDADAS

Otto J. Baab. *The Theology of the Old Testament*, pp. 23-53.
C.H. Dodd. *The Bible Today*. pp. 122-43.
Albert C. Knudson, *The Religious Teaching of the Old Testament*. pp. 137-72.
Park Hays Miller, *How to Study and Use the Bible*, pp. 120-40.
G.F. Oehler, *Theology of the Old Testament*, pp. 437-536.
George L. Robinson, "The Abiding Value of the Old Testament" en Barbour, *The Bible in the World of Today*, pp. 127-48.
H. Wheeler Robinson, *The Religious Ideas of the Old Testament*, pp. 154-83.
John R. Sampey, *Syllabus for Old Testament Study*, pp. 260-91.
Norman H. Snaith, *The Distinctive Ideas of the Old Testament*, pp. 9-242.
G. Ernest Wright, *The Challenge of Israel's Faith*.

PARA UN ESTUDIO MÁS COMPLETO

1. ¿En qué sentido es el Antiguo Testamento un libro incompleto? ¿Qué suceso del futuro señala?

2. ¿Cuál, se dice, es el concepto central del Antiguo Testamento?

3. Comente sobre la enseñanza del Antiguo Testamento respecto al origen del mundo y sus habitantes. ¿Qué se implica al llamarle "teísmo" a esa enseñanza?

4. ¿Qué entiende usted por la expresión "el Dios viviente"?

5. ¿Cómo se reveló Dios a sí mismo a los hombres de la antigüedad?

6. ¿Cuál es la primera referencia bíblica a la santidad de Dios? ¿Cómo se relaciona a la santidad del pueblo de Dios?

7. ¿Qué se dice respecto a la justicia de Dios en contraposición a su amor y misericordia? Note el doble significado del juicio.

8. Comente la afirmación: "La cruz... se levanta hoy como el único símbolo que es un resumen adecuado de la religión bíblica".

9. ¿De qué manera la idea del pacto entre Dios y su pueblo revela la naturaleza y el propósito del Creador?

10. Resuma la actitud de los hebreos hacia la historia. ¿Cómo diría usted que se compara con los puntos de vista modernos?

11. ¿De qué modo la idea de ser una nación elegida influye en el concepto israelita de la historia? ¿Qué lugar ocupa el "ungido" en la historia de Israel?

12. ¿Puede usted reconciliar la providencia de Dios con la libertad y la responsabilidad del hombre?

13. Comente la afirmación: "El hombre es una criatura de dos mundos".

14. Haga un resumen de las enseñanzas del Antiguo Testamento con respecto a la libertad del hombre, y la pecaminosidad de la naturaleza humana. ¿Qué nos dice en cuanto a la liberación del pecado?

15. ¿Qué evidencias se pueden dar para apoyar la idea de que la doctrina antiguotestamentaria del reino de Dios incluye algo más que la restauración del reino davídico?

16. ¿Cuál es el lugar del Mesías en el reino de Dios? ¿Indican algunas enseñanzas que el Mesías debía morir en expiación antes de su victoria final?

17. ¿Cuál es la contribución de Malaquías a la promesa redentora del Antiguo Testamento?

18. ¿Qué se puede decir respecto al conocimiento que un maestro debe tener de la Biblia? ¿Dónde descansa el arte de la enseñanza eficaz?

19. Haga una lista de los valores doctrinales e ilustrativos del Antiguo Testamento.

NOTAS BIBLIOGRÁFICAS

[1] G.E. Wright, *The Challenge of Israel's Faith*, p. 99.

[2] O.J. Baab, *The Theology of the Old Testament*, p. 23.

[3] N.H. Snaith, *The Distinctive Ideas of the Old Testament*, p. 9.

[4] Cf. Baab, op. cit., capítulo 2; A.C. Knudson, *The Religious Teaching of the Old Testament*, pp. 49-191; H.W. Robinson, *The Religious Ideas of the Old Testament*, pp. 51–76; Snaith, op. cit.

[5] *Baab, op. cit.*, p. 24.

[6] *Ibid.*, pp. 26-29.

[7] Cf. la discusión en O.F. Oehler, *Theology of the Old Testament*, pp. 129-34.

[8] Baab, *op. cit.*, p. 24.

[9] B.P. Bowne, *Theism*, p. 286, citado por Knudson, *op. cit.*, p. 137.

[10] Robinson, *op. cit.*, p. 70.

[11] Wright, *op. cit.*, p. 19. Las cursivas son del original.

[12] B.W. Anderson, *Rediscovering the Bible*, p. 9.

[13] Wright, *op. cit.*, pp. 30-31.

[14] C.H. Dodd, *The Bible Today*, p. 99.

[15] *Ibid*, pp. 130-32.

[16] Knudson, *op. cit.*, pp. 237-38.

[17] Cf. Baab, *op. cit.*, capítulo 6, "The Kingdom of God", en especial pp. 162-65 y 180-86.

[18] Cf. el repaso completo de profecías concernientes a Cristo en el Antiguo Testamento por John R. Sampey, en *Syllabus for Old Testament Study*, pp. 276-91.

[19] Anne Lindbergh, *North to the Orient*, (New York: Harcourt, Brace & Co., 1935), pp. 106-7. Parte de esto lo cita Park Hays Miller, *How to Study and Use the Bible*, pp. 134-35.

[20] W.G. Scroggie, *Know Your Bible*, I, pp. 13-14.

Apéndice I
TABLA CRONOLÓGICA DE LA HISTORIA DEL ANTIGUO TESTAMENTO

Con referencias colaterales
de sucesos contemporáneos

Período I. Edad Primitiva, hasta 2100 a.c. aproximadamente.
(Génesis 1–11)
a) Período antediluviano hasta 3500 a.c. aproximadamente
b) Período postdiluviano, desde 3500 hasta 2100 a.c. aproximadamente

FECHA (a.C.)	EGIPTO	NARRACIÓN DEL A.T.	BABILONIA-ASIRIA. ETC.
Antes de 5000		Creación del hombre. Si se sigue el texto de la Septuaginta, que concede por lo menos 2,250 años para el período antediluviano, se puede aceptar una fecha tan temprana como 5650 a.c., la cual concuerda fácilmente con	
5000-3400 (?)	Período predinástico (no se sabe mucho de este período).	los primeros descubrimientos hechos en Babilonia y Egipto. Las fechas calculadas y aceptadas por los eruditos conservadores oscilan entre 8000 y 5000 a.C. Véase especialmente el libro de Free, *Archaeology and Bible History*, pp. 16-18.	Primeras evidencias de civilización, 5000 a.C. o antes en la región de Sinar (sur de Babilonia).
4500 (?)			Primeras ciudades-reinos
4000 (?)			Fundación de Babilonia (?). Escritos antediluvianos (?)

FECHA (a.C.)	EGIPTO	NARRACIÓN DEL A.T.	BABILONIA-ASIRIA. ETC.
3500 (?)		El gran diluvio. El período entre el diluvio y el llamado de Abraham es de más de 1,300 años, de acuerdo con la Septuaginta. Agregando esta fecha a la más temprana proporcionada para Abraham, como se ve a continuación*, obtenemos el año 3400 a.C. En cuanto al cálculo de los arqueólogos, véase la columna a la derecha.	En 1929, diferentes arqueólogos trabajando al mismo tiempo hallaron evidencias claras de un diluvio en dos lugares muy distantes en Ur al sur y en Kish al norte. Se cree que ocurrió alrededor del año 3500 a.C. (Woolley)
3400-3000 (?)	Período arcaico. Primeras dos dinastías (capital en Menfis).		Primeros escritos (pictográficos).
ap. 3000-2160	Antiguo reino. (Dinastías III a X). Grandes pirámides, especialmente en Gizeh, 3000-2500.		Se funda Nínive, por colonos de Babilonia, 3000 a.C.
ap. 2900			Primera dinastía de reyes en Ur, ap. 2900. Señas de una civilización muy avanzada.
ap. 2700			Sargón I de Acad, primer rey poderoso de Babilonia, ap. 2700.
ap. 2500-2160	Período oscuro. Colapso de Menfis. Heliópolis, capital temporal.		Colonos babilónicos fundan Asur, ap. 2500.
ap. 2400	La ciudad de Heliópolis se llama On, en la historia de José.	Torre de Babel (??). Cf. los "zigurates" de Babilonia en este período.	Ur alcanza poderío sobre las ciudades de Babilonia por un breve tiempo, alrededor del 2400 (civilización sumeria, de Sumer o Sinar). Se inventa el sistema cuneiforme.
ap. 2300			Los zigurates, o torres-templos, son comunes en este período; por ejemplo el de Ur, edificado alrededor del 2300 a.C.
ap. 2160	Comienza el Imperio Medio cuya capital es Tebas, en el Alto Egipto.		

* véase Período II, "Llamado de Abraham".

393

Período II. Período Patriarcal, aproximadamente de 2100 a 1850 a.C. (Génesis 12–50)

La cronología de este período y del que sigue, depende mucho de la interpretación de pasajes como Génesis 15:13; Éxodo 12:40; Hechos 7:6 y Gálatas 3:17, en los cuales se mencionan 400 ó 430 años de esclavitud. La primera fecha deja un período de 430 años, desde que Jacob desciende a Egipto, hasta que Moisés encabeza el éxodo. La segunda fecha se basa en Gálatas 3:17, cuya lectura parece indicar que los 430 años deben contarse a partir del momento en que Abraham recibe la promesa. Las fechas que dan los arqueólogos para Hamurabi (¿el Amrafel de Génesis 14?), un contemporáneo de Abraham, varían de 2550 a 1700 a.C., pero recientemente se ha acordado aceptar la fecha de 2050 a.C, lo que confirmaría la fecha más antigua para Abraham.

FECHA (a.C.)	EGIPTO	NARRACIÓN DEL A.T.		BABILONIA-ASIRIA. ETC.
ap. 2160-1788	Reino Medio (Dinastías XI-XII). La capital era Tebas, cuyo nombre hebreo era No-Amón.	**Fecha temprana (Veáse la explicación del Período II)**	**Fecha tardía**	
ap. 2100				Antiguo imperio babilónico bajo Hamurabi (Amrafel, Gnénesis 14:1?) incluyendo Elam (¿y tierras del Mediterráneo?). El código de Hamurabi, descubierto en 1902, tiene mucho en común con leyes y costumbres hebreas.
ap. 2091	Tal vez los reyes hicsos ya regían a Egipto. Abraham visita a Egipto. Luego la familia de Jacob emigra a Egipto.	Llamado de Abraham 2091	1876	
ap. 2066		Nace Isaac 2066	1851	
ap. 2006		Nace Jacob 2006	1791	

Período III. Esclavitud en Egipto, aproximadamente de 1850 a 1450 a.c. (Éxodo 1–11)

FECHA (a.c.)	EGIPTO	NARRACIÓN DEL A.T.	BABILONIA-ASIRIA. ETC.
ap. 1805		Muerte de José	Surge el imperio asirio con su capital en Asur (1800 a.c.?)
ap. 1788-1580	Segundo período oscuro. Reyes hicsos en el poder. Los israelitas en Gosén (Dinastías XIII-XVII).		
ap. 1580	Reyes hicsos expulsados por Amasis I (Dinastía XVIII), quien fortalece el imperio. Los nuevos reyes egipcios no simpatizan con los semitas, que habían venido cuando reinaban los hicsos (semitas).	"Se levantó sobre Egipto un nuevo rey que no conocía a José... entonces pusieron sobre ellos comisarios de tributos que los molestasen con sus cargas".	
ap. 1525		Nace Moisés, y es rescatado y criado por la hija de Faraón.	
ap. 1500			Apogeo de la civilización cretense, según se revela en Cnosos.
ap. 1501-1447	Tutmosis III, "El Faraón de la opresión" según los críticos más conservadores. Conquista de Siria y Palestina. Reina Hatshepsut, "la hija de Faraón" (?)	Moisés crece en la corte de Faraón.	
ap. 1485		Moisés huye al desierto después de matar a un egipcio.	

Período IV. Éxodo y Peregrinaje en el Desierto, aproximadamente de 1450 a 1400 a.c.
(Éxodo 12–40; Levítico; Números; Deuteronomio)

La fecha del éxodo se computa sobre la base de 1 Reyes 6:1 donde 480 (ó 479) años se dan como el tiempo transcurrido entre el éxodo y la edificación del templo de Salomón, cuya fecha probable es 967 a.c. Los descubrimientos arqueológicos en Jericó apoyan la fecha de la toma de esta ciudad en 1400 a.c. Varios eruditos conservadores de una generación atrás, y varios en esta, se han sentido compelidos a abandonar las fechas bíblicas, poniendo la fecha del éxodo en el siglo XIII a.c., reduciendo el período de los Jueces a menos de 200 años. Este proceder en vista de los más recientes descubrimientos ya no parece ser necesario, y nosotros seguimos afirmando nuestra confianza en la historicidad de la Biblia tanto como el texto original pueda ser establecido.

FECHA (a.C.)	EGIPTO	NARRACIÓN DEL A.T.	BABILONIA-ASIRIA. ETC.
ap. 1447-1423	Amen-hotep II, "El Faraón del éxodo"(?)	Moisés regresa para acaudillar al pueblo oprimido.	
ap. 1446		Éxodo bajo Moisés.	
ap. 1445		Se da la ley en el monte Sinaí. Construcción del tabernáculo.	
ap. 1445-1407		Treinta y ocho años de peregrinación en el desierto de Parán, con Cades Barnea como base principal.	
1423-1377	Período de debilidad en Egipto bajo Tutmosis IV y Amen-hotep III.		
ap. 1407		Los israelitas llegan a Moab. Campaña contra amorreos y madianitas. Muerte de Moisés.	

Período V. Conquista y Colonización-aproximadamente de 1400 a 1350 a.c. (Josué)

FECHA (a.C.)	EGIPTO	NARRACIÓN DEL A.T.	BABILONIA-ASIRIA. ETC.
ap. 1400-1360	Tablillas de Tel-el Amarna. Los "Habiri" entran en Palestina. Las condiciones descritas coinciden con las de la Biblia.	Cruce del Jordán. Destrucción de Jericó (ap. 1400 a.c. de acuerdo a las excavaciones de Garstang en Jericó. Cf. "Westminster Atlas", pp. 15 y 39).	

FECHA (a.C.)	EGIPTO	NARRACIÓN DEL A.T.	BABILONIA-ASIRIA. ETC.
ap. 1400-1375		Conquista de Canaán bajo Josué. (Véase Antigüedades JUDAicas, la obra de Josefo, I, 29).	Los hititas levantan un poderoso imperio en la región del Asia Menor.
ap. 1375-1350	Período de gran esplendor del imperio bajo Iknatón (Akh-en-Aton) y Tutankamón.	Muerte de Josué, ap. 1375	
ap. 1370		"Y sirvió Israel a Jehová todo el tiempo de Josué, y todo el tiempo de los ancianos que sobrevivieron a Josué".	Los hititas conquistan Mitani y toman el norte de Mesopotamia y Siria, ap. 1370.

Período VI. Período de los Jueces-aproximadamente de 1350 a 1050 a.C. (Jueces; Rut; 1 Samuel 1–7)

No sabemos la duración exacta del período de los jueces. Los años asignados en el libro de los Jueces a las opresiones y a los jueces, con los períodos de descanso, suman 410. Pero es evidente que en muchos casos algunos de esos períodos son simultáneos, no sucesivos, puesto que los jueces gobernaron sobre territorios limitados y locales, y la nación no estaba unificada. Hacia el fin del período de los jueces, Jefté (ap. 1100) menciona un período de 300 años (Jueces 11:26), desde la conquista de los amorreos bajo Sehón (ap. 1400). Esto parece corresponder a los 480 años mencionados en 1 Reyes 6:1 como la duración del período desde el éxodo hasta la edificación del templo (ap. 1446 a 967 a.C.).

FECHA (a.C.)	EGIPTO	NARRACIÓN DEL A.T.	BABILONIA-ASIRIA. ETC.
ap. 1350-1150	Segundo período del imperio (dinastías XIX-XX).	Otoniel, primero de los jueces, libera al pueblo de la opresión de los de Mesopotamia.	
ap. 1300			Salmanasar I, primer poderoso rey de Asiria.
ap. 1295-1229	Ramsés II, a quien algunos identifican como el "Faraón de la opresión", edifica Pitón y Ramesés con obreros israelitas.		

FECHA (a.C.)	EGIPTO	NARRACIÓN DEL A.T.	BABILONIA-ASIRIA. ETC.
ap. 1250		Se nombra a Débora y Barac como jueces en Israel, después de vencer a los cananeos.	
ap. 1200	El imperio asiático reconquistado.	Gedeón vence a los Amalecitas y madianitas.	
ap. 1225-1215	Merneptá. de quien algunos creen que fue el "Faraón del éxodo".		
ap. 1184			Fecha tradicional de la caída de Troya.
ap. 1150- 950	Período de monarcas débiles (dinastía XXI).		
ap. 1100		Jefté libra a Israel de los amonitas, y Sansón rompe el yugo de los filisteos. Samuel es un joven ministro en Silo.	Tiglat-pileser I, primer gran conquistador en Asiria. Principio del imperio asirio.

Período VII. El Reino Unido, aproximadamente de 1050 a 931 a.c. (1 Samuel 8–31; 2 Samuel; 1 Reyes 1–11; 1 Crónicas; 2 Crónicas 1–9; parte de los libros poéticos, especialmente ciertos salmos y proverbios)

FECHA (a.C.)	EGIPTO	NARRACIÓN DEL A.T.	BABILONIA-ASIRIA. ETC.
ap. 1050		SAMUEL, juez y profeta en Israel, cede a los deseos del pueblo de establecer una monarquía. Se unge a Saúl primer rey.	Declinación del poder asirio.
ap. 1010- 970		Reinado de David, 40 años: 7 años y medio en Hebrón, y luego en Jerusalén. Israel se vuelve el poder dominante en ese tiempo. Preparaciones para edificar el templo.	

FECHA (a.C.)	EGIPTO	NARRACIÓN DEL A.T.	BABILONIA-ASIRIA. ETC.
ap. 970-931		Reinado de Salomón, que gana fama por toda la tierra por su sabiduría y gloria como rey.	
ap. 967-960		Se edifica el templo en Jerusalén. El poder de la nación hebrea se extiende desde el mar Rojo hasta las cercanías del Éufrates.	
ap. 950 en adelante	Alianzas extranjeras dominan a Egipto.		
ap. 950-750	Los de Libia gobiernan (dinastías XXII–XXIV).		
ap. 931		División del reino de Salomón en dos reinos: Judá (Judá y Benjamín), e Israel (10 tribus).	

Período VIII. El Reino Dividido, aproximadamente de 931 a 586 a.C.
(1 Reyes 12–22; 2 Reyes; 2 Crónicas 10–36; los profetas Isaías, Jeremías, y Oseas a Sofonías, con excepción quizá de Joel y Abdías)
(a) Período de los Dos Reinos, 931-721 a.C.
(b) Período de la Declinación de Judá, 721-586 a.C.

FECHA (a.C.)	REINO DE JUDÁ	(NORTE) REINO DE ISRAEL	BABILONIA-ASIRIA. ETC.
ap. 931*	**Roboam** (reina 17 años)	**Jeroboam** (reina 22 años). Establece altares idolátricos en Bet-el y Dan.	
ap. 926	Sisac (Sesonc I) rey de Egipto invade a Judá y toma muchas ciudades.		Una inscripción por Sisac nos informa de varias ciudades tomadas al reino del Norte.
ap. 914	**Abiam o Abías** (reina 3 años)		

FECHA (a.C.)	REINO DE JUDÁ	(NORTE) REINO DE ISRAEL	BABILONIA-ASIRIA. ETC.
ap. 911	**Asa** (reina 41 años). Inaugura las reformas religiosas. Hace guerra contra Israel.		
ap. 910		**Nadab**. hijo de Jeroboam (reina 2 años).	Se designa a Ben-adad I como rey de Siria alrededor del 910 a.C.
ap. 909		**Baasa** (reina 24 años).	
ap. 901		Ben-adad invade Israel.	
ap. 900-800			Era de Homero en Grecia.
ap. 886		**Ela** (reina 2 años).	
ap. 885		**Zimri** (reina 7 días). **Omri** (reina 12 años). Edifica Samaria como capital de Israel. Estimula la adoración idolátrica.	
ap. 884			Asurbanipal II de Asiria (ap. 884-860) es el primero en extender el poder asirio al Mediterráneo.
ap. 874		**Acab**, hijo de Omri (reina 22 años). Cae bajo la mala influencia de Jezabel, su mujer sidonia. La adoración de Baal se hace la religión del estado. Ministerio de ELÍAS durante este reinado.	
ap. 872	**Josafat** (reina 25 años. al principio como corregente con Asa). Reformas políticas y religiosas.		

---

* Para el período del reino dividido hemos seguido, con algunas modificaciones, la cronología de E.R. Thiele, "The Chronology of the Kings of JUDÁh and Israel", Journal of Near Eastem Studies (Universidad de Chicago), julio 1944, p. 184. Cf. J.P. Free, Archaeology and Bible History, pp. 178s.

FECHA (a.C.)	REINO DE JUDÁ	(NORTE) REINO DE ISRAEL	BABILONIA-ASIRIA. ETC.
854	Relaciones pacíficas con el reino del Norte.		Batalla de Carcas en Siria, donde Salmanasar III derrota a Acab y Benadad II de Siria. Fecha más antigua conocida con seguridad.
ap. 853		Ocozías (reina 2 años).	
ap. 852		Joram (reina 12 años).	
ap. 850-795		Ministerio de ELISEO.	
ap. 848	Joram (reina 8 años).		
ap. 845	(Profecía de ABDÍAS según algunas autoridades).	Invasión de Israel por Ben-adad II.	
ap. 841	Ocozías (reina 1 año). Atalía, hija de Jezabel, usurpa el trono de Judá, mata a toda la descendencia real. excepto a Joás, y reina 6 años.	Jehú (reina 28 años). Destruye la casa de Acab y desarraiga la adoración de Baal. Paga tributo a Asiria.	Hazael llega a ser rey de Siria.
ap. 835	Se corona a Joás como rey los 7 años de edad. Reina 40 años.	Hazael de Siria invade Israel. Toma posesión del país al este del Jordán.	
ap. 835	Reformas religiosas bajo el regente Joiada.		
ap. 830-800	(Profecía de JOEL según algunas autoridades).		Babilonia bajo el control asirio.
ap. 814		Joacaz (reina 17 años).	
ap. 798		Joás (reina 16 años).	

401

FECHA (a.C.)	REINO DE JUDÁ	(NORTE) REINO DE ISRAEL	ASIRIA. ETC.
ap. 796	**Amasías** (reina 29 años).		
ap. 793		**Jeroboam II** (reina 41 años, al principio como corregente con Joás). Ensancha los límites de Israel. Período de la prosperidad más grande. Primeros libros proféticos. JONÁS, AMÓS y OSEAS profetizan durante este período.	
ap. 791	**Uzías** o Azarías (reina 52 años, al principio como corregente con Amasías). Período de prosperidad en Judá.		
ap. 753		**Zacarías** (reina 6 meses).	Fundación de Roma.
ap. 752		**Salum** (reina 1 mes). **Manahem** (reina 10 años).	
ap. 750	**Jotam** (reina 16 años. al principio como corregente con Uzías).		
745-727			Tiglat-pileser III (Pul) reina en Asiria. Extiende su poder a Siria y Palestina.
ap. 742		**Pekaía** (reina 2 años).	
ap. 740-700	Profecías de ISAÍAS y MIQUEAS.	**Peka** (reina 20 años al parecer al principio como corregente con Manahem y Pekaía).	
ap. 740	**Acaz** (reina 16 años, al principio como corregente con Jotam). Alienta la idolatría. Invita a Pul (Tiglat- pileser III) que lo ayude contra Israel y Siria.		
ap. 734		Invasión de Israel por Tiglat-pileser, que subyuga el distrito de Galilea y la tierra al este del Jordán. Lleva muchos cautivos a Asiria.	Caída de Damasco.

FECHA (a.C.)	REINO DE JUDÁ	(NORTE) REINO DE ISRAEL	ASIRIA. ETC.
ap. 729		**Oseas**, último rey de Israel (reina 9 años). Se le requiere pagar un impuesto anual a Asiria.	
ap. 728			Salmanasar V (728- 722) pone sitio a Samaria alrededor del año 723 a.C.
ap. 726	**Ezequías** (reina 29 años). Se introducen muchas reformas. Se restaura la adoración en el templo.		
722			Sargón III (conocido antes como Sargón II*) reina 17 años en Nínive. Conquista a Israel en el primer año de su reinado.
721		Captura de Samaria y CAÍDA DEL REINO DE ISRAEL. Se lleva a casi todos los habitantes de Samaria cautivos a Asiria y se los cambia por extranjeros, según la política asiria.	
705-681			Senaquerib. rey de Asiria, continúa la política agresiva de sus predecesores.
701	Invasión de Judá por Senaquerib. Toma muchas ciudades y lleva gran número de cautivos a Asiria. Intenta sitiar a Jerusalén. Destrucción milagrosa del ejército asirio.		
697-642	Reinado impío de **Manasés**, quien cae en crasa idolatría, superstición y crueldad.		
670			Esarhadón conquista Egipto. Apogeo del poder asirio.
650-625 (?)	Profecía de NAHUM.		
642	**Amón** (reina 2 años). Continúa la política impía de Manasés.		

---

*Véase Free, *Archaeology and Bible History*. p. 195, n. 7.

FECHA (a.C.)	REINO DE JUDÁ	SUCESOS CONTEMPORÁNEOS
640-609	Reinado de **Josías**, quien inaugura una gran reforma religiosa.	
633		Ciáxares funda el Imperio Medo.
626-a ap. 580	Profecía de JEREMÍAS.	
ap. 625	Profecía de SOFONÍAS.	Invasión escita (?).
625-604		Nabopolasar (padre de Nabucodonosor), rey de Babilonia. Rompe el yugo de Asiria y establece la independencia de Babilonia. Hace alianza con Ciáxares el medo.
621	El hallazgo del "libro de la ley" en el templo da gran ímpetu a las reformas de Josías.	
612		Destrucción de Nínive por los babilonios y medos, quizá con ayuda de los escitas.
609	Muerte de Josías en batalla contra Necao, rey de Egipto. Joacaz (reina 3 meses). Es depuesto por Necao, quien anexa Judá temporalmente a Egipto. Fin de la independencia de Judá.	
608-597	Joacim reina en Judá, primero como vasallo de Necao, luego de Nabucodonosor.	
ap. 606	Nabucodonosor, quizá como general, visita a Jerusalén y asume la autoridad en nombre del Imperio Babilónico. Daniel y otros nobles se los lleva cautivos a Babilonia (primera cautividad).	Nabucodonosor derrota a Necao y el resto del ejército asirio en Carquemis del Éufrates. Principia el nuevo Imperio Caldeo.
604-561		Reinado de Nabucodonosor en Babilonia.
ap. 600	Joacim se rebela contra Babilonia. Profecía de HABACUC.	
597	Joaquín (reina 3 meses). Nabucodonosor invade a Jerusalén con un ejército. Lleva diez mil cautivos, incluyendo a Joaquín y el profeta Ezequiel (segunda cautividad). Sedequías, último rey de Judá, reina 11 años.	
592-570	Ministerio del profeta EZEQUIEL a los cautivos en Babilonia.	
588	Sedequías, en alianza con otros pequeños reyes, se rebela contra Babilonia.	

FECHA (a.C.)	REINO DE JUDÁ	SUCESOS CONTEMPORÁNEOS
586	Se destruyen Jerusalén y el templo en la segunda invasión de Nabucodonosor. FIN DEL REINO DE JUDÁ. Se llevan muchos cautivos a Babilonia (tercera cautividad).	

Período IX. La Cautividad Babilónica (Exilio, 586–536 a.C.*) (2 Reyes 24–25; 2 Crónicas 36; Lamentaciones; Ezequiel: Daniel; Abdías y algunos de los salmos)

FECHA (a.C.)	REINO DE JUDÁ	SUCESOS CONTEMPORÁNEOS
585	Fecha probable de la profecía de ABDÍAS y del libro de LAMENTACIONES.	
555	Gedalías, gobernador de Judá, muere asesinado. Se lleva a la fuerza a Jeremías y otros al exilio en Egipto.	Nabónido, último rey de Babilonia. Comparte el reino con su hijo Belsasar.
ap. 550-535	Visiones de DANIEL (Daniel 7–12). Se desconoce la fecha del libro.	
549		Ciro de Persia conquista a Media.
545		Ciro ataca a Creso rey de Lidia, y conquista su reino.
538		Ciro, con las fuerzas combinadas de medos y persas toma la ciudad de Babilonia, y agrega el Imperio de Babilonia al Medo-Persa. Darío de Media es rey de Babilonia por un breve tiempo (Daniel 6).

Período X. Período de la Restauración, 536 –aproximadamente 400 a.C. (Esdras; Nehemías; Ester; Hageo; Zacarías; Malaquías; Joel (?); y parte de los libros poéticos).

FECHA (a.C.)	REINO DE JUDÁ	SUCESOS CONTEMPORÁNEOS
537		Decreto de Ciro permite a los judíos regresar a Palestina.

---

* Los 70 años de exilio profetizados por Jeremías (25:11) y mencionados por Daniel (9:2), son generalmente relacionados, o aceptados como que se refieren a todo el período desde el ano 606 a.C. (primera cautividad), hasta el año 536 a.C. (primer retorno).

FECHA (a.C.)	REINO DE JUDÁ	SUCESOS CONTEMPORÁNEOS
536	Primer regreso a Jerusalén bajo el liderazgo de Zorobabel. Se inicia la reconstrucción del templo pero la obra es interrumpida por la oposición de los pueblos vecinos, especialmente los samaritanos.	
529-521		Reinado de Cambises, hijo de Ciro.
525		Los persas conquistan a Egipto.
521-485		Reinado de Darío el Grande.
520	Profecía de HAGEO y ZACARÍAS, quienes alientan al pueblo a continuar con la edificación del templo.	
516	Se completa y dedica "el templo de Zorobabel".	
509		Fundación de la República Romana.
ap. 500		Etapas finales del establecimiento de la democracia en Atenas.
492-479		Persia intenta conquistar a Grecia (guerras greco-persas).
490		Batalla de Maratón.
485-465	Ester, una reina judía de la corte de Asuero, rey de Persia, libra a su pueblo de un destino trágico.	Reinado de Jerjes (Asuero) en Susa (Susán).
480		Batalla de Salamina.
465-424		Reinado de Artajerjes el *Longimano*.
458	Segundo retorno bajo Esdras.	
ap. 450		Leyes de las Doce Tablas de Roma.
ap. 450-430	Profecía de MALAQUÍAS.	Edad de Pericles de Atenas (Edad de Oro del arte griego y del Imperio Ateniense).
444	Tercer retorno a Jerusalén, bajo el liderazgo de Nehemías, quien es designado gobernador de Judá. Reedificación de las murallas. Instrucción del pueblo en la ley de Moisés. Reformas sociales y religiosas dirigidas por Esdras y Nehemías.	

FECHA (a.C.)	REINO DE JUDÁ	SUCESOS CONTEMPORÁNEOS
432	Nehemías retorna a Jerusalén después de una breve visita a Susán, la capital persa. Último suceso de la historia del Antiguo Testamento, cuya fecha puede fijarse.	
431-404		Guerra del Peloponeso en Grecia.
404		Caída de Atenas como poder político.
ap. 400	Fecha aproximada de la profecía de JOEL, según algunas autoridades conservadoras.	

BOSQUEJO SUMARIO DE LA HISTORIA DEL ANTIGUO TESTAMENTO

Período

I. Edad Primitiva hasta ap. 2100 a.C. (Génesis 1–11).

   (a) Período Antediluviano, hasta ap. 3500 a.C.

   (b) Período Postdiluviano, ap. 3500 a ap. 2100 a.C.

II. Período Patriarcal, ap. 2100 a ap. 1850 a.C. (Génesis 12–50).

III. Esclavitud en Egipto, ap. 1850 a ap. 1450 a.C. (Éxodo 1–11).

IV. Éxodo y Peregrinaje en el Desierto, ap. 1450 a ap. 1400 a.C. (Éxodo 12–Deuteronomio 34).

V. Conquista y Colonización, ap. 1400–1350 a.C. (Josué).

VI. Período de los Jueces, ap. 1350–1050 a.C. (Jueces; Rut; 1 Samuel 1–7).

VII. Período del Reino Unido, ap. 1050–931 a.C. (1 Samuel 8–1 Reyes 11).

VIII. El Reino Dividido, ap. 931–586 a.C. (1 Reyes 12–2 Reyes 25).

   (a) Período de los Dos Reinos, 931–721 a.C.

   (b) Período de la Declinación de Judá, 721–586 a.C.

IX. El Exilio en Babilonia, 586–536 a.C. (2 Reyes 24–25; Ezequiel; Daniel)

X. Período de la Restauración, 536–ap. 400 a.C. (Esdras y Nehemías).

Apéndice II
RESÚMENES DE LOS LIBROS DEL ANTIGUO TESTAMENTO

I. LOS CINCO LIBROS DE LA LEY

GÉNESIS: La historia de la creación; tentación y caída del hombre; Caín y Abel; el diluvio; pacto de Dios con Noé; la torre de Babel; las historias de Abraham, Isaac, Jacob y José.

ÉXODO: Esclavitud de los israelitas en Egipto; nacimiento, juventud y llamamiento de Moisés; las plagas; el éxodo; el cruce del mar Rojo; el viaje al monte Sinaí; la ley y el pacto; varias leyes; preparación del tabernáculo y las vestiduras sacerdotales.

LEVÍTICO: Leyes de sacrificios, purificación, expiación; la ley de santidad; las cinco fiestas anuales; el año sabático; el año del jubileo; votos y diezmos.

NÚMEROS: El campamento en Sinaí, censo y organización de las tribus; el viaje desde el Sinaí y el fracaso de Cades Barnea; los 40 años de peregrinación en el desierto; la serpiente de bronce; Balaam; leyes diversas; las ciudades de refugio; alrededor de Edom y Moab.

DEUTERONOMIO: Tres mensajes de Moisés en los llanos de Moab, enunciando de nuevo la ley de Sinaí y exhortando al pueblo a la obediencia; la visión y la muerte de Moisés.

II. LOS DOCE LIBROS HISTÓRICOS

JOSUÉ: El cruce del Jordán; la conquista de Canaán y división de la tierra; se establecen las ciudades de refugio; la renovación del pacto en Siquem; muerte de Josué.

JUECES: Historia de las repetidas apostasías de Israel, opresión de los enemigos, retorno a Dios y liberación por los jueces.

RUT: Una historia de hambre en la tierra de Israel, emigración y retorno, vida aldeana y matrimonio en el tiempo de los jueces.

1 SAMUEL: Un período de transición; las vidas de Samuel y Saúl, y primeros años de David.

2 SAMUEL: El reinado de David.

1 REYES: Los últimos días de David; el reinado de Salomón y la edificación del templo; la división del reino, y la historia de los reinos de Israel y Judá hasta la muerte de Acab; la historia de Elías.

2 REYES: La historia de Eliseo y la historia restante de los dos reinos hasta el tiempo del exilio a Babilonia.

1 CRÓNICAS: Un recuento de la historia de Judá desde el principio, con énfasis especial en las genealogías, hasta la muerte de David.

2 CRÓNICAS: Una continuación de la historia de Judá con referencia especial al templo y la organización sacerdotal, desde Salomón hasta el exilio.

ESDRAS: El retorno de los primeros exiliados desde Babilonia bajo Zorobabel; la reedificación del templo; el retorno del segundo grupo bajo Esdras y sus reformas en Jerusalén.

NEHEMÍAS: La reedificación de las murallas de Jerusalén y las reformas llevadas a cabo por Nehemías como gobernador.

ESTER: La elevación de Ester a reina consorte; Mardoqueo y Amán; la institución de la fiesta de Purim y la exaltación de Mardoqueo.

III. LOS CINCO LIBROS POÉTICOS Y DE SABIDURÍA

JOB: Un poema dramático, con introducción y conclusión en prosa, que trata el problema de la justicia divina en relación con el sufrimiento de los justos; los sufrimientos de Job, los esfuerzos de sus amigos para convencerlo de que él es un pecador, sus intensas negativas y la réplica de Dios desde un torbellino, confirmando la inocencia de Job, pero convenciéndolo de su presunción ignorante al poner en tela de duda la justicia de Dios; el arrepentimiento de Job y la oración por sus amigos; su riqueza restaurada.

SALMOS: El himnario hebreo; cinco colecciones de 150 himnos o poemas, que expresan las experiencias espirituales y las aspiraciones del pueblo de Dios.

PROVERBIOS: Las "palabras de sabios", una colección de máximas religiosas y morales presentando la sabiduría de la larga experiencia en los problemas de la vida.

ECLESIASTÉS: Reflexiones y observaciones de "el Predicador" frente a los problemas de la vida; finalmente el autor halla el sumo bien en el temor de Dios.

CANTAR DE LOS CANTARES: Una colección de cánticos de amor, alegorizados para representar a Dios y su pueblo, y a Cristo y la Iglesia.

IV. LOS CINCO PROFETAS MAYORES

ISAÍAS: Condenación de los pecados de Judá; predicciones de castigo por los asirios y sobre ellos, conduciendo a la cautividad de Judá; visiones del reino ideal del futuro; predicciones, advertencias y promesas referentes a sucesos posteriores a la cautividad y llegando a la dispensación cristiana.

JEREMÍAS: Sermones e historias gráficas de Jeremías, el profeta llorón, en los días finales del reino de Judá; juicios de Dios sobre las naciones; el quebrantamiento del pacto y el nuevo pacto.

LAMENTACIONES: Una secuela del libro de Jeremías: cinco endechas en forma de acróstico, expresando el gemido y el arrepentimiento de los exiliados en Babilonia.

EZEQUIEL: Mensajes de juicio sobre Israel y las naciones, y visiones del retorno a Palestina y la reedificación del templo.

DANIEL: Historias del sabio y devoto cautivo hebreo Daniel en la corte de Babilonia; sus visiones de los imperios mundiales, y del reino final de Dios.

V. LOS DOCE PROFETAS MENORES

OSEAS: Expresiones del amor sufriente de Dios por su esposa infiel, Israel, y predicciones de su castigo y redención finales; una profecía de amor y misericordia.

JOEL: Visiones de una plaga de langostas, una sequía, y la invasión de enemigos, el futuro derramamiento del Espíritu Santo; y el juicio de las naciones.

AMÓS: Un pastor de Judea proclama la justicia de Dios, sus demandas de justicia social entre los hombres y la consecuente condenación y juicio venidero sobre Israel.

ABDÍAS: Breve profecía contra Edom.

JONÁS: Una historia de un profeta; la misión de Jonás a Nínive.

MIQUEAS: Condenación de la corrupción e injusticia social en Judá. Regeneración de la nación a través del sufrimiento; un venidero Rey de la casa de David, evangelización de las naciones por Israel.

NAHUM: Profecía de la destrucción de Nínive.

HABACUC: El problema del castigo del pueblo de Dios a manos de un pueblo peor, los caldeos, y la respuesta de la fe.

SOFONÍAS: El día venidero de la ira y la redención final.

HAGEO: Exhortaciones al pueblo para que reedifique el templo.

ZACARÍAS: Una serie de ocho visiones simbólicas concernientes a la reedificación del templo y la restauración de Judá; otras visiones sobre la futura redención de la nación.

MALAQUÍAS: Condenación de la vida y adoración corruptas, y la promesa de un mensajero antes de la venida del Señor en juicio.

LIBROS AFINES RECOMENDADOS PARA ESTUDIO Y CONSULTA

Conozca los Profetas Menores, por Ralph Earle, Casa Nazarena de Publicaciones.

Conozca los Profetas Mayores, por Ralph Earle, Casa Nazarena de Publicaciones.

Profetas del Antiguo Testamento, por K.M. Yates, Casa Bautista de Publicaciones.

Comentario Exegético y Explicativo de la Biblia, por Jamieson, Fausset y Brown. Tomo I, Antiguo Testamento, Casa Bautista de Publicaciones.

Comentario de la Santa Biblia, por Adam Clarke, tomos I y II, Antiguo Testamento, Casa Nazarena de Publicaciones.

Compendio Manual de la Biblia, por H.H. Halley.

Nuestra Biblia, por L.J. Walker.

Los Grandes Capítulos de la Biblia, por G. Campbell Morgan.

Conozca Su Antiguo Testamento, por W.T. Purkiser, Casa Nazarena de Publicaciones.

Joyas de los Salmos, tomos I y II, por F.B. Meyer.

Comentario Bíblico Beacon. Obra en 10 tomos, sobre toda la Biblia, Casa Nazarena de Publicaciones.

Bibliografía

ADAMS, J. McKEE, *Ancient Records and the Bible*. Nashville: Broadman Press, 1946.

_____, *Biblical Backgrounds (rev.)*. Nashville: Broadman Press, 1938.

ALBRIGHT, W.F., *The Archaeology of Palestine and the Bible*. New York: Fleming H. Revell Co., 1933.

_____, *From the Stone Age to Christianity*. Baltimore: The Johns Hopkins Press, 1940.

ANDERSON, BERNHARD W., *Rediscovering the Bible*. New York: Association Press, 1951.

AUERBACH, JOSEPH, *The Bible and Modern Life*. New York: Harper and Brothers, 1914.

BAAB, OTTO J., *The Theology of the Old Testament*. New York: Abingdon-Cokesbury, 1949.

BAIKIE, JAMES, *The English Bible and Its Story*. London: Seeley, Service and Co., Ltd., 1928.

BANKS, EDGAR J., *The Bible and the Spade*. New York: Association Press, 1913.

BARBOUR, CLARENCE A., *The Bible in the World of Today*. New York: Association Press, 1911.

BARTON, GEORGE A., *Archaeology and the Bible* (séptima edición). Philadelphia: American Sunday School Union, 1937.

BEWER, JULIUS A., *The Literature of the Old Testament* (edición revisada). New York: Columbia University Press, 1933.

BLAIKIE, WILLIAM G. y CHARLES D. MATTHEWS, *A Manual of Bible History* (revisada). New York: The Ronald Press Co., 1940.

BREASTED, JAMES H., *A History of Egypt* (segunda edición revisada). New York: Charles Scribner's Sons, 1945.

BROWN, FRANCIS, DRIVER S.R. y BRIGGS, CHARLES A., *Hebrew and English Lexicon of the Old Testament*. New York: Houghton Mifflin Co., 1907.

BRUCE, W.S., *The Wisdom Literature of the Old Testament*. London: James Clark and Company, 1904.

BURROWS, MILLAR, *An Outline of Biblical Theology*. Philadelphia: The Westminster Press, 1946.

_____, *What Mean These Stones?* New Haven, Conn.: American Schools of Oriental Research, 1941.

CAIGER, S.L., *Bible and Spade*. Oxford: Oxford University Press, 1936.

CARMICHAEL, P.H., *Understanding the Books of the Old Testament*. Richmond, Va.: John Knox Press, 1950.

CARTLEDGE, SAMUEL A., *A Conservative Introduction to the Old Testament* (segunda edición). Athens, Ga.: University of Georgia Press, 1944.

CLARKE, ADAM, *Comentario de la Santa Biblia*. Tomos I y II. Kansas City, Mo.: Casa Nazarena de Publicaciones, 1977.

COLLETT, SIDNEY, *All About the Bible* (tercera edición). Chicago: Christian Witness Co., s.f.

COPASS, B.A., *Isaiah. Prince of Old Testament Prophets*. Nashville: Broadman Press, 1944.

CUNLIFFE-JONES, H., *The Authority of the Biblical Revelation*. Boston: The Pilgrim Press, 1948.

DAICHES, DAVID, *The King James Version of the English Bible*. Chicago: The University of Chicago Press, 1941.

DANIEL-ROPS, HENRY, *Sacred History*, New York: Longmans, Green and Co., 1949.

DAVISON, W.T., *The Praises of Israel*. London: Charles H. Kelly, 1902.

_____, *The Wisdom Literature of the Old Testament*. London: Charles H. Kelly, 1894.

DEAN, B.S., *An Outline of Bible History*. Cincinnati: Standard Publishing Co., 1912.

DEANE, WILLIAM J., *David, His Life and Times*, serie: "Men of the Bible". New York: Fleming H. Revell Co., s.f.

_____, *Samuel and Saul: Their Lives and Times*, serie: "Men of the Bible". New York: Fleming H. Revell Co., s.f.

DEARDEN, ROBERT R., Jr. *The Guiding Light on the Great Highway*, Philadelphia: John C. Winston Co., 1929.

DINSMORE, C.A., *The English Bible as Literature*. New York: Houghton Mifflin Co., 1931.

DODD, C.H., *The Bible Today*. New York: Macmillan Co., 1947.

DRIVER, SAMUEL R., *Introduction to the Literature of the Old Testament*. New York: Charles Scribner's Sons, 1912.

DUMMELOW, J.R. (ed.), *A Commentary on the Holy Bible*. New York: The Macmillan Co., 1908.

EDERSHEIM, ALFRED, *The Bible History: Old Testament* (reimpresión). Grand Rapids: William B. Eerdmans Publishing Co., 1949.

EISELEN, FREDERICK C., *The Psalms and Other Sacred Writings*. New York: Methodist Book Concern, 1918.

ERDMAN, W.J. *Ecclesiastes.* Philadelphia: No se da el nombre de la empresa editorial, 1895.

FARRAR, F.W., *Solomon, His Life and Times.* New York: Fleming H. Revell Co., 1895.

FINEGAN, JACK, *Light from the Ancient Past.* Princeton: Princeton University Press, 1947.

FINKELSTEIN, LOUIS (ed.)., *The Jews, Their History, Culture, and Religion.* New York: Harper and Brothers, 1949.

FRANCISCO, CLYDE T., *Introducing the Old Testament.* Nashville: Broadman Press, 1950.

FREE, JOSEPH P., *Archaeology and Bible History.* Wheaton, III.: Van Kampen Press, 1950.

GAEBELEIN, FRANK, *Exploring the Bible* (reimpresión). Wheaton, III.: Van Kampen Press, 1950.

GARSTANG, JOHN, *Joshua, Judges.* London: Constable and Co., 1931.

GEIKIE, CUNNINGHAM, *Hours with the Bible.* New York: John B. Alden, s. f.

GENUNG, JOHN F., *The Epic of the Inner Life.* New York: Houghton Mifflin Co., 1891.

GORDIS, ROBERT, *Koheleth, the Man and His World.* New York: Jewish Theological Seminary of America, 1951.

GORDON, ALEX R., *Early Traditions of Genesis. Edinburgh: Clark, 1907.*
_____, *Poets of the Old Testament. New York: Hodder and Stoughton, 1912.*

GRANT, ELIHU (ed.), *Haverford Symposium on Archaeology and the Bible.* New Haven: American Schools of Oriental Research, 1938.

GREENWAY, LEONARD, *Basic Questions About the Bible.* Grand Rapids, Mich.: Zondervan Publishing House, 1948.

HAMILTON, FLOYD E., *The Basis of Christian Faith* (tercera edición revisada). New York: Harper and Brothers, 1946.

HANSON, ANTHONY Y MIRIAM, *The Book of Job.* London: SCM Press, Ltd., 1953.

HARPER, ROBERT F., *The Code of Hammurabi.* Chicago: The University of Chicago Press, 1904.

HARPER, WILLIAM, *Hebrew Method and Manual.* Revisado por M. POWIS SMITH. New York: Charles Scribner's Sons, 1922.

HASTINGS, JAMES, *A Dictionary of the Bible. New York: Charles Scribner's Sons, 1902.*

HUFFMAN, JASPER A., *Voices from Rocks and Dust Heaps of Bible Lands* (revisada y aumentada). Marion, Ind.: The Standard Press, 1943.

IRWIN, WILLIAM A., *The Old Testament: Keystone of Human Culture*. New York: Henry Schuman, 1952.

JASTROW, MORRIS, *The Song of Songs*. Philadelphia: J.B. Lippincott Co., 1921.

KELCHNER, JOHN WESLEY, *A Description of Solomon's Temple and the Tabernacle in the Wilderness*. New York: A. J. Holman, 1925.

KELLY, HOWARD A., *A Scientific Man and the Bible*. Philadelphia: The Sunday School Times Co., 1925.

KENT, CHARLES F., Y MILLAR BURROWS, *Proverbs and Didactic Poems*. New York: Charles Scribner's Sons, 1927.

_____, *The Kings and Prophets of Israel and Judah*. New York: Charles Scribner's Sons, 1913.

KENYON, SIR FREDERIC, *Our Bible and the Ancient Manuscripts* (cuarta edición). New York: Harper and Brothers, 1939.

KING, ALBION R., *The Problem of Evil*. New York: The Ronald Press, 1952.

KIRK, THOMAS, *Soloman: His Life and Works*. Edinburgh: Andrew, Elliot, 1915.

KNOPF, CARL S., *The Old Testament Speaks*. New York: Thomas Nelson and Sons, 1934.

KNOTT, LAURA A., *Student's History of the Hebrews*. New York: Abingdon Press, 1922.

KNUDSON, ALBERT C., *The Religious Teaching of the Old Testament*. New York: Abingdon-Cokesbury Press, 1918.

LESLIE, ELMER A., *The Psalms*. New York: Abingdon-Cokesbury, 1949.

McFAYDEN, JOHN E., *The Wisdom Books*. London: Jarnes Clarke and Co., s.f.

MANLEY, G.T., *The New Bible Handbook*. Chicago: The Intervarsity Christian Fellowship, 1949.

MILLER, DOROTHY RUTH, *A Handbook of Ancient History in Bible Light*. New York: Fleming H. Revell, 1937.

MILLER, H. S., *General Biblical Introduction* (segunda edición). Houghton, N.Y.: The Word-bearer Press, 1940.

MILLER, PARK HAYS, *How to Study and Use the Bible*. Boston: W.A. Wilde Co., 1949.

MORGAN, G. CAMPBELL, *Hosea, the Heart and Holiness of God*. New York: Fleming H. Revell Co., 1934.

_____, *Living Messages of the Books of the Bible*. New York: Fleming H. Revell Co., 1912.

MOULD, ELMER K., *Essentials of Bible History* (edición revisada). New York: The Ronald Press Ca., 1951.

MUIR, JAMES C., *His Truth Endureth. Philadelphia: National Publishing Co., 1937.*

NELSON, LAWRENCE E., *Our Roving Bible.* New York: Abingdon Cokesbury Press, 1945.

NEVIUS, WARREN N., *The Old Testament: Its Story and Religious Message.* Philadelphia: The Westminster Press, 1942.

OEHLER, GUSTAVE F., *Theology of the Old Testament.* Traducido por George E. Day (reimpresión). Grand Rapids: Zondervan Publishing House; primera impresión, 1889.

OTTLEY, R.L., *A Short History of the Hebrews to the Roman Periodo* New York: Macmillan Co., 1940.

OWEN, G. FREDERICK, *Abraham to Allenby* (segunda edición). Grand Rapids: William B. Eerdmans Pub. Co., 1941.

PEROWNE, J.J.S., *The Book of Psalms* (séptima edición revisada). Boston: Bradley and Woodruff, s.f.

PFEIFER, ROBERT H., *Introduction to the Old Testament* (edición revisada). New York: Harper and Bros., 1948.

PHELPS, WILLIAM LYON, *Human Nature in the Bible. New York: Charles Scribner's Sons, 1923.*

PIETERS, ALBERTUS, *Notes on Old Testament History* (reimpresión). Grand Rapids: William B. Eerdmans Pub. Co., 1950.

PIPER, DAVID R., *Youth Explores the Bible.* Boston: W. A. Wilde Co., 1953.

POWER, A. D., *Ecclesiastes, or the Preacher. New York: Longmans, Green and Co., 1949.*

_____, *The Proverbs of Solomon. New York: Longmans, Green and Co., 1949.*

PRICE, IRA M., *The Ancestry of our English Bible* (segunda edición revisada). New York: Harper and Brothers, 1949.

_____, *The Dramatic Story of Old Testament History* (cuarta edición). New York: Fleming H. Revell Co., 1945.

_____, *The Monuments and the Old Testament* (17a. edición). Philadelphia: The Judson Press, 1946.

_____, *A Syllabus of Old Testament History* (octava edición). New York: Fleming H. Revell Co., 1912.

PROTHERO, ROWLAND E., *The Psalms in Human Life.* New York: E.P. Dutton and Co., 1905.

PURKISER, W. T., *Conozca su Antiguo Testamento.* Kansas City, Mo.: Casa Nazarena de Publicaciones, 1950.

RAPPOPORT, S. A., *The Psalms.* London: The Centenary Press, 1935.

RAVEN, JOHN H., *Old Testament Introduction, General and Special.* New York: Fleming H. Revell Co., 1910.

RICE, JOHN M., *The Old Testament in the Life of Today.* New York: Macmillan Co., 1920.

RINGENBERG, LOYAL R., *The Word of God in History.* Butler, Ind.: The Higley Press, 1953.

ROBERTSON, JAMES, *Poetry and Religion of the Psalms.* London: William Blackwood and Sons, 1898.

ROBINSON, G.L., *The Book of Isaiah* (edición revisada). Elgin, Ill.: David C. Cook Publishing Co., 1938.

———, *The Twelve Minor Prophets.* New York: George H. Doran Co., 1926.

ROBINSON, H. WHEELER, *The Old Testament, Its Making and Meaning.* Nashville: Cokesbury Press, 1932.

———, *The Religious Ideas of the Old Testament.* New York: Charles Scribner's Sons, 1913.

ROBINSON, THEODORE, *The Poetry of the Old Testament.* London: Duckworth, 1947.

ROWLEY, H.H. *The Rediscovery of the Old Testament.* Philadelphia: Westminster Press, 1946.

———, *The Zadokite Fragments and the Dead Sea Scrolls.* Oxford: Basil Blackwell, 1952.

SAMPEY, JOHN R., *The Heart of the Old Testament* (edición revisada). Nashville: Broadman Press, 1922.

———, *Syllabus for Old Testament Study.* New York: George H. Doran Co., 1924.

SAYCE, A. H., *Babylonians and Assyrians. Life and Customs.* New York: Charles Scribner's Sons, 1909.

———, *Fresh Light from Ancient Monuments.* New York: Fleming H. Revell Co., 1895.

SCROGGIE, W. GRAHAM, *Know Your Bible.* London: Pickering and Inglis Ltd., 1940.

SMART, W.A., *Still the Bible Speaks.* New York: Abingdon Cokesbury Press, 1948.

SMITH, HENRY P., *Old Testament History.* New York: Charles Scribner's Sons, 1915.

SMITH, WILBUR M., *Profitable Bible Study.* Boston: W.A. Wilde Co., 1939.

SMITH, WILLIAM, *Old Testament History.* New York: American Book Company, s. f.

SMYTH, J. PATTERSON, *How to Read the Bible.* New York: James Pott and Co., 1925.

SNAITH, Norman H., *The Distinctive Ideas of the Old Testament.* Philadelphia: The Westminster Press, 1946.

STEARNS, O.S., *Introduction to the Books of the Old Testament*. New York: Silver, Burdett and Co., 1892.

STEDMAN, E.C., *Nature and Elements of Poetry*. New York: Houghton Mifflin Co., 1904.

STEVENSON, WILLIAM B., *The Poem of Job*. London: Oxford University Press, 1947.

STINSON, ERNEST C., *The Temple of King Soloman*. No se da el nombre de la empresa editorial, 1934.

SYKES, PERCY H., *A Brief History of King Solomon's Reign*. Philadelphia: Hiram Abibb, 1929.

TERRIEN, SAMUEL, *The Psalms and Their Meaning for Today*. New York: Bobbs Merrill Co., 1952.

TAYLOR, WILLIAM M., *David. King of Israel*. New York: Harper and Brothers, 1874.

UNGER, MERRILL F., *Archaeology and the Old Testament*. Grand Rapids: Zondervan Publishing House, 1954.

_____, *Introductory Guide to the Old Testament*. Grand Rapids: Zondervan Publishing House, 1951.

WATERMAN, LEROY, *The Song of Songs*. Ann Arbor: University of Michigan Press, 1948.

Westminster Historical Atlas to the Bible. Philadelphia: The Westminster Press, 1945.

Westminster Study Edition of the Bible. Philadelphia: Westminster Press,1948.

WHISTON, WILLIAM, traductor, *The Life and Works of Flavius Josephus* (edición clásica). Philadelphia: The John C. Winston Co., 1854.

WILEY, H. ORTON, *Christian Theology*. Kansas City, Mo.: Nazarene Publishing House, 1940. Tres tomos.

WILLETT, HERBERT L., *Our Bible: Its Origin, Character, and Value*. Chicago: The Christian Century Press, 1917.

WRIGHT, G. ERNEST, *The Challenge of Israel's Faith*. Chicago: The University of Chicago Press, 1944.

YATES, KYLE M., *Preaching from the Prophets*. New York: Harper and Brothers, 1942.

_____, *Preaching from the Psalms*. New York: Harper and Brothers, 1948.

_____, *Studies in Psalms*. Nashville: Broadman Press, 1953.

YOUNG, EDWARD J., *An Introduction to the Old Testament*. Grand Rapids: William B. Eerdmans Publishing Co., 1949.

Índice

Índice de Mapas

Acerca del Redactor

W. T. Purkiser (1910-1992).

Fue un escritor prolífico, un erudito respetado, y un predicador muy amado dentro de la Iglesia del Nazareno. También poseía una voz de autoridad en la comunidad cristiana evangélica en general. Su contribución está presente en algunos trabajos de los más extensamente diseminados y duraderos en la tradición Wesleyana de santidad.

Los Tomos de la Serie "Explorando"

Explorando el Antiguo Testamento
W. T. Purkiser, redactor

Explorando el Nuevo Testamento
Ralph Earle, redactor

Explorando la educación cristiana
A. Elwood Sanner y A. F. Harper, redactores

Explorando nuestra fe cristiana
W. T. Purkiser, redactor

Explorando la santidad cristiana (Tomo 1)
Los fundamentos bíblicos
W. T. Purkiser, redactor

Explorando la santidad cristiana (Tomo 2)
Los fundamentos históricos
Paul M. Bassett y William M. Greathouse, redactores

Explorando la santidad cristiana (Tomo 3)
Los fundamentos teológicos
Richard S. Taylor, redactor